Il était une foi
MERMOZ

DOCUMENTS DOSSIERS

OUVRAGES DÉJÀ PARUS

Dassault, Douglas, Boeing et les autres, de Bernard Marck.
Le Défi Soviétique, de Claude Durand-Berger.
Bucard et le Francisme, d'Alain Déniel.
Les Chevaliers de l'Apocalypse, de Germain Chambost (Grand Prix littéraire de l'Aéro-Club de France, 1980).
Une Enquête de police sur le Canard Enchaîné, de Christian Plume et Xavier Pasquini.
La Guerre des truands, de Claude Picant.
Le 23 mars 1979, une provocation politique, de Claude Picant.
Complots en France, de Jean Renaud-Groison.
Élysée sens interdit, de Jean Renaud-Groison.
L'Affaire de Broglie, de Jacques Bacelon.
Tout ce que vous direz pourra être retenu contre vous, de Sophie Huet.
Monsieur le Député, d'Alain Kéramoal.
Nous avons tué Mountbatten. L'IRA parle, de Roger Faligot.
L'Argent nazi à la conquête de la presse française, de Pierre-Marie Dioudonnat.
Le Dictionnaire maçonnique, de Jean-André Faucher.
La Deuxième porte ou les derniers jours de la guillotine, de Michel Gonod.
Le Mythe de l'Hexagone, d'Olier Mordrel.
Le Réseau Curiel, de Roland Gaucher.
Vaincre les diabètes, de Maurice Frémont (repris en poche par *Marabout*, 1982).
Ben Bella... revient, d'Ahmed Ben Bella.
French Solo, de Maurice Castellani.
Léon Degrelle : persiste et signe, par Jean-Michel Charlier.
Mermoz-Couzinet ou le rêve fracassé de l'Aéropostale, d'Alexandre Couzinet.

BERNARD MARCK

Il était une foi MERMOZ

Éditions Jean Picollec
47, rue Auguste-Lançon, 75013 PARIS
Tél. (1) 45-89-73-04

Chez le même éditeur

Du même auteur :

– *Dassault, Douglas, Boeing et les autres... La guerre des monopoles. L'épopée d'Airbus*, de Bernard Marck.

« Relatée avec talent, la guerre que les grands monopoles aéronautiques se livrent pour conquérir le marché mondial... Mais ce livre n'est pas seulement une histoire de pots-de-vin. Il explique très clairement les raisons du déclin de l'Europe aéronautique et sa spectaculaire remontée depuis que cinq pays coopèrent pour construire l'Airbus. »

Le Nouvel Observateur.

– *Les Chevaliers de l'apocalypse*, de Germain Chambost (Grand Prix littéraire de l'Aéro-club de France 1980).

« L'auteur fait pour la première fois pénétrer ses lecteurs dans le cercle très fermé des équipages et des machines chargés de la terrible mission de déclencher " l'apocalypse ". Son roman n'est pas un livre de pure fiction mais un reportage sur la force de frappe française. Mais au-delà ou à l'intérieur de cette course terrible, il y a la vie terrible de deux hommes : le pilote et le navigateur. C'est un livre d'action qui fait réfléchir. »

L'Aurore.

– *Mermoz-Couzinet ou le rêve fracassé de l'Aéropostale*, d'Alexandre Couzinet.

« Un livre sobre et magistralement documenté (...) Un récit qui est à la fois un impitoyable réquisitoire et un chant d'amour. »

Le Courrier de l'Ouest.

ISBN 2-86477-078-4
ISSN 0298-4172

REMERCIEMENTS

Si une biographie demeure une aventure personnelle, au cours de laquelle s'établit une étrange relation, mélange d'affection et de complicité, entre l'auteur et son personnage, sa réalisation nécessite une enquête approfondie – deux années dans le cas présent –, l'apport de documents, inédits si possible, et les confidences de témoins éventuels.

J'ai eu ainsi la chance de découvrir et de lire une part très importante de la correspondance adressée par Jean Mermoz à sa mère. Le journaliste Christian Melchior-Bonnet, ami de la famille Mermoz, détenait ce trésor et m'a permis d'y puiser les richesses qui donnent à cet ouvrage un caractère particulier et, je l'espère, son cachet.

Mes investigations m'ont également conduit chez Gilbert Louis, filleul de Mermoz, qui possédait, quant à lui, des lettres écrites par maman Mermoz à l'intention de l'ami du pilote, Charles Louis. Par ailleurs, je dois nombre de précisions relatives à l'extraordinaire aventure de l'Aéropostale à Guillemette de Bure Bouilloux-Lafont, petite-fille de Marcel Bouilloux-Lafont, véritable créateur de la Ligne.

Sollicités dès l'origine de mon projet, les compagnons de Mermoz n'ont pas manqué non plus de me prodiguer leurs conseils, leurs encouragements et, surtout, leurs informations. Je pense en particulier à Jean Dabry, navigateur de Jean pendant la traversée historique de mai 1930, à Charles Bultel chef radio dont le concours a été permanent, à Gilbert Goria, un des mécaniciens géniaux de cette ligne France-Amérique du Sud, à Pierre Picard, prédécesseur de Saint-Exupéry à cap Juby.

Par ailleurs, il ne m'aurait pas été facile de traiter convenablement l'aspect social des activités de Mermoz sans l'intervention éclairée de Gilles de La Rocque, fils du colonel de La Rocque, président du Parti Social Français.

Que tous soient ici remerciés.

Je dois enfin une pensée particulière à Jean-Gérard Fleury dont l'amitié pour Mermoz reste intacte après tant d'années, et à Charlotte Martin, journaliste tenace qui a découvert des documents importants pour ce livre.

Bernard MARCK

Je dédie ce livre à tous les hommes de la Ligne et à leur famille, à tous ceux qui, par leur sacrifice et une obstination de chaque jour, ont donné à l'aviation mondiale des ailes plus sûres et l'ambition de monter jusqu'aux étoiles.

Je dédie également ces pages à mes fils, Gregory et Hugo, qui, au bout de deux ans, ont fini par croire que Jean Mermoz appartenait à cette catégorie d'amis intimes que l'on ne voit jamais, mais qui sont toujours présents.

EN GUISE D'AVERTISSEMENT

« Oubliez-moi dans votre article pour ne songer qu'à la communauté. Ce serait me faire une réclame imméritée vis-à-vis de tous mes camarades qui font chaque jour ce que je fais personnellement et je ne m'en reconnais pas le droit. De plus, notre rôle à nous, pilotes de ligne, est d'être et de rester obscurs; chaque jour nous acheminons le courrier vers un point donné, à des heures données. Les difficultés que nous rencontrons parfois nul ne les connaît, ne cherche à les connaître du moment que le chargement arrive à destination. Chacun accomplit sa tâche avec toute la conscience professionnelle dont il est capable. »

Jean Mermoz
(Lettre à un journaliste,
Barcelone, le 30 octobre 1925)

« Vous présenter Mermoz? Je ne tenterai pas de lui un portrait, encore moins une biographie qui ne donneraient jamais qu'une apparence de l'homme et de son action. »

Lieutenant-colonel René Davet
(Conférence sur l'Atlantique Sud,
Paris, le 22 novembre 1934)

AVANT-PROPOS

Mermoz!

Un nom qui sonne familièrement, qui éveille même, on ne sait pourquoi, un écho mélancolique dans le cœur des nouvelles générations.

Un nom qui rime avec « j'ose ».

Un nom qui émerge d'une époque où l'Aviation reculait les frontières de la civilisation et, le croyait-on alors, de la paix.

Ce nom désigne un homme généreux et fort, courageux et discret, candide parfois, hors de toute norme, assurément.

Fallait-il qu'on l'aimât, cet homme, pour le pleurer ainsi, sans larmes et sans retenue, du plus profond de soi, chagrin spontané et universel, chagrin d'un jour pour la majorité des uns, de toujours pour quelques autres qui ont choisi de se taire, de conserver intacte cette étincelle d'émotion, désormais leur trésor, le ciment de leur fraternité, le brillant de leur mémoire.

L'homme dépassait l'aviateur et surtout le politique. Mais l'Aviation en a fait son héros, souvent après l'avoir éconduit honteusement, et la politique son martyr, en une époque où elle en avait bien besoin... Ah! Mermoz... Comme les superlatifs ne suffisaient pas, il a fallu, par des comparaisons extrêmes, atteindre le paroxysme du superficiel : Guynemer de la Paix, Paladin de l'Air et, plus tenace, l'Archange, une appellation qui prête à sourire : a-t-on jamais vu un archange aller au bordel?

Qui était-il? Le fils attentionné, l'ami fidèle, un pilote parmi d'autres pilotes, comme il le disait?

Mermoz était Mermoz, voilà tout! Et là se produit un phénomène étrange. Ce rayonnement, reflet d'une lumière intérieure authentique, ne laissait personne insensible : ses camarades de la Ligne, ses adversaires lorsqu'il se lança dans la mêlée politique, les équipages des compagnies concurrentes, et les femmes, et les enfants...

A mon tour, j'ai rencontré Mermoz.

Au seuil de mon enquête, je m'attendais à une histoire dans l'ombre de l'Histoire, avec des émergences terribles dans celle-ci. Puis, au bout de plusieurs mois, ce fut comme si je m'enfonçais, non pas dans des piles de lettres jaunies, couvertes de son écriture haute et hachée, mais dans la profondeur d'une épaisseur humaine. Derrière ces souvenirs lus ou recueillis de la bouche même des ultimes témoins, derrière les anecdotes et les récits quelquefois déformés par le miroir incertain de la mémoire, il y avait un homme aux épaules larges, à l'épaisse crinière de cheveux rejetés en arrière, frisés naturellement en vagues drues et broussailleuses, une crinière que je savais aussi indisciplinée et rebelle que lui.

Je le croyais plus grand, il mesurait en fait un mètre soixante-dix-huit. L'allure d'athlète et la notoriété en faisaient un géant au visage harmonieux, à la démarche un peu négligente, sans être maladroite.

Par-delà le puits de l'Éternité, Jean Mermoz me regardait bien en face avec une expression rieuse, moqueuse, celle-là même dont m'avaient parlé son navigateur Jean Dabry, le journaliste Jean-Gérard Fleury, ses proches, ses amis.

Il était là, mais n'allait-il pas s'esquiver de nouveau? D'autant que je ne souhaitais pas uniquement rencontrer l'aviateur et l'homme social, je voulais découvrir le Mermoz du doute, le Mermoz du désespoir, le Mermoz de la tendresse.

Avec talent et affection, non sans pudeur aussi. Joseph Kessel a révélé le mythe et libéré la légende. Cependant, tout n'était pas dit. Kessel s'interroge : « Comment avait-il gagné cette réputation universelle, lui qui n'a jamais cherché à plaire? Il n'a pas songé à la foule. Le goût de l'effet lui était inconnu... La presse n'a pas consacré Mermoz ni les instruments habituels du succès. Cela s'est fait tout seul. Cela s'est fait par infiltration, osmose, ébranlements successifs, coup après coup, rayon par rayon, étincelle par étincelle. »

Avec Mermoz, contrairement aux apparences, le travail du biographe n'a rien de facile. Certes, l'on pourrait se contenter d'enregistrer, de classer les événements et les aventures, les émotions et les périls – Dieu sait s'il y en eut! – qui constituent la trame d'une existence, cette « variété matérielle qui réduit la tâche de l'écrivain à celle d'un compilateur », précisait Baudelaire dans sa critique de Théophile Gautier. Or, chez Mermoz, une grande partie de l'intrigue se joue silencieusement « sous la coupole de son cerveau ». Il appartient à une tradition vivante, à cette catégorie rare d'hommes vaillants, pétris d'une vision idéale de la société et, pour Mermoz, de l'aviation. L'effacement qu'ils s'imposent, qu'ils recherchent même, leur confère une assurance, une force impétueuse, irrésistible, qui leur permet d'accomplir ce grand œuvre pour lequel ils semblent nés.

Avec les pilotes Marcel Reine, Henri Guillaumet, Antoine de Saint-Exupéry et son mécanicien Alexandre Collenot, ils formaient une confrérie véritable, sans autres règles que celles de l'amitié et du risque, sans autre chapelle que les cieux, avec les étoiles en guise de cierges.

La mort essayait sans cesse et réussissait parfois à en soustraire des membres. Mais le vide laissé par ce départ ne se refermait jamais, et jamais on ne parlait d'absence. Ils partageaient tout, ne revendiquaient rien.

Bien sûr, ils riaient fort et haut, des éclats joyeux qui exorcisaient les terreurs autant qu'ils détendaient les corps. Qui pourrait le leur reprocher? Sacha Guitry affirmait que « le rire est une purification, une délivrance. Sourire, c'est gagner la distance envers la peur, la mort ou le simple souci ».

Ils riaient souvent...

Mermoz fut un homme de passion, que les causes généreuses ont toujours sollicité. « Il était plus qu'un aviateur », a dit de lui Kessel. Il était également plus qu'un militant politique. Tout cela s'inscrivait dans l'élan d'un homme entier, dont la disparition brutale et pourtant tellement prévisible, le 7 décembre 1936, dévoila d'un coup toute l'envergure.

Eh oui! Fallait-il qu'on l'aimât, cet homme... Il est des réactions qui ne trompent pas sur l'attachement d'un peuple à l'un des siens. Au lendemain de la tragédie, un câble malheureux, mal interprété, suscita un instant l'illusion de l'espoir. Dans les cafés, dans les théâtres, dans les cinémas, dans la rue, des inconnus se congratulèrent, des hommes politiques, ennemis irréductibles par intérêts ou par idéologies interposés, se retrouvèrent soudain humains, suffisamment en tout cas pour se donner l'accolade. Cinémas et théâtres interrompirent leurs représentations pour annoncer ce miracle. Un de plus...

Et puis, le silence se fit plus lourd. La marée de l'espoir reflua définitivement. L'explosion de joie se résorba. Une vague de chagrin intense balaya les derniers doutes.

Ce que Mermoz rêvait dans son action, sa disparition le réalisait finalement : l'union! Mais il eût fallu un autre Mermoz pour la faire prospérer.

Cette fois, comme tant d'autres avant lui, dans l'embrasement bleu d'une matinée marine, Jean Mermoz a rejoint les jardins suspendus de l'azur, à des altitudes que l'aigle lui-même ne survolerait jamais. Dans le silence exaltant de l'ultime mystère, il s'est avancé vers des régions inexplorées de l'espace. Là, il a tendu la main et, peut-être, touché la face de Dieu.

Puis l'océan l'a caché à nos regards tandis que l'amour le révélait à nos cœurs.

Sucy-en-Brie, automne 1986

PROLOGUE

Planté au bord d'un monde, Jean Mermoz attendait.

La grande silhouette immobile se distinguait à peine dans la nuit africaine. Par instant, la lueur fugitive d'une cigarette en dessinait le contour, puis l'ombre se fondait de nouveau dans l'obscurité.

Rien sur le visage fermé ne trahissait le moindre sentiment. Ses yeux calmes fixaient la mer, qui ondulait à ses pieds, mais ne la voyaient pas.

Il paraissait étranger à l'activité fébrile et méthodique qui se déroulait à quelques mètres seulement de lui. Les coups de marteau, les frottements du métal sur le métal, les ordres brefs et les jurons lui parvenaient bien, mais il ne les entendait pas.

Le bruit du ressac intervenait là un peu à la manière du refrain mystérieux d'une immuable mélopée.

De temps à autre, il discernait le clapotis persistant sur la coque rebondie de l'hydravion. A ce moment, lui revenait l'impression bizarre que l'Atlantique Sud, à petits coups de mille langues gourmandes, se délectait des flancs lourds de la *Croix-du-Sud*.

Depuis bientôt une heure, les mécaniciens s'efforçaient de remettre en état ce moteur arrière droit qui les avait obligés à faire demi-tour.

Contrarié, énervé parce que l'avion de réserve n'était pas disponible, résigné enfin, Mermoz semblait maintenant isolé dans sa réflexion. Pensait-il ou tentait-il d'oublier?

En ce tout début du 7 décembre 1936, Mermoz se sentait las. Lui, le héros de l'Atlantique Sud, le vainqueur de la nuit, le champion social, il doutait.

Où qu'il tournât le regard, sa mémoire lui renvoyait une image amère.

La ligne France-Amérique du Sud? Elle se désintégrait.

Gilberte, sa jeune femme? Il l'aimait à sa façon, elle, à la sienne. Pourtant, ils divorçaient!

Ses amis? Collenot, son cher Collenot reposait quelque part au large depuis février, dans l'épave brisée du *Ville-de-Buenos Aires*, un appareil identique et aussi dangereux que celui qu'il piloterait tout à l'heure.

La politique? Il n'appréciait pas ce terme. Il militait, bien sûr, mais pour secouer les consciences, pour développer ce mouvement social qui lui tenait à cœur et mobilisait son âme.

Pourtant, il était poursuivi par la justice de son pays, comme un vulgaire malfaiteur. Au retour, en effet, il lui faudrait comparaître devant un tribunal.

Au retour...

Sa mère, Mangaby comme l'appelait affectueusement toute la famille de l'Aéropostale? Ils s'étaient séparés la veille de son départ, au Bourget, à l'issue d'une scène pénible. Elle craignait pour sa vie; elle l'avait même supplié de rester. Pourtant, il était là, face à l'Amérique invisible.

Ils avaient fêté son anniversaire avec un peu d'avance, à cause de ce voyage. Dans deux jours il aurait effectivement trente-cinq ans, un âge où il avait déjà pratiquement tout accompli de sa destinée alors que l'existence se remplit à peine...

Entre une mère et son fils, un anniversaire est une occasion privilégiée de communion à nulle autre pareille. Il permet de renouer avec la magie de l'enfance. Mangaby racontait à Jean ses colères, ses appétits féroces, leurs élans de tendresse.

La pensée lui fit du bien. Il replongea dans son passé...

« Mon sourire enfantin rappelait celui de ma mère, et mes cheveux blonds, mollement ondulés, couvraient avec caprice la grandeur précoce de mon front. »

Gérard de Nerval
(Premières années)

1.

Jean Mermoz vit le jour la nuit, le 9 décembre 1901, vers deux heures du matin. A midi, ce jour-là, intervint une autre naissance d'un genre bien différent. En vertu de la loi et de l'état civil, un homme devenait officiellement père... Charles, Léon, Jules Mermoz, alors âgé de trente et un ans, maître d'hôtel au *Lion d'Or,* là même où Jean venait d'aspirer goulûment sa première bouffée d'oxygène, espérait que cet événement aurait au moins comme conséquence heureuse de le rapprocher de son épouse, Gabrielle, laquelle, à vingt et un ans, possédait un caractère trempé.

Hélas! si, en cette année, Picasso entre dans sa période bleue, les Mermoz quittent les délices de la période rose.

A Aubenton, petite commune de l'Aisne, perle de village comme seules les Ardennes savent en receler, les disputes du ménage alimentent la conversation des commères de la grand-place.

Jules, dit-on, n'a pas d'envergure, surtout face à Gaby la volontaire. Et Jean, plutôt que de réunir ses parents, contribue à les écarteler davantage, une situation qui ne saurait s'éterniser.

Le père? Un travailleur, honnête homme auquel Mangaby reproche son manque d'ambition.

La mère? Douce et dure. Et possessive. Et quel tempérament! Ce tempérament dont Jean va hériter.

Jules ne s'attachera pas vraiment à ce fils qui lui ressemble trop peu et paraît calqué sur sa mère, trait pour trait, sentiment pour sentiment. D'ailleurs, à quoi bon se leurrer : ces deux-là s'adorent d'instinct, amour immense et complice, exclusif aussi, que Gaby, cependant, devra partager un jour avec une maîtresse autrement plus redoutable qu'une femme parée de tous les charmes : l'Aviation!

Pour l'heure, inconscient du drame familial qui se noue autour de lui, à cause de lui, Jean dort. Le spectacle attendrissant de ce sommeil tranquille a ceci de bénéfique qu'il ménage de brèves accalmies dans la tension ambiante. Quand ils n'échangent pas sarcasmes et épithètes regrettables, Jules et Gaby font la pause pour contempler ce gros garçon plein de vigueur et de force qui ne laisse pas passer le moment du biberon. Déjà!

Puis les affrontements reprennent de plus belle, à peine espacés par des silences de morne indifférence. Atmosphère irrespirable dans une maison où le bonheur vient pourtant de tenter une démarche apaisante. Mais une telle déchirure ne se raccommode pas aisément, sinon jamais. A bout de patience, la jeune maman part se réfugier chez ses parents, les Gillet, à Mainbressy, une bourgade agréable, plantée au milieu des champs, à une vingtaine de kilomètres d'Aubenton.

Si les Mermoz, gênés et certainement pris de court, n'ont pas insisté pour la retenir, son père, un homme digne à la moustache et à la barbiche blanches, et sa belle-mère – car il s'agit d'un remariage – l'accueillent froidement. Gens de devoir, respectueux des traditions, à cheval sur une moralité draconienne, ils ne tolèrent pas l'attitude légère et irresponsable de leur fille. A l'époque des convenances, il convient encore de savoir sauvegarder les apparences, quitte à sacrifier toute une vie.

Jean arrive dans un foyer sans chaleur dominé par des grands-parents épris de vertu et obsédés par des principes puritains. Il va souffrir de cette tutelle étouffante qui ne se relâchera pas un seul instant, carcan d'autant plus serré que Mangaby se trouve dans l'obligation de travailler, donc de s'éloigner : elle s'installe à Paris comme couturière.

Sevré d'amour maternel, le petit garçon solitaire, d'allure réservée, grandit entre la crainte de l'enfer et la promesse d'un paradis distillées à longueur de journée dans cette grande bâtisse dont il franchit le perron avec soulagement pour se rendre à l'école. Il se révèle un élève studieux, rêveur aussi, un camarade attentif au sourire désarmant, mais qui joue peu et reste souvent à l'écart.

Une véritable métamorphose le saisit hors de la salle de classe, hors de la cour de récréation, au contact de cette nature resplendissante des Ardennes, dans laquelle il s'évade avec joie, avant de s'enfermer dans la demeure austère, en compagnie de ces deux vieillards qui l'aiment peut-être mais le montrent trop mal. Il affectionne les balades sans but particulier dans les prés, en bordure des bois ombrés, où le vent soulève parfois de bouleversantes odeurs végétales. Et l'on imagine avec émotion ce petit bonhomme rire au milieu des herbes lumineuses, respirant la vie à pleins poumons, s'enivrant de senteurs suaves et sauvages, les seules qu'une mémoire puisse restituer bien des décennies après.

Ainsi s'écoulent les saisons, dans une espèce de rythme indolent, marquées seulement par les rares apparitions de Mangaby.

Le temps qui passe accentue la finesse de ce visage délicat que viennent encadrer maintenant de longues boucles dorées parmi lesquelles émergent çà et là diverses nuances de châtain.

C'est à cette époque, vers 1909-1910, quand Jean se rend chez Jules Mermoz, qu'il fréquente Marius Henrard, un autre gamin d'Aubenton, d'un an son aîné. A l'évidence, et personne au village n'ignore ce fait, le père et le fils ne s'apprivoisent toujours pas. L'un dessine, sagement assis sur une marche de l'hôtel paternel, ou révise ses leçons; en tout cas, il joue peu. L'autre, vaguement intimidé par ce garçon qui lui échappe, ne parle pas; il se contente de l'observer, en proie à des sentiments mitigés qui oscillent entre la déception et la tristesse. Décidément, il se sent étranger auprès de son fils...

L'amour pourrait-il s'enraciner là où la compréhension n'a pas réussi à faire son nid?

D'ailleurs, les visites vont s'espacer. Jean leur préfère les dimanches ensoleillés et les vacances chez la sœur de Mangaby, une institutrice mariée à un enseignant, couple sans histoire qui vit avec ses deux enfants à Folembray, pas très loin de Mainbressy. Les Boulanger le reçoivent et le considèrent comme leur propre fils, lui apportent ce qui lui manque tellement : l'équilibre. C'est l'école à la maison, dans une atmosphère sereine et, en un mot, normale.

Les années ajoutent leur touche de perfection à cet adolescent, romantique malgré lui, sur lequel les filles commencent à jeter des regards troublés. Mais Jean flirte avec le rêve.

Un jour de 1913, avec Jean Boulanger, son cousin, Mermoz assiste à un meeting aérien sur le terrain de Bétheny, proche de Reims. Blériot et Pégoud, deux pilotes de légende, résument avec brio, au-dessus d'un public époustouflé et comblé, tous les progrès de la jeune aviation. Jean et... Jean applaudissent. Le premier, pas celui que vous croyez, tombe sous le charme;

le second ne réagit pas et s'intéresse plutôt aux moteurs, laissant de côté les machines volantes. Car le Mermoz d'alors, qui apprécie la grâce des ballets aériens, reste insensible à l'outil : l'avion, en l'occurrence. Il veut devenir journaliste... Jean Mermoz en Rouletabille, pourquoi pas?

Écrire! Voilà son ambition.

Cependant, le cours de ses études s'infléchit et le conduit à l'École supérieure professionnelle de Hirson où ses grands-parents, conscients de ses aptitudes et certainement de ses aspirations, encouragent son goût du dessin et de la mécanique.

Entre-temps, Mangaby s'est enfin rapprochée de son « petit » Jean : elle dirige un atelier de couture dans un quartier tranquille de Charleville. Aussi se rencontrent-ils plus souvent, toujours intensément. Jusqu'à ce tragique mois d'août 1914. La guerre éclate, coup de tonnerre monstrueux dans un si bel été, prélude à un orage terrible qui va moissonner les hommes comme la grêle couche les blés : par millions!

Dans les Ardennes, une des artères traditionnelles pour les grandes invasions, les Allemands ne tarderont pas. Les grands-parents Gillet n'hésitent pas entre l'exode et l'occupation. A la hâte, avec Jean et la famille Boulanger, à l'exception du père mobilisé, ils s'entassent dans une voiture. A Reims, le train prend le relais de la vénérable carriole jusqu'à Paris où l'organisation des réfugiés leur propose de choisir entre la Bretagne et l'Auvergne. Le voyage s'achève à Aurillac, dans le Cantal.

Assez bizarrement, Mangaby n'a pas été prévenue de ce départ précipité. Pas la moindre indication, pas de mot, mais une maison vide, soigneusement close. Sans trace de vie. Voilà ce que découvre Mangaby. D'indice, point. Et personne pour la renseigner. Et les Allemands qui avancent rapidement. Tout ce qu'elle pourra apprendre, c'est la direction prise par la petite troupe : le sud. Mais où?

A son tour, elle pense fuir, suivre cette piste dérisoire, explorer les routes. Hélas! les premiers casques à pointe investissent le village et l'isolent. Impossible d'en sortir!

Mangaby vient de perdre son fils et la liberté.

Pour la famille éclatée, placée dans l'incapacité de communiquer, s'amorce une torture morale qui va durer trois ans, trois longues années d'incertitude et de nouvelles contradictoires.

Mangaby désespère : Jean, son Jean est-il seulement vivant?

De son côté, plongé dans un climat étrange, à l'écart de la boucherie, mais où la guerre fait des incursions cruelles [1], le jeune homme ne prononce pas le nom de sa mère. Tout se passe au plus profond de lui. Il lui arrive simplement d'abandonner les jeux et les rires pour courir vers les collines.

Son secret?

Il descend dans le sanctuaire de son cœur et s'y enferme avec Elle, communion des esprits qui l'aide à supporter l'épreuve. Là-bas, il en est sûr, quelque part dans ces terres meurtries, Elle pense à lui. Et cette idée lui fait du bien.

« En Auvergne, notera-t-il plus tard dans son carnet, lors de son service militaire à Istres, je profitais de mes rares moments de liberté pour grimper sur la montagne et là, tout seul, bien seul, assis sous un pin, regardant le monde à mes pieds, je me perdais en rêveries toujours très tristes mais bien délicieuses; j'écoutais avec béatitude le chant d'un oiseau solitaire, sans faire un mouvement qui aurait pu briser l'enchantement et là, bouche close, je me laissais glisser dans l'infini de la nature, dans l'infini de mon âme... »

Pour la seconde fois, l'aviation s'introduit dans son

existence, un passage remarqué dont on trouve la trace révélatrice dans une de ses rédactions, un domaine où il excellait. Dans cette composition particulière, qui lui valut d'obtenir un 16 sur 20, Mermoz évoque, non sans une touche poétique, un avion qui « erre dans le ciel constellé et veille sur la ville ». Sa copie lui revient avec une mention qui dénote, de la part du professeur, une bonne dose de clairvoyance : « Vif, alerte. Vous réussirez certainement très bien. » On ne saurait mieux dire... Il est alors en seconde D.

Partout il laisse le souvenir d'un caractère doux, mais non soumis, modeste. Il ne parle jamais de lui; à l'inverse, il place les autres en avant, mais attention! ceci n'autorise absolument pas les observateurs les plus perspicaces à soupçonner la moindre humilité. Parvenu au sommet de ce qu'il faut bien appeler la gloire, il ne se croira pas dispensé, ni par son mérite, ni par sa réputation, d'aucun des devoirs qui constituent la panoplie habituelle des relations humaines.

Ses grands-parents ont aussi gravé une empreinte indélébile dans cette cire tendre de l'enfance : la fidélité aux engagements, le respect de la promesse. A ce propos, Mangaby aimait conter une anecdote d'autant plus savoureuse qu'il y est question de pâtisserie : « Jean, enfant, raffolait de gâteaux (la gourmandise restera un de ses points forts ou... faibles). Je le menais un jour chez une de mes cousines qui, à chacune de nos visites, lui préparait des friandises. Généralement, je défendais à Jean de manger plus de deux gâteaux. Une fois, je partis faire des courses, non sans avoir transmis ma consigne habituelle. En mon absence, voulant éprouver l'obéissance du garçon, ma cousine, l'air innocent, lui proposa de reprendre une troisième portion. Réponse gentille de Jean, gentille et ferme :

– Je voudrais bien, mais c'est défendu.

« Comme ma cousine désirait tester la résistance de

mon fils, elle insista et suggéra même, sur le ton enjôleur de la tentation :

– Ta mère ne le saura pas...

Et Jean de rétorquer, offusqué :

– Oui, mais moi je le saurai! »

Un caprice coûte souvent trop cher à la conscience, inscrira-t-il par la suite dans son carnet.

Cette détermination farouche ne l'empêche pas de développer une sensibilité extrême dans son abondante correspondance avec Mangaby et de posséder déjà un sens aigu des responsabilités. A douze ans, vers Noël, il la supplie de ne pas lui offrir d'étrennes et se justifie : « Je sais que tu n'es pas riche, explique-t-il. Je te ferai dépenser le moins d'argent possible. J'aurai toujours la satisfaction de bien travailler et de te faire honneur. Je ne demande rien d'autre. Je voudrais bien être près de toi... »

Jamais, dans ses lettres ou dans ses attitudes, il ne se départira de cette douceur.

La guerre et la séparation forcée ne font qu'exacerber les sentiments de ces deux êtres si semblables.

Si l'ampleur et la durée inattendues du conflit mondial contribuent à perturber efficacement la plupart des moyens de communication et l'acheminement du courrier, surtout dans les régions éprouvées, ce qui ne favorise guère les recherches ni les démarches, il se crée heureusement des réseaux parallèles entre zones de combat, zones occupées et zones libres, notamment par l'entremise de l'inestimable Croix-Rouge. Par ce biais, en effet, grâce à sa persévérance aussi, Maman Mermoz, guidée par ce formidable instinct qui n'appartient qu'aux mères, finit par localiser son fils. De connivence avec des associations humanitaires, elle parvient à tromper la vigilance de l'ennemi, s'esquive de Mainbressy et, via la Suisse, atteint l'Auvergne.

Et c'est le premier regard après trente-cinq mois

d'interrogation et d'inquiétude. De l'amour à l'état pur. Et de la fierté! Jean a grandi et maigri, un Jean mélancolique aux cheveux blonds un peu plus longs et fous.

La seconde précise de ces retrouvailles prouve que le vrai bonheur est muet. Il rayonne à la façon d'une lampe magique, lumière bienfaisante qui chasse enfin l'obscurité et ses hantises. Fait de passions accumulées, il explose soudain dans les cœurs, souffle les frayeurs d'un interminable calvaire, rétablit et confirme une harmonie trop longtemps privée de caresses et de mots tendres.

Ensemble, après tant de vicissitudes, ils partent pour Paris. Une intervention de Léon Bourgeois, ministre du Travail et de la Prévoyance sociale, permet à Mangaby d'entrer comme infirmière au service des turberculeux de l'hôpital Laennec *. Quant à lui, Jean ira au lycée Voltaire afin de préparer son bac. Il dispose d'une bourse de demi-pensionnaire, apport dérisoire mais néanmoins bienvenu si l'on considère que leurs ressources se montent en tout et pour tout à 2,50 francs par jour.

Ils s'installent, presque comme des amoureux, au n° 14 de l'avenue du Maine, dans un petit atelier aménagé en logement, au fond d'une cour. Ils y vivent chichement mais à portée l'un de l'autre. « Ce fut la période la plus heureuse de notre existence », confiait encore Mangaby quelque temps avant sa mort, en novembre 1955.

D'avoir Jean auprès d'elle représente assurément une brillante revanche sur un passé injuste. Ils ne se quitteraient plus. Et puis Jean serait libre. C'est un

* En tant que président du comité interministériel chargé de la reconstruction des régions dévastées par la guerre, Léon Bourgeois intervient pour Mangaby.

homme! « Il pourrait parcourir les pays et les passions, mordre aux bonheurs les plus lointains *. »

A cette époque de bouleversements nationaux et de drames individuels en cascade, le spectacle pourtant émouvant d'une femme seule et de son fils attire encore l'opprobre général. Il s'agit d'un scandale moral et d'un inconvénient social déplorables à bien des égards, suivant les critères étriqués d'une société hypocrite. C'est nier la guerre qui a trop souvent ramené la famille à ce résumé banalisé de la mère et de ses enfants livrés à eux-mêmes. C'est nier qu'une génération d'hommes jeunes a fondu dans la tourmente. Devenue infirmière, à la fois par nécessité et vocation, Mangaby prend sa place dans la cohorte de ces femmes fidèles à leur mission sacrée de donner la vie; elle a découvert là une nouvelle façon d'être mère : ne s'invente-t-elle pas de nouvelles maternités en arrachant des hommes à la mort?

De son côté, Jean, adolescent sauvage et timide, travaille aux frontières du surmenage. Épris d'art et de poésie, il a dû renoncer, cependant, à la sculpture et au dessin pour des raisons financières. Il sera donc ingénieur, décide-t-il, afin de subvenir aux besoins de sa mère et de ses grands-parents.

Auparavant il lui faut surmonter une inaptitude chronique aux mathématiques. Or, cette matière s'impose à quiconque veut décrocher son diplôme. Mermoz relève ce défi. Il étudie pendant des heures, lit beaucoup, achète quantité de livres, mange à sa faim, ce qui n'est pas rien, et s'habille correctement.

Sur la planète Montparnasse, dont l'avenue du Maine délimite l'univers tourbillonnant, Mermoz, marginal dans une société marginale, ne se mêle pas ou peu à la foule bigarrée et turbulente, faune ordinairement

* G. Flaubert, *Madame Bovary.*

extraordinaire qui préfigure le Paris des Années folles. Jean traverse ce monde hétéroclite sans participer à ses élans débridés, mais il va subir indirectement la forte influence de ses contrastes, de ses excès, de son dynamisme tonitruant.

A Montparnasse, colonie annexée par l'Art et dominée par l'Anarchie, où le non orthodoxe côtoie le pas catholique, la guerre se termine le jour où l'on enterre Guillaume Apollinaire aux cris joyeux de « A bas Guillaume! ». Mais cet irrespect patent ne vise pas le poète mort la veille : il est dirigé contre Guillaume II, l'empereur de l'Allemagne vaincue.

Au lendemain de l'Armistice, le Montparnasse de Mermoz n'a plus rien de commun avec celui d'avant 14 qui « s'enfonce dans une brume légendaire * ». Des artistes de la première heure se trouvent désormais sur le palier de la gloire, eux qui puisaient leur inspiration dans la misère ou dans la compréhension des filles publiques. Picasso émigre rue de la Boétie, en des lieux nettement plus salubres, tandis que Matisse, le maître du fauvisme, gagne le soleil de Nice et que Soutine se réfugie à Cagnes. Rien n'est plus comme avant. Mais le quartier conserve de ces présences une aura originale et vivante, phare d'un passé prestigieux qui illumine un présent non moins prometteur. A quelques mois près, le démarrage de cette nouvelle ère exceptionnelle coïncide avec l'arrivée discrète des Mermoz dans leur minuscule appartement parisien. Voilà qui les change des rondeurs vertes et calmes du Massif Central ou des solitudes boisées de leurs Ardennes natales.

Pour le peintre Fernand Léger, ce déferlement d'énergie traduit un violent désir de rupture avec quatre années de barbarie et de tuerie au terme

* Jean-Paul Crespelle, *La Vie quotidienne à Montparnasse à la Grande Époque 1905-1930*, Hachette, 1976.

desquelles « l'homme, exaspéré, tendu, impersonnalisé, enfin lève la tête, ouvre les yeux, regarde, se détend, reprend goût à la vie : d'où une frénésie de danser, de dépenser, de pouvoir marcher debout, crier, hurler, gaspiller... Un déchaînement de forces vives emplit le monde * ». Avec pour centre de gravité et carrefour de toutes les sensualités : Montparnasse!

Japonais, Argentins, Russes, Espagnols et tant d'autres, poussés par les révolutions ou simplement par l'envie de vivre, attirés là on ne sait par quels sortilèges, envahissent les rues et les artères, marée humaine rugissante et cosmopolite qui emporte tout sur son passage. Ainsi pris d'assaut, le quartier de Montparnasse se transforme en un gigantesque chaudron d'alchimiste qui rassemble, sans les mélanger, artistes, drogués, ex-espions, imposteurs, escrocs et princes déchus, souvent les mêmes... Ce que Vlaminck appelle un cocktail.

Mermoz assiste à ce spectacle coloré avec étonnement et attirance. Après tout, il a dix-sept ans, bientôt dix-huit. Il ressent, lui aussi, cette montée de sève impérieuse, cette pulsion de vie. Et les galbes effleurés du regard ici et là sur le boulevard soumettent son imagination à un supplice bien plus délicieux que les courbes sans relief tracées sur la feuille à dessin...

Autour de lui le mouvement s'intensifie avec une éclosion de cafés et de cabarets, de lumières tamisées ou éclatantes dans les nuits chaudes. Une véritable épidémie de plaisirs se répand, avec pour premiers contaminés les artistes tels Foujita et Kisling, par exemple.

Ces endroits maudits, qui exhalent des vapeurs

* Lettre à André Marc, catalogue de l'Exposition Fernand Léger au musée des Arts Décoratifs, juin-octobre 1956.

sulfureuses et où règne le péché à visage d'ange, ont le don de fasciner. En quête d'envoûtements charmants, le Tout-Paris accourt, vient s'encanailler incognito mais aussi pour que ça se sache... Rien de tel que le frisson des interdits.

Chez eux, au moment du dîner, Jean raconte ces excentricités à Mangaby; il lui décrit cette fièvre avec des yeux qui la reflètent encore. Comment pourrait-il ne pas y succomber?

Bref, la France se secoue de quatre années terribles; elle veut vivre, le chante, le clame.

Et Mermoz reste sage.

C'est à cette époque qu'il fait la connaissance de Max Delty, le chanteur d'opérette, l'un de ces grands blessés que Mme Mermoz soigne avec dévouement. Une amitié sincère va les lier pendant des années, et Jean, à l'occasion, s'extraira de ses livres pour aller l'écouter aux Bouffes du Nord.

Arrive le baccalauréat. Mi-réussite, mi-échec.

Jean trébuche sur l'obstacle des mathématiques. Pour envisager de se présenter avec une chance de succès à l'examen d'entrée imposé par l'École centrale, il a pourtant bûché les questions scientifiques. Ce revers claque comme un avertissement sévère de la réalité. Pour la première fois, Jean Mermoz vacille. L'insouciance touche à sa fin. A cela il faut ajouter une crise de croissance et le surmenage qui n'arrangent pas la déprime.

Un soir, après une séance de cinéma, il disparaît. Mangaby le dénichera au bord de la Seine, abattu, amnésique, malade. On craint une méningite. Un voyage salutaire en Auvergne gomme cette appréhension et reconstitue Mermoz.

Mais l'évidence est là. Jean doit tirer un trait sur sa carrière d'ingénieur. Pourquoi pas le journalisme? Il jouit de bonnes dispositions et d'une plume agréable. Max Delty essaiera bien de le faire engager au *Journal*, puis, devant l'inanité de ses tentatives, il l'oriente vers la carrière militaire. L'engrenage d'un destin hors du commun se met en branle, lentement...

« On rencontre sa destinée souvent par des chemins qu'on prend pour l'éviter. »

Jean de La Fontaine
(L'Horoscope).

2.

L'armée, Jean n'y pensait pas. La suggestion de Max Delty rejoint de toute façon une préoccupation urgente : il va devoir gagner sa vie. Reste à choisir une voie. Il oscille entre la cavalerie et les chasseurs alpins. Là encore intervient Max Delty, fort opportunément : pourquoi pas l'aviation? lui propose-t-il, d'autant que la solde est importante. L'argument porte. Mermoz a dix-huit ans.

Les dés sont jetés.

« J'aurais pu être méhariste ou missionnaire », dira-t-il plus tard. Il le fut dans une certaine mesure.

Quant à l'aviation, loin d'être une vocation, elle lui permettra d'assurer leur ordinaire. Il s'engage le 26 juin 1920. Pour déchanter. Le rêve, car il continue de rêver d'une vie d'aventures et de voyages, se brise dès son admission au sein d'un régiment.

Son intention : devenir pilote! Logique et téméraire en une période où les pertes à l'entraînement font frémir les plus courageux. En attendant son heure, Mermoz, discipliné, apprend les usages et les règlements de l'armée, les vertus du « demi-tour » si utile, l'art d'éplucher les patates. Ces distractions ne correspondent pas tout à fait à l'image que le futur apprenti pilote se fait de son avenir immédiat. Au Bourget, il commence par apprendre que l'aviation militaire, c'est avant tout l'armée et le sacro-saint règlement, et le respect d'une étiquette sclérosée et parfois inutile : saluer, effectuer tant de pas en avant ou à reculons, réaliser le fameux demi-tour, subir les corvées...

Ce programme déplaît à Mermoz. Qui va trouver son commandant.

– Que dois-je faire pour être élève pilote?

– Une demande, répond le supérieur, sans rire.

– Je la fais.

– Ah oui? lâche le gradé, avec une ombre de sourire. Et d'ajouter, l'œil malicieux, sûr de son effet : mais il faut s'engager pour quatre ans.

– Ah! Une main insidieuse se saisit de l'estomac de Jean et le tord brutalement. Il ne s'attendait pas à ce coup bas. Quatre ans, quand on en a dix-neuf, ça compte, ça paraît long. Une éternité!

Il envisage, l'éclair d'une pensée, les probabilités liées à son sort. Le choix, si l'on peut parler de choix en la circonstance, se résume à un constat élémentaire : ça marche ou ça casse!

Premier cas de figure : le jeune élève pilote se joue des pièges de l'instruction et décroche ses ailes. Deuxième possibilité, la plus fréquente aussi : il échoue aux épreuves, ce qui implique la radiation pure et simple.

Encore heureux si, pendant l'entraînement, il ne se tue pas. Sans parler d'éventuelles infirmités...

Ce n'est pas tout! Non seulement il ne pourrait plus jamais voler, mais surtout il devrait poursuivre la période militaire jusqu'au bout. En clair, il lui faudrait accumuler les demi-tours et améliorer son rendement d'éplucheur de pommes de terre. En un mot, devenir un rampant.

Cette sombre perspective, il en mesure les répercussions, le temps de répliquer au commandant, avec assurance, entre deux battements de cœur :

– D'accord!

Et il part pour Istres. Où il retrouve la déception. Le contact avec cette armée-là ne satisfait pas son aspiration, et pour cause. La première journée s'étire dans la grisaille d'une interminable rangée de bureaux où tout sent le moisi : les choses et les êtres...

Cette entrée en matière a de quoi décourager, ébranler les convictions les plus solides.

Qu'importe! Il va voler.

Et l'insouciance de la jeunesse balaie la mauvaise impression. Hélas! c'est le rêve qui vole, mais en éclats. Encore une fois.

Dehors, Mermoz découvre la piste, « une immense plaine bordée de hangars ». La vraie vie. L'impatience s'empare de lui.

En guise de manche, non sans humour, on lui glisse celui d'un balai entre les mains, avec pour mission de nettoyer la chambrée. Mermoz accepte de bon cœur cette corvée. Demain, il vole...

Le lendemain, effectivement, le jeune homme, un peu ému à l'approche de ce rendez-vous, arrive sur la piste. L'heure de vérité va sonner. Elle a l'accent rugueux d'un adjudant corse d'aspect bourru :

– L'élève pilote Mermoz, lance-t-il sans regarder personne en particulier.

– Oui!

– M'prendrez cette charrette, m'irez ramasser les cailloux...

L'incrédulité succède à la surprise, laquelle laisse la place à un sentiment d'injustice, puis à la rage. A l'humiliation, également. Car l'adjudant ajoute méchamment : « Ça vous fera les pieds! »

Ainsi démarre le va-et-vient d'une procession de brouettes; Mermoz, terrassier de fortune, en conçoit une inquiétude manifeste. « On ne vole jamais? », s'enquiert-il avec appréhension auprès des anciens. Un

« quelquefois » laconique et désabusé renforce ses craintes. A n'en pas douter, il fallait jouir d'un optimisme en béton pour résister à ce traitement, d'autant plus que, le jour suivant, la situation se dégrade sensiblement : la pioche remplace la pelle.

Et toujours pas d'avion en vue.

« Inadmissible! », s'indigne Mermoz, un Mermoz rouge de colère, un Mermoz qui ne comprend pas la finalité de cette méthode ridicule et aberrante, sans rapport avec l'aviation, employée par l'armée de l'air pour former ses pilotes : du matin au soir, ils creusent des trous qu'ils rebouchent ensuite... Avec une variante désagréable, toutefois : de temps à autre, trop souvent même, on y dépose les dépouilles mutilées d'un camarade et, parfois, de son moniteur abandonnés par la chance ou trahis par le matériel pendant une des rares escapades vers les nuages.

Terrassier et fossoyeur, voilà qui refroidit les ardeurs et exacerbe les rancœurs.

Pas chez Mermoz!

Nombre de ses prédécesseurs à Istres, enthousiastes avant lui, ont fini par craquer et préfèrent maintenant remplir des formulaires jaunâtres, aussi administratifs qu'inutiles, près d'un poêle, plutôt que de périr à leur tour, broyés ou carbonisés, dans un appareil désarticulé. La peur et la lassitude ont eu raison de leur foi. Ils inciteront Mermoz à les imiter; ils veulent le détourner de son projet. Ils croient bien faire.

Lui les plaint sincèrement, ces pauvres types que leur idéal a désertés, réduisant leurs rêves de chevauchées célestes à une poussière d'illusions fracassées.

Mais s'en rendent-ils compte? « Ils étaient contents », écrira Mermoz, peiné par tant de gâchis; pourtant, « on les a détruits *! »

* Jean Mermoz, *Mes vols,* Flammarion, 1937.

Si, pendant la guerre, l'entraînement tuait les jeunes recrues à une cadence effroyable et établissait un score funeste que surpassait de justesse celui des pertes occasionnées par la chasse allemande, l'hécatombe se poursuit allègrement après le conflit. Mermoz va perdre dix-sept de ses camarades en l'espace de trois mois. De quoi réfléchir sérieusement avant de grimper dans une carlingue. Assurément, la base de Istres n'a pas usurpé sa réputation sinistre de bagne des élèves morts.

Cependant, l'ennui, tenace, se faufile entre les maniements d'armes et les corvées d'empierrement ou d'enterrement. Mais les résolutions de Mermoz ne fléchissent pas. A tel point qu'après plusieurs semaines de ce régime dur, il déclare à Mangaby : « La fièvre de l'air et de l'aviation me tient... »

De nouveau, il insiste auprès du commandement; il s'entête :

– Je voudrais apprendre à voler!

Dans l'antichambre de l'officier, ses camarades tentent de le dissuader :

– T'es pas fou! lui lancent les secrétaires du commandant. Tu risques ta peau... Écoute, Jean, un bon conseil : reste peinard, fais comme nous. On a le filon, on pilote nos machines à écrire. Mermoz persiste. On lui tend des questionnaires qu'il s'empresse de compléter. Et de signer. Les autres échangent des regards entendus et affichent des moues qui en disent long sur leur désapprobation.

Volera, volera pas?

Il vole, certes irrégulièrement à cause des corvées, mais il vole! Pour la première fois, son corps enregistre les trépidations d'un puissant moteur dont il va apprendre à interpréter les nuances les plus subtiles; pour la première fois, le souffle d'une hélice fouette son visage; pour la première fois, il se laisse gagner par l'ivresse des montées en chandelle, des glissades et des descentes vertigineuses tandis que le vent, agacé par cette intrusion audacieuse dans son domaine, siffle, rageur, dans les haubans.

Au fil des leçons qui s'enchaînent à un rythme bancal, le jeune pilote bâtit l'expérience indispensable au premier lâché, moment excitant entre tous où l'on domine la machine en s'efforçant d'oublier l'absence de l'instructeur...

Pour Jean, l'objectif se précise : le brevet. C'est là encore un vrai quitte ou double. Comme le bac...

Si les conditions pénibles de l'examen l'impressionnent, il n'en laisse rien paraître, impatient qu'il est de se replonger dans des sensations uniques. En revanche, son comportement volontaire en impose à ses juges.

Premier vol, première panne. On frôle la tragédie à cinquante mètres du sol : le moteur cale dans un virage. Chute brutale, écrasement irrémédiable. Témoins horrifiés de ce drame rapide, les hommes du piquet d'intervention se précipitent, déjà résignés face à l'inévitable. Ils savent qu'on ne survit pas à un tel impact. Et que cela vaut mieux pour la victime...

Pour chacun d'eux, la disparition d'un camarade devient aussitôt une affaire personnelle et même trop intime, à laquelle ils ne s'habituent pas. Elle choque parce qu'elle n'est, en réalité, que la répétition vraisemblable de leur propre destinée; elle leur jette à la figure une vision atroce, contrepartie de leur témérité, qui casse les vocations : celle de chairs noircies, éclatées, méconnaissables...

L'esprit vide, les sauveteurs atteignent enfin les débris de l'avion où les attend une surprise de taille : un Mermoz groggy, entier ou presque, et bien vivant, qu'ils dégagent du fuselage plié, avec une jambe brisée et la « gueule cassée », en fait, une mâchoire fracturée. Ils n'en croient pas leurs yeux quand ils le voient grimacer un sourire et articuler faiblement : « Je ne suis pas le dix-huitième! » Comment n'éprouveraient-ils pas du respect pour ce grand diable qui a séduit la chance?

L'accident, dû à une mécanique capricieuse, n'altère en rien sa détermination. Douze jours après cette mémorable dégringolade, les plaies à peine cicatrisées, il se glisse de nouveau dans un poste de pilotage. Que voulez-vous, Mermoz court après sa carotte : ce satané brevet, seul billet valable pour intégrer une escadrille.

Il décolle, suit un parcours sans faute jusqu'au moment où, à la verticale d'Orange, un mistral facétieux le rattrape, le bouscule, veut le désarçonner. Qualifié de délicat en temps normal, l'atterrissage prend alors une allure franchement périlleuse. D'ailleurs, le biplan malmené capote. Le sort s'acharne, la chance aussi car Jean s'en tire sans une égratignure. Et persévère, ce qui lui vaut de bénéficier d'une dérogation rarement accordée par les autorités : le droit à un essai supplémentaire. Qu'il doit impérativement réussir. En cas d'échec, la radiation menace.

En ce 29 janvier 1921, plus résolu que jamais, il s'élève en pleine tempête et survole toutes les épreuves avec une aisance déconcertante. Il peut ainsi empocher son brevet militaire, le 8 février, avec une certitude réconfortante : Istres, c'est bien fini!

Ce succès mérité déclenche automatiquement le mécanisme de la mutation et un changement radical de climat : Mermoz rejoint Metz où il est affecté à la 7e escadrille du 11e régiment de bombardement. Mais lui qui espérait de l'action, il renoue avec la monotonie de la caserne.

Il veut voler. Et le dit. Or, pour voler à cette époque, il faut se battre. Il existe justement un point chaud, la Syrie, où les Druzes livrent de violents combats et harcèlent les troupes françaises chargées de maintenir l'ordre dans la région.

Jean n'hésite pas et rédige sa demande. Moins de

deux mois après son arrivée en Lorraine, il échappe sans regret à cette garnison lugubre, avec le grade de caporal.

Alors qu'il prépare son paquetage, il ignore encore tout des risques qu'il va courir. Il ignore surtout ce dicton local, venu du fond des âges, selon lequel, à l'aube de la création du monde, l'Intelligence aurait annoncé : « Je vais en Syrie », ce qui aurait amené cette réplique de la Discorde : « Je vais avec toi. » Dicton vérifié, à considérer ce foyer d'activités intellectuelles intenses, d'intrigues, de complots et d'alliances mouvantes...

Quoi qu'il en soit, avec Émile Coursault, un ami connu à Istres, qui a aussi décidé de relever ce défi, ils ont rendez-vous avec l'Aventure, la vraie!

Portés par le moral d'acier des conquérants, les deux caporaux débarquent à Beyrouth, première étape d'un périple étonnant vers Palmyre, leur destination finale.

Cependant, à l'instant où il foule le sol libanais à l'automne 1921, au milieu d'une agitation toute méditerranéenne, Mermoz ressent un pincement au cœur. Il n'a pas oublié ces lignes trop brèves, rédigées à la hâte sur un quai de Marseille et adressées à Mangaby quelques minutes avant l'appareillage du gros navire : « Maintenant, ma petite maman, restons seuls tous les deux, que je te prenne encore une fois dans mes bras. Et puis, à quoi bon tant de mots, tant de phrases : je t'aime. Une caresse à mon chien et un bon souvenir à tous mes souvenirs. »

Une page est tournée.

« Voilà que se penche sur son front l'ombre de Schéhérazade et des Mille et Une Nuits. »

Joseph Kessel
(Mermoz).

3.

Sur ordre du commandant Denain, responsable de l'Aéronautique du Levant, Jean Mermoz et Émile Coursault transitent pendant quelques semaines au camp de Saïda, la Sidon légendaire, avant de rallier Palmyre.

Leur arrivée nocturne et tardive leur évite les présentations d'usage. Ce qui ne les empêche nullement, tôt le lendemain matin, d'enfiler un short pour se livrer à une série d'exercices physiques. Peu après avoir quitté leur baraquement, ils rencontrent un homme à la barbichette grise, également en short, et visiblement sportif.

– Alors, jeunes gens, vous vous entraînez? Un constat plutôt qu'une question, prononcé d'une voix aimable.

– Mais oui, grand-père, et toi?

Le « grand-père » ne relève pas l'ironie, se contente de répondre « moi aussi » et demande :

– Vous me prenez avec vous?

– Si tu veux, acceptent les deux compères qui, champions de cross, distancent facilement leur compagnon. Et ce dernier, essoufflé, abandonne :

– Je préfère vous offrir un jus!

Les voici à la cantine :

– Un coup de rhum? leur suggère le « vieux ».

– Pourquoi pas...

Et le cantinier d'interroger leur hôte :

– Du vôtre, *mon commandant*?

De saisissement et dans un même mouvement, nos deux caporaux lâchent leurs tasses fumantes et se figent dans un garde-à-vous impeccable. Une scène de comédie... troupière. Le commandant Berdal, alias « Gueule d'Acier », chef du groupe aérien de Damas, pousse alors un soupir amer : « Nous étions amis; je redeviens un supérieur. »

A partir de là, sans autre incident cocasse à signaler, les journées s'écoulent, partagées entre les obligations du service, essentiellement des vols d'accoutumance, et des randonnées alentour. Jean goûte à l'Orient et l'Orient prend Jean dans les voiles de ses mystères, un attrait qui ne se démentira jamais. Il découvre Damas, Damas l'Arabe, véritable porte de l'Orient magique, volupté nostalgique d'un rêve éternel aux lourdes senteurs qui s'accroche aux souks et aux mosquées d'un autre âge, les nimbes d'une poésie douce et sensuelle.

La jeunesse, comme une plante avide de soleil, se complaît dans cette atmosphère troublante, à laquelle il faut pourtant s'arracher. Car le voyage reprend, deux cent quarante kilomètres de Damas à Palmyre que Jean et Émile effectuent en moins de deux heures à bord de leurs Breguet 14.

De Palmyre, l'antique cité de Tadmor alanguie au pied d'une assemblée de montagnes chauves, ils aperçoivent d'abord les tours funéraires de la nécropole, au moment précis où l'astre du jour, comme s'il guettait leur arrivée, dans un ultime flamboiement carmin, insuffle un semblant de vie à la capitale de Zénobie, la reine mythique du désert.

Par endroits, sursaut pétrifié d'un orgueil titanesque, jaillissent des colonnes décapitées ou intactes, des portiques flagellés par des tempêtes de sable millénaires et des monuments éboulés, consacrés à des dieux sans nom, gardiens muets d'une histoire formidable qui rappelle à l'étranger égaré une splendeur fabuleuse.

Là palpitait le cœur d'un empire. Là se croisaient les routes du monde. Là respirait une femme à la beauté sauvage, une femme qui osa braver Rome et ses légions [2].

Qui sait si l'Amour a vraiment fui le temple qui lui était dédié. Mais le passé, si glorieux soit-il, ne saurait entraver la marche du Temps, et la ville, telle un navire frappé à mort, sombre désormais dans le néant argenté du présent.

Quelle leçon pour les hommes!

Quel décor pour Mermoz qui, subjugué d'emblée, plante sa tente à proximité des ruines, à mi-chemin du terrain d'aviation, lequel s'étend à l'ombre de cet autre temple où l'on adorait le Soleil. On pourrait croire que la base française jouit de la protection occulte de cet édifice demeuré majestueux en dépit de la sape des siècles. Elle possède pourtant une quadruple enceinte de fils de fer barbelés et abrite, en outre, une section de Sénégalais ainsi qu'une compagnie de méharistes.

Jean s'organise et aménage son antre. Il sollicite sans mal l'artiste qui sommeille en lui. Progressivement, l'austère cagna se métamorphose en un palais de prince oriental : sur les parois neutres de son intérieur, il accroche des tapis de haute laine et déploie des châles de soie marchandés dans les souks de Damas; le lit de camp rudimentaire se transforme en un divan moelleux, digne du harem de quelque sultan... Enfin, de lourds coussins de cuir fauve, éparpillés avec une négligence étudiée, supportent des plateaux de cuivre ciselé et parachèvent l'illusion des Mille et Une Nuits.

Dans ce havre familier et exotique, il aime à relire les longues lettres de Mangaby. Certaines soirées tièdes, tandis que ses camarades vident bruyamment les bouteilles de cognac convoyées par le courrier de Damas, il se glisse, en songe, jusqu'au petit logement de sa mère.

Certains soirs aussi, il se mêle activement aux fêtes spontanées dont les échos ricochent joyeusement dans le silence grave de Palmyre. Les flacons d'alcool mènent une telle danse endiablée entre les mains et les lèvres que les têtes tournent et les estomacs chavirent. Mermoz conservera le souvenir cuisant de plusieurs de ces réveils peu avouables qu'il allait purifier parmi les vestiges séculaires.

Il n'est pas rare, dès les premières lueurs de l'aube, de le voir errer près des tumulus ou dans les cours délabrées, étrange retour de l'homme vers des racines inexpliquées.

Parfois – mais n'est-ce pas un jeu de la lumière naissante? –, une image floue vibre devant ses yeux à la manière d'un mirage inespéré. Zénobie le hante. Il la recrée, élancée et splendide avec ses cheveux ruisselant en épaisses volutes noires sur ses épaules nacrées, vêtue d'une courte tunique blanche qui dissimule à peine des formes exquises... Ému, il l'installe au secret dans l'un de ces jardins, aujourd'hui noyés dans les sables roux, là, peut-être, où il se tient, à l'ombre rafraîchissante des palmiers, au bord d'une fontaine à l'eau claire et vive. Et des esclaves nues à la peau cuivrée circulent silencieusement pour disposer sucreries et corbeilles de fleurs à portée de sa main fine...

Pareil au capitaine Morhange prisonnier des charmes d'Antinéa *, Mermoz est amoureux d'une reine!

Heureusement, il vole dans des conditions qui lui éclaircissent les idées et dissipent les brumes de sa chimère inoffensive. Car la voici, sa drogue : une

* Pierre Benoît, *L'Atlantide*, Athêna, 1947.

rêverie suscitée par l'ombre d'une souveraine. Rien d'autre!

Longtemps après ces tribulations syriennes, des rumeurs lui prêteront une liaison empoisonnée avec les stupéfiants, une épouvantable intoxication à en croire la confession qu'il aurait faite à Kessel *. Or, les camarades du pilote démentent formellement cette version. L'un d'eux, Pierre Picard, mécanicien de Jean en Syrie, qualifie ces affirmations de racontars **.

Comment, déclare-t-il à juste titre, un homme, même doté de la robuste constitution d'un Mermoz, aurait-il pu maîtriser un avion aussi dur et récalcitrant que le Breguet 14 s'il avait été dominé par ce vice mortel? La drogue affaiblit les plus vigoureux, les vide de leur vitalité, les pourrit...

Certes, avouent les anciens, sans doute a-t-il, comme la plupart d'entre nous, fumé quelques pipes d'opium et tâté du narguilé. Pas de quoi fouetter un chat, en vérité.

Et puis, à cette époque tourmentée, il y a des sensations autrement plus fortes : l'aventure et le danger tapis à la lisière de ces territoires reculés où rôdent tellement de légendes fantastiques. Et où sévit la dissidence!

Mermoz apprend que les Druzes ne se montrent pas particulièrement tendres avec leurs captifs qu'ils torturent sauvagement avant de les exécuter.

Pourtant, le jeune aviateur réclame les missions les plus périlleuses, qui ne manquent d'ailleurs pas, et il révèle ainsi pour la première fois un aspect inconnu de sa personnalité : il aime le risque.

Plus souvent qu'à son tour, Jean participe aux opérations de l'Euphrate pour réprimer l'agitation de

* Joseph Kessel, *Mermoz,* Gallimard, 1938.
** Entretien avec l'auteur, en juin 1986.

certaines tribus. S'y fait remarquer. Jusqu'à ce jour où le voici chargé de larguer un message sur Homs. Il s'envole avec un lieutenant, s'enfouit dans les nuées afin d'échapper aux rebelles, s'acquitte de ce courrier rapide mais, au retour, une météo traîtresse brouille les pistes. Il vole, cherche des repères dans les rares trouées, identifie les montagnes de Hama, rétablit le bon cap et découvre avec un frisson d'horreur vite réprimé qu'il a pratiquement épuisé tout son carburant. Rendu à la grâce de Dieu et servi par son habileté, il se faufile en vol plané dans une région de collines où il atterrit sans dommages, à deux jours d'Alep, à trois de Palmyre que l'officier rejoint à dos de chameau. Mermoz, quant à lui, garde l'appareil contre les incursions des bédouins, en attendant l'essence.

Au matin du quatrième jour, le mécanicien Bertrand apparaît enfin avec le précieux liquide. Le plein fait, un travail laborieux et long qui nécessite des muscles, ils redécollent sans tarder vers Palmyre où décidément, il est écrit qu'ils n'arriveront pas. Au-dessus des montagnes, la mécanique capitule : le moteur chauffe et s'enflamme, un incendie que va éteindre à temps le courant d'air de la descente en piqué. Mais l'avion n'a pas supporté cette épreuve, il faut se poser d'urgence. Au sol, le bilan n'a rien d'encourageant : le biplan a vécu! De plus, Bertrand est blessé au pied, conséquence malencontreuse de leur prise de contact brutale avec la terre. Et il va falloir marcher!

Les deux hommes s'éloignent dans la direction approximative de Palmyre, bientôt tenaillés par la soif. Ils parviennent, mais sans le savoir, sur la piste de Soukhéné, à une cinquantaine de kilomètres de leur base, et s'égarent. Jamais leur chance n'a paru aussi mince. Car il leur faut également ruser pour échapper aux Druzes. Et marcher! Pas question d'emprunter un chameau... Devant eux s'étale le désert, étendue sans fin, sans profondeur et pourtant profonde à donner le vertige, où ils vont s'engloutir.

Lorsqu'ils traversent une zone accidentée, ils évitent systématiquement les vallées où peut les guetter un ennemi invisible, et suivent les crêtes.

Au bout de plusieurs heures, le relief s'adoucit, mais, toujours le désert à perte de vue...

Mermoz serre les dents. Mirages que tout cela, estime-t-il pour se rassurer. Derrière lui, Bertrand souffre sans dire un mot et traîne une jambe qu'il ne sent plus. Puis la douleur le mord soudain et le conduit aux limites de l'évanouissement.

Marcher, il faut marcher. Ils avancent à la manière de somnambules. Plus tard, bien plus tard, ils se souviendront combien, dans ce cauchemar, les premières heures de la nuit sont terribles et belles à la fois. Quand la lune se dévoile, énorme, jaune et bien ronde, un phénomène étrange se produit. Méfiance, voyageur, méfiance... On dirait qu'une âcre poussière monte voluptueusement en nuages suffocants. Involontairement, on a alors un mouvement de mâchoire machinal et continu, un réflexe comme pour broyer cette poussière diabolique qui force la gorge en feu. Existe-t-elle? Mais le mal est là : les chairs desséchées appelent l'eau. Ensuite, est-ce l'habitude? une sorte de somnolence perfide survient. On chemine sans penser. On oublie qu'on marche. Il faut trébucher pour en être conscient. La nuit se terminera bien... Oui, il le faut, elle doit bien se terminer quelque part. L'aube chassera les hantises, ravivera les espoirs.

Prié avec ferveur, le soleil, resplendissant et implacable, amène sa cohorte de pièges surnaturels.

Vous vous voyez crevant de soif, encore frigorifié; la fatigue multiplie ses assauts qui engourdissent votre corps meurtri. Et le petit vent de l'aurore, si agréable après une nuit de discussions animées dans ces bars d'un autre monde, ajoute son aiguillon redoutable à ce supplice.

Un pas, puis un autre. On veut s'arrêter. Surtout, on ne veut plus avancer. Le cerveau refuse, la machine se bloque. Les deux boules sanguinolentes qui terminent les jambes deviennent instantanément des boulets de plomb.

Chaque heurt déclenche un écho douloureux, mille fois amplifié dans la carcasse torturée.

Mais il faut marcher et même ramper. Ne pas s'allonger. Ne pas dormir.

Bertrand devine Mermoz plus qu'il ne le distingue. La fièvre trouble sa vision. Assommé par le soleil, amoindri par sa blessure et la déshydratation, il finit par s'effondrer. Sans une plainte.

Mermoz poursuit seul cette dérive inhumaine, prend conscience du drame et revient vers le mécanicien pour le relever, le soutenir. Et continuer!

– Laisse-moi crever, l'implore Bertrand. Il rassemble ses forces dans cette ultime prière.

– Va-t'en! Sinon tu crèveras avec moi.

C'est, hélas! la loi du désert. Mermoz sort son revolver, le lui tend, fait mine de partir, puis rebrousse chemin. Un calme effrayant s'empare de son être. Il se sait au bout de la route. Sa langue pâteuse et gonflée ne le gêne même plus. Seule la peur d'étouffer le maintient éveillé. Il ne s'incline pas, il ne se résigne pas. Il soulève Bertrand évanoui, assure pour le mieux ce poids considérable sur ses épaules brûlées et, d'une démarche chancelante, les genoux ployés, effectue quelques mètres avant de s'écrouler, terrassé à son tour par les privations et l'épuisement. La lutte était par trop inégale.

Maintenant, l'indifférence se substitue à tous les sentiments; la souffrance, abominable au début, s'apaise subitement, cède la place à... rien. Jean lutte contre cette mort indolore et s'enfonce dans le coma.

Une patrouille de méharistes les repère par miracle et met fin à quatre jours et quatre nuits de calvaire.

Mermoz va dormir quarante-huit heures, le temps pour son organisme de se reconstituer. Le médecin n'en croit pas son stéthoscope mais doit se rendre à l'évidence : son mourant se porte comme un charme et en redemande. Autre symptôme qui ne trompe pas, surtout chez Mermoz : il a faim!

L'armée lui confie un avion sanitaire neuf, ce qui le remplit d'aise car il n'a jamais pu se faire à l'idée de bombarder les populations bédouines dont les éléments incontrôlés ont pourtant mutilé nombre de ses camarades. A chaque fois, il ressentait une impression insupportable, mélange de honte et de remords.

Ce rôle d'ambulancier des airs, ces déplacements humanitaires confortent un tempérament que la précédente traversée du désert a affermi. « C'est une joie tellement saine de faire un peu de bien. C'est un bonheur qu'il est facile d'obtenir », écrit-il à Mangaby. Il le prouve.

Jean Mermoz vit une période heureuse. Les nouvelles que lui envoie régulièrement sa mère le rassurent sur sa propre existence à elle, moins solitaire parmi les malades et les grands blessés. Et puis Max le fidèle s'occupe d'elle...

Quant à lui, les circonstances lui ont forgé un noyau d'amitiés durables, avec Coursault, bien sûr, avec Étienne également, un nouveau venu dont le nom reviendra dans le générique de la fabuleuse Aéropostale.

Au physique, qui reconnaîtrait l'adolescent de Montparnasse dans ce superbe athlète bronzé?

Un homme quitte Damas, en janvier 1923.

« Nulle qualité humaine n'est plus intolérable dans la vie ordinaire, ni, de fait, moins tolérée que l'intolérance. »

Giacomo Leopardi
(Pensieri).

4.

L'air narquois et la bouche gourmande, un Mermoz gaillard, fringant dans son uniforme d'aviateur, arpente les grands boulevards parisiens à belles enjambées. A ses côtés, Émile Coursault, surnommé « Papillon » par son ami, allez savoir pourquoi, se délecte également des premiers jours de cette permission dont ils entendent bien occuper pleinement chaque minute avant de rejoindre leur affectation à Nancy.

Profitons-en!

Voilà un programme qui convient parfaitement à Coursault, qui n'en coule pas moins un regard admiratif en direction de son compagnon dont la capacité de récupération le stupéfie. Il n'y a pas si longtemps, en effet, Jean, secoué par les fièvres, gisait sur un brancard, au pied de la passerelle du navire qui venait de les ramener de Syrie.

Incroyable, ce Mermoz! Incapable, hier, de lever le petit doigt, il se déclare, aujourd'hui, bon pour la foire.

Coursault se laisse distancer un instant, observe avec amusement son camarade qui gesticule devant lui, marche à reculons, tente un numéro de funambule sur la bordure du trottoir, bref, paraît au mieux de sa forme. Décidément, le « Grand » déborde de santé.

Gare! jolies Parisiennes... Mermoz promène un œil coquin sur vos silhouettes.

« Papillon » le rattrape alors qu'ils atteignent l'angle de la rue de Sèvres et du boulevard du Montparnasse. D'un geste ample, théâtral, un large sourire sur son visage tanné, Jean entraîne Coursault vers l'avenue du Maine.

– Allons déjeuner chez ma mère, lui propose-t-il gentiment. Elle sera heureuse de faire ta connaissance.

Ah! ce repas... Émile réprime un fou rire irrésistible à ce souvenir truculent et... succulent.

Mangaby l'accueille effectivement comme son propre fils et s'empresse de leur mitonner un déjeuner « à la bonne franquette », les a-t-elle prévenus, mais qui promet d'être copieux... Tout à ses fourneaux, elle réalise qu'il lui manque quelques provisions et doit s'absenter tandis que Jean et Émile devisent tranquillement et évoquent leurs aventures du Levant, lesquelles ne sont pas forcément dépourvues d'agréments, à en juger par les petits rires qui entrecoupent leur conversation.

Près des deux hommes trône le héros malheureux de l'anecdote, un poulet rôti qui, ce jour-là, tient le rôle éminent de plat de résistance.

Sans avoir l'air d'y toucher, Mermoz arrache une cuisse, une aile, une autre cuisse, imité de façon plus discrète et hésitante par un Coursault ahuri et horriblement gêné. Le volatile, objet d'une attention plutôt soutenue, finit par y laisser toutes ses plumes... Un silence. Les deux compères mesurent l'énormité de leur gaffe dont Mermoz, à la hâte, dissimule les misérables reliefs sous un tapis providentiel à l'instant précis où, comme au théâtre, survient Mangaby. Qui les invite à passer à table.

Mermoz attaque de bon cœur les hors-d'œuvre qu'il

dévore sans autre forme de procès. Visiblement coupable pour deux, Coursault se tortille sur sa chaise et mange du bout des lèvres dans l'attente du moment fatidique. Qui arrive. On devine la surprise de Mangaby. Le gros poulet, envolé!

Jean et Émile baissent le nez dans un bel accord. Cela tient de la farce. Quel spectacle désopilant que de voir l'excellente femme, le sourcil froncé et les mains sur les hanches, en proie au doute.

– Tu l'as rêvé, ton poulet, lui suggère Jean, d'un ton mi-sérieux, mi-léger, la prunelle pétillante comme jamais.

On n'abuse pas une mère. Mangaby comprend soudain quel a été le destin de la volaille dont l'escamotage, il faut l'avouer, ne l'a étonnée qu'à moitié. Auprès de son Jean, Gargantua donne l'impression de suivre un régime d'ascète... Son coup de fourchette en surprendra d'ailleurs plus d'un, sur plusieurs continents. Henri Delaunay, entre autres, l'un des grands pilotes de l'Aéropostale, garde en mémoire ces repas qui prenaient l'allure de records pour tout le monde, sauf pour Mermoz. Après avoir avalé sans forcer des quantités de nourriture qui auraient contenté une famille normale, il se levait de table, frais et dispos comme s'il venait d'ingurgiter un vulgaire bouillon. Or son menu eut terrassé un banquet de notaires.

Bizarre, tout de même. Intrigué, Delaunay se décide à l'interroger sur ce sujet délicat et ô combien personnel; il lui demande en quelque sorte de se mettre à... table. Et Mermoz, moqueur, éclate d'un rire sonore : « Tu veux l'explication? Eh bien! elle est simple : mon ver solitaire... », lui chuchote-t-il dans le creux de l'oreille, avec une gravité suffisamment exagérée pour que son interlocuteur ne soit pas convaincu.

Le phénomène ou le ver défient le temps. L'estomac de Jean impressionne autant que ses performances aériennes. Déjà, Jean Boulanger avait remarqué que son cousin, lors de ses passages au domicile familial d'Eaubonne, visitait, certes, ses proches, mais aussi le... garde-manger! Divers témoins jurent, la main sur le cœur, l'avoir vu déguster une omelette de douze œufs. Une aubaine pour le foie. Encore faut-il préciser que cet « en-cas » servait souvent d'entrée au Grand...

La légende, pour une fois, ne déforme pas les faits. Assurément, cet appétit prodigieux annonce une faim de tout.

Mais pour l'heure, la permission touche à sa fin. En ce mois de mars 1923, Mermoz renoue avec l'éternelle routine de la vie de garnison, au 21e régiment d'aviation de bombardement de Nancy *. Ce sera un séjour sans saveur et sans histoire, ou presque : un soir de juillet, au cours d'une promenade sentimentale en canot, il se jette à l'eau pour repêcher un jeune désespéré. Hélas! l'homme avait cessé de vivre.

De même, quelques semaines auparavant, Jean a rencontré son père, à Soissons, une entrevue calme et sans chaleur, loin d'être dictée par l'amour filial. Mermoz consent à accomplir cette démarche uniquement pour aider Mangaby dont le divorce vient seulement d'être prononcé, mais à ses torts. « Je crois, lui écrit-il **, qu'il n'y a pas lieu de t'inquiéter [...]. Une certaine somme que je ne connais pas doit te revenir, mon père s'en étant plaint à moi à plusieurs reprises. »

Jean accable Jules Mermoz et, sans hausser le ton, ce qui est pire, lui crache à la figure « tout ce qu'il a sur le cœur ** ». Il n'éprouve que mépris pour cet étranger qui n'a pas cherché à gagner son affection et surtout

* Il est affecté à la 3e escadrille du 21e R.A.B.N. d'Esseys-lès-Nancy.

** Lettre du 9 avril 1923.

qui ne lui a pas fait partager la sienne. « Il ne m'a pas répondu parce qu'il a compris; il en a même eu les larmes aux yeux à un moment donné *. »

Jusqu'au bout, Mermoz se montre impitoyable et peut-être injuste avec ce père qui se défend avec des arguments dérisoires : « Ce qu'il n'avait pu faire pour moi dans le temps, il travaillait de façon à le faire plus tard... *. »

Ils ne se reverront pas avant de longues années.

Quoi qu'il en soit, ce voyage et cet entretien laissent Jean amer et blessé moralement, au point qu'il retrouve Nancy et l'armée avec un sentiment qui frôle le soulagement.

Par chance, il va échapper, en août, à ce casernement pour intégrer le 1er régiment de chasse stationné à Thionville. Il quitte une grisaille pour une autre grisaille, avec un regret : n'avoir pu se rendre à Lille pour y écouter Damia **!

De Thionville, « une vieille ville dégoûtante qui n'a pas un aspect bien sympathique », Jean découvre les faubourgs, très tôt le matin, à bord d'un vénérable autobus, relique de la Grande Guerre qui les emporte en bringuebalant, lui et ses camarades, vers le camp de Basse-Yutz.

Tout au long du trajet, les jeunes pilotes bercés par les craquements et les cahots demeurent silencieux, fatigués ou songeurs. Les uns somnolent. D'autres échangent un sourire, préalable à une conversation aussi brève que murmurée.

Debout sur la plate-forme, à l'arrière du véhicule, Mermoz examine le paysage vert et non dénué de beauté qu'il survolera bientôt. A côté de lui, un grand blond aux épaules carrées semble remuer des pensées

* Lettre du 9 avril 1923.
** Lettre à sa mère, 19 juin 1923.

identiques. En vérité, il n'est guère difficile de cerner l'état d'esprit de ces hommes encore sous l'effet de leur dernière permission, et qui se demandent ce qui les attend là-bas.

C'est ainsi que Jean lie connaissance avec Henri Fournier, lequel, un peu plus tard ce jour-là, va lui présenter un de ses condisciples de l'école de pilotage Nungesser, à Orly, un garçon calme, à la fois timide et solide, et certainement l'un des plus grands aviateurs que la France ait connus : Henri Guillaumet!

Les trois hommes se retrouvent dans l'anonymat d'une chambre dont le quatrième occupant, Berniard, un compagnon de Fournier et de Guillaumet connu à Orly, s'est tué la veille... Le soir même de leur arrivée, Mermoz et Fournier vont monter la garde d'honneur près du corps de leur infortuné camarade qui repose dans une chapelle ardente, à l'hôpital de Thionville. Ces circonstances terribles accélèrent les premiers pas d'une belle amitié.

Il vole de temps à autre mais pas aussi souvent qu'il le souhaite. Et les occasions de coiffer le serre-tête et de grimper dans une carlingue s'espacent car « il n'y a plus pour ainsi dire d'appareils au régiment. On compte trois mois pour qu'ils soient retapés... * »

De nouveau l'ennui le submerge. Bien sûr, il fréquente la salle d'armes du camp, où Guillaumet se révèle un maître du sabre; bien sûr, il se plonge dans la lecture pendant des heures, adossé à un mur, la pipe à la main; bien sûr, il entreprend des parties de belote acharnées... Mais cela ne suffit pas!

Mermoz réclame alors son transfert au Maroc, une mutation dont il a déjà exprimé le désir à Nancy. Les autorités militaires lui font savoir qu'elles lui donneront leur accord, à condition qu'il s'engage. Or, Jean ne tient

* Lettre de Mermoz non datée.

absolument pas à souscrire à cette exigence. « Comme ils peuvent attendre longtemps, écrit-il à Mangaby *, je n'ai plus aucune chance d'y aller. »

Il s'adresse également à son ancien chef d'escadrille du Levant pour « dénicher une place de convoyeur à Villacoublay ou à Romilly-sur-Seine * », une situation qui aurait l'avantage de le rapprocher de sa mère, laquelle habite depuis peu Pontoise. Ces projets et ces espoirs lui permettent de contenir son impatience face à l'inaction.

Pour tuer le temps, il lui arrive, certains soirs, de « descendre » à Thionville en compagnie d'un bruyant groupe de camarades.

« Tous n'étaient pas des anges », a dit Kessel qui parlait en connaissance de cause. Celui qu'un ministre de l'Air, Paul Painlevé, allait baptiser l'Archange n'échangerait pas la place qu'il occupe dans la petite bande qui écume les bars et les bordels.

On s'en doute, Thionville, comme toutes les villes de garnison, possède ses artères chaudes et regorge de « maisons » où se vident régulièrement bourses et querelles : aviateurs et militaires des autres armes en viennent parfois à des prises de contact moins fraternelles et plus expéditives. Dans bien des cas, cependant, la puissance de frappe de Mermoz fait la différence. Ces exercices virils qui le changent quelque peu de la gymnastique classique, libèrent aussi la rancœur accumulée à force de brimades et de sanctions injustes. Car, sans raison particulière, les relations avec l'armée se dégradent. Les motifs de punition tombent de plus en plus dru : mains dans les poches, col relevé, insuffisance en théorie et autres vétilles... Ou encore, il n'a pas puni un caporal dont les souliers n'étaient pas correctement cirés. Cela, sans cesse.

* Lettre non datée.

Après avoir écopé de quatre jours d'arrêts de rigueur pour ne pas avoir désigné un caporal de corvée à l'heure, il laisse sa colère exploser dans ces lignes qu'il adresse à Mangaby : « Quelles brutes! Je vais sortir anarchiste du régiment, si cela continue. Quand je vois ce qui se passe là-dedans aussi bien pour moi que pour d'autres, c'est à se demander si nous sommes en pleine civilisation. Ah! elle est belle la République : Liberté, Égalité, Fraternité. Au diable tous ces mots idiots qui n'existent pas. Et dire qu'on est obligé de la boucler! * »

Jean bénéficie d'un régime spécial et il finit par le savoir : « La brute qui nous commande a dit que, puisque je ne rengageais pas, il n'y avait pas d'égard à avoir pour moi **. » C'est net!

Dans ce contexte lamentable, les autorisations de sortie deviennent une denrée rare et prisée. Quant aux permissions, il faut avoir – et vite! – franchi le portail de la caserne, le précieux papier dans la poche, pour être persuadé de leur véracité. Cela, Mermoz l'a appris à ses dépens la veille du 31 décembre précédent. Il s'apprêtait à passer les fêtes de fin d'année avec Mangaby lorsque, au dernier moment, tandis qu'il bouclait son sac, l'officier de service l'a désigné afin d'assurer la garde...

Pour s'évader de « ce bagne dans lequel plus un seul sous-officier ne veut rester *** », Jean va employer des subterfuges rodés par des générations de pensionnaires et toujours efficaces. La ruse, pour réussir, nécessite une complicité extérieure, d'où cette lettre à Mangaby **** : « Quelques mots pour te demander de m'en-

* Lettre datée du 30 janvier 1924.

** Lettre à sa mère, le 3 janvier 1924.

*** Lettre de Jean Mermoz non datée.

**** Datée du 26 février 1924.

voyer une dépêche jeudi soir de façon à ce que je puisse obtenir une permission. Mets seulement : demande permission plusieurs jours si possible. Avons besoin consentements et signatures pour liquidation affaires... »

Et vlan!

Mais les vexations se bousculent, avec cette conséquence rapportée par l'intéressé lui-même : « Je ne sors plus des arrêts... »

La palme du sadisme revient indubitablement à un certain Marty, lieutenant de son état et commandant de l'escadrille que Mermoz, promu sergent, s'efforce de fuir « avant de faire un malheur ».

Jean ne comprend pas. Son intention d'abandonner l'uniforme ne saurait à elle seule justifier une telle hargne. Alors, écrit-il à sa mère, pourquoi?

Une femme serait à l'origine de ce mal qui dégénère en haine : convoitée par plusieurs officiers, elle accorde ses faveurs à Mermoz. Il semblerait aussi que Marty n'ait pas admis la supériorité de son subordonné dans le domaine sportif. Mermoz l'aurait même ridiculisé à son insu au cours d'une séance de gymnastique...

Il est indéniable que l'officier prétexte la moindre peccadille pour l'expédier en prison. Le jeune pilote n'en peut plus : « Le lieutenant qui me vaut tout cela a dit qu'il ferait tout ce qu'il pourrait afin de m'en faire ch... le plus longtemps possible. Paroles textuelles. Seulement là nous serons deux et j'irai jusqu'au général s'il le faut.

« Ah! la sale race.

« Je t'assure que je ne connaissais pas la haine mais maintenant je sais ce que c'est *. »

Pourtant sûr de son bon droit, Jean, cependant, n'ose pas parler de ces turpitudes à ses grands-parents : « Ils

* Lettre à sa mère, 30 janvier.

seraient capables de me renier car ils ne savent pas ce que c'est la vie militaire et j'aurais toujours tort avec eux... Pense donc : être en tôle. Ce ne peut être que sur un coup de tête *. »

Il n'avait pas non plus tenu à leur avouer le stratagème utilisé pour venir en permission parce qu'ils « ne toléreraient assurément pas cette manière de faire ** ».

Au camp de Basse-Yutz, la pression ne se relâche pas. Marty et d'autres chefs du même calibre – à croire que ces gens-là vont en meute – poursuivent ce que des adjudants avaient si bien commencé à Istres : plutôt que de stimuler les recrues, ils les dégoûtent et prennent un malin plaisir à les pousser à la révolte.

Mermoz encaisse de plus en plus difficilement les brimades sans fondement, lui qui supporte tout juste la discipline habituelle. Lui qui envisageait la carrière d'officier... Et la tendresse éphémère de liaisons passagères, nouées ici et là à Thionville, ne contribue plus à atténuer la désillusion.

Son espérance, il la reporte sur les courriers dont il multiplie la rédaction à l'intention des sociétés de transport aérien et notamment des Lignes Latécoère avec lesquelles il entretient une étroite correspondance depuis 1923. Une réponse émanant de Toulouse, siège de cette compagnie, et reçue au début de l'année, a d'ailleurs de quoi l'encourager à la patience. Il exulte : « Ma candidature est acceptée et classée dans les premières places. Je n'ai plus qu'à attendre (une) disponibilité, chose qui ne va pas tarder. Surtout qu'une nouvelle ligne va être créée... *** »

Jean s'accroche à cette promesse d'un futur immé-

* Lettre à sa mère, 30 janvier.
** Lettre à sa mère, 19 janvier 1924.
*** Lettre à sa mère, 26 février 1924.

diat qui le débarrasse de l'obsession de Marty. Mais ce lieutenant tyrannique s'obstine aveuglément, sans se rendre compte de la force sauvage qu'il pourrait libérer contre lui. L'irrémédiable a déjà été évité de peu en février quand Jean a posé une demande de permission en vue d'assister au baptême de Gilbert Louis, fils d'un ami de Syrie, dont il devait être le parrain. Or, sa participation à la cérémonie risquait fort d'être compromise par un éventuel contretemps... En clair, la tôle!

Les Louis ne s'en étonnent pas outre mesure. Avertis par Mangaby, ils n'ignorent plus rien des soucis d'un Mermoz « qu'on met continuellement aux arrêts parce qu'il ne veut pas rengager * ». Mais la chance veille : l'administration militaire lui signifie qu'il va bénéficier d'un congé libérable de trois mois à partir du 30 mars. Mieux, un sursis accordé par le colonel et en cours de validation chez le général réduira cette durée à quinze jours.

« J'en suis bien heureux, confie Jean, soulagé, à sa mère. C'est fini! ** »

Et il embraye sur ses projets pour « après » : « Je vais m'occuper de toutes les boîtes de Paris et je ne désespère pas de trouver quelque chose d'intéressant en attendant Latécoère ** », où il compte entrer « vers avril-mai *** ».

Son avenir, auquel il associe Mangaby, est donc entièrement tourné vers l'aviation. Pas question de mariage. A Nancy, il a été le témoin de celui de Coursault et n'entend nullement « le suivre dans cette voie *** ».

Encore quelques semaines à tirer...

Conscient que sa victime préférée va lui échapper,

* Lettre du 18 février 1924.
** Lettre du 13 mars 1924.
*** Lettre à ses grands-parents, 11 mars 1924.

Marty se déchaîne, à tel point que la situation atteint brusquement la cote d'alerte. Mermoz, à bout de nerfs, décide de corriger l'odieux personnage comme il le mérite. Lui, généralement si réservé, en vient à proférer des menaces antimilitaristes. Jamais il n'aura eu autant l'air d'un rebelle. Sa chevelure, qui a été épargnée par les ciseaux d'un coiffeur compatissant, déborde dans tous les sens; ses yeux lancent des éclairs... La marmite Mermoz va éclater.

Heureusement prévenu de la proximité de cette tornade, le colonel, un homme bienveillant, désamorce la bombe à la seconde ultime. Mermoz ne se vengera pas, mais Marty ne jubilera plus. Néanmoins, le mal est fait. Jean, comme le héros de *Regain* de Jean Giono a compris que « des costumes pour obéir, c'est pas des costumes pour travailler ».

La stupidité du lieutenant Marty l'emporte finalement; elle efface les souvenirs de « ces mois magnifiques de désert », elle gomme « les effets de la camaraderie », elle conduit aux frontières de la folie et au conseil de guerre.

Mermoz part à temps.

Il ne renie pas l'armée. La preuve, il conserve l'amitié d'un adjudant, un dénommé Bonnet, qui, avec Fournier, le farceur de l'escadrille, l'accompagne sur le quai de la gare.

Non, il ne renie pas ce passé. Simplement, il n'y pense déjà plus. L'oubli, grande faculté de la jeunesse.

Ce front de sculpture bourdonne de mille projets.

« Nos destinées et nos volontés jouent presque toujours à contretemps. »

André Maurois
(Climats).

5.

Enfin libre! Mermoz respire à pleins poumons. Il a vingt-deux ans, il possède une petite expérience et des illusions à revendre. Bref, les clés du monde!

Le doux Mermoz, mais aussi Mermoz l'exalté, se persuade que, de retour à la vie civile, il va vivre. C'est-à-dire voler! Après tout, les lignes aériennes ne prolifèrent-elles pas?

Il oublie, cependant, ou veut oublier que pour une place disponible cent pilotes se bousculent, parmi lesquels de jeunes vétérans de la dernière guerre...

Qu'importe! Il prend le train de Paris, un peu comme Don Quichotte enfourche sa monture pour affronter les moulins à vent. Pour la circonstance, il a revêtu ses habits de 1919, ceux d'avant son engagement. Ce grand gaillard, quelque peu serré aux coutures dans un vieux costume gris souris, exhibe fièrement sa large lavallière et porte ostensiblement un gigantesque chapeau noir, parfaitement démodé.

Il ne passe pas inaperçu quand il quitte la gare de l'Est au bras de la jeune femme qu'il a séduite à Thionville. Cette petite vertu dont on ignore le nom abritait un grand cœur : lorsque le pécule de Jean aura fondu, elle va subvenir à leurs besoins... A Paris, Mermoz loue une chambre, un réduit plutôt, dans un meublé de la rue Réaumur et se procure l'annuaire de l'aviation.

La première lettre demeure sans réponse; une autre puis des dizaines suivront... en attendant Latécoère qui ne donne toujours pas signe de vie.

Jean rédige courrier sur courrier. Demain, rêve-t-il, le cœur gonflé de cette naïve espérance, demain j'aurai un emploi. Le temps file. L'argent aussi. Les 150 francs – leur fortune – appartiennent désormais aux souvenirs. Et les lendemains ne chantent toujours pas.

De réponse, point! Les lettres se succèdent. En vain. Les silences se font Silence.

Mermoz persévère...

Entre-temps, il se rend dans les bals musette où sa dégaine bizarre lui attire quolibets et autres railleries. Cela ne dure d'ailleurs jamais longtemps car Jean, fervent adepte de la boxe française, sait se faire respecter avec quelques coups de poing puissants. On le laisse tranquille. Mais la déveine s'attache à ses pas.

Un soir, il fouille chacune de ses poches, les retourne, sous l'œil attristé et vaguement irrité de sa compagne. Plus d'argent. L'insouciance du départ se fissure, oh! imperceptiblement mais suffisamment pour permettre à la crainte de s'y glisser.

Devant l'air renfrogné de son amie, Mermoz s'entête : « Cela devrait marcher, lui explique-t-il pour la énième fois. Tu comprends, avec mes citations, mes six cents heures de vol... Et puis la maison Latécoère va m'offrir un poste. »

Une semaine s'écoule. Une échéance approche : il faut payer la location. Personne ne réclame encore; néanmoins, l'hostilité contenue dans son regard en dit long sur les pensées du propriétaire. La jeune femme, qui déteste l'incertitude, finit par craquer. Elle a consenti à divers sacrifices, elle a tout accepté... Maintenant, trop c'est trop! Elle plante Mermoz sur le seuil de leur chambre misérable, non sans l'avoir traité de fou : « Toi, un grand pilote? Peut-être... Mais ça ne nourrit pas deux personnes. » Et elle claque la porte.

Les femmes comprennent rarement les besoins désintéressés, se contentera d'inscrire Jean en guise d'épilogue à ce chapitre de sa vie. L'espoir le porte encore. Hélas! c'est une béquille qui soutient mal. Elle aide à tout supporter jusqu'au moment où elle se dérobe soudain.

Une réponse, LA réponse arrive. La délivrance? Pire : un refus. Les Avions Hanriot, par simple politesse, accusent réception de sa candidature; malheureusement, ils ont le regret de ne pouvoir lui donner une suite favorable...

A défaut de manger à sa faim, Mermoz broie du noir.

Las, il continue de croire en son étoile, en cette chance qui ne lui a jamais fait défaut.

Moins confiant, l'hôtelier le met à la porte. Voilà donc Mermoz seul, sur le pavé. Seul? Pas tout à fait. La misère est une compagne possessive.

Il dresse un bilan amer de ses premières semaines parisiennes : plus de ressources financières; pas de vêtements de rechange car le propriétaire du meublé à confisqué le peu qu'il possédait; un estomac désespérément vide.

Tout va mal. Mais pas question d'alerter Mangaby : elle le croit actif, très actif, sur le point d'intégrer l'équipe de Latécoère.

La foi prend le relais de l'espoir.

Jean égrène les métiers de hasard : un jour manœuvre à la Compagnie Aérienne Française, le lendemain gardien de nuit, puis balayeur dans un garage. Avec aisance, ce grand costaud peut soulever des charges aux Halles ou tenir un stylo.

Un de ces emplois sans grade va lui laisser une

profonde impression de dégoût. Dans le quartier Réaumur, une officine humide et crasseuse lui commande de copier des adresses sur des enveloppes, mais en usant d'une calligraphie impeccable et sans faute, s'il vous plaît! Ce travail à grande cadence lui rapporte quinze francs le mille et l'immobilise quinze heures par jour. Dans une pièce basse, mal éclairée et peu aérée, ils sont une vingtaine de pauvres diables à courber l'échine sur leur écritoire. Cette ambiance sordide lui rappelle trop l'atmosphère de résignation imprégnée de l'odeur des mauvaises sueurs qui régnait dans les bureaux de Istres.

Les quelques sous économisés sur un maigre salaire couvrent tout juste ses déplacements à Guyancourt, à Saint-Cyr et à Villacoublay. Une fois sur ces terrains d'aviation, il guette l'occasion, s'enivre des relents d'essence brûlée et de ces bruits familiers qui font la vie d'un aérodrome. Hélas! ses cheveux longs et sa mise douteuse n'inspirent pas confiance. On ne veut pas de lui à proximité des machines. Ce visage hâve et mélancolique dissimule désormais une âme de paria. Si, dans ce corps à corps avec la misère, la foi vacille parfois sous les coups du désespoir, l'orgueil vient à la rescousse. Mermoz n'en manque pas. Mangaby le sait.

A sa mère il n'ose rien dire; elle n'est pourtant pas dupe, tente de l'attirer à Lille où elle travaille à l'hôpital de la Charité, ayant voulu se rapprocher de chez elle. Ils vivraient ensemble dans le petit appartement qu'elle a aménagé au-dessus d'une pharmacie. Jean refuse gentiment : son unique chance de décrocher un emploi se trouve à Paris. Et il replonge dans la poisse!

La chance, sans doute attendrie par autant de détermination, va lever un doigt. Assis sur un banc, au terme d'une de ces journées laborieuses, Mermoz aperçoit un journal du soir ouvert à la rubrique des petites annonces. L'une d'elles provoque une poussée d'adrénaline : « Pathé Cinéma recherche pilote expérimenté pour simuler accident d'avion. » Exactement ce qu'il lui faut. Toutefois, le jeune homme se heurte à un dilemme : à l'époque, en effet, s'il est sous-payé dans cet atelier d'écriture où une journée d'absence se traduit par un renvoi immédiat, néanmoins, le salaire, aussi mince soit-il, tombe régulièrement. En outre, si Pathé l'embauche, il va voler. Mais si peu...

Son envie de reprendre le manche dicte le choix de Jean. Son rôle consiste à feindre un crash avec un vieux biplan Sopwith de la Première Guerre mondiale. Le tout pour deux cents francs, soit une heure de vol assurée.

Il réclame un vol d'essai pour se familiariser avec l'appareil. Il gagne ainsi une heure supplémentaire de plaisir pur.

Le film terminé *, voici Mermoz de nouveau sans emploi. Le metteur en scène lui a bien proposé une petite figuration pour le dépanner. Après? On verra...

Je n'espère jamais autant qu'après avoir failli abandonner... Antoine de Saint-Exupéry n'a pas encore pensé ces mots que Jean en vit la douloureuse réalité. Plus de chambre, plus d'abri, plus d'argent, plus rien. Et il est plus affamé. Plus résolu, aussi...

La nuit, il connaît la chaleur relative des asiles ou dort sous les ponts, à l'hôtel des « courants d'air ». Et le rythme infernal reprend : lettres, annonces, silences, descente inéluctable vers... nulle part!

Un cafetier de la rue Montmartre lui montre quelque

* Ce long métrage intitulé *La Fille de l'Air* et tourné vraisemblablement pendant le printemps et l'été de 1924 avait, selon Mermoz *(Mes vols)*, Suzanne Grandais pour actrice principale. Or, cette dernière avait trouvé la mort en... 1920 dans un accident de la route! De même, il n'existe aucune trace de ce film qui porte donc bien son nom...

sympathie et lui offre un petit crème de temps en temps. Il le laisse également s'étendre sur une banquette jusqu'au matin. C'est une de ces amitiés simples et solides qui réchauffent. Mermoz sait qu'il peut venir quand il le souhaite. Il évite, cependant. Par pudeur, par orgueil... Ce gros appétit doit se résoudre à sauter des repas. A Lille, chez Mangaby, il se rattrape, mais pas trop : « Je ne voulais pas montrer à maman combien ma faim était grande *. »

Ce teint blême, ce visage creusé, cette veste et ce pantalon élimés ne font pas illusion, surtout sous le regard d'une mère. « Reste avec moi, l'implore-t-elle, nos amis te trouveront une situation. » Mais Jean reste opiniâtre : « Je volerai, je volerai! »

Le commandant Denain, son chef en Syrie, l'invite à réintégrer une escadrille. Mermoz hésite. Après tout, pourquoi pas? Mais l'image honnie de Marty bloque toute envie, toute intention.

Aussi, à ce retour qui lui rendrait ses ailes, préfère-t-il la mal-bouffe et les vaches maigres. Son moral chute quand même de plusieurs crans : « J'envisage avec terreur la perspective de retourner dans l'armée, écrit-il à Mangaby, je suis totalement dégoûté et de l'aviation et de tout **. »

Jean s'impatiente. Pourtant, il n'y a pas quatre mois que les lourdes grilles de la caserne se sont refermées derrière lui... De quel côté viendra le salut?

Chaque semaine, à plusieurs reprises, il passe à son ancien meublé, sa boîte à lettres. Peut-être qu'une réponse, LA réponse l'y attend. Peut-être...

Ces visites perpétuelles agacent et émeuvent la concierge. La grande carcasse pathétique de Mermoz l'impressionne et lui fait pitié. Invariablement il pose

* Jean Mermoz, *Mes vols*, Flammarion, 1937.
** Lettre datée du 16 août 1924.

les mêmes questions, avec la même gentillesse, la même politesse timide. Et invariablement il obtient la même réponse désolée : non, rien aujourd'hui.

Courant août, sa situation enregistre un mieux. Un de ses amis, chef pilote chez Latécoère, lui apprend qu'il a remis deux de ses lettres à Didier Daurat en personne, le directeur de l'exploitation, et que ce dernier les a gardées, « ce qui est bon signe, note Mermoz, parce qu'il va s'occuper de moi *. »

Ensuite, Max lui annonce que Laurent-Eynac, le sous-secrétaire d'État à l'Aéronautique et aux Transports aériens, s'occupe de son dossier, en accord avec le ministre de la Guerre, et qu'il interviendra en sa faveur auprès d'Air Orient et de la Franco-Roumaine.

Enfin, Jean rencontre le capitaine Schmeiltz, son chef d'escadrille au Levant, « un bon vieux », qui lui promet également de faire jouer ses relations.

Rasséréné par ces nouvelles, Mermoz n'en continue pas moins d'assiéger sa boîte à lettres et la concierge, jusqu'à ce jour de septembre...

Ce jour-là, tout est différent.

« J'ai une lettre pour vous, monsieur Mermoz. » En une fraction de seconde, un battement de cœur plus puissant chasse la déception accumulée au fil des semaines. Puis le cœur manque une pulsation. Et si, comme les autres fois, il allait lire : « Nous avons le regret... »

Mermoz prend l'enveloppe et remercie. La bonne femme le regarde s'éloigner, non sans éprouver une pointe de compassion. Elle ignore qu'elle ne le reverra plus.

Jean s'arrête, tourne et retourne la missive. Et la décachète avec un drôle de sentiment. Elle contient une lettre de la Compagnie Générale d'Entreprises Aéro-

* Lettre à sa mère, 28 août 1924.

nautiques, signée par le directeur de l'exploitation. Un paraphe illisible, bref et très sec.

En haut à gauche, le document comporte une mention imprimée en rouge : Lignes Aériennes Latécoère.

Sur le moment, les mots forment un ensemble dénué de sens. Mermoz doit s'y reprendre à plusieurs fois avant de pouvoir lire tout le texte, tant les caractères, qui fixent son destin, dansent sous ses yeux, escamotés par la joie et l'émotion :

« Suite à votre demande d'emploi [...], nous sommes disposés à vous engager après essais satisfaisants. Nous vous prions en conséquence de vous présenter le plus tôt possible à notre Direction d'exploitation, route de Revel, à Toulouse-Montaudran, muni de votre brevet de transport public, de votre carnet de vol et d'un passeport pour l'Espagne... »

Le paria s'efface devant le pilote de ligne.

Jamais, cependant, Jean n'oubliera ces mois de caniveau, ni ses compagnons de détresse : « Tout ce qui m'attache invisiblement au peuple dont je suis sorti, toute la profondeur du sentiment fraternel que m'inspirent la jeunesse malheureuse et l'injustice de son sort, je l'ai appris au cours de ces mois d'intense misère... * »

Reste maintenant à rejoindre Toulouse. Il est amusant de constater qu'après avoir surmonté d'énormes obstacles, il faut éviter de trébucher sur de menues difficultés. Pour commencer, Mermoz n'a pas de quoi se payer un billet de chemin de fer, même en 3e classe. Ajoutez à cela qu'il doit absolument changer ces vêtements qui lui donnent l'allure d'un vagabond...

Mangaby l'aide à franchir ce cap, sans trop poser de questions. Puis Jean va régler certaines formalités obligatoires : une visite médicale passée au Bourget le rassure sur sa constitution exceptionnelle; quant au

* J. Mermoz, *Mes vols.*

brevet de transport public, il l'obtient haut la main.

Trois jours plus tard, métamorphosé, il se met en route pour Toulouse.

Le voyage long et fatigant lui donne tout le loisir de passer en revue les renseignements qu'il a rassemblés depuis plus d'un an sur cette Compagnie générale d'Entreprises aéronautiques. Et sur son patron, Pierre Georges Latécoère. Un fonceur, ce Latécoère, mais un dur aussi, à ce qu'il paraît... Il est vrai qu'une société ne se bâtit pas avec des bons sentiments et de pieuses pensées. Ni avec des enfants de chœur! Pour pallier l'insuffisance d'un matériel souvent vétuste, il faut des hommes courageux et rompus à toutes les ficelles de leur discipline, des hommes qui, de surcroît, n'hésitent pas à se sacrifier. Sans trop broncher!

Le risque, toujours; la mort, parfois : voilà ce que le contrat ne stipule jamais. Pourtant, aucun des signataires n'ignore la terrible clause.

Dans ces conditions, avec une phalange de pilotes et de mécaniciens triés sur le volet, la C.G.E.A. exploite une ligne exemplaire qui, après un survol turbulent des Pyrénées et plusieurs étapes espagnoles, touche les côtes d'Afrique du Nord avant d'obliquer vers l'ouest où une poignée d'éclaireurs pose déjà les jalons des futures escales : Casablanca, Dakar... N'allez pas imaginer que l'ambition de Latécoère s'arrête en si bon chemin. Ne lui prête-t-on pas, en effet, le projet insensé de relier la France à l'Amérique du Sud? Par-dessus un océan! Les spécialistes lèvent les bras au ciel et ne cachent pas leur incrédulité devant ce qu'ils nomment une hérésie. Ils fondent leurs critiques sur les performances peu honorables des avions : « Pensez donc, s'indignent-ils, les " coucous " crachent leurs bielles au moindre échauffement... »

Ne leur en déplaise, la ligne avance.

Paupières mi-closes, Mermoz en imagine le tracé sur

les cartes colorées de la géographie de son enfance. Et il rêve un instant. La perspective de déplacements vers des contrées encore vierges ou exotiques le séduit car elle annonce l'Aventure.

Maintenant, pour original qu'il soit à cette époque, le cas Latécoère n'est pas isolé pour autant. Nombre de pionniers essaient de tisser tous azimuts la toile de leur propre réseau aérien. Il ne s'agit pas là d'un engouement fortuit mais d'une reconversion impérative pour les constructeurs et les pilotes de guerre soudain privés de contrats ou de vols, au lendemain du 11 novembre 1918. Car l'Armistice a brutalement interrompu la formidable expansion de l'aviation favorisée par quatre années de conflit.

De l'avion, on ne voyait l'utilité que sur le plan de la chasse, de la reconnaissance et du bombardement. Les hostilités terminées, l'État, principal investisseur, cesse ses commandes. Des dizaines d'usines ferment leurs portes et un raz de marée de licenciements frappe la majorité des deux cent mille employés affectés au secteur aéronautique. Les terrains militaires retournent à la friche. Des avionneurs changent d'activités : Marcel Bloch, le futur Dassault, va ainsi s'éclipser pour se lancer dans le mobilier et l'immobilier...

Par milliers, les aviateurs désœuvrés connaissent alors les affres de l'Albatros de Baudelaire, « roi de l'azur... exilé sur le sol ».

Certains dépensent jusqu'à leur dernier centime pour acheter un appareil et deviennent acrobates itinérants, empereurs désargentés des casse-cou ou princes – mal payés – du baptême de l'air. De cette vie errante, parsemée d'imprévus, ils tirent une maigre satisfaction quand ils ne cassent pas du bois ou... leur pipe!

D'autres ne résistent pas à l'appel du grand large et tentent le tout pour le tout : un raid unique à travers le monde, un exploit qui les sortira de l'ombre. Ces périples formidables, dont bien peu s'achèvent sur un triomphe et beaucoup dans les larmes, contribuent grandement au prestige d'une nation et en soulignent le dynamisme.

Dès 1919, Anglais, Italiens, Français et Néerlandais participent au prodigieux mouvement de la conquête pacifique du ciel, avec des avions militaires récupérés dans les stocks et transformés sans être forcément adaptés à leur nouvelle mission.

Des sociétés naissent dans l'enthousiasme pour découvrir rapidement que leurs recettes grimpent moins vite que ne se creuse leur endettement. Leur survie va dépendre soit d'un formidable « boom » du transport aérien, soit d'une aide de l'État. Pour sa part, le gouvernement français ne saurait rester insensible à cet argument massue : les compagnies étrangères soutenues financièrement par leur pays d'origine ne tarderont pas à s'enhardir au-dessus du territoire national. Ajoutez à cela qu'il serait dangereux de se laisser distancer dans cette industrie d'avenir qui a révélé tout son potentiel pendant la guerre. L'État se fait d'abord tirer l'oreille puis finit par accorder des subventions destinées à l'aménagement de terrains en métropole et dans les colonies, et à renflouer les entreprises. Mais pas toutes de la même façon... Ces subtilités échappent à un Mermoz euphorique. Pour l'heure, il savoure sa chance dans le train qui cahote vers le sud.

Il sait que Latécoère est l'un des rares précurseurs encore en lice à avoir réussi, en moins de cinq ans, une superbe percée du marché aérien, un succès d'autant plus remarquable que personne, à Paris, n'y croyait.

La progression originale de cet ancien constructeur de wagons installé à Montaudran, près de Toulouse, le place dans une situation particulière par rapport à ses concurrents. L'homme réagit vite et précède même les événements. En novembre 1918, lorsque le gouvernement, qui lui avait confié la fabrication de mille avions Salmson, réduit sa commande de façon considérable, il ne cède pas au désespoir. Il conçoit aussitôt un projet grandiose : une ligne France-Amérique du Sud. Ni plus, ni moins...

En décembre 1918, cette idée prend corps et ne recueille pas que des avis favorables. Latécoère, imperturbable, affirme qu'il va s'attaquer, et ce dans le courant du mois, à la barrière infranchissable des Pyrénées... Ensuite, déclare-t-il à ses collaborateurs interloqués, ce sera l'Espagne, puis la Méditerranée et le Maroc.

Folie que tout cela...

Selon ce visionnaire, la mise en place d'une liaison aérienne ramènera les temps de parcours à trois jours pour le Brésil et à quatre pour l'Argentine, au lieu des quatorze et dix-sept réalisés par bateau...

Le plan provoque des sourires condescendants : en 1918, les avions tiennent tout juste l'air...

Cependant, les premiers voyages vers le Maroc amèneront les fonctionnaires et les affairistes à réviser leur position : ils vont avoir la brillante démonstration que l'aviation commerciale rapproche la France de l'Afrique où sommeillent de gros, très gros intérêts...

Quant à l'extension sud-américaine du réseau des Lignes Latécoère, n'en parlons pas : elle se heurte à une indifférence quasi générale dans les milieux officiels. Latécoère fait tout de même valoir qu'entre la France et l'Amérique du Sud l'échange de courrier atteint les 2 000 tonnes, une quantité énorme comparativement aux 700 tonnes de l'Extrême-Orient. Si son raisonnement s'avère exact, il omet un critère essentiel : l'Extrême-Orient, outre un charme indéniable, est aussi une zone de colonies françaises. Pas l'Amérique du Sud!

Le scepticisme aigu rencontré dans son pays par Latécoère ne le désarme pas puisqu'il revient à la charge. Finalement, après de longues et fastidieuses négociations, l'Administration lui promettra une subvention, mais du bout des lèvres...

Le constructeur toulousain se doit aussi d'obtenir l'adhésion plus problématique des professionnels, anciens pilotes de chasse ou d'observation, avertis mieux que quiconque des limites du matériel. Pour les gagner à sa cause, il va donner personnellement l'exemple. Il faut dire qu'il est doué d'un caractère impulsif...

Le 25 décembre 1918, à bord d'un Salmson débarrassé de sa tourelle de mitrailleuse et de son lance-bombes, et piloté par Lemaître, ex-grand as du bombardement, il s'envole en direction de Barcelone distante de 400 kilomètres. Et remporte son pari : ils ont vaincu les Pyrénées, non sans frayeur...

Dès février 1919, le premier avion se pose à Alicante. Beppo de Massimi, ami d'enfance de Latécoère, est parti avec lui. Les deux hommes ne s'engagent pas vraiment à l'aveuglette dans l'espace aérien espagnol : bien avant la fin de la guerre, Massimi avait déjà arraché l'indispensable autorisation de survol, preuve de la prévoyance de Latécoère. Toutefois, dans les mois qui vont suivre, la tâche de l'ambassadeur de la C.G.E.A. va devenir de plus en plus ardue devant l'hostilité croissante de l'état-major espagnol qui affiche des tendances germanophiles.

Le voyage à destination d'Alicante, via Barcelone, s'amorce donc en février 1919, un voyage à frissons qui va figurer dans les annales de l'histoire aéronautique. Dans un Salmson ont pris place Massimi et Lemaître. Hélas pour cet équipage, les ordres ont été mal interprétés : la piste préparée à leur intention s'étend sur 600 m² au lieu de mesurer 600 mètres de long. Heureusement, un mur pas très haut arrête la course de l'avion... Quelques heures après cet atterrissage pimenté, Latécoère se trouve à son tour en proie à de sérieuses difficultés; son pilote, au demeurant excellent mais... myope, vole à l'estime : un remous plus violent lui a subtilisé ses lunettes. Penché en avant, il distingue le paysage à travers un épais brouillard et des sueurs froides. Bien sûr, des détails lui échappent, notamment le « T » majuscule censé lui indiquer la direction du vent. Il existe deux possibilités : se poser face au vent ou celui-ci dans le dos, ce qui n'est pas conseillé. L'aviateur, qui joue de malchance ce jour-là, se présente dans le mauvais sens, poussé par le vent, ne peut ralentir sa machine qui plonge dans un fossé...

Cette double casse ne tempère pas l'exaltation lucide de Latécoère qui persiste dans son entreprise.

Le 19 mars, avec Lemaître aux commandes d'un autre appareil, il arrive sans encombre à Alicante puis, dans l'après-midi du 20, touche Rabat où les attend le maréchal Lyautey, impressionné autant par l'exploit que constitue ce vol que par l'exemplaire du *Temps* daté de la veille et le bouquet de violettes fraîches cueillies à Toulouse... Ces deux cadeaux remis par Latécoère symbolisent une victoire sur la durée et convainquent le maréchal de la nécessité d'une liaison France-Maroc.

Encouragé par le million de subvention accordé par Lyautey et par le contrat en bonne et due forme que vient de signer le directeur des postes chérifiennes, Latécoère rentre à Paris où il entame des tractations avec divers ministères. Il ressort de ces entrevues que l'armée lui cédera quinze Breguet 14, des appareils réputés pour leur robustesse.

Le 1er septembre 1919, Didier Daurat assure le premier courrier aérien postal à destination du Maroc. Précisons qu'il ne dispose pas de radio, ni d'instruments de bord perfectionnés; de même, il n'y a pas d'infrastructure au sol. Le courage, l'instinct, l'expérience aussi, ouvrent la voie. La foi fait le reste.

Parvenu à ce moment de l'histoire, Mermoz se remémore un détail amusant : à l'époque, la ligne s'appuie sur l'endurance des pigeons voyageurs, une cohabitation harmonieuse qui va s'étaler sur trois années. Cette solution archaïque, adoptée sur le tronçon Oran-Alicante, va sauver des vies : les vieux bimoteurs amphibies, qui font péniblement la navette, dépassent rarement une altitude de 150 mètres, plafond, avec une telle charge, pour des moteurs de 140 CV... Or, une fois en haute mer, ces pseudo-hydravions ne flottent pas longtemps. Et l'équipage, souvent agrippé aux débris, doit guetter les secours en priant pour que ses pigeons ne se soient pas égarés...

Sans doute Jean connaît-il de nom quelques-uns des aviateurs qui forment l'avant-garde de cette compagnie : Beauté, Dieudonné Costes qui deviendra célèbre en traversant l'Atlantique Nord en 1930, Vanier, Dombray, ex-commandant des Cigognes, l'escadrille de Guynemer et Daurat, le pilote qui a repéré la Grosse Bertha, ce canon géant qui terrorisait les Parisiens. Ce cénacle sans pareil réunit également Doerflinger *, Bedrigan, Rozès, Deley, Delrieu, Lécrivain, Hamm, Thomas, des personnages parfois hauts en couleur...

En cette année 1924, la ligne dessert régulièrement l'Espagne et s'enfonce, chaque jour davantage, un peu plus loin le long des côtes d'Afrique du Nord. Au mois de mai, tandis que les appareils ne dépassent pas encore Casablanca, Latécoère envoie le capitaine Roig en Amérique du Sud. Déjà, un an auparavant, ce militaire

* Doerflinger, Alsacien, combattait pendant la Première Guerre mondiale dans l'aviation allemande : il abattit 14 appareils français.

mis en disponibilité avait été chargé d'explorer le parcours Casa-Dakar.

Cette évolution constante implique une équipe plus importante, plus de mécaniciens, plus de pilotes.

Mermoz en sera.

« Le plus grand bien que nous faisons aux autres hommes n'est pas de leur communiquer notre richesse, mais de découvrir la leur. »

Louis Lavelle
(L'Erreur de Narcisse)
Grasset.

6.

Jean, en ce matin d'octobre toulousain, ne ressemble pas encore à Mermoz. Mais il ne passe pas inaperçu... Guêtré de blanc, le chef coquettement dissimulé sous le fameux chapeau à larges bords, c'est un artiste efflanqué, sorti tout droit de Montparnasse, qui se présente au gardien du terrain de Montaudran. Témoin par hasard de cette arrivée peu orthodoxe, le mécanicien Marcel Moré lui trouve une « fière allure * ».

A cette heure, l'aérodrome est silencieux, ou presque. L'activité tout entière se concentre à proximité des hangars et dans les ateliers : les hommes s'affairent à la préparation des avions. A l'évidence pourtant, si l'on soustrait les Breguet 14 à la vue d'éventuels promeneurs, ce grand champ rectangulaire, bordé par une voie de chemin de fer, un bois et des cultures, attend plus le laboureur et sa charrue que le défricheur de lignes...

Une ancienne ferme, pompeusement rebaptisée « le Château », abrite les bureaux administratifs, la direction et une vaste salle où l'on introduit le jeune pilote. Gonflé de l'assurance que lui confèrent un carnet de vol

* Marcel Moré, *J'ai vécu l'Aéropostale*, Éditions de l'Acropole, 1980.

honorablement garni, sa campagne de Syrie et plusieurs décorations *, Jean va enfin rencontrer le chef d'exploitation de Latécoère, ce Didier Daurat... « Patientez un peu, lui lance quelqu'un, le patron est occupé. » Se morfondre cinq minutes après des mois d'incertitude infernale, voilà qui paraît un purgatoire bien inutile.

Mermoz ronge son frein.

Et puis...

« Entrez! » Une voix sourde qui n'admet pas la réplique.

Mermoz pousse la porte et pénètre dans une pièce spartiate où lui fait face un homme tout d'un bloc. Assis derrière une table couverte de documents soigneusement classés, Didier Daurat le considère sans aménité, sans un mot de bienvenue, calculateur à la façon d'un maquignon.

Décontenancé par autant de froideur, Jean se détourne de ce regard neutre pour découvrir, punaisée sur un mur, une carte d'Espagne sur laquelle une main ferme a tracé des lignes de diverses couleurs. Son nouveau domaine.

Un froissement de papier le ramène à la réalité. Daurat feuillette rapidement ses certificats, se contente de les parcourir brièvement et donne l'impression désagréable de s'en désintéresser. Jean tente de plaider; il attire l'attention du patron sur ses décorations, ce résumé des premières souffrances, sur cet alignement d'heures de vol, la preuve de son expérience.

« Je vois, le coupe un Daurat agacé. Laissez-moi lire! »

Et il lit.

Mermoz, dans ses petits souliers, n'ose l'interrompre.

* Mermoz est titulaire de : la croix de guerre des T.O.E. (une citation à la division); la médaille du Levant; la médaille de Syrie et Cilicie.

Et une éternité s'écoule avant que le patron ne reprenne la parole :

– Somme toute, vous n'avez rien fait!

Le jeune aviateur n'en croit pas ses oreilles. Peut-être, la fatigue de la nuit et ces longues semaines de privation ont-elles atténué ses sens. Il s'estime quand même en pleine forme. Mais non! Ce sont bien là les mots exacts de son interlocuteur. Il se rebiffe :

– Six cents heures de vol...

– ... ce n'est rien, rien du tout, poursuit le directeur qui lui assène un nouveau regard glacial, avant de reprendre : Vous avez de beaux cheveux, une tête d'artiste, pas une tête d'ouvrier...

– Mais je suis venu pour être pilote, rectifie Mermoz, sur la défensive.

Daurat s'empare du carnet de vol qu'il compulse d'un air blasé :

– Être pilote, c'est être d'abord ouvrier. Vous suivrez la filière. Je vous engage comme mécanicien. Allez trouver le chef mécanicien et demandez-lui des bleus.

Le ton cassant laisse Mermoz sans voix, momentanément dompté. C'est tout juste s'il parvient à bredouiller un « bien, monsieur le directeur ». Puis, l'effet de surprise passé, il se ressaisit :

– Quand pourrai-je piloter? hasarde-t-il, anxieux.

– Ici, on ne pose pas de question. Vous verrez bien quand vous volerez. Si vous volez...

Le sous-entendu laisse planer un doute douloureux. L'entretien, ou plutôt l'épreuve, se conclut sur ces paroles dures.

On devine que des sentiments contradictoires tourbillonnent sous la belle chevelure de Jean quand il se dirige vers les ateliers où il retrouve deux camarades arrivés avec lui : Marcel Reine et André Dubourdieu.

Les deux apprentis pilotes l'interrogent :

– Alors, bon accueil?

– Quel ours! lâche Mermoz avec dépit.

– Quel homme! précise le contremaître avec une ébauche de sourire. Lui et les anciens vont ainsi leur raconter l'histoire de ce chef qu'ils respectent.

– Oui, c'est un dur, leur explique-t-on, un vrai. Il ne donne pas dans le sentiment.

Daurat doit son embauche à Beppo de Massimi qu'il a formé pendant la guerre. La paix revenue, Massimi le recommande à Latécoère qui le refuse dans son équipe : il n'aime pas Daurat, l'homme qui résiste, « un mauvais esprit » selon lui. Avocat habile de son ami, Massimi obtient gain de cause. Non seulement le « camarade gelé », surnom de Daurat en escadrille, intègre les Lignes Latécoère, mais il gravit relativement vite les échelons pour devenir chef d'exploitation à Toulouse, en octobre 1920 [3]. Depuis, il mène ses pilotes et ses mécaniciens avec une poigne de fer. Et l'affaire tourne.

Tout cela ne déride pas Mermoz qui ne digère pas son amertume. Il revoit, avec colère, ce masque d'autorité impassible qu'une courte moustache, taillée de près et hérissée comme son propriétaire, ne contribue assurément pas à attendrir.

Il revoit ces lèvres minces qui ne sourient jamais. Il revoit ce regard qui fouille l'âme...

Il entend encore cette voix au débit lent, passé à la moulinette d'une réflexion froide, toujours logique.

– Avec le patron, lui dit-on en guise de mise en garde, tout se résume en deux mots : respect et crainte. D'ailleurs, les premiers pilotes à avoir volé à égalité avec lui et qui pourraient revendiquer une certaine familiarité, lui témoignent, sans ironie aucune, un respect perceptible quand ils s'adressent à « Monsieur » Daurat...

Bref, pas d'artifice chez cet homme apparemment

peu accessible à la faiblesse, mais qui, avec une énergie stupéfiante, tire la ligne vers sa légende.

Chaque jour, il oblige les équipages à se surpasser. Eux qui pensaient avoir atteint leurs limites extrêmes, ils se découvrent de nouvelles ressources. Chaque jour, ils se fortifient un peu plus contre la peur et inventent ainsi la régularité du service aérien postal.

Jean écoute distraitement ces récits. Il ne décolère pas. Il rumine sa rancœur contre Daurat.

Il apprendra par la suite que le chef d'exploitation voit dans ses hommes une pâte vierge à laquelle il entend donner la forme souhaitée. Attention! la pâte en question doit être déjà d'excellente qualité. Sous des dehors tyranniques, injustes même, Daurat ne cherche pas l'asservissement, il veut amener ses pilotes et ses mécaniciens à s'améliorer jour après jour. Il les révèle ainsi à eux-mêmes. La Ligne l'exige!

La voix du chef d'atelier arrache Mermoz à son ressentiment : « Vous commencerez demain, à 6 h 30 tapantes. » Puis il libère ses nouvelles recrues.

– On rentre ensemble? propose Mermoz à ses deux camarades.

– Avec plaisir, acquiesce Marcel Reine, un titi parisien dont la gouaille autant que le courage ne tarderont pas à être connus sur trois continents.

– Viens avec nous au Grand Balcon, l'invite-t-il.

Jean ne dit pas non. A la vérité, il n'avait pas encore envisagé son hébergement.

De cette façon, il fait la connaissance de quatre vieilles demoiselles qui tiennent la pension, véritable quartier général officieux des pilotes de la ligne. Séduites par le charme romantique du jeune homme ou impressionnées par son appétit, les demoiselles vont se prendre pour lui d'une affection profonde.

Mermoz vient de retrouver une famille.

L'aube du grand jour arrive. Les voici place du

Capitole, d'où un omnibus asthmatique les emmène vers Montaudran, à travers les rues désertes.

Le temps d'enfiler les bleus, le chef mécanicien les interpelle : « Vous voyez ces cylindres. Vous allez les laver à la potasse. Cela fera blanchir vos jolies mains... »

Et Mermoz, comme ses camarades, plonge les mains dans le cambouis, c'est-à-dire dans la réalité, ce qui lui permet de s'initier au fonctionnement de la machine et à ses défaillances possibles. Parfois, il fait des « heures de carlingue » : il s'installe à la place du pilote, dans un avion immobile, pour se familiariser avec cet environnement restreint auquel, d'ailleurs, il a été habitué en Syrie; les quelques instruments du tableau de bord n'ont plus de secret pour lui : un compte-tours, indispensable, une petite cloche de verre dans laquelle, à la manière d'un cœur, une pompe fait jaillir l'essence régulièrement afin d'alimenter le moteur. Une absence de pulsation et il faut vite utiliser le réservoir supérieur. En plus, chaque aviateur dispose d'une planche amovible, part intégrante de son équipement individuel au même titre que les vêtements de vol, planche sur laquelle sont fixés un altimètre et une montre. On peut l'accrocher sur le tableau de bord, grâce à deux pitons conçus à cet effet, ou la passer en sautoir autour du cou.

En cas de mauvais temps, les équipes se réunissent dans la salle des pilotes, une antichambre austère et peu meublée, aux murs tapissés de cartes de la ligne, où les jeunes écoutent les anciens, assimilent leurs conseils, leurs trucs...

Et les jours s'enchaînent. Une centaine de cylindres défilent entre les mains des aspirants pilotes, en moins de trois semaines, travail guère passionnant mais instructif.

Si cette corvée dans un atelier ne correspond pas

vraiment à son souhait initial, Mermoz apprécie tout de même le fait de tenir un emploi. Sa récente période noire a laissé une profonde empreinte. Seule inconnue : il ne sait toujours pas quand il volera, mais il volera, c'est sûr!

En attendant, il ne se décourage pas et mettrait plutôt du cœur à l'ouvrage. Ce qui lui vaut d'être promu dégroupeur : il démonte et remonte les moteurs. Au moins, le voici au contact des avions. De là à grimper dedans, il n'y a qu'un pas. Patience...

Ce régime monotone, version moderne du supplice de Tantale, va donc durer trois semaines. Puis, un soir, Daurat traverse l'atelier et, sans s'arrêter, grogne plusieurs noms dont celui de Mermoz, et grommelle :

– Demain matin, 6 h 30, sur la piste.

Sur la piste! Enfin! Cela signifie... oui, c'est ça : ils vont VOLER!

Le purgatoire touche à sa fin, mais rien n'indique encore le paradis.

Une aube lugubre les trouve sur le terrain. Des anciens, que le service ne retient pas, traînent alentour pour ne pas perdre une miette du spectacle, masse silencieuse qui juge après avoir été jugée.

Rejeté ou admis, tel sera le verdict de « Monsieur » Daurat. Un verdict sans appel.

Il fait froid. Daurat active le mouvement : « Dépêchons! Vous d'abord... »

Le sort vient de désigner un de ces apprentis dont les ongles sont maculés de cambouis.

Le cœur battant, conscient des regards braqués sur lui, le jeune homme se dirige vers le vieux Breguet 14. Pendant ces préparatifs, Daurat allume une cigarette. Visage impassible, à demi caché par un feutre, il assiste au décollage, hésitant il faut le reconnaître, du candidat. Un pli barre le front du patron; pourtant, l'œil demeure inexpressif. Et le test s'achève en cauchemar : « Cela ne vaut rien, tranche Daurat. Éliminé! »

Le malheureux veut se justifier malgré tout, s'expliquer mais... Au suivant!

Daurat l'a déjà oublié.

Dans l'assistance, la tension baisse d'un degré, l'espace d'une brève compassion.

Le suivant en question prend également le chemin de la sortie. Une vraie hécatombe!

Maintenant, c'est au tour de Mermoz, un Mermoz à l'estomac contracté, un Mermoz envahi par le trac et surtout animé par la volonté de montrer au patron ce qu'il a dans le ventre. La rancœur de la première entrevue balaie d'un coup toute appréhension. Ah! comme ça, six cents heures ne valent rien. Eh bien, il va voir. Un ordre sec. Daurat le houspille : « Allons, Mermoz, pressons. » Sous-entendu : vous n'êtes pas le seul.

Jean s'en donne alors à cœur joie. Il décolle doucement, effectue un long palier près du sol afin d'accumuler de la vitesse puis, après un virage à plat dit à l'américaine, monte soudain dans une superbe chandelle. Ah! il le maîtrise bien, son avion. En bas, les connaisseurs apprécient. Un pilote né, ce Mermoz. Ce type possède le sens de l'air. Mieux, l'instinct. Voilà un pilote de grande classe, mais casse-cou.

« Il fait le con, murmure Daurat, il fait le con... »

A ses côtés, Charles Painchaut, le chef mécanicien, tressaille et blêmit. Mermoz, avec lequel il a fraternisé, vient de gâcher ses chances. Il lui avait pourtant donné des consignes très strictes au sujet de ce vol. Et de Daurat. Hélas pour lui, Jean, décidé à « épater la galerie », multiplie les figures acrobatiques les plus audacieuses, assez éloignées, à vrai dire, de l'exercice demandé. Il va jusqu'à commettre l'irréparable : survoler la propriété de Marguerite Latécoère, ce qui était formellement interdit. Cette excentricité ne lui sera pas pardonnée.

Pour l'instant, il se grise d'azur. Voilà pour « môssieur » Daurat, exulte-t-il au terme d'un looping impeccable. Et il réussit un atterrissage parfait, d'une rare précision, « dans les marguerites », en l'occurrence sur le rond blanc du terrain destiné aux manœuvres délicates.

Quand il saute prestement hors de la carlingue, il se sent en accord avec lui-même. Il espère des applaudissements, des compliments et – pourquoi pas? – des excuses.

De Daurat, point de trace. Il a quitté le terrain, sans faire de commentaire. Les anciens baissent le nez, gênés. Ils savent. L'un d'eux, Rozès, prévient Mermoz : « Ne le cherche pas. Tu peux faire ton baluchon... »

Avec la désinvolture de la jeunesse et la certitude bien ancrée d'avoir réalisé une belle démonstration de son talent, Jean, d'un haussement d'épaule, secoue la brimade.

Survient le patron, plus impénétrable et plus bougon que jamais, qui l'interpelle :

– Alors, vous êtes content de vous?

– Mais oui, monsieur le directeur, lui rétorque Mermoz avec impertinence.

– Vous, peut-être. Pas moi! Ici nous ne prenons pas d'acrobates. Pour le cirque, allez voir ailleurs.

Mermoz laisse éclater sa révolte; de rage, il arrache son casque de cuir, se rue vers le vestiaire des mécaniciens et collecte ses affaires, tout en ruminant une déception compréhensible.

Daurat, qui n'en a pas fini avec le jeu du chat et de la souris, le rejoint :

– Ainsi, vous partez...

– Oh! oui, crache Mermoz.

– Je vois, pas de discipline. Et prétentieux avec ça. Et content de vous, naturellement.

– Oui, je suis content de moi. J'ai bien piloté.

– Vous répondez? (Daurat jubile intérieurement mais n'en laisse rien paraître.)

– Vous m'interrogez, non? réplique Mermoz, insolent. Un vrai chat sauvage.

– Mauvais caractère, constate le chef.

– Ah! non, monsieur le directeur, je n'ai pas mauvais caractère, corrige Mermoz avec fermeté, avant d'ajouter d'une voix frémissante de colère contenue : mais je déteste l'injustice... Et, soudain fier : de plus, j'affirme que j'ai bien piloté!

– Hum, prétentieux, décidément. On vous dressera.

Un temps, puis Mermoz :

– Mais, ... vous me mettez à la porte!!!

Daurat vrille son regard dans celui du jeune pilote :

– Bon, on va voir... Retournez sur la piste. Montez lentement à 200 mètres et virez à plat. Ensuite, revenez face au terrain et prenez de très loin votre atterrissage. C'est comme ça qu'on travaille à la ligne.

Jean s'élance, bondit dans l'avion, réalise point par point les manœuvres exigées.

A l'atterrissage, son estomac se noue en une boule douloureuse : toujours pas de Daurat à l'horizon. Mais le sourire des anciens le rassure. Cette fois, il a gagné sa place parmi eux [4].

Mermoz et le Destin viennent de se retrouver.

Quant à Daurat, il n'a même pas regardé ses évolutions. Tout simplement parce qu'il sait que ce pilote fougueux possède les qualités requises et bien plus encore. Cependant, il se devait de lui montrer que, sur la ligne, seul compte le travail d'équipe, un travail d'ouvrier *.

* Plusieurs années après cette prise de contact pour le moins mouvementée, Didier Daurat révélera qu'il a senti en Mermoz un homme d'engagement susceptible de faire bouger les événements, un meneur, mais il a aussi perçu un esprit indiscipliné, rebelle à l'autorité, et un puissant orgueil. Cela, il lui fallait l'abattre.

« Nous ne sommes pas des paquets de chair qu'il faut secouer », affirme-t-il. Fort de ce principe, le chef d'exploitation ne tolère pas la moindre faute, la plus petite négligence; sinon c'est la mise à pied immédiate, injuste à l'occasion. Mais la ligne tourne. Le courage, l'abnégation et une soumission totale font une discipline rigoureuse à laquelle Jean va se plier tant bien que mal. Enfin et surtout, Didier Daurat respecte une devise que Mermoz et bien d'autres adopteront : hors du but, il n'est rien!

« Face à l'événement, c'est à soi-même que recourt l'homme de caractère. »

Charles de Gaulle
(Le Fil de l'épée).

7.

Visiblement, l'année 1924 se termine mieux, beaucoup mieux que la longue errance dans les rues de Paris ne le laissait supposer voici quelques semaines encore.

Mermoz va voler, désormais, et le plus souvent possible. Il est vrai qu'il a un sérieux retard à combler.

Oui, décidément, la vie est belle.

Daurat l'affecte sur le parcours Toulouse-Barcelone, puis, le 14 janvier 1925, sur le tronçon Barcelone-Alicante. Imperturbable comme à son accoutumée, le patron trouve les mots justes pour freiner l'enthousiasme du jeune pilote : « Souvenez-vous, Mermoz, au-dessous des mers de nuages, c'est l'éternité... » Une recommandation qui donne effectivement à réfléchir.

Les anciens, habitués aux avions peu fiables et ouverts à tous les courants d'air ainsi qu'à tous les froids, ne tarissent pas non plus de conseils, refont la géographie, distillent leur expérience.

Là, expliquent-ils à leurs cadets, en désignant un point anodin sur la carte – une crotte de mouche –, méfie-toi, le vent est vicieux et l'orage menace...

Ici (le doigt glisse vers la ville de Lorca et la cache), tu verras une ferme; n'hésite pas à t'y rendre : le fermier et la fermière te prêteront la main.

Nouveau geste : ici encore, fais attention aux trois orangers en bordure du champ, près de Guadix...

Des fleuves, la carte révèle le tracé particulier. Impossible de ne pas les voir de là-haut. Il en va différemment avec les ruisseaux : rien, pas la moindre indication. Or, c'est là le grand danger.

Avec la même application qu'il mettait à rédiger les enveloppes dans son autre vie, Jean porte les précieux renseignements sur ses cartes. Assez étrangement, il se sent protégé comme si ses aînés sur la ligne lui avaient transmis, non pas seulement des repères utiles, mais les clés d'un rite connu d'eux seuls et qui, dorénavant, le placerait à l'abri. A l'instar des nouveaux venus sur le parcours, il sait, pour en avoir entendu le récit, que chacun de ces conseils prodigués simplement a été vécu : ainsi, ce ruisseau traître, redevenu inoffensif parce qu'un doigt l'a dénoncé, a stoppé brutalement un avion, secoué, blessé peut-être, son pilote; de même, cet oranger a crocheté une aile...

Mermoz apprend ses routes et se remplit les yeux.

Une fois en l'air, le lourd Breguet 14 suit le canal du Midi, survole le terroir du Lauragais, s'oriente grâce à la cité de Carcassonne et à la chaîne des Corbières qui annonce un obstacle redouté : les Pyrénées.

Les nuages, la neige si proche et la peur tentent, tour à tour, de retenir l'intrus. Avec résolution, comme ses camarades avant lui, Jean se faufile dans les nuées grimaçantes, s'enfonce dans la grisaille, rougit sous les gifles du vent glacé, mais ne bronche pas. Ballotté, bousculé, le biplan poursuit bravement sa progression. Le courrier doit passer, a dit Daurat. Et cette fois, il passe encore. Sans doute, Mermoz, crispé et aux aguets, a-t-il alors une pensée fugitive pour les premiers morts de la Ligne, surpris dans ces parages et happés par les éléments *.

Ces disparitions tragiques incitent les autres équipages à redoubler de vigilance. Néanmoins, le doute s'insinue parfois dans l'esprit de ces hommes qui n'ont pour unique boussole que leur bon sens. L'aviateur, lancé au milieu de périls invisibles, sent sa détermination fléchir. S'il avait dérivé... S'il s'éloignait vers la mer... Et si le vent, qui patrouille sans cesse le long des parois, le poussait vers la muraille après avoir joué avec lui...

Mermoz endure cette torture mentale depuis un bon moment lorsque, soudain, entre deux nappes moins denses de cette ouate funèbre, il aperçoit la plaine éclaboussée de soleil et des toits qui se rapprochent pour former une agglomération étalée en un demi-cercle inégal. Barcelone, une ville quadrillée comme un damier, séjour de la courtoisie et centre de toutes les amitiés sincères, défile bientôt sous ses ailes. Maintenant, la brume se dissipe rapidement et Jean distingue le port, vaste et débordant d'activité, d'où s'élève paresseusement la fumée des vapeurs; il remarque également ces ondulations tendres, en forme de mamelon, et couvertes de jardins splendides où nichent les palaces de Montjuich. Il voit même le funiculaire qui dessert cet endroit privilégié et le réseau de routes étroites qui s'entortillent tout autour, avant de se fondre au pied de la citadelle.

La campagne, immobile et si paisible de là-haut, s'éveille à mesure que l'altitude diminue, se pique de mille et un détails colorés. Un mouvement du pilote,

* Il s'agit de Rodier et de Marty, son mécanicien, engloutis par une mer déchaînée, en octobre 1920, tandis qu'ils forçaient leur passage entre Port-Vendres et le cap Creu, le col du Perthuis étant bouché.

geste synchronisé de la main et du palonnier, et l'avion altère sa course dans un large virage pour aller se poser, à une dizaine de kilomètres de là, sur le terrain du Prat, grand comme un mouchoir de poche et délimité par une ligne de peupliers.

L'une après l'autre, au fil des semaines, les cités espagnoles vont ainsi s'offrir au jeune Français qui s'émerveille devant tant de beautés différentes.

Dans son vol vers le sud, le Breguet glisse au-dessus de bourgades qui font tache sur le sol rougeâtre. Il arrive au pilote attentif de surprendre des barques à voile triangulaire qui rentrent au port. Il enregistre ces images, les compare aux souvenirs que lui ont légués les compagnons aguerris. Ceci lui permet d'identifier Tarragone et l'embouchure de l'Èbre, reconnaissable à ses tentacules de sable et aux carcasses rouillées de navires enlisés...

Là, cette oasis encerclée par des sierras, c'est Murcie, l'ancienne capitale musulmane. La superbe cathédrale du XIVe siècle, que domine une tour de six étages, confirme cette information. De plus, les fameux jardins, succession d'oliveraies et d'orangeraies entrecoupées de rangées d'amandiers, dissipent les derniers doutes du navigateur : dans une région aussi accidentée et rude de climat, seule la vallée du Segura avec la huerta de Murcie autorise de telles cultures.

Plus bas, le spectacle change. Alicante, l'ultime étape du périple de Jean, surprenante avec ses airs d'Afrique, semble reposer sur une poussière ocre qui s'insinue partout, entre les habitations et parmi les cailloux chauffés par un soleil blanc.

Généralement, l'harmonie et la nonchalance suscitées par le scintillement d'une mer bleue et sans rides, et l'apparente lascivité de la terre donnent aux fins de voyage un goût suave qui dédommage l'homme de ses frayeurs précédentes.

Voilà comment l'Espagne, par touches pudiques, se révèle à un Mermoz transformé, plus étoffé et à la peau brunie. Si le jeune aviateur fait preuve d'une rare vitalité aux commandes de son avion, au point de mériter la médaille de l'Aéro-Club de France pour le plus grand nombre de kilomètres parcourus dans l'année *, il ne manque pas non plus de tempérament au sol. En effet, Jean succombe souvent aux œillades veloutées et, notamment, aux charmes d'une Andalouse entretenue par un honnête bourgeois marié.

Cette idylle passionnée aura d'ailleurs un dénouement cocasse, digne du théâtre de boulevard, dont Mermoz va se vanter auprès de Mangaby ** : « Tous les soirs, pour ne pas éveiller l'attention, je sautais le balcon et me rendais dans la chambre où se trouvait la belle. Tout allait pour le mieux dans le meilleur des mondes quand, une nuit, notre propriétaire s'éveilla et entendit quelque chose d'anormal sur lequel il fut très vite fixé. Là-dessus, grand scandale parmi les locataires de l'appartement. Tout le monde vint juger derrière la porte de l'importance des... débats. Le lendemain, on signifiait à ma voisine d'avoir à vider les lieux sur l'heure, parce que là-dessus les Espagnols ne badinent pas. Je n'ai pas dit les Espagnoles parce que maintenant, j'ai grandi d'une coudée aux yeux de la gent féminine de l'étage et mieux! j'ai la considération du propriétaire. Tu vas rire à la vision de mon saut du balcon en pyjama, et encore! sur la principale avenue de Barcelone... »

Bref, comme il l'a déjà écrit à son ami Louis, « la vie est belle. Je vole tant que je veux et roule ma bosse un peu partout. Je me plais à Barcelone. C'est assez

* Mermoz a effectué 120 000 kilomètres en 800 heures, au cours de l'année 1925.

** Lettre datée du 22 octobre 1925.

fatigant, mais quand on est gonflé, il n'y paraît pas... * »

Il loge alors à la Nueva Pension Frascati, un modeste établissement confortable et tranquille dont « le patron est italien, la patronne française, le chef cuisinier corse, les bonnes espagnoles, portugaises et allemandes ** ». Là, il va se lier avec un ingénieur chimiste, un directeur des automobiles Delahaye et un dessinateur écossais, pour former un sacré quatuor. « Nous révolutionnons littéralement la pension, lit-on dans une lettre adressée à ses grands-parents ***. Nous organisons des concerts avec des intermèdes acrobatiques. » Cela, bien sûr, quand il n'escalade pas des grilles pour faire chavirer des cœurs...

L'ingénieur chimiste l'introduit au club de natation de Barcelone. Une aubaine pour Jean : « Athlétisme, nage, canotage. C'est au bord de la mer et c'est mixte. Alors tu penses! J'y passe tous les moments libres à me bronzer et je continue à me griller les omoplates et les entrecôtes ****. »

A vrai dire, il n'existe guère de répit dans l'emploi du temps professionnel de ce jeune pilote qui ne proteste pas : « J'ai un jour de repos en moyenne sur trois. Nous ne connaissons ni dimanche, ni jours de fête, mais peu importe. Je pars le matin à 10 h 30 avec le courrier qui arrive de Toulouse; je vais jusqu'à Malaga où j'arrive à 5 h 30 le soir, après arrêt à Alicante pour changer d'avion, soit 1 000 kilomètres en six heures trente à sept heures de vol dans la journée, par temps normal. Je rentre le lendemain et refais le même trajet avec le

* Lettre datée du 12 février 1925.

** Lettre du 25 janvier 1925.

*** Lettre du 3 mai 1925.

**** Lettre écrite à sa mère, vraisemblablement en mai ou juin 1925.

courrier qui remonte de Casablanca. Le troisième jour, je me repose si possible. C'est assez fatigant parce qu'il faut partir et arriver par n'importe quel temps *. »

Ces rotations ne l'empêchent pas de vite s'adapter au rythme local tandis que son estomac s'habitue à l'huile, « seul défaut de la nourriture espagnole ». Autrement, tout se passe à merveille. Barcelone vit la nuit. Eh bien! Mermoz vit la nuit. Il assiste aux spectacles qui « n'ouvrent qu'à 10 h 30 et s'achèvent vers deux heures du matin ». Ensuite, seul ou en compagnie, il déambule sur la Rambla brillamment éclairée, une large avenue bordée de cafés, de théâtres et d'hôtels, qui descend jusqu'au port. Ses pas le guident parfois sur le Paseo de Colon, une promenade agréable le long du quai qui conduit à un parc magnifique.

Certains soirs, Jean aime à se couler dans l'atmosphère enfumée des bodegas, dans une ambiance propice aux retrouvailles chaudes et au flamenco.

Si Mermoz aime la danse, celle-ci le fascine par son ambiguïté sensuelle. N'est-il pas étonnant, au cœur de l'Espagne chaste et puritaine, de voir une jeune femme aux moues provocantes mimer l'amour et dompter, avec une grâce très pure, une énergie à la limite du déferlement?

Et puis, il y a cette croupe qui oscille comme au bord de l'extase, ce regard sombre qui brûle votre regard... La percussion lancinante des talons sur le plateau d'une table ou sur le parquet complète l'envoûtement.

Mais l'aube chasse l'enchantement. L'avion et le courrier n'attendent pas. Parfois, il faut remplacer un camarade absent. Infatigable, déjà téméraire et surtout avide de voler, Jean se prête aisément et sans rechigner à cette cadence rapide, qu'un sommeil d'enfant et son appétit aident à surmonter.

* Lettre du 25 janvier 1925.

Sa réputation à table a d'ailleurs fini par déborder le cadre intime de la pension et le cercle de ses relations pour s'étendre à nombre de popotes espagnoles. Les visites de Mermoz y créent souvent la surprise. Suite à un pari malencontreux, un camarade en fait l'expérience de sa poche. Il se montre dubitatif à l'égard de la capacité d'absorption de Mermoz, le dit et demande une démonstration. Et Jean d'avaler alors deux douzaines d'huîtres, un homard entier, un poulet complet avec sa garniture copieuse de légumes et tout un camembert, ainsi que deux douzaines de crêpes et quelques fruits. De quoi rassasier le ver... La dernière bouchée expédiée, il se lève, apparemment léger, devant l'assistance médusée, et quitte le restaurant, non sans avoir gratifié son saint Thomas de compagnon d'un clin d'œil amusé.

C'est l'époque de l'insouciance joyeuse et du rude apprentissage de la Ligne; c'est l'heure des excès pour cause de jeunesse. La chaleur du soleil, l'ardeur des jolies brunes et l'ivresse du ciel stimulent ce tempérament puissant.

Mermoz accepte tous les courriers. Accepte tous les risques. Et même les frictions avec Didier Daurat. Le 13 mai 1925, pour avoir réclamé un congé, le patron lui réplique par note que ceux-ci ne sont accordés qu'après un an de présence au sein de la compagnie. Jean devra donc patienter avant d'obtenir quelques semaines de liberté, mais à condition, comme l'espère Daurat, « qu'il continue à donner toute satisfaction * ».

C'est la première douche froide.

En attendant, le moins qu'on puisse dire est que Mermoz ne se défoule pas dans la rédaction de lettres à

* L'autorisation lui parviendra finalement le 13 novembre; la note lui octroie un mois de vacances à compter du 20 décembre.

l'intention de ses proches. Trop d'occupations l'accaparent... Ainsi, dans ses vœux du... 12 février 1925 à Louis, il ironise sur ce travers : « Figure-toi qu'un grand paresseux ait pris son courage à deux mains et se décide quand même à te dire un petit bonjour... »

On sait que le 3 décembre suivant, il n'a pas encore corrigé ce défaut puisque, à cette date, il écrit à son ami : « Je suis toujours le grand paresseux que tu connais. » Et il le restera.

Le 3 mars 1927, il s'interroge sur son « indécrottable négligence » : « Je ne sais comment je deviens. Maman s'en plaint d'ailleurs fortement. Ma paresse à prendre une plume me rend absolument incorrect. Est-ce l'existence aventureuse que je mène? Est-ce l'éloignement, l'habitude de vivre seul? »

Cette « négligence » lui attire aussi quelques remontrances sévères de la part de la direction, comme en témoigne cette anecdote : Mermoz a emprunté un appareil de prises de vues cinématographiques à la comtesse J. Gamba, avec la promesse de le lui restituer rapidement. Trois mois s'écoulent. Trois réclamations de la comtesse demeurent sans réponse. Furieuse, la noble dame avertit le secrétaire général de la Compagnie Générale Aéropostale qui adresse aussitôt une note confidentielle * à Didier Daurat, avec cette précision : « Il convient de rappeler l'attention de M. Mermoz sur cet oubli regrettable qui contraste avec sa réputation de parfaite courtoisie... » Signalons au passage que Daurat aura également à tirer l'oreille d'un certain Antoine de Saint-Exupéry parce qu' « il n'aurait pas écrit à sa mère depuis deux mois... ** »

* Note n° 10771, du 4 novembre 1930.

** Dans cette note datée du 6 décembre 1930, Daurat invite Saint-Ex à plus de rigueur, « bien qu'il s'agisse d'une question d'ordre privé dans laquelle nous n'avons pas à intervenir ».

A Barcelone, privé de vacances par le règlement, Mermoz vole. Le voici à Alicante, le 25 avril 1925, par un temps de chien : bourrasques et coups de vent violents balaient la région et emportent même le toit de l'unique hangar. Les hommes s'emploient à arrimer les avions. En dépit de la tempête, le courrier de Malaga réussit à se poser sans casse. Un vrai miracle car le Breguet 14, assez peu maniable dans des conditions normales, s'est joué de la colère céleste. Toutefois, le pilote refuse de repartir et ce pour des raisons compréhensibles : il y a la tension nerveuse d'un vol éprouvant, celle-là même qui paralyse le cerveau le plus audacieux; il y a aussi la peur légitime de mettre en péril la vie de ses deux passagers. Le pilote n'ignore pas qu'il doit à une chance insolente d'être encore intact. Tenter maintenant un décollage tiendrait de la pure inconscience. L'homme s'obstine. Il ne repartira pas. Et, silencieux, s'asseoit dans un coin du bureau.

A ce moment arrive Mermoz avec le courrier de Barcelone. Il s'efforce de raisonner son camarade, avec douceur. La météo lui apporte un argument valable : les observations indiquent une amélioration en direction de Barcelone.

« Allez, vas-y », l'encourage Mermoz. L'autre, enfermé dans son mutisme, s'entête. Et pourtant la poste doit passer. Aujourd'hui!

En de pareilles circonstances, il revient au chef d'escale de remplacer l'aviateur défaillant. Berjaud, le responsable, prend les commandes d'un appareil lourdement chargé (sacs de courrier et passagers anxieux), accompagné du mécanicien Lempereur. L'avion cahote sur le terrain inégal, décolle difficilement, se cabre soudain et s'écrase dans une gerbe de flammes. Les spectateurs de ce drame savent trop bien qu'il n'y a plus rien à faire.

A son tour, le plein de son Breguet complété, Jean

s'envole, apparemment sans crainte, vers Malaga.

Le pilote récalcitrant a suivi sans mot dire toute l'opération, attentif, le cœur serré. Il se décide brusquement, se dirige vers les mécaniciens : « Faites le plein de l'avion de remplacement, leur ordonne-t-il, transférez le courrier. Je pars aussi. »

Quelques instants après, le biplan prenait l'air pour Barcelone. Le courrier, qui avait échappé aux flammes, passerait.

L'exemple de Mermoz, l'absence d'hostilité et de reproches venaient d'opérer sur cet homme qui s'est ressaisi. Seul!

La Ligne se construit ainsi, au prix d'une immense emprise sur soi.

La discipline, à laquelle le jeune Mermoz n'aime pas trop se plier, est particulièrement rigide, surtout avec un Daurat pour veiller à son respect. Non sans un humour grinçant, Jean oppose à ces consignes un code de l'air bien singulier. Il faut partir « coûte que coûte ». En cas de plafond bas, si les nuages touchent le sol, si la brume n'autorise pas une visibilité suffisante, il convient de « s'accrocher à une ligne de chemin de fer, à une route, en rase-mottes, à une altitude variant de un à vingt mètres ». Ne pas oublier, non plus, « de sauter les obstacles » : arbres et coteaux... « Raser l'eau près de la côte si l'on se trouve en mer. Si la brume s'épaissit, se poser immédiatement sur terrain de fortune et attendre. Si l'on vole au-dessus de la brume et que l'on est obligé de chercher sa route, essayer de traverser la brume. Si, en sortant, on tombe dans une vallée, tant mieux. Si on percute la montagne, tant pis... »

Volontiers facétieux, Mermoz rappelle quelques principes généraux : « Partir au temps fixé et arriver au temps fixé. Dans le cas contraire, explications inutiles et excuses non valables. »

L'hiver, qui promet d'être très dur, lui permet

d'appliquer ses préceptes et de subir de belles frayeurs. Notamment ce jour-là, lors d'un atterrissage sur le terrain du Prat de Llobregat. Le pilote, qui assure le courrier d'Alicante, se fait chahuter par des tourbillons terribles et doit se fourvoyer dans une région « mal pavée », un piège constitué de sierras déchiquetées, sans la moindre surface plane où plaquer un appareil, des sierras aux pentes abruptes qui tombent dans une mer tourmentée. L'homme se cramponne aux gouvernes d'un avion secoué par les vents rabattants. Il ne pense à rien, sinon à retenir ses tripes et à rester entier.

Ce jour-là, Raymond Vanier, chef de l'aéroplace, attend Mermoz avec quelques mécaniciens. Ils savent que l'atterrissage sur la bande étroite et marécageuse qui leur sert de piste, sera encore plus aléatoire.

L'avion se présente, touche, part soudain en cheval de bois *, s'incline dangereusement, amorce un « pylône », retombe sur ses roues et s'immobilise loin du comité d'accueil. Jean s'extirpe de la carlingue et se dirige vers les hommes qui n'ont pas bougé :

– Alors Mermoz, lui jette froidement Vanier, vous êtes fatigué, vous renoncez à faire rouler l'avion jusqu'au hangar?

– Essayez donc vous-même, lui répond platement le pilote.

En fait, pendant ce vol mouvementé, le jeune aviateur a réagi si fortement sur les commandes que des câbles se sont distendus, l'un d'eux se cassant. Cet incident lui ôte toute prise sur une partie des gouvernes et rend l'appareil peu maniable. Jean aurait pu se poser sur une plage, près de Tarragone, mais il a préféré continuer...

Et les alertes se succèdent. Au cours d'un voyage,

* Cette figure involontaire est réalisée lorsque l'avion touche le sol du bout de l'aile et se retourne.

pris dans une tempête de neige, aveuglé par les rafales, Mermoz parvient à se réfugier sur un terrain de fortune, plus mort que vif, sans casser « ni moi-même ni l'avion ». Les cyclones atteignent une telle violence que « deux camarades dégonflés » quittent la compagnie *. Qui les en blâmerait?

Une autre fois, c'est une panne qui le contraint à un atterrissage brutal sur une plage, près de Villanueva de Geltru. L'avion termine sa course le nez dans les vagues, et la passagère que Jean emmenait dans cette expédition réalise un beau vol plané avant de réussir un non moins beau plongeon. L'intervention rapide de son commandant de bord, excellent nageur, la sauve de justesse d'une situation pénible. Quand l'avion de secours découvre la scène, le pilote ne comprend pas, tout d'abord, ce que Mermoz semble lui crier pour couvrir le vacarme du moteur. Il coupe les gaz et demeure abasourdi tandis que lui deviennent audibles, chantées d'une voix de stentor, les paroles de *J'irai revoir ma Normandie.*

Jean paraît joyeux. Pas sa passagère...

Cette persévérance dans les airs, couronnée par l'Aéro-Club de France, lui amènera, du moins le croit-il, une promotion. Qui n'arrive pas!

L'Espagne l'a conquis, mais il rêve d'Afrique. Les sortilèges du désert l'attirent de nouveau. Et puis, la ligne espagnole est devenue une routine, dangereuse certes, mais une routine tout de même. L'aventure se déploie maintenant en Afrique. A Barcelone, il reçoit l'écho des tribulations de Ville et Rozès : alors qu'ils volaient vers Cap Juby, les deux pilotes, suite à une panne de l'avion de Rozès, sont pris sous le feu des Maures. Rozès abat le plus menaçant, se dégage et saute en voltige dans l'appareil de Ville qui emballe le

* Lettre à sa mère datée du 14 novembre 1925.

moteur et décolle in extremis. Avec le courrier. A cette époque héroïque, les avions vont par paire, du fait de leur fragilité : si l'un tombe en panne, l'autre se pose aussitôt et embarque les sacs postaux. Mermoz se morfond car il se sent abandonné, tenu à l'écart. De là à se croire victime d'une injustice, il n'y a qu'un pas qu'il franchit allègrement : ses camarades, dont certains ont été embauchés après lui, vivent là-bas des heures exaltantes...

Déprimé et mécontent, il songe à quitter les Lignes Latécoère pour la Compagnie franco-roumaine, au siège de laquelle il se présente en août 1925. Il profite d'un passage à Paris, à l'occasion de sa visite médicale obligatoire, pour effectuer cette démarche d'où, finalement, il ne ressort rien de tangible. « Patientez, lui dit-on, on vous écrira... » Il attendra donc. Aujourd'hui, il se sent d'humeur à encaisser toutes les brimades. Après tout, il fait beau, les passantes sont belles et, sur les boulevards, les grandes terrasses qui débordent des cafés incitent à la halte. Jean s'installe et... aperçoit Henri Guillaumet qui avance sur le large trottoir, au milieu de la foule.

Le sergent-pilote semble préoccupé. En vérité, il s'interroge sur son avenir immédiat. Une impasse ! Il va bientôt prendre congé de son escadrille où il a révélé des qualités particulièrement brillantes. Il a même remporté la « Military Zenith * », succès qui atteste ses

* La « Military Zenith » est une course de vitesse organisée par la société Zenith, un équipement français présent sur la plupart des avions, et placée sous le contrôle de l'Aéro-Club de France. La victoire revient à celui qui, dans la même journée et en un minimum de temps, parcourt deux fois la distance Villacoublay, Metz, Strasbourg, Dijon, Lyon, Châteauroux, Tours, Villacoublay : 2 810 kilomètres. Guillaumet gagne en juin 1925, à bord d'un Nieuport que lui a fort obligeamment prêté le lieutenant Challe, pourtant en tête de l'épreuve.

compétences. Seulement, une coupe, si prestigieuse soit-elle, ne nourrit pas. Les mains dans les poches, plongé dans une réflexion morose, Guillaumet dépasse une terrasse bondée, sans voir le grand diable qui agite les bras dans sa direction. Il ne le voit pas mais il l'entend. Une voix sonore et joyeuse l'interpelle.

Après des effusions bruyantes, les deux hommes se racontent leur carrière, leur misère, leur espoir. Mermoz, que Guillaumet trouve plus sûr de lui et épanoui, décrit la Ligne, l'Espagne, l'Afrique... Guillaumet écoute.

« Il faut des types gonflés, conclut Jean. Tu vas être démobilisé. Viens avec nous... »

Un destin vient d'en télescoper un autre.

Ainsi, c'est à l'intention de Mermoz que Guillaumet va proposer sa candidature à Daurat, quelques semaines plus tard. Son palmarès et un livret militaire exemplaires, seuls, auraient suffi à le faire admettre. Mais il arrive avec la recommandation de Mermoz, « une référence de premier ordre », confiera Didier Daurat par la suite.

S'il encourage vivement son ami à rejoindre les rangs des Lignes Latécoère, Jean n'en caresse pas moins le projet de changer d'air, une intention qu'il ne cache pas à Mangaby * : « Il se pourrait que j'aille cet hiver à la Compagnie Internationale de Navigation Aérienne Paris-Strasbourg-Prague. »

Comme en Espagne où il s'est montré grand amateur de corridas, Mermoz a pris le taureau par les cornes. Mais, par ce transfert éventuel sur un réseau de l'est, il risque de tirer un trait sur l'Afrique et ses mystères. Toutefois, il se met aussi à l'abri d'étranges pratiques constatées chez Latécoère depuis mai 1925 et qu'il révèle à ses grands-parents ** : « Je me suis aperçu [...]

* Lettre datée du 26 août 1925.
** Lettre datée du 18 mai 1925.

qu'on se permettait de décacheter mes lettres. On désire savoir ce que nous pensons au sujet de la Maison, nos intentions (parce que beaucoup de pilotes cherchent à quitter Laté), enfin on désire connaître notre mentalité. C'est ce qu'on appelle " la chambre noire " et ce procédé peu avouable est employé dans pas mal de sociétés anonymes. »

Le pilote se fait détective, surveille son courrier et obtient la preuve de cette inquisition sournoise, peu après avoir eu les premiers doutes. « Je disais, écrit-il encore à ses grands-parents, qu'il n'était pas impossible qu'on décachète les enveloppes à Toulouse. J'en suis persuadé. Je viens d'en recevoir une qui a été mal recollée, c'est trop visible. Pour les miennes, je vais mettre un cachet de cire. »

Dorénavant, il préférera expédier sa correspondance par la poste espagnole.

Après sa rencontre avec Guillaumet, qui lui a promis de contacter Daurat, Mermoz reprend sa place dans le carrousel céleste. Il n'est pas de trop car le manque de personnel entraîne un surcroît de travail pour l'équipe de pilotes : « Je vais faire ce mois-ci plus que je n'ai encore fait jusqu'ici. Le mauvais temps est venu nous rappeler que les voyages d'agrément allaient bientôt prendre fin. Nous avons de terribles orages, presque des cyclones parfois et nous recommençons les fox-trot et les tangos aériens des mauvais jours *. »

Outre des conditions climatiques qui frôlent le déluge, la Ligne traverse une sale période également en raison de la pénurie de pilotes. A ce qu'il paraît, « les recrues ne sont pas de premier choix et pas mal d'anciens s'en vont ** ».

Les aviateurs volent donc plus souvent qu'à leur

* Lettre à sa mère, du 13 septembre 1925.
** Lettre à sa mère, du 12 octobre 1925.

tour, un traitement qu'ils n'apprécient pas. Jean, lui-même, va être obligé pendant quelques jours de piloter de la main gauche, ayant été piqué à la droite par une araignée.

Il ne manque heureusement pas d'infirmières dévouées pour le soigner. Il a d'ailleurs abandonné la pension, où tout finit par se savoir, pour vivre dans une maison particulière plus discrète. Ce qui lui permet d'améliorer son espagnol...

« J'ai arrangé ma vie le mieux qu'il soit possible à l'étranger, dans un pays terriblement différent du nôtre, en attendant de reprendre mon essor vers d'autres vies nouvelles, vers ce que l'avenir me réserve. »

« Les fous ouvrent les voies qu'empruntent ensuite les sages. »

Carlo Dossi
(Note Azzure).

8.

Les taureaux, le flamenco, les regards câlins et les vols au-dessus de la sierra ne calment pas l'impatience de Mermoz : il veut l'Afrique, cette Afrique où la ligne progresse sérieusement, surtout depuis l'inauguration de la liaison postale Casablanca-Dakar *, un tronçon exploré en 1923 par le capitaine Roig.

A peine cette route est-elle ouverte que les péripéties ne tardent pas, qui évoquent les tribulations des cavaliers de la poste américaine, la Wells Fargo, aux temps incertains de la conquête de l'Ouest américain.

La chaleur, le sable et le vent constituent des obstacles redoutables à affronter sur plus de 2 000 kilomètres. Les Maures et les pannes ajoutent un piment manifeste à l'aventure. En juillet, Ville et Rozès ont échappé par miracle aux balles des pillards bleus. En décembre, Marcel Reine tombe au sud d'Agadir. Cette fois, les Maures tiennent un prisonnier qu'ils échangeront contre une rançon de 4 500 F. Reine bénéficie d'une précaution de Daurat qui, à la suite des mésaventures de Rozès et Ville, et grâce à l'intervention du maréchal Lyautey, a conclu avec les Maures un accord dans le style « touche pas à mon pote » : la compagnie

* Le 1er juin 1925.

Latécoère s'engage à verser une rançon chaque fois que les Maures rendront les pilotes et le courrier.

L'histoire de Reine atteint Mermoz au fin fond de l'Espagne, un Mermoz qui envie son camarade, lequel, habituellement loquace, s'en est sorti par un magistral « ah! les vaches... » Rêveur, Jean fantasme sur le récit de cette captivité. A Reine il avouera : « J'aurais tant aimé être à ta place. » Patience... Marcel se contente de le regarder avec son air malicieux. Pour sa part, il espère bien ne jamais revivre pareilles journées.

Le 16 février 1926, Mermoz apprend enfin que son affectation pour Casablanca sera acceptée quand son remplaçant, un dénommé Granger, aura fait ses preuves sur Barcelone-Alicante. Bon élément, ce Granger, car la confirmation arrive quelques jours après cet avis.

Et puis, il y a l'accroc. Le chef d'aéroplace d'Alicante informe Toulouse, donc Daurat, d'un grave manquement de Jean à la discipline. Le 24 février, en effet, il écrit que « Mermotz *(sic)* a refusé de rejoindre Barcelone en passager du courrier Camer en exécution des ordres... », désobéissance d'autant plus grave que le coupable a décidé de prendre le... bateau. Un crime!

Daurat réagit deux jours plus tard, mais avec une étonnante modération. Bien sûr, il exige des explications de la part de Mermoz, précisant à toutes fins utiles que sa « note de frais de déplacement afférente à ce voyage ne sera pas acceptée et qu'en conséquence il est inutile de l'établir ». Daurat n'aime pas être mené en bateau!

Cependant, l'affaire remonte à Madrid sur le bureau de l'administrateur directeur général qui, le 3 mars, souligne « l'acte de désobéissance dont s'est rendu coupable Mermotz *(sic)* et qui (en principe) devrait entraîner le renvoi de ce pilote ».

A cette époque, on licencie pour des motifs moindres.

Néanmoins, d'excellents antécédents valent à Mermoz une peine minime et une extraordinaire mansuétude : il est simplement condamné à ne pas être remboursé de ses frais de voyage et son départ pour Casablanca est différé. Ce verdict sera quelque peu tempéré le 9 mars suivant : l'administrateur estime que « ce pilote aura à cœur de faire oublier son geste irréfléchi ». En clair, il passe l'éponge!

L'attitude bienveillante de Daurat n'a pas été étrangère à ce fléchissement inattendu de la direction. « Depuis cette affaire, écrit-il le 6 mars, M. Mermoz s'est rendu compte de la légèreté de son acte et a effectué le voyage Barcelone-Malaga comme passager des nouveaux pilotes Touje et Noilhat... * » De là, l'aviateur pardonné a rejoint Casablanca où il se trouve « affecté d'urgence, en remplacement du pilote Charpentier renvoyé des Lignes Aériennes Latécoère * ».

Daurat, en avocat habile, plaide en faveur de Jean et demande à la direction générale de maintenir sa décision d'affecter Mermoz à Casablanca où son expérience se révèle nécessaire.

Sans doute le patron a-t-il relevé sa plume un instant avant de poursuivre : « Nous nous permettons de vous donner notre sentiment en cette affaire qui ne se serait pas produite avec un homme aussi intelligent et facile à commander que Mermoz si les chefs d'aéroplace de Barcelone et d'Alicante savaient commander, et c'est surtout vers ces chefs que nous orientons notre action... * »

Jean s'est fait évidemment sermonner, mais pour la forme. « Rien ne peut justifier un acte d'indiscipline ** », lit-on dans la note que lui adresse le directeur de l'exploitation. Et c'est tout! On ne se sépare pas du

* Note nº 17212.
** Note nº 17217 du 6 mars 1926.

premier de la classe. Daurat insiste : « Vous avez le devoir d'être irréprochable en confirmant par votre exemple quotidien vos beaux résultats de 1925 [...]. Nous sommes persuadés d'ailleurs qu'il suffira de faire appel à votre intelligence pour que vous effaciez rapidement cette mauvaise note. * » A Mermoz, la faute et la punition paraissent bien bénignes en comparaison de deux bonnes nouvelles qui tombent coup sur coup. Guillaumet vient d'être embauché **; surtout, lui, Jean Mermoz, est affecté à Casa.

Tous les pilotes ne bénéficient pas de cette chance insolente, notamment l'un des meilleurs, définitivement écarté de la Ligne parce qu'il n'y croyait pas. Au cours d'une escale en Espagne, il avait tenu un langage incongru à l'un des premiers passagers : « Dites-moi, Monsieur, je ne comprends pas pourquoi vous, qui avez de l'argent, ne prenez pas le bateau. C'est tellement mieux... *** » L'argument n'est pas vraiment commercial. La réaction du patron est exemplaire. Viré!

Jean atterrit à Casablanca, gonflé à bloc. On lui conseille la prudence et ses camarades lui décrivent les dangers. Lui qui réclamait du désert, il n'en est pas privé. Il retrouve une terre fauve, aride, que fouille pourtant la vie. Cette désolation apparente ne lui fait pas peur : « Le désert, ne cesse-t-il de répéter, ça me connaît. On en revient... »

Les récits de panne se font plus nombreux, les craintes se multiplient.

« Tu sais, lui explique-t-on le soir, ça commence par un bruit de vaisselle cassée, la salade de bielles. Jusque-là, rien de bien grave. Enfin, pas trop... Bien

* Note nº 17217.

** Le 16 février 1925.

*** Francis Cover, *Sur toute la ligne*, plaquette éditée par l'association des *Ailes brisées*, Paris, 1960.

sûr, ton hélice se fige. Ton cœur l'imite. Bien sûr, il y a de l'étendue, largement de quoi te poser les yeux fermés. Mais il y a aussi des hommes bleus et cruels... Et la souffrance! »

La carte tait ces dangers-là.

Mermoz revoit le Maroc et la Mauritanie coloriés en jaune-ocre sur le panneau qui couvre presque tout un mur dans le bureau du patron, à Toulouse. A partir de Casablanca, une main ferme a tracé une ligne qui suit la côte, rejoint Agadir, Cap Juby, Villa Cisneros, Port-Étienne et Dakar; elle symbolise des centaines de kilomètres d'un parcours monotone dont 1 300 à travers la dissidence...

Hélas! la carte ne dit rien des reguibat, des vents de sable, des ennuis mécaniques, ni de l'hostilité des Espagnols. Pour survoler le Rio de Oro, territoire espagnol, sur près de 1 300 kilomètres, il fallait prévoir des escales. La compagnie dut mener de délicates négociations pour obtenir de disposer ses relais près de deux forts espagnols, l'un à Cap Juby qui deviendrait le pivot de la Ligne, l'autre à Villa Cisneros, à plus de 600 kilomètres du précédent. Ce ne sera pas une mince entreprise que d'y acheminer des hangars, des stocks de carburant et des ateliers de réparation. Les mécaniciens de Latécoère ont réussi là un véritable tour de force.

Maintenant, si les autorités espagnoles ont accordé les autorisations à contrecœur, elles mettent beaucoup plus d'entrain à faire pleuvoir les interdictions: les Français ne doivent pas transporter des marchandises quelle que soit leur nature, pas d'appareil photo non plus car on suspecte les aviateurs d'être des agents de renseignement, pas de courrier espagnol de Barcelone et d'Alicante à destination de Tanger, pourtant ville internationale. Cette dernière restriction n'entrave pas les activités de la compagnie puisque le port marocain ne figure pas parmi les escales desservies.

Inutile de préciser que Beppo de Massimi, le représentant des Lignes Aériennes Latécoère à Madrid, se démène comme un beau diable et peaufine l'art de la diplomatie. Il se heurte en effet à une forte opposition germanophile, heureusement non majoritaire en Espagne, quoique très virulente et parfaitement organisée. De leur côté, Allemands et Britanniques jettent de l'huile sur le feu et alimentent de violentes campagnes contre l'extension du réseau français. Les Espagnols et les Allemands fulminent, en particulier; ils ont compris que la Ligne vise l'Amérique du Sud où Latécoère, qui ne s'en cache pas, a expédié une mission de reconnaissance chargée de défricher le terrain. Ces intentions bien marquées, alliées à une présence dynamique dans divers pays latino-américains, inquiètent les Espagnols qui s'estiment lésés et revendiquent même une priorité, voire une antériorité, dans cette zone : en 1926, tandis que la ligne française bute sur Dakar et piétine devant l'immense Atlantique Sud, Ramon Franco, un excellent pilote ibérique, a réussi, aux commandes d'un Junker allemand, la traversée par étapes Cadix-Buenos Aires, une expédition qu'il préparait depuis 1923 pour le compte d'une société hispano-allemande. Aiguillonnés par la furia française, les Allemands décident d'accélérer leur pénétration dans cette partie du monde : dès cette époque, ils envisagent de relier Séville-Buenos Aires avec leur dirigeable, le phénoménal Zeppelin.

En dépit de ses efforts, la fraction germanophile n'a pas emporté la première manche, et les Français, tout aussi entêtés, ont pu obtenir – à l'arraché – le droit de s'établir à Cap Juby et à Villa Cisneros.

Des bruits circulent alors, dont il n'est pas besoin de fournir la source, des bruits selon lesquels les avions français créeraient volontairement de l'agitation chez les Maures et les pousseraient à la rébellion. L'information fait tiquer les autorités espagnoles qui craignent des troubles, surtout dans ces terres insoumises... Pour étouffer les rumeurs, Massimi emmène le colonel Benz, gouverneur militaire du Rio de Oro, survoler le territoire. L'officier doit se rendre à l'évidence : l'ordre règne!

C'est dans ce climat explosif que Mermoz s'installe à Casablanca. La légende des sables lui arrive plus nettement, par bribes qui sont autant de bouffées d'aventure, mélange de visions, de mirages et d'une réalité souvent dure.

Là, sur le seuil du désert, Jean se laisse griser par le chant des sirènes. Mais ses camarades plus expérimentés ne lui ménagent pas leurs conseils : « N'oublie jamais, lui rappelle Marcel Reine, entre autres avertissements, que cette solitude t'ensorcellera si tu ne t'en méfies pas; cette immensité apparemment vide et silencieuse t'attirera et cherchera à te garder... »

L'homme qui en réchappe, il est vrai, n'est plus tout à fait le même car le désert a décapé son corps et épuré son âme. Cela, Mermoz le sait; il l'a appris à ses dépens dans une autre vie, dans un autre désert.

Des sensations affluent à son esprit, qu'il croyait reléguées pour toujours. Il y a ce froid qui vous engourdit trop tôt la nuit ou cette chaleur torride qui tombe d'un ciel vertigineux, chappe écrasante qui donne à l'eau les vertus d'une source de volupté...

Après les conseils, les remarques fusent à propos de Juby et de Villa Cisneros : « T'attends pas à un palais, le préviennent les pilotes, c'est tout juste des étapes rudimentaires, pas même des oasis... »

Et puis, il y a l'indésirable, ce copilote qui grimace à vos côtés : la Mort. Les vétérans en parlent à voix basse, les yeux perdus dans le vague : « Tu te poses sur une plage après avoir scruté l'horizon vide de tout mouvement, de toute vie. Là, une ombre. Tu crois à un effet du soleil. Si tu insistes un peu, l'ombre bouge, se précise, menaçante, hurlante : un homme armé. Et c'est trop tard! Vite, les gaz, et tu baisses la tête. Il arrive qu'un avion revienne avec quelques trous. Il arrive aussi, au cours d'une escale, qu'un Maure s'approche de ton appareil et te souffle dans un sourire : Ahmed, mon cousin des R'Guibat, regrette de ne pas t'avoir tué... »

Dans le meilleur cas, s'il ne peut repartir, le pilote subit la captivité. Des histoires de ce genre, entendues dans les bars de Casa, ont exalté l'imagination de Jean. La verve des conteurs l'a entraîné plus d'une fois à l'intérieur de ces territoires mystérieux, aux nuits obscures et hantées, où s'élèvent des plaintes lugubres tandis que des hommes sauvages, sans un mot, se resserrent un peu plus autour d'un mauvais feu.

Voilà le monde mi-réel et mi-cruel que survole la Ligne. Et Mermoz prend sa place dans cette ronde. A son tour, il foule les herbes dorées de l'aérodrome de Casablanca, sorte d'arène fauve d'où il assume sa première liaison vers Agadir. A son tour, il découvre les terrasses blanches qui tranchent sur le bleu intense de la mer. A son tour, il s'émerveille devant la beauté des soirées que l'on sent approcher à mesure qu'une vapeur mauve nimbe les collines et les reliefs sud-marocains.

Mais avant tout, Mermoz retrouve le désert, cette marée de dunes dont la douce ondulation évoque quelque jeune femme blonde et lascive, abandonnée aux rayons caressants du soleil...

A la veille de son premier courrier sur Agadir, Jean profite d'une permission pour visiter Marrakech, en compagnie d'Émile Lécrivain, le pilote qui ne se sépare jamais de son violon, même dans son Breguet 14, le mystique de la Ligne. Leurs nuits se partagent entre les conversations dans un coin de bar, les danses et les rires, et se terminent en douceur aux abords du poste, plage de calme balayée par un vent frais et réparateur.

Dans l'aube naissante, on peut les croiser près des remparts ocres, chacun enfermé dans ses pensées ou de nouveau lancés dans une discussion amorcée à un moment quelconque de leur virée nocturne. Certains de ces petits matins, Mermoz, lyrique, déclame des vers, ceux, notamment, de son auteur de prédilection, Armand Silvestre. Lécrivain écoute religieusement les Rimes viriles ou les Intermèdes païens, fragments romantiques de *La Chanson des Heures* *.

Puis c'est la tournée des souks qui s'animent; il tarde à Jean d'y faire des emplettes pour décorer son appartement de Casablanca, comme il le fit à Palmyre. Depuis le 2 mars, il loge chez une Mme Valat, dans une chambre qu'il arrange avec des tapis marocains. « Je m'y plais, écrit-il à sa mère, et je préfère y passer mes soirées. J'y reçois des camarades masculins et quelquefois... féminins. Ou bien je bouquine **. »

Il lui arrive quand même de sortir dans cette ville « à la vie intense et peu compliquée, superficielle, habitée par des hommes de cran qui travaillent beaucoup et s'amusent beaucoup *** ».

Il ne perd pas non plus de vue les projets qui impliquent son départ de la compagnie. Car sa nomination sur la ligne de Dakar ne l'a finalement satisfait qu'à moitié. Ainsi, note-t-il à l'intention de Mangaby, « ils (les dirigeants de Latécoère) font tout pour me retenir, mais malheureusement ils ne s'occupent pas de la question pécuniaire qui m'intéresse un peu plus **** ». Jean continue de regarder avec espoir en direction de la concurrence : « Mes démarches auprès

* Armand Silvestre, *La Chanson des Heures*, Alphonse Lemerre, éditeur, Paris, 1887.

** Lettre datée du 10 avril 1926.

*** Lettre à ses grands-parents, datée du 8 mars 1926.

**** Lettre datée du 26 janvier 1926.

de la Franco-Roumaine ont été fructueuses et je compte y être appelé en avril. »

Et de préciser dans un courrier qu'il rédige quelques semaines plus tard, à bord du vapeur Canalejas : « Il n'y a pas de raison pour que je n'aie pas ma petite place au soleil un de ces jours. Mais je veux la conquérir *. »

Malgré l'éloignement, il garde des attaches fidèles dans le nord de la France, surtout grâce à Mangaby qui l'a d'ailleurs réinscrit à l'Association aéronautique du Nord. Ces contacts suivis lui permettent d'apprendre l'ouverture potentielle d'une ligne Lille-Le Cap aux alentours de 1929. Cette perspective le transporte, si l'on ose dire : « Ce serait le filon », confie-t-il, enthousiaste, à sa mère **.

Tout ceci ne l'empêche pas de se fixer d'autres objectifs et un ultimatum : « Il se pourrait que je parte en Amérique du Sud pour ouvrir une ligne desservie par notre compagnie. Si je n'y allais pas, je quitterais cette fois certainement (Latécoère) pour le mois de juin-juillet, probablement pour entrer à l'Air Union sur Paris-Marseille-Gênes-Naples-Athènes-Le Caire. Bref, vois-tu, je suis l'éternel insatisfait. Mon rêve est de parcourir le monde et je ne veux pas rester trop longtemps à la même place pour ne pas y avoir d'attaches ***. »

Faute de moyens et d'appuis adéquats, Mermoz doit également renoncer « à se faire connaître par quelque chose d'exceptionnel *** » à savoir un raid au-dessus de l'Atlantique.

Il reprend donc avec la Franco-Roumaine des pourparlers qui paraissent devoir déboucher enfin sur du concret; cependant, le salaire (à peine 2 000 F par

* Lettre datée du 25 février 1926 (à sa mère).
** Lettre datée du 2 mai 1926.
*** Lettre à sa mère, 1er avril 1926.

mois) le freine. Dans ces conditions, Jean préfère attendre encore, ne serait-ce que l'opportunité que pourrait lui offrir l'ouverture d'une ligne sur Téhéran *.

En attendant cet avenir radieux, eh bien! il vole.

Demain justement, le 22 mai, il s'envolera pour Agadir et croisera les cités blanches, Safi et Mogador. A Agadir, dernière étape avant la dissidence, il embarquera un interprète maure si utile en cas de panne, qui s'accroupira entre deux sacs de courrier. Ensuite, il redécollera pour Cap Juby.

Ce jour-là, l'interprète s'appelle Ataf et le pilote du deuxième avion n'est autre que Ville. Ce jour-là aussi, la météo se détériore rapidement. Une brume traîtresse voile l'horizon tandis que se lève un vent de sable. Là, pas d'alternative : grimper équivaut peut-être à perdre la côte, leur repère. Pourtant, Mermoz monte à la suite de Ville et navigue bientôt à l'aveuglette. L'hélice tourne rond. Pas de problème de ce côté. Mais où se trouvent-ils? D'après sa montre, Mermoz estime leur position proche de Cap Juby. Erreur! Une descente prudente révèle des dunes à perte de vue.

Jean amène l'avion dans un virage vers l'ouest, en direction de l'océan, étendue verte, ourlée d'écume à la lisière du continent. Première certitude : ils se sont égarés. Deuxième constatation : Ville a disparu. Et les difficultés se précipitent. Le moteur tousse, hoquète, puis s'arrête brutalement, suite à une rupture de la distribution. Cette fois, pas de doute, c'est la fin du voyage. Les réflexes du pilote jouent à fond. Mermoz distingue une surface plane, parallèle à la côte, et atterrit sans casse, au terme d'un vol plané impeccable. Ils sont saufs, mais pour combien de temps? Car la

* Informations tirées d'une lettre écrite le 13 avril 1926 à l'intention de Mangaby.

cause de la panne interdit toute réparation. Les voici donc immobilisés dans ces contrées d'où l'on ne revient pas. Peut-être ne les a-t-on pas vus ni entendus grâce à ce temps bouché et à leur descente silencieuse. Ce qui leur laisse un répit.

Un instant, les deux hommes se croient hors de danger; un ronronnement familier se précise, les rassure : là-haut, quelque part dans les tourbillons de sable, Ville les cherche. Hélas! il les survole sans les repérer et doit s'éloigner sous peine de manquer de carburant.

Il va falloir marcher. Reste à savoir dans quelle direction. Le sud? Le nord? Consulté, Ataf, l'interprète qui ne parle pas français, finit par comprendre les mimiques et les gestes de Mermoz auquel il avoue son ignorance. Puisqu'il faut bien trancher d'une façon ou d'une autre, Jean choisit le sud. Cependant, la nuit les contraint à attendre le lendemain pour partir. Après tout, quelques heures de sommeil les prépareront à affronter les rigueurs du désert. Quant à lui, le jeune pilote s'endort tranquillement dans un coffre à courrier...

Le matin, avant de quitter l'appareil, Mermoz dispose son livret-moteur bien en évidence après y avoir inscrit sobrement : « Marchons vers le sud. » Jean se croyait plus près de Juby que de Tiznit, d'où son option pour le sud. Ce pile ou face engageait leur vie... Riches d'une demi-bonbonne d'eau, le roumi et le chleu avancent sur la partie mouillée de la plage. Soudain, Ataf aperçoit un cargo qui les ignore en dépit de leurs cris et de leurs gesticulations frénétiques.

La chaleur dégouline de leurs épaules, la sueur s'évapore et la bonbonne change souvent de mains... Ils explorent ainsi la côte sur une trentaine de kilomètres, puis rebroussent chemin : le paysage de ce sud ne ressemble en rien à ce qu'ils connaissent. C'est un décor étrange de dunes serrées les unes contre les autres à la manière d'un banc de merlans figé.

De vieilles angoisses s'insinuent alors dans l'esprit du pilote. Ne pas s'affoler, murmure Mermoz en contractant les mâchoires. Surtout ne pas s'affoler.

Il faut marcher, encore marcher.

Ils parviennent à l'avion, exténués. Ils ont parcouru 60 kilomètres dans la journée. Avant de sombrer dans le sommeil, Jean, d'une voix qu'il s'efforce de rendre calme, annonce que le lendemain ils remonteraient vers le nord. « Nous tenterons notre chance », dit-il simplement.

Au réveil, la soif les tenaille. Mermoz s'attaque au bouchon de vidange du radiateur et en extrait un liquide verdâtre qu'il recueille dans la bonbonne vide. Cette eau empoisonnée ne leur procure qu'un soulagement passager. Des brûlures leur taraudent les entrailles.

« Partons vite! », grimace le jeune aviateur, le visage tordu par la souffrance. Mieux vaut agir, en effet... Et c'est de nouveau le calvaire, la progression où l'on regarde son pied s'enfoncer dans le sable, y prendre un appui précaire tandis que l'autre pied essaie de le dépasser. A chaque pas, on se jure que c'est le dernier, qu'on abandonne, qu'on va dormir un peu... Mais la machine continue inexorablement, mue par un automatisme implacable. Et l'instinct de conservation active le moteur.

Les tourments du poison absorbé se conjuguent bientôt avec les tortures du soleil pour abattre toute volonté. Le désert, lui-même, s'en mêle, et le sable fin, soufflé par le vent, se glisse dans la bouche, dans les oreilles et sous les paupières.

Mermoz, la tête bourdonnante, perd la notion du temps, puis il découvre qu'il est à genoux. Depuis quand?

Alors, ils sont là. Une présence proche. Jean lève les yeux sur des hommes bleus impassibles, qui le tiennent en joue avec de longs fusils. Les Maures! La mort? L'esclavage? Une poigne de terreur lui broie l'estomac. Dans ces régions sauvages, les captifs subissent souvent un sort peu enviable : yeux crevés, oreilles, nez et lèvres coupés. Un sursaut d'énergie le remet debout, les poings en avant, défense risible et noble devant l'inévitable. Les guerriers l'entourent, le maîtrisent sans mal. Il se débat faiblement, s'évanouit d'épuisement et reprend conscience dans une position inconfortable : ficelé en travers d'un chameau. L'intervention d'Ataf lui a valu d'être épargné. Après plusieurs jours d'errance dans le désert, pendant lesquels la caravane a évité autant que possible d'autres pillards qui auraient pu convoiter la prise, Jean est enfin échangé contre une rançon.

Assez bizarrement, il fournira deux versions quelque peu différentes des faits. La première, dans un rapport daté du 31 mai 1926, minimise l'aspect cruel et pénible de la détention et lui donne presque le caractère banal d'une excursion... La seconde, développée dans *Mes vols,* dramatise singulièrement cet épisode [5].

Où se situe la réalité entre la sécheresse d'un compte rendu administratif et le récit romancé? Dans une combinaison subtile des deux? Assurément, ce séjour forcé n'eut rien d'une promenade d'agrément. Malgré sa robustesse, avant même le contact avec les pillards, Mermoz se trouvait déjà dans un état physique lamentable, conséquence de la longue marche – de plus de 60 kilomètres, au total – et d'effroyables douleurs au ventre provoquées par l'eau acide du radiateur, cette eau qui, comme il l'écrira à Mangaby un mois après les événements, « transformait mes selles en de la pierre presque véritable, ce qui me causait de petites hémorragies *. »

* Lette datée du 28 juin 1926.

Dans ces conditions, il avouera avoir recherché la délivrance d'une mort rapide et propre, plutôt que de succomber à une agonie atroce au bord de l'océan : « C'est avec une joie non dissimulée que j'ai rencontré enfin les Maures. A toutes fins, je préférais celle de mourir par eux... *. »

Les palabres d'Ataf, lui aussi éprouvé mais fils du désert, qui s'est interposé au bon moment, lui ont évité le pire.

Peu avant d'être remis en liberté, Jean sera invité par ses étranges geôliers à revenir les voir. En invité.

« Par Allah, lui dit un des cheiks, tu sera le bienvenu ! »

Et l'homme bleu n'oubliera pas son hôte-prisonnier aux cheveux de feu. Ainsi, en 1933, lorsqu'il atterrira à Dakar à bord de l'*Arc-en-ciel*, après avoir effectué la première traversée de l'Atlantique Sud avec le trimoteur, un télégramme, parmi beaucoup d'autres, retiendra l'attention de Mermoz : il émane du chef de la tribu maure qui l'avait capturé dans le Rio de Oro... En vérité, c'était là un de ces étonnants paradoxes dont l'Afrique mystérieuse a le secret.

* Lette datée du 28 juin 1926.

« ... rien d'audacieux n'existe sans la désobéissance à des règles. »

Jean Cocteau
(Poésie critique).

9.

Une telle épreuve, terrifiante à bien des égards, exige sa contrepartie. Jean lâche la bride à sa vie, cette vie que la mort à visage humain menaçait chaque jour de lui ravir et que, chaque jour également, le bon vouloir d'un chef pillard épargnait par appât du gain...

Dès lors, avec ses complices de la Ligne, on le voit, on l'entend surtout, à Casa où ils écument tous les hauts lieux du plaisir nocturne. Tantôt, quand il ne se lance pas dans des « parties » effrénées, Mermoz file sur les routes marocaines au volant de son bolide rouge, tantôt il s'attable volontiers dans des restaurants réputés et dévore des menus dont la longueur n'inquiète pas son appétit. Le ver a résisté aux rigueurs du désert et à l'acide...

Ces débordements d'une jeunesse soumise par ailleurs à des tensions extrêmes, parviennent jusqu'à Daurat qui, de temps en temps, doit se montrer ferme et gronder à l'occasion. Déjà, en avril, dans une note adressée à M. Julien, chef d'aéroplace de Casablanca, le directeur de l'exploitation tançait vertement deux aviateurs :

« A la prochaine infraction à la police de la circulation aérienne, une mise à pied de deux mois sera infligée à Pivot, de quatre mois à Reine, le renvoi à toute nouvelle infraction. Ces dispositions sont prises contre ces pilotes en raison de plusieurs réclamations relatives à des voyages effectués en période de beau temps à une altitude variant de 0,50 m à 1 m sur la région Mogador/Mazagan. Il est lamentable de constater que ces pilotes s'acharnent à diminuer leur mérite par un cabotinage aussi ridicule que dangereux...

« A un autre point de vue, les frasques de ces deux pilotes à Casablanca, procédant toujours du même cabotinage, arrivent jusqu'à nous. C'est ainsi que nous apprenons que Reine et Pivot amusent et étonnent le public casablancais par une vie mouvementée, se poursuivant certains « jours », du « coucher du soleil au lever ».

« Leurs excès nocturnes sont généralement suivis d'excentricités matinales au cours desquelles on peut voir circuler dans les rues de Casablanca quatre pur-sang loués à prix d'or, montés par Reine et Pivot et deux amazones dont nous évitons de vous entretenir...

« Cette vie d'enfants terribles et prodigues porte le plus grand tort à l'aviation et à notre entreprise et nous ne saurions la tolérer plus longtemps... »

Cette vie débridée et trépidante n'est pourtant que la juste compensation d'une existence périlleuse. Sur place, les chefs ferment les yeux, attitude que Daurat leur reproche : « Nous sommes surpris de votre silence semblant couvrir à dessein ces lamentables exagérations et nous vous invitons à concevoir avec plus de clarté et de fermeté le rôle très important dont vous avez la charge à Casablanca. »

Mais Daurat, le « camarade gelé », sanctionne rarement ce genre d'écart. Il aboie après les coupables, ne les mord pas. N'a-t-il pas, jeune aviateur, vécu ces ambiances contrastées où, après le combat, le pilote redevient un collégien prêt à toutes les farces?

A sa façon, le défrichage de la ligne à bord de

machines fragiles s'apparente aussi à une lutte, lutte contre soi-même, lutte contre les éléments...

Dans cette atmosphère troublée s'épanouit une jeunesse frémissante. C'est la période des émotions intenses, de l'émotion tout court. Inconsciemment, chacun paraît s'organiser selon un mot d'ordre unique : « Vivons, car demain n'arrive jamais! »

La mort, bien sûr, ils la côtoient parfois, imprévisible, cavalière même. Elle vous guette dans le raté d'un moteur, dans un nuage trop tourmenté, dans un coup d'air traître... Mais c'est elle qui vient accorder vos nerfs et stimuler vos réflexes. Ils ne la craignent pas, ils la respecteraient plutôt : elle fait partie du jeu, un jeu impitoyable dont elle gagne quelques manches, à l'occasion.

De combien de camarades, ces jeunes gens ont-ils dit, avec pudeur : il était notre irremplaçable... C'est la seule concession de ces hommes devant la fatalité. La mort se venge de leur audace? Qu'importe! les pilotes reprennent leur tâche.

Ils volent.

A mesure que la ligne se déroule à travers les continents, s'amplifie la fraternité des équipages, sorte de croisés modernes, composés d'individualités les plus diverses, mais qui possèdent en commun une grande modestie et le sens du devoir. Incorrigibles au sol, exemplaires dans leur avion. « Avec toute leur intelligence et le meilleur d'eux-mêmes, ils assurent le service, indifférents à l'expatriation, à l'éloignement, supportant les difficultés du climat et s'adaptant à la vie étrangère *. »

Peut-on parler à leur propos d'état de grâce? Ils paraissent invulnérables, insensibles à la fatigue. Mer-

* Lignes écrites par Jean Hennequin pour la revue *Icare*, en introduction au numéro spécial consacré à Air Orient, n° 86, automne 1978.

moz comme les autres. Il fait partie des meilleurs pilotes mais ne surclasse personne; un Delrieu, un Pivot peuvent passer pour plus fins que lui, Delaunay et Guillaumet pour plus habiles. Pourtant, dira Delaunay, « les hommes se grandissent à son contact ».

Cette époque toute en bouleversements réclame de tels fonceurs pour pénétrer plus loin dans le domaine réservé des dieux, au sein des nuages, de la pluie, des oasis d'arcs-en-ciel, de la foudre et des étoiles... et des tempêtes de sable. Il faut donc un meneur qui, à coups d'épaules puissants, bouscule les obstacles. De l'avis de ses compagnons, Jean possède cette vie intérieure et un réel pouvoir de séduction qui ne laisse personne insensible, pas plus les hommes que les enfants.

Quant aux femmes... Il vit au milieu d'un « tourbillon de complications sentimentales extrêmement comiques. Quelle comédie que la vie! ironise-t-il dans une lettre à Mangaby. C'est à en mourir de rire parfois, et j'assiste en spectateur impassible et calme à des scènes dont je suis bien souvent l'auteur conscient et organisé... C'est parfait *! ».

Le malheureux Mermoz ne sait d'ailleurs plus où donner de la tête et annonce même qu'il va changer d'adresse puisque sa propriétaire, à son tour, a succombé au charme de son « indigne personne » : « Son état latent est devenu inquiétant à mon égard. Je ne me sens pas en ce moment en condition de faire les économies d'une chambre, chose qu'il ne tiendrait qu'à moi d'obtenir et comme ça se complique ici et au-dehors, j'aime mieux changer de secteur. ** ».

Mais ses ennuis sentimentaux le suivent pas à pas : « Je vais encore déménager une fois de plus », note-t-il, mi-agacé, mi-amusé, à l'attention de sa mère, en

* Lettre datée du 2 mai 1926.
** Lettre datée du 2 mai 1926.

novembre. Et de préciser : « La propriétaire commence à me raser sérieusement. Ce qu'une femme peut devenir collante ! » Ce ton faussement blasé ne l'empêche pas d'ajouter : « Mon Amilcar file toujours tel un bolide et mes amours, ma foi, font aussi du cent à l'heure... * »

Il faut dire que Jean n'oppose qu'une résistance relative aux envoûtements féminins. Comment ne succomberait-il pas à ces regards brûlants et noirs des femmes souvent voilées, tentation délicieuse que rehausse le goût suave de l'interdit? Prisonnier volontaire d'un sortilège charmant qui doit autant à la jeunesse qu'à l'atmosphère passionnelle des nuits africaines, Mermoz, à l'occasion, laisse sa plume errer sur la feuille blanche, en des poèmes que ne renieraient pas les romantiques d'autrefois :

« *J'écoute le murmure de la voix cristalline :*
Chéri, me dit-elle tendrement à l'oreille...
Pourquoi me croire toujours aux autres pareille?
Tant de femmes l'ont eu... cette nuit opaline...
Faite de ton désir... faite de leurs caresses...
Que m'importe à moi, ces lascives ivresses... »

Par chance, au cours de l'été 1926, il bénéficie d'un congé qui lui permet d'échapper à cette ronde amoureuse infernale et de retrouver Mangaby à Lille. Toutefois, à peine arrivé, il entre en clinique. Des séquelles subsistent de son récent séjour dans le désert; le vent de sable a déclenché, en effet, une sinusite virulente et une otite double avec risque d'abcès au cerveau. Le pire sera envisagé. Puis l'on craint la surdité **. Le médecin prédit au moins trois mois de repos.

* Lettre datée du 3 décembre 1926.
** Mermoz conservera toujours une faiblesse de l'ouïe.

Un mois plus tard, Jean reprenait sa place à Cap Juby...

Cap Juby, c'est le cœur sec du Rio de Oro, « tragique dans sa nudité, dépouillé de tout, à la monotone et uniforme couleur jaune, qui suscite en nous un étrange somnambulisme * ».

Cap Juby, c'est le bout d'un monde oublié, coincé aux confins du désert de Mauritanie et à la lisière de l'Atlantique Sud. S'y dresse un fortin espagnol, seule indication apparente de la vie dans cette désolation. Le voyageur égaré en ces lieux maudits serait presque étonné de ne pas lire, gravée sur le fronton de la construction, la terrible mise en garde de Dante, dans *L'Enfer* : « Vous qui entrez, laissez toute espérance. »

Un silence pesant règne dans cette enclave austère où la routine s'englue dans la chaleur de la journée, silence que brise l'appel des sentinelles, à intervalles réguliers. Non loin de là, des baraques offrent un abri précaire au personnel des Lignes Latécoère. Peu ou pas de commodités pour les pilotes et les mécaniciens. C'est le dénuement total. Un lit fait d'une planche et d'une paillasse maigre, une cuvette, un pot à eau, et voilà tout. La nuit venue, pourtant, des sons insolites, en provenance de ces pauvres habitations, se répandent dans le désert : les grincements d'un phono exténué, des cris joyeux, jeunes, des rires... Une étincelle brille au milieu de tous les dangers.

A Cap Juby, la sécurité se mesure en mètres. Comme l'expliquera malicieusement Saint-Exupéry à son beau-frère, Pierre d'Agay, en 1927, « si tu t'éloignes de plus de 20 mètres, tu reçois des coups de fusil. Et si tu dépasses 50 mètres, on t'envoie rejoindre tes aïeux... » Les dissidents veillent.

* Commentaire du maréchal italien Italo Balbo pendant son vol Italie-Brésil (décembre 1930-janvier 1931).

Bâti sur la plage, le fort abrite une compagnie disciplinaire commandée par le lieutenant-colonel Don Guillermo de La Peña. Côté français, la responsabilité de ce relais-clé de la ligne incombe à Pierre Picard, à la fois chef d'escale et chef mécanicien, auquel succédera Saint-Exupéry à la fin de 1927.

Français et Espagnols se supportent mutuellement dans une cohabitation singulière, non exempte de cordialité. Mais plus d'un pilote et plus d'un mécanicien doivent affronter les affres du désert, la peur de la capture ou de la mort.

Contrairement à ce qui a été si souvent affirmé, les Français, libres d'assurer l'acheminement aérien de la poste, s'en remettaient par ailleurs à l'autorité espagnole pour tout problème lié à l'administration du Rio de Oro. Ainsi, en cas d'incident avec une tribu insoumise, il revenait d'abord à des émissaires de La Peña de conduire les tractations pour récupérer d'éventuels prisonniers. La procédure qui découlait de ces négociations – des marchandages plutôt – permettait ensuite aux Français d'intervenir.

Mermoz vole dans cet environnement hostile; il s'ennuie aussi... Il aspire à une existence plus remuante, moins routinière. Comme il a rêvé d'Afrique, il s'enflamme maintenant pour l'Amérique du Sud. A la vérité, il ne sait pas très bien ce qu'il veut. Un instant, il hésitera entre un poste d'instructeur en Bolivie et une importante situation dans l'aviation commerciale espagnole. Il adresse courrier sur courrier aux dirigeants de diverses compagnies aériennes, notamment au directeur de la CIDNA *. Or, cette dernière demande d'embauche – une relance, en fait – atterrit assez mystérieusement à Toulouse, sur le bureau de... Daurat. Un comble!

* Compagnie internationale de Navigation aérienne.

Jean essaie d'éclaircir cette méprise; il penche pour une inversion de lettres : « Je m'étais probablement trompé d'enveloppe, l'ayant écrite au moment où j'étais malade conjointement avec une autre que j'adressais chez Latécoère... * »

Invité par le directeur de l'exploitation à fournir des explications à ce sujet, la discussion tourne apparemment à son avantage. Daurat, exulte-t-il à l'issue de l'entrevue, « heureux de me revoir après la peur qu'il avait eue de me perdre, m'en fit part, puis me fit un tas de protestations, me promettant de me caser où je désirerais sur la ligne, me demandant de ne pas donner suite à mes intentions et me mettant enfin sur un pavois [...]. Dans le fond, cette erreur me fut un bien : on s'est aperçu que je pourrais manquer un jour... ** »

Si Mermoz fait l'innocent sur l'affaire de la Franco-Roumaine, il se garde bien d'avouer qu'il continue de traiter en parallèle avec le directeur d'Air Union...

Bref, tout le monde paraît satisfait. Dans une correspondance destinée à la direction générale, Didier Daurat [3] reconnaît que Jean, « lors de sa dernière permission, a cédé aux sollicitations des rabatteurs de l'Air Union et de la CIDNA et a pensé à quitter la Maison [...]. » Mais, insiste-t-il avec soulagement, « nous avons fait le nécessaire et nous sommes persuadés que Mermoz ne pense plus à quitter la Maison, bien au contraire... »

Un événement tragique va aussi contribuer à maintenir Jean Mermoz sur la ligne. Le 11 novembre, Gourp, Erable, le mécanicien Pintado et Ataf, l'interprète, rencontrent la violence, la souffrance et la mort. A mi-chemin entre Cap Juby et Villa Cisneros, Gourp, victime d'une énième panne, se pose dans le désert.

* Lettre adressée à ses grands-parents le 11 octobre 1926.
** Note du 6 novembre 1926.

Erable, c'est la consigne, lui porte assistance et, le cas échéant, emportera le courrier dans son appareil. Pintado a vite repéré l'ogirine de la défaillance : arrivée d'essence obstruée. Pendant ce temps, Erable transfère les sacs postaux et décolle. Sans cette étrange intuition qu'il ressent au bout d'une demi-heure de vol, il aurait eu la vie sauve. A peine a-t-il touché le sol près de l'avion de son camarade que les Maures surgissent et tirent. Erable s'écroule, tué sur le coup. Pintado, qui accourait à son secours, est abattu froidement. Gourp, blessé à la cuisse, s'apprête à subir un sort identique. Mais Ataf s'interpose et lui évite le poignard des hommes bleus en leur faisant miroiter la rançon qu'ils ne manqueraient pas de tirer de leur prise. A partir de là, Gourp glisse lentement dans l'enfer à mesure que la gangrène pourrit sa jambe, à tel point qu'il tente de se suicider à l'aide d'acide phénique et de teinture d'iode que lui a passés subrepticement Ataf. Le désespoir et le martyre ne se décrivent pas. L'agonie de l'aviateur fait craindre aux pillards la perte de leur magot. Ils dépêchent à Cap Juby Ataf et un des leurs pour négocier. Et vite!

Entre-temps, le retard des deux Breguet a mis en branle un plan de recherche. Mermoz et Ville vont sillonner le rivage durant de longues heures. Ils ne rentrent qu'à la nuit. Au cours d'une de ces patrouilles, Ville, en panne à son tour, atterrit en catastrophe à proximité de l'endroit où gisent Erable et Pintado. Sans les voir. Mais les dissidents ont assisté à la scène et se ruent sur l'appareil immobilisé. C'est compter là sans Mermoz qui pique sur eux, les oblige à plonger dans le sable et la terreur.

Sans couper les gaz, il se pose près de Ville qui saute à bord, et redécolle aussitôt, non sans essuyer au passage une volée de balles. Quant à Gourp, son calvaire à travers le désert s'éternise pendant plus d'une semaine. Son supplice se terminera dans des souffrances abominables à l'hôpital de Casablanca * où deux autres pilotes, Lassalle et Riguelle, bouleversés, l'ont transporté.

Le coup est rude pour les hommes de la Ligne. Surtout pour Jean. Jamais la chance n'aura été aussi complaisante avec le jeune aviateur. C'est lui, en effet, qui devait accompagner Gourp... « Erable devait venir à Casa à ma place, ayant des costumes à se faire faire et moi je devais descendre à Dakar. Je serais remonté avec ce courrier-là. En arrivant à Juby, il m'a demandé de remettre ce projet à la prochaine fois. Cela m'a sauvé. Tu vois que quand c'est écrit **... » Mangaby dut frissonner à la lecture de ces mots qui exorcisaient le démon de ses frayeurs.

Les Français apprennent que le meurtrier de leurs camarades est Ould Hadj Rab, chef sanguinaire des R'Guibat dont le territoire s'étend entre l'oued Draà et Cap Juby. Des idées de vengeance naissent dans les esprits. Pilotes et mécaniciens veulent également recueillir les restes de leurs compagnons. Cependant, une double interdiction va contrecarrer ce projet : le colonel de La Peña refuse catégoriquement de donner son autorisation à cette mission qui, il est vrai, peut s'avérer délicate, la zone n'étant pas sûre. A cela s'ajoute une consigne transmise par l'inspecteur de la ligne Collet à Picard : « Opposez-vous à ce que nos camarades récupèrent les restes de Pintado et d'Erable. »

L'amertume et la frustration s'abattent sur les hom-

* Les soins intensifs n'ont pas suffi pour enrayer la gangrène. De même, les médecins ont fini par avouer leur impuissance devant la multitude de perforations des intestins dues à l'absorption de toxiques lors de sa tentative de suicide.

** Lettre datée du 3 décembre 1926.

mes. Ils ne commentent pas cette décision, en comprennent les motivations sages. Mais ils ne renoncent pas pour autant. Du moins, l'un d'eux : Jean Mermoz! Toutefois, à chacune de ses démarches, La Peña l'éconduit poliment en lui faisant remarquer les dangers d'une telle expédition. Patience!

Et la ligne continue.

Moins de cinq mois après l'horrible disparition de Gourp, d'Erable et de Pintado, une nouvelle affaire vient briser la monotonie du courrier : le silence prolongé d'un équipage uruguayen, composé des frères Taddeo et Glauco Larre-Borgès, du capitaine Ibarra et du mécanicien Rigoli, qui était parti de Casa avec l'intention de franchir l'Atlantique Sud, commence à inquiéter les autorités. Les recherches durent depuis trois jours lorsque le tandem Ville-Mermoz, de service entre Dakar et Agadir, repère les débris d'un hydravion, assurément celui des Uruguayens, dans l'estuaire de l'oued Fatma, au nord de Cap Juby.

L'alerte est donnée et les pilotes se relaient. Finalement, Guillaumet et Riguelle atterrissent non loin de l'épave où un Arabe leur révèle le sort des quatre membres de l'équipage accidenté : capturés. Encore!!!

Dès ce moment, les avions parcourent le désert à basse altitude et ne tardent pas à localiser la caravane et ses prisonniers. Le lendemain, Antoine et Reine déposent près des Maures l'interprète Lahoucine qui mène les négociations et obtient, moyennant finances, la libération des otages.

Ce sauvetage attire l'attention de la presse internationale sur ces hommes affectés à la ligne des sables, sur Mermoz en particulier, un Mermoz furieux et surtout gêné par cette publicité faite autour de son nom : « N.. de D...! *(sic.)* enrage-t-il, il n'y a rien de plus bête qu'un journaliste. » D'un autre côté, à bien y réfléchir, il reconnaît que « la réclame ne fait jamais de mal *... »

Entre Casa et Dakar, les reporters découvrent un chemin de croix impitoyable dont certaines étapes portent des noms bizarres : Port de la Fatigue, Baie de la Désolation, Colline de la Déception, Baie des Tribulations. L'Histoire et les sacrifices vont les rebaptiser Cap Mermoz, Baie Saint-Exupéry, Ile Daurat, Pic Pivot, Cap Gourp et Pintado, des appellations qui sont autant de pincements de cœur... Les envoyés spéciaux ignorent qu'au lendemain de la tuerie de novembre, nombre de ces hommes téméraires, les nerfs ébranlés, ont interrompu le service. Parmi eux, d'anciens pilotes de guerre dont le courage ne saurait être remis en question estimaient n'être pas là pour se battre. Contre la nature, d'accord! Contre des massacreurs, non!

Roig avertit Daurat de la gravité de la situation. Stupéfait, le directeur de l'exploitation s'envole pour Casa où l'attendent les aviateurs silencieux. Le regard plus dur, plus pénétrant que jamais, il fixe des visages fermés, déterminés aussi. Puis il leur parle, non pas de sanctions, mais d'un matériel nouveau et de la visite qu'il va effectuer auprès du maréchal Lyautey. Aucune allusion à cette désobéissance collective. Le jour suivant, à l'aube, quand il arrive sur le terrain, tous les pilotes sont là, en tenue de vol, tous volontaires pour l'emmener. Daurat sait qu'il a gagné. Il leur serre la main, désigne Marcel Reine pour piloter l'avion d'escorte, et s'envole pour Tiznit.

Mermoz, Guillaumet et les autres reprennent leur va-et-vient au-dessus du désert, à travers le brouillard marin, le long des côtes de Mauritanie. A son tour, fort d'une solide expérience, Jean ne ménage pas ses

* Lettre non datée.

conseils aux nouveaux venus dans le secteur : « Pour sortir de cette brume malsaine, prévient-il, il faut monter sans boussole, sans gyro. Inutile de consulter l'indicateur de vitesse faussé par le sable... »

Henri Delaunay pense à tout cela un soir d'escale et de calme relatif, à Cap Juby. Ce soir-là, dix compagnons mènent la belle vie, quoique dans des conditions rudimentaires : Antoine de Saint-Exupéry, Toto le mécanicien, Marchal, Kiki le singe, Mira la chienne, Paf, un gros mâtin, Henri Guillaumet et René Riguelle qui arrivent de Dakar avec le courrier, Jean Mermoz et Delaunay, lesquels décolleront au petit matin pour Casablanca.

Installé en équilibre sur sa chaise, Mermoz, vêtu seulement de son large pantalon de méhariste, remplit consciencieusement une grille de mots croisés, une occupation à la mode, tout en mêlant de temps à autre son propos à la conversation générale. Delaunay admire sa façon de jouer adroitement du crayon, du verre d'apéritif et de la cigarette *. Un vrai jongleur!

Dans la pièce où va être servi le dîner, règne une ambiance fraternelle. Les hommes, décontractés, retrouvent naturellement les plaisanteries du collège et se livrent à des jeux d'esprit où excelle Saint-Ex. A l'occasion, le paisible et très professionnel Guillaumet n'hésite pas à faire marcher son ami, lequel est ravi d'être enfin la victime, lui qui si souvent taquine les autres. Ce soir-là, Guillaumet dessine une maison sur un coin de nappe et y inscrit en gras le mot *Ambassade* :

– Qu'est-ce que c'est que cela? lance-t-il goguenard et faussement sérieux à Saint-Ex.

– C'est une ambassade, rétorque l'intéressé, avec

* Henri Delaunay décrit cette scène dans son ouvrage, *Araignée du soir*, paru aux Éditions France-Empire, 1968.

une note d'amusement dans la voix. Mais il ne comprend pas où Guillaumet veut en venir.

Du coin de l'œil, Mermoz observe la scène, intrigué.

Sa victime bien en mains, Guillaumet jubile. Avec des efforts pour ne pas laisser fuser son fou-rire, il prolonge l'énigme :

– *Ambassade,* dit-il doctement, comporte trois A. Pose ton doigt sur l'A du milieu.

Saint-Exupéry s'exécute, non sans une hésitation.

– Et maintenant? interroge Guillaumet qui n'y tient plus.

Saint-Ex regarde son doigt et écarquille les yeux.

– Maintenant, c'est un con..su..lat, conclut Guillaumet triomphalement, avant d'éclater de rire.

Et Saint-Ex de glousser, articulant : c'est i-diot!

Hélas! le matin vient vite. Le courrier n'attend pas. Delaunay repense à ce brouillard perfide et ressent une sourde angoisse. Il fait jour. Les moteurs tournent. Le soleil favorise un meilleur moral. Hamed, le vieil interprète qui va l'accompagner, semble deviner son appréhension : « T'en fais pas l' brouillard, le rassure-t-il, ti souis Marmouss qui connaît bien. » Voilà Delaunay à moitié tranquillisé.

Déjà à son poste, le visage dissimulé derrière d'épaisses lunettes, la tête bardée de cuir, et pourtant reconnaissable entre mille par « un je-ne-sais-quoi d'énergique et d'aristocratique que ce sacré gars transpirait par tous les pores en n'importe quelle circonstance * », Mermoz donne le signal du départ.

Il ne perd jamais de temps. Dès qu'un moteur démarre et que l'avion vibre, Jean n'existe plus que pour le courrier. Une sorte d'excitation s'empare de lui, excitation qui se communique aux autres pilotes. A son

* Henri Delaunay, *Araignée du soir.*

contact, il devient impossible de considérer un sac postal autrement que comme un cœur arrêté. Avec Mermoz, ça bouge. Delaunay n'a pas une seconde de trop pour se torturer plus longtemps : les deux appareils s'élancent et disparaissent dans la brume. Quelle drôle de sensation. Cela commence par une impression désagréable de buée sur les lunettes. Celles-ci ôtées, l'impression demeure, plus désagréable encore. Et la visibilité diminue vite. Le soleil ajoute à l'inconvénient : il irradie cette gaze de façon surnaturelle. Le relief s'auréole de contours fantastiques et les pièges se multiplient. Bientôt, pour mieux voir, les deux Breguet rasent l'écume, cette ligne de démarcation entre la mer et le rivage. Mermoz et Delaunay doivent se rapprocher l'un de l'autre pour ne pas se perdre de vue. C'est à peine si Delaunay distingue la silhouette fantomatique de son coéquipier qui finit par s'estomper complètement. Seuls les remous de son hélice indiquent sa présence quelque part devant. Soudain, coup au cœur pour le pilote crispé : l'aiguille de son altimètre ne décolle pas du zéro et, presque simultanément, ses roues rabotent le sable dur. De saisissement, Delaunay atterrit. Ce qui plonge Hamed dans une violente colère. Pendant cet intermède, Jean survole les lieux, invisible. L'interprète exhorte Delaunay à repartir dans la crasse : « La même chose qu' Marmouss, ti monte, ti monte... Foutes ton cul dans l'avion. J' ti torne l'hélice to d' souite... »

Jean passe et repasse au-dessus de lui. Il le cherche. Cette obstination électrise Delaunay qui reprend l'air puis, de peur en frayeur, s'extrait de la purée de pois. Il trouve devant lui son camarade qui, imperturbable, met le cap sur leur destination. Une fois de plus, le courrier est passé. Quelle leçon!

Pourquoi un tel acharnement? direz-vous. « En vertu de quel sentiment risquions-nous, parfois, si facilement notre vie pour acheminer des lettres? » s'interrogera

Saint-Ex... Eh bien! ces sacs contiennent des destinées momentanément suspendues, des questions, des réponses, des cris, des parcelles de bonheur, des déclarations maladroites...

Si Mermoz joue volontiers la mère-poule, il n'oublie pas non plus Erable et Pintado. Par six fois déjà, le gouverneur espagnol lui a interdit de retourner sur le site du massacre.

Un matin de juin 1927...

– Ould Hadj Rab est venu ce matin.

– L'assassin de Gourp? Ici, à Cap Juby!

– Lui-même. Et il a été reçu par le gouverneur...

Le sang de Mermoz ne fait qu'un tour. Une lueur dangereuse brille dans les yeux assombris du jeune homme qui serre les poings. Mais il doit obéir aux ordres stricts de Toulouse : pas d'accrocs avec les Espagnols qui n'attendent qu'un prétexte pour supprimer l'escale. Depuis quelques mois la tendance germanophile progresse rapidement dans les milieux politiques de Madrid. Aux Français de bien se tenir et surtout de bien se cramponner à leurs postes. Des bruits circulent selon lesquels un certain commandant Franco serait à la tête d'une compagnie Junkers-Dornier chargée d'établir une ligne aérienne entre l'Espagne et l'Amérique du Sud, avec des avions allemands. Un responsable espagnol, le lieutenant-colonel Herrera, dément cette rumeur tout en précisant qu'il n'existe d'ailleurs en Espagne « aucune entreprise, sinon la société Latécoère, qui envisage actuellement un service vers l'Amérique du Sud au moyen d'avions, cette conception semblant techniquement irréalisable ».

Encourageant et vite dit! A Madrid, Beppo de Massimi se heurte à une opposition germanophile de plus en plus musclée et résolue. Les effets de cette gigantesque empoignade se font sentir jusqu'à Cap Juby. Et les Espagnols durcissent leur position, haussent le ton avec le personnel de la Ligne. Maintenant, un seul écart des Français signifierait la mort de l'entreprise.

Aussi, pas de vagues... Mermoz se plie à cet ordre, mais à contrecœur. Il aurait bien saisi un revolver pour abattre le chef maure, lequel revient le lendemain à la tête d'une troupe fortement armée. Il est accueilli ostensiblement par le colonel de La Peña, ce qui a le don d'irriter les Français, impuissants.

Ould Hadj Rab entretient un goût prononcé de la provocation. A l'issue de son entretien dans le fort, il s'amuse à faire mettre en joue les Français qui se figent.

Sans un mot, Ville et Mermoz ont vu l'assassin de leurs camarades pénétrer la tête haute dans l'enceinte espagnole. Et en ressortir quelques heures plus tard, l'air fier et toujours aussi dédaigneux. Cette fois, c'en est trop! Jean bondit dans son Breguet et commence sa traque. Sa quête va être récompensée : il repère la caravane de son ennemi qui tangue en direction de Port-Étienne. Il note ses coordonnées, ses déplacements et les communique au commandant du Cercle de la Baie du Lévrier.

L'heure de la vengeance sonne enfin le 11 juin 1927; les méharistes français interceptent et abattent Ould Hadj Rab en Mauritanie française. Ils mettent ainsi un terme à une longue série de crimes et de méfaits.

Reste à régler la question des dépouilles de Pintado et d'Erable. Jean demande une nouvelle audience au colonel de La Peña qui se laisse fléchir. Après tout, si Mermoz désire prendre des risques, il les connaît.

Mermoz part seul. Le silence l'attend. Partout le silence. Les pas crissent sur le sable. Tout semble inerte sous le ciel vide et dur. Hélas! chacals, hyènes et petits rongeurs ont nettoyé les corps. Soudain, Jean tressaille. Là! cela ressemble à une de ces touffes d'herbes tenaces. On dirait... Le pilote se penche, ému. Un souffle de vent agite une mèche de cheveux dont la couleur châtain révèle qu'ils appartenaient à Erable. Lentement, avec précaution, comme il l'eut fait pour une fleur fragile et rare, Mermoz, la gorge nouée, recueille la relique.

Il n'a guère le temps de s'attarder sur cette tombe immense, que les hommes bleus se précipitent sur lui. Il leur échappe de justesse. Revenu à Cap Juby, il enverra ces pauvres restes à la mère d'Erable. Ce geste lui vaut une admiration sincère de ses camarades; il prouve également que la Ligne n'abandonne jamais les siens. Et il vient renforcer la fraternité derrière laquelle se profile déjà une mystique. Surtout, la ligne continue.

A Cap Juby, Mermoz lit beaucoup et joue aux cartes. On ne sait pas s'il triche comme avec sa mère. Très souvent aussi, il emprunte à Pierre Picard son petit bateau conçu à partir de deux caisses de marchandises, à peine de quoi s'asseoir et allonger les jambes. Jean soigne sa musculature bronzée par de solides coups de rames... Il ne néglige pas non plus son appétit plus féroce que jamais, « insatiable », avouera-t-il lui-même, d'autant que « le copain qui habite le pavillon » avec lui, à Casa, a été chef. « Nous mangeons merveilleusement bien. Lui fait le marché, s'occupe de tout. Bref, nous faisons un de ces ménages!! Enfin... rassure-toi, pas comme tu pourrais le penser *. »

L'appétit de Latécoère n'a rien à lui envier, à en juger par l'activité déployée en Amérique du Sud. L'arrivée du Laté 26 va d'ailleurs servir ses projets. Cet avion postal plus performant que le Breguet 14 possède trois coffres à courrier répartis dans le fuselage et offre trois places en tandem. Il dispose aussi d'un rayon d'action nettement plus important, une qualité primordiale dont le constructeur veut faire la démonstration

* Lettre à sa mère, du 19 octobre 1926.

éclatante. Un raid Toulouse-Dakar, par exemple... Le patron prépare son expédition avec minutie. Négrin pilotera. On lui cherche un adjoint, un homme averti des embûches de la route. Ce sera Mermoz, alors à Lille auprès de Mangaby, un Mermoz que les épreuves, bien plus que le brassage des années, ont mûri. Jean s'emballe. En arrière-pensée, il imagine une traversée de l'Atlantique Sud dans la foulée de ce long périple. « Nous pouvons effectuer un parcours de 5 000 kilomètres, dit-il à Daurat. Pourquoi pas, ensuite, les trois mille de l'Atlantique Sud? »

– Réussissez d'abord ce raid, lui répond Daurat. Après, je ferme les yeux...

Le 11 octobre 1927, à bord de leur Laté 26 pompeusement baptisé *Spirit of Montaudran* *, Négrin et Mermoz franchissent la distance Toulouse/Saint-Louis du Sénégal en vingt-trois heures. Ils se posent parfaitement et roulent sur la piste jusqu'au moment où une bosse brise le rêve de même que l'hélice : l'avion pique du nez et se met en pylône. Jean enrage : être obligé de renoncer, si près du but.

Chez lui, la traversée de l'Atlantique tourne à l'idée fixe. « Depuis que les Américains le font, écrit-il à sa mère, je ne dors plus; je bous de voir que pas un de chez nous n'est encore parti [6], alors que nous avons d'aussi bons appareils qu'eux. Quel rêve ce serait pour moi! Pardonne mon égoïsme. C'est la faute à mon idéal, que veux-tu? ** »

Oh! Mermoz va l'avoir, sa consolation. Il traversera bientôt l'Atlantique Sud ***.

Mais en bateau!

* Allusion au *Spirit of Saint Louis* de Charles Lindbergh.

** Lettre datée du 15 juillet 1927.

*** Le 25 août 1927, dans la note qui lui confirmait ses vacances, Jean a appris qu'il devait « prévoir son départ en Amérique du Sud, désigné pour ce poste de choix en raison de ses services antérieurs ».

« Chacun est seul responsable de tous. »

Antoine de Saint-Exupéry

(Pilote de guerre)

10.

Une légère houle se saisit du *Groix* pratiquement à l'instant où l'énorme vapeur des Chargeurs Réunis eut passé la dernière balise qui marquait la limite de La Pallice, avant-port de La Rochelle. Les rares passagers présents sur la passerelle essayaient de distinguer sur le rivage les détails, familiers pour certains, qui les rattachaient encore à la France. Mais l'ambiance à bord n'avait rien d'euphorique : la plupart des voyageurs descendraient à Dakar où sévissait la fièvre jaune...

Appuyés nonchalamment au bastingage, deux hommes jeunes et bronzés regardaient la côte s'estomper tandis que, sous leurs pieds, les vibrations des gros moteurs diesels prenaient un rythme à la fois plus rapide et régulier.

Mermoz et Depecker n'avaient pas échangé une parole depuis de longues minutes, absorbés qu'ils étaient par leurs réflexions. Il est vrai que les deux pilotes tournaient là une page bien remplie de leur existence. Après l'Espagne et l'Afrique, après tant de mortelles randonnées à travers les tempêtes de neige ou les vents de sable, après avoir survolé des pics déchiquetés ou des déserts qui gardaient quelques-uns des leurs, ils partaient ce 6 novembre 1927, à la conquête d'un monde nouveau... *

Pour Jean, cependant, l'Amérique du Sud n'est alors rien de plus qu'une étape privilégiée de son ambition dont il a d'ailleurs esquissé les grandes lignes à l'intention de ses grands-parents, un soir de solitude à Cap Juby :

« Inlassablement, je voudrais tout voir, découvrir toujours ce qui est pour moi l'inconnu des êtres et des choses, et il y a tant à voir, tant à découvrir, tant à apprécier, que tout ce que j'ai pu admirer jusqu'ici me semble bien minime.

« Un jour viendra où je serai calme et à revivre en pensée des heures merveilleuses déjà vécues, hélas! Je voudrais voir l'Amérique du Sud, refaire un tout petit tour en Syrie, jeter un coup d'œil en Perse, poser le pied aux Indes ou en Chine et après, ma foi, revenir définitivement en France **. »

A Mangaby aussi, il annonce qu'après avoir parcouru le monde, il veut se fixer en France, soit sur Paris-Londres, soit chez Breguet où le colonel Denain, alors affecté à l'état-major de l'Air, a proposé de le faire entrer. « Cette fois, écrit-il à sa mère, tu viendras demeurer avec moi parce que, tu sais, je ne tiens pas à me marier. L'Aviation est une maîtresse suffisante ***. »

Pour le moment, la France, vue du *Groix,* ne ressemble déjà plus qu'à un trait sombre posé sur le plateau de l'horizon.

Grâce aux bruits de couloirs entendus ici et là aux escales, mais également pour avoir lu certains rapports,

* Dès le 24 octobre, Didier Daurat a prévenu Rio de l'affectation des deux pilotes sur les lignes sud-américaines récemment reconnues et défrichées.

** Lettre datée du 18 février 1927.

*** Lettre datée du 14 juin 1927.

Mermoz et Depecker se font une idée de la tâche qui les attend sur place. De même, ils connaissent le formidable travail que leurs camarades ont abattu en dépit d'une opposition pro-germanique avec laquelle ils frôlent quotidiennement l'incident...

Heureusement, à force de ténacité, les Français ne manquent pas de réussite et de panache. La ligne avance mais, assez curieusement, Latécoère s'essouffle. En 1919, déjà, celui-ci avait ressenti un sérieux doute quant à l'avenir de son entreprise. Il faut dire qu'il venait de perdre deux appareils en l'espace de quelques heures, à proximité de Valence, et que lui-même se trouvait dans l'un d'eux.

Tout se joua autour d'un poêle, dans une pièce mal éclairée où, transi comme son directeur-général Beppo de Massimi et son pilote Rodier, Pierre Georges Latécoère remuait d'amères pensées. Le battant n'avait plus le moral. Bref, la situation ne se prêtait guère à une joie délirante. Qu'on en juge : une panne avait obligé Beauté et Dombray à atterrir en catastrophe près du port espagnol. Aussitôt avertis, Daurat et Vanier étaient partis à leur secours. Cette opération menée à bien, ils apprenaient que leur patron, lui aussi malchanceux, se remettait maintenant de ses émotions à l'hôtel Suizo. Quand Daurat le rejoignit cette nuit-là, Latécoère, emmitouflé dans une couverture, affichait la mine des mauvais jours. Le cœur n'y était plus et l'enthousiasme menaçait de sombrer à son tour.

« Voyez notre position, se lamenta soudain l'industriel toulousain, sans s'adresser à personne en particulier : deux avions immobilisés ! Or, si nous tenons à gagner la partie, nous devons voler avec régularité tous les jours. Tous les jours », répéta-t-il avec lassitude. Dans la chambre, le silence se fit plus épais. Les hommes, la tête basse, attendaient l'inéluctable décision. Alors s'éleva une voix calme : Daurat affirma sa confiance dans leur projet. Il pressentait que l'équipe de Montaudran serait irrémédiablement liée au destin de l'œuvre, une œuvre qu'on ne saurait abandonner.

La suite lui donnera raison. La ligne se fraie un passage à travers les Pyrénées, l'Espagne, le Maroc et la Mauritanie.

Mais Latécoère fait ses comptes, et le doute le reprend. Les exploits ne représentent pas une source de revenus immédiats. Pire, ils les précèdent de trop loin. Dans l'intervalle, il faut vivre. Et faire vivre une équipe qui s'étoffe car la toile du réseau s'étend...

Les dépenses s'accumulent. Comment y faire face? Se tourner vers le gouvernement français? Jusque-là, les démarches n'ont réussi à susciter qu'un intérêt poli. De plus, la subvention obtenue avec difficulté – par miracle! – s'apparente à une peau de chagrin : 200 000 francs débloqués pour les frais de mission, une somme dérisoire comparée aux deux millions engloutis.

Au fil des années, malgré les succès enregistrés par la compagnie, les ministres font la sourde oreille. En 1927, il devient évident que les promesses officielles ne seront pas honorées.

Latécoère s'impatiente.

Pourtant, la ligne avance.

Pourtant, les épreuves surgissent un peu partout, surtout en Amérique du Sud où Paul Vachet, un grand pilote trop méconnu, réalise un travail extraordinaire que l'on a souvent attribué à tort à Jean Mermoz... * Or, bien avant que Mermoz ne déposât les pieds sur un quai de Rio, c'est Vachet, notamment, qui prit le gigantesque continent à bras-le-corps.

* Cette erreur incombe essentiellement à Didier Daurat. Vachet la lui reprochera amèrement, dans une lettre qu'il lui adresse le 9 novembre 1954.

L'affaire a débuté en 1924. Après avoir reconnu le tronçon Casa-Dakar, l'infatigable capitaine Roig débarque en Amérique du Sud pour y préparer la venue d'une mission Latécoère chargée de reconnaître en vol le parcours adéquat. Roig contacte les dirigeants du Brésil, de l'Uruguay et de l'Argentine pour évaluer les possibilités de développement de la ligne et l'aide qui pourrait lui être consentie.

L'accueil se révèle favorable et même chaleureux.

Rassuré, Latécoère envoie une délégation importante dirigée par le prince Murat, secondé par Marcel Portait, tous deux administrateurs des Lignes Aériennes Latécoère. Une équipe technique composée de Hamm, Vachet et du capitaine Étienne Lafay accompagne les négociateurs. C'est elle qui va explorer la route Rio-Buenos Aires.

Une fois à pied d'œuvre à Rio, fin 1924, les Français font transporter leur matériel sur l'aérodrome militaire Campo do Affonsos qui deviendra le point de jonction, à une vingtaine de kilomètres de la ville, du tronçon nord (Recife, puis Natal-Rio) et du tronçon sud (Rio-Buenos Aires).

Le 14 janvier 1925, vers 4 h 30 du matin, Hamm, Lafay et Vachet décollent de Rio, mais se détournent un moment de leur cap pour survoler le port, au-dessus duquel ils larguent une couronne de fleurs en mémoire d'un pilote portugais, le commandant Sacadura Cabral, premier vainqueur de l'Atlantique Sud, en 1922, disparu depuis lors tandis qu'il convoyait un Fokker d'Amsterdam à Lisbonne. Cet hommage rendu à un héros qui envisageait d'effectuer le tour du monde, les trois pilotes reprennent par la côte leur vol vers São Paulo. De là, ils gagnent Curitiba, capitale du Paraná juchée sur un plateau.Toutefois, les nuages très denses qui noient cette région tourmentée les contraignent à poursuivre sur Florianopolis où les reçoit une foule enthousiaste... Puis le voyage se poursuit vers Porto Alegre, troisième étape du jour. Hélas! peu avant d'amorcer la descente sur la capitale du Rio Grande do Sul, Vachet, victime d'ennuis mécaniques, doit se poser rapidement sur une plage, imité par les deux autres pilotes qui lui portent assistance. Après diverses tribulations – entre autres, Hamm va briser son train –, ils atteignent enfin Buenos Aires, en avance sur leurs prévisions, et atterrissent sur le terrain d'El Palomar, près de la capitale argentine, où, bien sûr, on ne les attend pas encore. Sinon une surprise désagréable en la personne du major Torrès, un officier acquis aux idées germanophiles, qui leur refuse froidement l'hospitalité : il interdit aux Français éberlués d'abriter leurs appareils dans les hangars où, pourtant, la place ne fait pas défaut. Non content d'être proallemand, une tendance que partage à l'époque la majorité de l'armée argentine, ce militaire intransigeant montre également des dispositions antifrançaises. Aux équipages dépités, il accorde seulement l'autorisation de garer les avions en bordure de l'aérodrome, ce qui revient à les exposer à des conditions climatiques déplorables.

Ulcéré par cet accueil qui est loin de refléter la véritable mentalité argentine, le président de l'aéroclub national, témoin de ce regrettable incident, intervient fort opportunément et propose aux trois aviateurs de venir se réfugier sur le terrain de son club, à quelques kilomètres de là.

Les Français, on le voit, ne comptent pas que des ennemis. Ils bénéficient même d'appuis solides et, en particulier, d'un allié de poids : le célèbre pilote argentin Vicente Almandos de Almonacid, surnommé le Condor de la Cordillère à la suite de sa fameuse traversée des Andes, un exploit réussi de nuit, le 29 mars 1920, à bord d'un vieux Spad XIII Hispano [7].

Héros brillant de la guerre de 14-18 qu'il termina

dans les rangs de l'armée française avec le grade de capitaine, homme d'honneur, vif dans ses amitiés, il possède le naturel d'un caballero : grand, mince, racé... Sans lui, l'aviation française n'aurait certainement pas aussi bien prospéré en Amérique latine.

Au cours d'un banquet donné pour fêter ses amis français, peu de temps après leur arrivée à Buenos Aires, Almonacid apprend leur mésaventure. Il pâlit aussitôt de colère. Pour ce gentilhomme, l'insulte faite à ses invités devient une insulte personnelle. Il s'enquiert de l'identité du responsable de cet affront et lui demande réparation. Ce sera un duel au sabre! Malgré une blessure au coude, Almonacid touche Torrès à l'arcade sourcilière. Le combat s'arrête là. Aveuglé par son sang, le major ne peut poursuivre l'assaut. L'honneur est sauf et l'avertissement a porté. Ce duel symbolise à merveille l'état de la concurrence en Amérique du Sud.

Quelques jours après cet intermède brutal, la mission française prend le chemin du retour. Une foule nombreuse assiste à ce départ, parmi laquelle des Français implantés en Argentine. A la seconde où éclate le vacarme des moteurs lancés à pleine puissance, un petit garçon, effrayé par ce grondement, lâche la main de son père, le directeur d'une banque multinationale, et s'enfuit à toutes jambes. Vachet et le père parviennent à le rattraper et s'efforcent de le calmer. Vachet se penche sur le petit bonhomme tremblant et lui murmure gentiment : « Mais, mon p'tit gars, il ne faut pas avoir peur ainsi. Sinon tu ne seras jamais un aviateur... * »

Cette mise en garde amicale dut faire réfléchir le gamin. Un bond d'une vingtaine d'années dans le futur nous permet en effet de constater que l'avertissement

* Paul Vachet, *Avant les jets*, Hachette, 1964.

de Paul Vachet a porté : le petit garçon s'appelle Pierre Clostermann et s'illustrera dans la chasse française pendant la Deuxième Guerre mondiale.

Pour l'heure, débarrassé de ses craintes, il ouvre des yeux ronds pour ne rien perdre du décollage des Breguet 14.

La vétusté du matériel volant ne facilite pas le travail de persuasion des Français largement désavantagés par rapport à la concurrence. Les Brésiliens, qui réservent un accueil sympathique à la mission, ne cachent pas un certain scepticisme. Mais l'outil vaut surtout par l'ouvrier. Cela, les Sud-Américains vont le découvrir avec admiration.

Vachet s'envole ensuite pour Recife qu'il rejoint par des escales improvisées. Ce travail convainc le gouvernement brésilien qui propose aux Lignes Aériennes Latécoère un contrat, selon lequel les Français disposeraient d'une exclusivité postale. Cependant, comme l'impose la loi brésilienne, il convient auparavant d'obtenir le feu vert du Tribunal des comptes qui, lui, ne suit pas.

Ce revers décourage Latécoère dont l'impatience ne fait que croître. De la part d'un fonceur, une telle attitude défaitiste, qu'expliquent sans doute des soucis financiers importants, aggravés par le laxisme du gouvernement français, a de quoi étonner car la situation, momentanément bloquée, n'est pas désespérée pour autant. En décembre 1926, lorsqu'il débarque à Rio, le patron de Toulouse fait la connaissance de Marcel Bouilloux-Laffont qui, depuis le débarquement de la mission Roig, apporte une aide considérable à la Ligne. Homme d'affaires prospère, installé depuis des années en Amérique du Sud, Bouilloux-Laffont se pose immédiatement en allié sûr et fidèle. Et précieux! De ces pays où ses compatriotes veulent s'implanter, il n'ignore rien des habitudes, ni des intrigues. Toutefois, s'il s'intéresse à l'initiative de Latécoère, l'aviation lui reste étrangère. Il n'en met pas moins de puissants moyens à la disposition de ces défricheurs modernes pour aménager un terrain sur le plateau de Camassary, à une cinquantaine de kilomètres de Bahia.

Il place également le poids de ses relations dans les démarches auprès des gouvernants. Hélas! ses efforts joints à ceux d'Almonacid ne suffisent pas à fléchir le Tribunal des comptes. Malgré la preuve du savoir-faire français apportée par la mission Vachet au terme d'un périple de 11 000 kilomètres, les pourparlers traînent en longueur. Ils portent sur le transport du courrier vers l'Europe d'une part, l'Uruguay et l'Argentine, ainsi qu'à l'intérieur du Brésil, d'autre part. Si le contrat comporte déjà la signature de Francisco Sa, ministre des Communications, il demeure sans valeur tant que le Tribunal des comptes ne l'a pas approuvé. Or, cet organisme a déjà refusé par deux fois de valider le document. Ce deuxième échec indispose Latécoère, alors à Paris. L'affaire lui coûte cher, trop cher. La subvention appartient aux souvenirs cruels. Murat reçoit l'ordre de rentrer. Mais le prince ne se résigne pas à tirer un trait sur le labeur de son équipe. Il cherche à préserver l'acquis et, d'accord avec Latécoère qui se rallie à sa solution, il crée une filiale nationale, la Compagnie générale d'Entreprises aéronautiques, avec l'aide de personnalités brésiliennes. De retour en France, Portait va persuader Latécoère d'intervenir personnellement auprès du Tribunal.

Arrivé à Rio le 3 décembre 1926, Latécoère s'empresse de rencontrer Marcel Bouilloux-Lafont qui lui renouvelle son offre d'aide morale et celle de son groupe. Ce qui n'est pas négligeable. Mais il n'entre pas dans ses intentions d'agir sur le plan financier. « Jamais, affirme-t-il d'un ton péremptoire, je ne mettrai un sou dans une affaire d'aviation. » Ce qui ne l'empêche pas d'œuvrer avec intelligence et habileté auprès du Tribunal.

Pourtant, rien n'y fait. Ni le jeu des relations de Bouilloux-Lafont, ni la bonne foi des Français.

La concurrence se frotte les mains.

Et le troisième refus tombe comme un couperet. C'est fini! Cela entraîne l'annulation définitive du contrat..

Écœuré, Latécoère retient une place sur le premier navire en partance pour l'Europe. Cet embarquement signifie le renoncement et gomme les effets positifs d'une équipée fantastique. Cet embarquement provoque aussi l'étonnement et la tristesse chez les Sud-Américains. Il donne enfin un vigoureux coup de pouce à la concurrence. Les Allemands croient même un instant que tout est consommé pour les Français.

Le salut, inespéré, survient alors. Il s'appelle Marcel Bouilloux-Lafont. L'homme possède une vision aiguë des échanges internationaux et de la position des nations, vision qui, à l'époque, fait défaut à beaucoup de politiciens français cloîtrés en métropole.

Français implanté en Amérique du Sud depuis de nombreuses années, Marcel Bouilloux-Lafont y contre avec succès les menées allemandes qui ne sont pas toujours dictées par d'innocentes raisons commerciales.

Le retrait précipité de Latécoère l'amène à un calcul rapide d'où il ressort que les Allemands vont assurément exploiter le travail des Français. Certes, estime-t-il à juste titre, l'aviation commerciale ne paie pas encore. Mais quelle arme économique!

Et puis, Marcel Bouilloux-Lafont se sent engagé sentimentalement. Cet homme intègre, que son pays trahira, en fut pourtant le défenseur inconditionnel et un patriote dont le nom pourrait figurer parmi les plus grands au Panthéon de notre Histoire.

Il insiste auprès de Latécoère, finit par plier cet irréductible, l'arrache à son paquebot et lui obtient un entretien avec le président Alvear de la République argentine qui attendait les Français depuis... deux ans, depuis la mission Roig.

Cette démarche aboutit à la signature d'un contrat postal. Là encore des obstacles se dressent, d'autant plus ardus à surmonter que les Allemands poussent la pression : à Buenos Aires, la firme Zeppelin s'efforce de mettre sur pied un service par dirigeable entre Séville et la capitale argentine.

Rédigé dès le lendemain de la visite de Latécoère et ratifié par le directeur général des Postes, le contrat, agrémenté du paraphe suprême en juin 1927, restera la base de la ligne d'Amérique du Sud jusqu'à son arrêt en 1940.

Les missions allemandes attirées sur place par ce qu'elles pensaient être la chute de l'entreprise française mesurent l'ampleur de leur échec : les Français obtiennent pour dix ans l'exclusivité du transport aérien jusqu'à concurrence de 25 % sur la totalité du courrier acheminé vers l'Europe.

Échaudé par cette série d'émotions, peu motivé par la victoire que lui a permis de remporter Bouilloux-Lafont, Latécoère rentre à Paris avec l'idée de récupérer ses deux millions. Pas question pour lui seul de supporter les premiers frais d'installation de l'infrastructure formidable que va nécessiter le réseau sud-américain où rien n'est joué.

A Paris, il va rapidement déchanter car le gouvernement, contrairement aux autres états européens, se montre réticent. L'Amérique du Sud ne l'intéresse pas. En réalité, cette mosaïque de pays échappe quelque peu à l'entendement des dirigeants français.

Latécoère se heurte donc à une opposition floue. Maurice Bokanowski, ministre du Commerce et de l'Industrie, chargé de l'Aviation, lui explique qu'il consentirait bien à verser une subvention afin de faciliter l'exécution du contrat argentin, laquelle implique le prolongement de la ligne Toulouse-Dakar vers Buenos Aires, mais à une condition : l'argent irait à une société française dont le conseil d'administration comprendrait des noms de la haute finance... Il se réserverait le droit de confier le contrôle de l'entreprise, quand il le jugerait bon, à un groupement de son choix *.

C'est la goutte qui fait déborder le vase. Le ministre annonce ni plus ni moins qu'il souhaite prendre le contrôle. Ce que l'industriel toulousain, homme de pouvoir sans partage, ne saurait tolérer.

Cette fois, il baisse les bras. Il décide de vendre. Il offre d'abord une option au gouvernement français qui décline la proposition, avec indifférence. Cette absence de prise de position étonne à l'heure où la France se prépare à fusionner ses diverses compagnies aériennes **.

Éconduit d'un côté, Latécoère se tourne vers Marcel Bouilloux-Lafont. Le moment est important. De la réponse de l'homme d'affaires, baptisé le « Tycoon » – le Chef – par les Américains, dépend en grande partie l'avenir de l'aviation française.

Bouilloux-Lafont ne se démoralise pas facilement : bâtisseur de ponts, de ports, constructeur de réseaux ferrés et de routes à travers jungles et marécages, l'adversité ne l'inquiète pas. A l'inverse du gouvernement français, il connaît la terrible implication de ce retrait de Latécoère. Oh, pas seulement l'effondrement des efforts déployés par une poignée de pionniers,

* Beppo de Massimi, *Vent debout,* Plon, 1949.

** Voir à ce propos le rapport de Raoul Dautry sur l'Aéronautique marchande présenté au Conseil national économique, le 5 septembre 1928.

efforts auxquels il est sensibilisé. Il connaît aussi, pour essayer de la contenir, la progression allemande dans cette région du monde.

Le veto récidiviste du Tribunal des comptes lui a paru louche, d'autant que les Allemands s'activent. Ils possèdent même, depuis 1924, le Condor Syndikat, une sérieuse tête de pont en Amérique du Sud.

Pour maintenir la France dans ces pays et contrarier l'avancée allemande, Marcel Bouilloux-Lafont accepte de reprendre le flambeau de Latécoère. Il lui rachète au prix fort 93 % de ses actions *. Lui qui disait ne pas vouloir investir un centime dans l'aviation, il va y engloutir jusqu'à sa personne. Et même sa vie.

Quant à Latécoère, quelque peu aigri mais à la tête d'une somme rondelette, il s'installe à Biscarosse où il se lance dans la conception d'hydravions, avec plus ou moins de bonheur. Il commence par mettre au point le Laté 24, capable de franchir la distance qui sépare les îles du Cap Vert, proches de l'Afrique, de Fernando de Noronha, à deux doigts du Brésil. Les essais vont tempérer, voire refroidir l'enthousiasme du constructeur et des utilisateurs potentiels : non seulement l'avion se révèle décevant mais on n'osera même pas lui faire traverser la Méditerranée, une flaque d'eau au regard de l'Atlantique Sud. C'est dire...

Pendant que Latécoère retourne à ses planches à dessin, Bouilloux-Lafont se plonge avec énergie et détermination dans ce qui va devenir la passion de sa vie.

C'est lui qui, le 16 juin 1927, décroche le contrat pour le transport du courrier argentin à destination de l'Europe **. Des accords identiques vont suivre avec le

* Chacune des 37 500 actions a été revendue huit cents francs, pour une valeur initiale de cinq cents francs.

** Le texte définitif de l'accord paraît au Journal Officiel, le 14 juillet suivant.

Chili et le Paraguay (1928), le Venezuela (1929), la Bolivie et le Pérou (1930).

Enfin, le nouveau patron de la compagnie lui a donné son nom légendaire en avril, date de l'acquisition * : Compagnie générale aéropostale.

Ainsi dynamisé, le travail reprend de plus belle, l'infrastructure se met en place. Bouilloux-Lafont se dépense sans compter et dépense sans compter. Attention! il ne s'agit pas là de l'argent du contribuable.

Paul Vachet exécute un programme établi quelques mois plus tôt, qui concerne la création des aérodromes brésiliens de Pelotas, Porto Alegre, Florianopolis, Santos, Caravellas, Bahia, Maceio, Recife et Natal, puis de Victoria. L'inauguration du tronçon sud-américain a lieu le 1er novembre 1927 tandis que Mermoz s'apprête à rejoindre le port de La Rochelle...

Ce jour-là, deux Laté 25 prennent simultanément le départ de Campo do Affonsos, l'un piloté par Pivot, en direction de Natal, l'autre par Vachet pour Buenos Aires.

Vachet multiplie les vols le long des côtes du Brésil et les atterrissages sur les plages... L'annuaire des Marées de la marine brésilienne se révèle alors une petite bible très prisée. C'est grâce à lui que vont être fixés les horaires de la ligne.

La notoriété de Vachet grandit dans ce pays où il a ouvert la voie. Désormais, la nouvelle vague peut arriver. Elle porte Mermoz. Guillaumet, Reine et Saint-Exupéry suivront.

Pendant que Vachet, Thomas, Deley, Bédrignan et Rozès défrichent, Marcel Bouilloux-Lafont achète les meilleurs terrains et négocie des accords. La ligne touche maintenant Natal. De l'autre côté, il y a l'Afrique. C'est le rêve de Latécoère, l'ambition de Bouilloux-Lafont.

* Exactement le 11 avril 1927.

Fonceur, le patron n'ignore pas que le succès du transport aérien s'appuie sur la sécurité autant que sur la régularité, et que l'un ne va pas sans l'autre. Aussi fait-il venir d'Europe les équipements indispensables à l'établissement d'une organisation ultra-moderne. Les résultats de cette action conduite à l'échelle d'un continent feront l'émerveillement général, même des Américains, pourtant orfèvres en la matière, qui s'avouent dépassés [8].

Marcel Bouilloux-Lafont importe également des avions plus performants. Ainsi, le *Groix,* qui arrive en vue des côtes brésiliennes, transporte dans ses cales deux Laté 26 en pièces détachées.

Parallèlement, le président de l'Aéropostale nomme des responsables, notamment un directeur de l'exploitation en la personne de Julien Pranville, un jeune polytechnicien que lui envoie Daurat et qui a démontré de réelles qualités sur Casablanca-Dakar.

Le matériel et l'encadrement étant installés, ou presque, reste à assurer le service.

Mermoz peut intervenir.

Ce 28 novembre 1927, comme le *Groix* glisse à l'intérieur de la baie de Rio, sous la clarté des étoiles, mais dans une chaleur étouffante, Jean découvre la terre américaine avec ravissement, en compagnie d'un jeune missionnaire tout aussi exalté que lui, à cette différence qu'il paraît avoir trouvé la paix. Bien des années après, l'impression de cette rencontre demeurera très forte en Mermoz qui, au sommet de la gloire et au cœur des ennuis, s'en souviendra comme d'un îlot de sagesse.

Rio, « ville superbe, site de rêve, véritable paradis * », le séduit d'emblée. Mais Jean est tout de même fâché.

* Impression tirée d'une lettre datée du 10 décembre 1927 et rédigée à Buenos Aires.

En effet, ce voyage de trois semaines n'a pas atténué le ressentiment né de son ultime conversation avec Daurat, à Toulouse.

Étonnant Mermoz! Le directeur de l'exploitation lui annonce sa mutation en Amérique du Sud, ce pays dans lequel « je serai en sûreté, écrivait-il à ses grands-parents. Il ne peut y avoir de comparaison avec Dakar où tout est insécurité. Et le climat y est excellent * ».

Bref, voilà son souhait sur le point d'être exaucé.

Jean, debout face à son patron, commence à se détendre quand Daurat l'informe de sa nomination à Buenos Aires en tant que chef pilote de l'aérodrome.

Là, Mermoz se cabre :

– Chef pilote! Mais je veux voler. VO-LER! Je ne veux pas d'un emploi sédentaire.

Il fulmine littéralement.

Daurat, sans se démonter, laisse passer l'orage comme s'il avait prévu cette réaction.

– Vous verrez mieux sur place, répond-il froidement. Il y a beaucoup de travail là-bas.

D'un geste, il balaie les arguments de son jeune interlocuteur : son âge, son amour de l'aviation qui lui interdirait toute aspiration à une carrière de bureaucrate... Puis il le fixe droit dans les yeux avant de poursuivre :

– C'est un devoir que de vous rendre utile. D'ailleurs, on a besoin de vous pour l'organisation du tronçon Rio-Buenos Aires.

Ces paroles mettent un terme à l'entretien.

On comprend donc pourquoi Jean n'a pas vraiment savouré les longues journées de traversée sur le *Groix*. Il rumine... il dort... il mange. C'est à la table du commandant, où il apparaît réservé et timide, que le remarque celui qui va devenir l'un de ses amis les plus

** Lettre datée du 10 février 1927.

fidèles : Vselovod « Vova » de Martinoff, ancien capitaine de la Garde à la cour impériale de Russie, attaché à la personne de la tzarine Maria Feodorovna. Chassé par la Révolution en 1917, engagé dans la Légion étrangère, Martinoff est ce qu'on appelle communément quelqu'un qui a vécu. En principe, rien ne le surprend plus. Sauf Mermoz et son appétit. Du jamais vu, même en Russie... Quel coffre!

Inconscient de l'attention qu'il suscite, Jean avale sans faiblir la succession de plats que le maître d'hôtel, à la fois complice et perspicace, lui présente à plusieurs reprises. Et il digère tout. Mais pas ce poste de chef pilote!

A Rio, de nouveau véhément, il reprend avec Julien Pranville la discussion interrompue par Daurat un mois plus tôt.

– Chef pilote! Rien à faire, je veux voler!

Pranville, qui l'introduit auprès de ses camarades, sait le calmer :

– Vous volerez, ne vous inquiétez pas, mais auparavant, laissez-moi vous expliquer notre travail à tous...

Le jeune directeur parle d'une voix douce et conciliante.

Mermoz écoute, d'abord le sourcil froncé, puis un léger sourire flotte sur ses lèvres. La ferveur de Pranville l'a touché *.

Le jour même de cette entrevue capitale, il en adresse un compte rendu détaillé à Mangaby, un compte rendu dont le ton dénote un net revirement du pilote quant à sa nouvelle position au sein de l'entreprise. Apparemment, la perspective de sa mission, telle que décrite par Pranville, ne lui déplaît plus et satisfait son amour-propre. Mais peut-être les dirigeants de la

* Jean ne se montre pas non plus insensible au salaire rattaché à sa promotion : 14 000 francs par mois.

Ligne ont-ils joué sur ce sentiment autant que sur une compétence reconnue.

Comme toujours, Mermoz se livre à sa mère avec candeur * :

« ... je suis nommé chef pilote à Buenos Aires. De plus, on me fait entrer dans la hiérarchie organisatrice. J'aurai le contrôle là-bas de l'administration, de l'exploitation de la ligne. Je serai chargé d'engager le personnel pilote et mécanicien sur place, de faire les voyages de reconnaissance sur les tronçons que nous voulons créer vers le Chili, la Bolivie et le Paraguay. Il faudra que je donne conseils et avis au délégué de M. Bouilloux-Lafont, M. de Sieyès, et au délégué argentin pour l'organisation de tous ces tronçons. Bref, on me nantit d'un rôle officiel auquel j'étais loin de m'attendre.

« Je n'avais pas voulu accepter d'abord, et puis M. Pranville a dit que c'était mon devoir de faire un effort pour notre prestige aéronautique ici, m'a prouvé que je pouvais rendre de grands services par mon expérience technique et professionnelle dont j'avais donné maintes preuves jusqu'ici, que j'étais de ceux qui devaient dominer et non obéir, qu'il fallait que je me résigne à ne pas rester simple pilote pour prendre place prochainement parmi les dirigeants.

« Belles paroles qui ne m'ont pas enflammé, mais auxquelles j'ai été obligé de céder sous condition que je ne cesserais pas de voler, ce qui m'a été promis.

« C'est une grosse responsabilité, mais somme toute, je pars d'un principe : qu'il existe un moment dans l'existence où l'occasion d'arriver à quelque chose se présente et il ne faut pas la négliger sous peine de croupir lamentablement [...].

« Il me faudra beaucoup de diplomatie, beaucoup de

* Lettre datée du 29 novembre 1927.

tact et beaucoup d'énergie dans un pays comme l'Argentine où l'influence allemande est considérable. De plus, Latécoère, d'après ce que j'ai pu comprendre, attendrait beaucoup de moi pour ses intérêts personnels... S'il pouvait placer des appareils en quantité en Amérique du Sud, quelle fortune!!! On me l'a fait saisir... sans avoir l'air d'y toucher.

« Bref, j'ai un avenir un peu surchargé... Mais je suis bien décidé à prendre le taureau par les cornes! Si je n'arrive pas à le renverser et à m'en rendre maître, ce ne sera pas de ma faute parce que je tiendrai, comme j'ai toujours tenu jusqu'ici [...]. »

Quelques jours plus tard, Jean décolle de Campo do Affonsos à destination de Buenos Aires où l'accueillent chaleureusement MM. de Sieyès et Dony, directeurs des firmes Bouilloux-Lafont, ainsi que Almonacid avec lequel il sympathise sur-le-champ : tous deux représentent les tranchants d'une même lame faite pour tailler la route.

Mermoz s'installe dans un petit appartement situé au neuvième et dernier étage des Galeries Guemes, dont il partage la location avec Victor Étienne, un autre pilote de la Ligne.

Il a également tôt fait de se familiariser avec les hauts lieux où se rassemblent volontiers les pilotes de l'Aéropostale : chez le père Esch, notamment, une pension fréquentée par la colonie française, où une table leur est réservée en permanence. Jean en apprécie les petits plats et ne ménage pas ses compliments au cuisinier, ce qui équivaut à toutes les étoiles que pourrait décerner un éventuel guide Michelin à cet établissement...

A l'heure de l'apéritif, Mermoz et ses camarades, semblables à une troupe de collégiens, se rendent au Richmond bar, un élégant salon de thé de la rue Florida, dont le décor discrètement luxueux rappelle celui d'un café de la rue de la Paix. Entre autres délicatesses, le Richmond propose l'apéritif accompagné d'amuse-gueule, les *berberechos,* des petits mollusques marins succulents. Jean en raffole et, plutôt que d'utiliser les bâtonnets adéquats pour piquer les friandises une à une, les engloutit par coupelles entières...

Mise ainsi en appétit, la joyeuse escadrille file ensuite chez le père Esch, puis termine souvent la nuit au *Tabaris,* une boîte où Mermoz va conquérir plus d'un cœur solitaire...

Le lendemain, il vole, dresse des plans ou épluche des rapports. A mesure qu'elle se ramifie à travers tout le continent, la Ligne se fait plus exigeante. Et cette extension pèse lourd sur les épaules des hommes.

Almonacid a obtenu du président Alvear la création d'une compagnie aérienne intérieure, l'Aeroposta Argentina, vouée à la poste, affiliée à l'Aéropostale et présidée par Marcel Bouilloux-Lafont.

De son côté, Vachet l'audacieux poursuit l'étude du réseau jusqu'à la Guyane française, une exploration qui lui apporte son lot d'aventures inévitables. Au début de 1928, son vieux Breguet tombe en panne dans une région de rivières et de marécages, gigantesque étuve dont il va mettre trois jours à s'extirper en nageant et en marchant.

Voilà les hommes qui tracent la ligne : anonymes la plupart du temps, méconnus en France, héros en Amérique du Sud. Des hommes qui rivalisent de courage avec un Mermoz!

Les sacrifices continuent également. Hervé Santelli et Georges Francès, son mécanicien, se tuent en Uruguay *. Jean et Pranville se hâtent aussitôt vers le lieu du drame. Là, Mermoz retrouve Larre Borgès qu'il a

* Leur Laté 25 s'est écrasé à Minas, près de Montevideo, le 15 janvier 1928, après avoir perdu une aile en vol.

sauvé un an auparavant avec Reine, Guillaumet et Antoine. Ils se reverront prochainement pour un projet d'envergure : un raid vers l'Europe!

Emportée par un élan formidable, l'Aéropostale progresse partout; cependant, le Venezuela, que prospecte Vachet toujours aux avant-postes, oppose quelque résistance : le gouvernement de ce pays réclame aux Français 25 % de leurs recettes d'exploitation. Dur!

Pressurée de la sorte, la Ligne ne saurait tenir longtemps, d'autant que les bénéfices ne sont pas pour demain, que l'État français se fait encore tirer l'oreille pour verser une modique subvention et qu'il faut bien payer le personnel, sans omettre le règlement des factures consécutives à l'achat d'un matériel moderne.

Fins psychologues à l'occasion, les responsables de la compagnie ont alors l'idée d'approcher le général Gomez, l'homme le plus riche du Venezuela, le plus influent aussi et, de surcroît, ex-président de la République. En guise d'introduction, ils lui offrent une paire de taureaux charolais, un cadeau en or même pour ce multimilliardaire qui cultive effectivement une passion dévorante pour l'élevage. Le général, plus agriculteur que militaire, apprécie le geste. Et comprend le message. Il demande au ministre en charge du dossier de l'Aéropostale de supprimer cette clause de 25 % et de passer l'éponge sur l'ardoise en cours. Les Français soupirent de soulagement : ils se savent désormais soutenus par un allié puissant *.

Comme Vachet, Mermoz ne chôme pas. Il lui faut des bras supplémentaires, toujours plus de pilotes et de

* Hélas, Air France, héritière peu avisée de l'Aéropostale, dédaignera cette portion d'un réseau exemplaire qui sera finalement cédée, le 23 octobre 1933, à l'un des fils du général Gomez pour le compte du gouvernement vénézuélien...

mécaniciens. Il pense à Guillaumet, à Reine... C'est un début. A partir de là, la phalange sud-américaine va s'enrichir rapidement, à la mesure de sa démesure. Et à chaque nom correspondra un épisode mémorable ou un succès retentissant : Delaunay, Vanier, Négrin, Rozès, Guerrero, Saint-Exupéry et bien d'autres, par dizaines...

Ainsi, à coups d'exploits et à coups de gueule, des hommes rieurs et graves bâtissent le prestige d'une France qui les ignore avec une rare superbe...

« La nuit roule de l'est, où les pampas sauvages
Sous les monts étagés s'élargissent sans fin;
Elle endort le Chili, les villes, les rivages,
Et la mer Pacifique et l'horizon divin;
Du continent muet elle s'est emparée :
Des sables aux coteaux, des gorges aux versants,
De cime en cime, elle enfle, en tourbillons croissants,
Le lourd débordement de sa haute marée. »

Leconte de Lisle
(Le Sommeil du Condor).

11.

« J'ai le contrôle de tout, administration, construction, fonctionnement et marche du courrier, engagement des personnes. Bref, je passe mes journées au bureau. C'est un gros sacrifice pour moi [...] mais nous devons unir nos énergies * ». Le sage Pranville a su trouver les mots justes pour gagner le bouillant Mermoz à l'idée qu'une organisation aussi vaste, mobile et neuve nécessitait un fort tonnage de paperasserie...

L'accession du jeune pilote à un poste de responsabilité ne va pas non plus sans susciter des frictions et même « pas mal de jalousie * ». Heureusement, confie-t-il à sa mère, « je sais me défendre et n'hésite pas à contre-attaquer quand on me pousse dans mes retranchements. Je fais du bien à tout le monde. Je ne cherche jamais d'avantages personnels, parlant toujours pour l'intérêt général, donc je n'ai pas à supporter les méchancetés de gens qui se figurent que tous les autres sont comme eux * ».

Mermoz sort les griffes. Il n'en a pourtant pas fini avec les états d'âme. Si des susceptibilités froissées alimentent la rancœur de certains anciens supplantés à Buenos Aires par le jeune pilote, l'opposition la plus

* Lettre datée du 30 janvier 1928.

redoutable vient de la concurrence étrangère qui, en Amérique du Sud, se montre infiniment plus coriace qu'en Europe. Jean a d'ailleurs pu juger de cette attitude hostile lors de la perte tragique du Laté de Santelli et de Francès, en janvier.

Allemands et Américains ont prétexté cet accident provoqué par une négligence, comme l'atteste le rapport d'enquête établi par Mermoz *, pour stigmatiser l'absence de fiabilité des appareils français et le manque de sérieux qui préside à leur assemblage. Ce en quoi ils n'ont pas tout à fait tort, puisqu'en matière de construction aéronautique, une belle pagaille règne alors en France, un désordre orchestré par les services techniques officiels... Si l'on excepte une poignée d'avionneurs confirmés, les autres – la majorité – font figure d'amateurs pas forcément inspirés. Quant à la maintenance, synonyme de sécurité, elle entre à peine dans une phase embryonnaire, et l'éclosion de nombreuses compagnies aériennes mobilise les spécialistes au point qu'on assiste à une pénurie de personnel qualifié.

Les Sud-Américains adoptent un comportement autrement plus digne devant le sacrifice des deux aviateurs; cette mort cause une telle émotion en Uruguay, « véritable coin de France en Amérique du Sud ** », que le gouvernement va jusqu'à décréter le deuil national.

Dans son bureau, à l'Office de l'Aéropostale, rue Reconquista, Jean Mermoz fait donc l'apprentissage de réalités bien terrestres qui échappent parfois aux navigants.

Les nouvelles, qui lui parviennent d'une France lointaine, ne fournissent pas toujours la contrepartie

* Une pièce de la voilure avait été malencontreusement sciée à Toulouse, avant l'embarquement de l'avion.

** Extrait d'une lettre adressée par Jean à sa mère le 30 janvier 1928.

apaisante à ses tracasseries professionnelles. En particulier, un chapitre d'une lettre de Mangaby l'a perturbé. A Lille, dans ce grand hôpital où chacun, du personnel soignant aux malades, loue son dévouement, maman Mermoz, comme certaines de ses collègues infirmières, subit des critiques d'ordre politique assenées par une catégorie de patients contestataires de tout. Jean s'en indigne, même s'il lui avoue : « Pardonne-moi si j'ai pu rire quand j'ai lu que tes malades vous traitaient de capitalistes. Ils ont de ces sorties ces communistes!! Il ne faut surtout pas te faire de mauvais sang, maman chérie. Tu parles que ces braves gens peuvent être des imbéciles à souhait. D'ailleurs, je ne crois pas que ce soit par méchanceté qu'ils agissent ainsi, mais bien par principe uniquement. La Cause, n'est-ce pas? Toujours avec un grand C. Quelle pauvre politique, et quels sinistres diplomates! Si ce n'était leur maladie qui les rend intéressants, ils mériteraient de bonnes leçons!! Si les tuberculeux se mêlent maintenant de politique, ils devraient former un syndicat interdisant qu'on les soigne, la journée de huit heures terminée, et ma foi, se mettre en grève de maladie plusieurs jours par semaine au besoin! Où allons-nous quand même en France si les Soviets s'organisent dans les hôpitaux. Et pourquoi pas dans les cimetières aussi!

« Mais toi, tu ne dois pas souffrir de tout cela. Ah! non par exemple. Laisse la " sociale consciente et organisée " se débrouiller toute seule. On peut être bon, mais il ne faut pas être bête. Sinon, on ne fait qu'encourager des psychologies désastreuses! * »

Conscencieux sur le plan administratif, moins paresseux dans sa correspondance – son unique lien avec ses proches –, Mermoz réussit à voler autant que n'importe qui. Il lui faut le ciel... Il va être gâté.

* Lettre datée du 30 janvier 1928.

Dans l'histoire de la Ligne, le 1er mars marque une étape importante. Peu avant l'aube, ce jour-là, Jean s'envole de Buenos Aires avec deux mille lettres, le premier courrier aérien d'Argentine destiné à la France, tandis que, simultanément, Négrin et Gayrard décollent de Toulouse pour assurer la liaison en sens inverse. Mermoz entend bien pulvériser tous les records sur son tronçon, mais la fatalité le rappelle à l'ordre : une banale fuite d'eau l'oblige à se poser à Jaguaro. Il atteindra Rio seulement le lendemain, à midi. Quelques minutes plus tard, Deley prend l'air à son tour et atterrit à Recife après un voyage sans histoire. Hélas, l'aviso pour Dakar n'est pas là...

Cette « première » va de heurts en malheurs : les chaudières poussées à fond par son équipage, le petit navire accoste avec trois jours de retard pour une raison très simple : l'avion, qui convoyait le courrier d'Europe, est tombé en panne dans le Rio de Oro. Les hommes accusent ce coup douloureux avec amertume, mais sans résignation, eux qui risquent leur vie pour grignoter des minutes...

Et ce n'est pas fini! Certes, la jonction se fait, et Deley, impatient de rattraper le temps gaspillé, fonce sur Bahia pour y découvrir, abasourdi, que les employés de Recife ont commis une gaffe qui se doit de figurer dans les annales : le courrier d'Europe qu'il pensait emporter naviguait de nouveau vers... l'Europe! Un vrai retour à l'expéditeur. Quant à lui, l'infortuné pilote venait de se battre contre les éléments pour des plis de service.

Le résultat se révèle décevant : l'acheminement du courrier a duré quinze jours. Bref, aucun progrès tangible par rapport au bateau. Devant ce demi-échec, la concurrence se tape sur les cuisses. Mais il en faut plus pour amener le personnel à baisser les bras. Mermoz repart de Buenos Aires avec un nouveau chargement postal. Avec la même détermination! Cette fois, la météo joue les trouble-fête et se dégrade dangereusement après Pelotas : des nuages bas et menaçants nécessitent un vol en rase-mottes. Puis une pluie battante arrose copieusement le pilote exposé qui plisse les yeux, derrière ses épaisses lunettes, afin de mieux voir sa route. Une magnéto cesse alors de fonctionner. Et à Porto Alegre, comble de malchance, Jean apprend qu'il n'y a pas de pièce disponible pour son Laté 26. Aussi décolle-t-il avec une seule magnéto, troque son Laté à Florianópolis contre un antique Breguet réformé où il embarque le courrier et son mécanicien. Déjà fatigué, le vieil avion s'essouffle; le régime-moteur donne rapidement des signes de faiblesse. Mermoz n'hésite pas et se pose sur une plage providentielle où il se déleste de son mécanicien avant de replonger dans la tourmente jusqu'à Santos. Là, il saute dans un autre appareil qui le conduit enfin à Rio. L'horaire est respecté. Et la concurrence ne se tape plus sur les cuisses...

Jean va accomplir ainsi, avec régularité, le courrier Buenos Aires-Rio et retour, deux à trois fois par mois. Ce parcours ne manque pas d'obstacles, ni d'agréments à condition de ne jamais relâcher sa vigilance : vents capricieux, tempêtes fréquentes et chaleur intense depuis Porto Alegre; ensuite, à partir du golfe de Sainte-Catherine, la forêt vierge moutonne, pas très loin sous les roues, jusqu'à Natal. En cas de défaillance mécanique, l'œil avisé a tôt fait de repérer un bout de plage propice aux réparations urgentes quand, évidemment, le littoral comporte de telles pistes naturelles... Or, l'étape Santos-Rio n'offre aucun abri de ce genre : uniquement des côtes déchiquetées et une multitude d'îlots, sortes de blocs de rochers monstrueux et boisés, sans le moindre espace découvert. Ajoutez à cela que la forêt vierge pénètre presque dans l'océan.

Pourtant, les pannes surviennent, des situations désagréables dont les pilotes se sortent souvent au terme de manœuvres acrobatiques.

C'est la routine.

Un record va effacer ces souvenirs déplaisants : en avril, Mermoz réalise un meilleur temps que Dieudonné Costes sur Rio-Buenos Aires, et franchit les 2 600 kilomètres en un peu plus de treize heures de vol, au lieu de quatorze heures et quinze minutes.

Cette performance enthousiasme le Brésil qui fête le jeune Français et, par là, l'Aéropostale *.

Les distinctions pleuvent, à commencer par la Grande Médaille de Vermeil de l'Aéro-Club de France et le diplôme de reconnaissance avec médaille d'argent que lui décerne la Société d'Encouragement au Progrès pour le travail accompli en quatre ans.

Les invitations suivent. Jean, immobilisé en Amérique du Sud, ne peut honorer de sa présence un dîner donné à l'hôtel Claridge à Paris, en l'honneur des plus grands pilotes internationaux; de même, il doit se résigner à ne pas assister au spectacle organisé à l'Opéra en faveur des petits tuberculeux. A l'exception de cette manifestation charitable, Mermoz ne prise guère « ces petits cabotinages ** ». Pourquoi, en effet, établir une ségrégation au sein de la confrérie des pilotes qui « sont tous égaux devant le danger ** »?

Maintenant, la notoriété spontanée dont il jouit au Brésil lui donne des ailes et le réconforte : « Mon plus grand plaisir, écrit-il fièrement à sa mère **, est de penser que je suis arrivé où j'en suis sans bassesse, par mon seul travail et en sacrifiant toujours à la camara-

* Entre autres cadeaux, une jeune Brésilienne lui remet en rougissant un chien loup âgé d'un mois et demi et baptisé Piniaoh, que ne tardera pas à rejoindre un bébé caïman...

** Lettre datée du 27 mars 1928.

derie beaucoup de petits intérêts personnels. Et ce n'est pas fini, tu sais! Je n'ai pas l'intention de m'arrêter là, cela non!... »

Bref, tout va bien ou presque, car son projet de raid, qui le poursuit depuis l'Afrique, continue de le hanter. Larre Borgès ne l'a-t-il pas ravivé en l'invitant à faire avec lui Montevideo-Paris en août-septembre? Ce rêve glisse lentement vers l'obsession, mais une obsession tellement évidente qu'elle n'échappe pas aux dirigeants de l'Aéropostale.

Didier Daurat informe Jean que Latécoère prépare un avion qui lui sera confié à lui, Mermoz, pour tenter un Toulouse-Buenos Aires sans escale, dès que possible. En cas de succès, on lui laisserait effectuer la traversée directe Paris-New York puis, en hydravion, un Marseille-Rio. Le chef pilote exulte et se sent compris : « Mes projets sont devenus les leurs tant ils ont confiance en mon étoile », note-t-il à l'attention de ses grands-parents *. En échange, toutefois, il devra accepter de prendre la direction de l'exploitation d'un des nouveaux tronçons de la ligne d'ici à dix-huit mois. Ce qui paraît lui convenir : « J'approcherai de la trentaine, peut-être me marierai-je? et j'aurai une belle situation stable qui me laissera quand même des loisirs pour piloter comme il me plaira. Je ferai un stage d'un mois à Toulouse, après mon congé, pour m'initier aux mystères des rouages de l'exploitation d'une ligne aérienne dont je n'ignore que le côté commercial. Mon expérience me suffit pour le reste. »

Malheureusement, cet emploi du temps très chargé va le tenir éloigné de la France et de Mangaby dont l'état de santé l'inquiète. De ce sujet, elle ne lui parle pas ou peu. Elle se tait. Par pudeur. Pour ne pas le déranger. Mais ils se ressemblent trop pour qu'il ne

* Lettre datée du 7 juin 1928.

devine pas la vérité. En fait, Jean sait depuis 1927 que sa mère souffre de troubles cérébraux persistants. Il n'apprendra pas, cependant, qu'au cours de l'été 1928 elle frôle la congestion à plusieurs reprises, au point qu'elle doit partir d'urgence pour Royat où un traitement adéquat va réduire le mal sans le faire disparaître. « Je souffre horriblement de la tête », confesse-t-elle aux Louis. Et d'expliquer en guise d'excuse, parce qu'elle ne contacte pas ses amis aussi souvent qu'elle le souhaiterait : « Écrire ou lire me sont un véritable supplice *. »

A son fils, elle donne d'autres prétextes pour justifier la rareté de sa correspondance.

Conscient des difficultés de Mangaby en dépit de son mutisme, Mermoz enrage doublement après la lenteur de l'acheminement du courrier. Les nouvelles traînent...

Comment réagirait-il s'il apprenait que cette femme, dévouée au-delà de ses limites, avait voulu démissionner afin de se reposer complètement? Les douleurs ne la quittent pas. Mais l'administration de l'hôpital de la Charité ne veut pas s'en séparer, d'une part parce qu'on ne trouve personne, de l'autre parce qu'elle se révèle très utile. Sa direction la supplie de rester, de se ménager, de n'assumer que la surveillance... De plus, ses malades ne veulent pas admettre qu'elle les abandonne. Aussi, déclare-t-elle aux Louis, « j'ai cédé à toutes les prières, mais cela m'épuise... * »

Pour l'heure, Mangaby réussit à dissimuler la gravité de son mal et préfère maintenir Jean dans l'illusion optimiste de sa lettre du 27 mars 1928 **, afin de ne pas entraver sa carrière. Dans un sens, cet effacement

* Lettre datée du 27 février 1929.

** Jean y écrit : « Je suis connu ici et très considéré. Un des plus grands cafés de Buenos Aires a même lancé le cocktail Mermoz. »

qu'elle s'impose va arranger le jeune pilote qui n'envisage pas de rentrer encore, surtout pour des raisons pécuniaires. « Je ne pourrai pas me résoudre à gagner 3 à 4 000 francs par mois », avoue-t-il à ses grands-parents *, lui qui pour vivre décemment dépense 7 à 9 000 francs. « Quelle situation me permettrait cela en France ? * »

Il faut dire que Mermoz l'infatigable se transforme volontiers en un joyeux drille, une fois hors de son bureau et de son avion. Le célibataire mène bon train.

La nuit, Buenos Aires s'éveille dans la frénésie d'une cavalcade de fêtes et de folies, au milieu d'une chevauchée de voluptés. Déjà, à la tombée du jour, à mesure que s'allument les réverbères, une vague d'excitation contenue parcourt la ville. Les théâtres et les brasseries se remplissent de dames en longues robes et de messieurs en frac. Les maisons de rendez-vous, de délicieux bordels, dont certains proposent l'amour à la française, une spécialité pratiquée et prodiguée par des Ninon et des Catherine exotiques, s'ouvrent à leurs habitués. En cas d'affluence, les hommes discutent tranquillement ou patientent sagement au salon. D'aucuns coulent parfois un regard discret vers la mère maquerelle aussi imposante que fausse Française à l'accent incertain qui, à l'issue du temps réglementaire, actionne une des nombreuses sonnettes au timbre différent. Comme pour une partie de catch...

On s'en doute, quand ils lâchent les commandes, les pilotes s'amusent comme des gosses qui, le danger écarté, pour l'oublier, multiplient les farces. Pour sa part, Jean aime se déguiser, un goût prononcé qu'il entretient depuis sa prime enfance. Un jour en Peau-Rouge ou en trappeur, l'autre en Tyrolien...

* Lettre du 7 juin 1928.

Chaque soirée réserve son lot de surprises, et ce n'est pas sans appréhension que les gérants de plus d'un établissement voient débarquer la troupe exubérante.

Lorsque des éclats de rire ricochent dans la lumière tamisée avant de se perdre dans la nuit tiède, ils jaillissent presque toujours de la table des Français. Parfois un silence prolongé attire l'attention des convives ou des entraîneuses : le groupe de pilotes et de mécaniciens, penchés comme des comploteurs, écoute un grand gaillard au regard pétillant. Soit il s'agit d'une grosse blague en préparation, soit d'une histoire à ne pas dire à voix haute... Puis un gloussement se faufile hors de cette mêlée, suivi immanquablement par une explosion de bonne humeur.

En vérité, les grandes virées nocturnes de Buenos Aires ou de Rio diffèrent peu des soirées de Dakar ou de Casa. Les hommes rient peut-être un peu plus fort qu'à l'accoutumée pour éviter de trop penser à ceux des leurs qui ne prendront plus leur place dans cette assemblée. Ils ont vieilli aussi. Mermoz n'a plus rien de commun avec le grand garçon timide de Montaudran, mais le sauvage et le nostalgique brillent d'une lueur singulière dans son regard.

Ces hommes-là vivent pleinement le présent. Ils n'osent pas trop s'appesantir sur l'avenir. Aujourd'hui, c'est un camarade qui disparaît, celui-là même qui, la veille, assis à vos côtés, plaisantait bruyamment. Et puis, il y a cet autre qui parle sans arrêt... Eh bien, cet après-midi, il en a réchappé de justesse. Mais demain... Combien sont-ils à être venus là pour boire, chanter et lorgner les filles? Combien sont-ils qui ne reviendront plus? Alors, ils dévorent leur capital-vie à pleines dents. Et comme eux, Mermoz rit, Mermoz chante, Mermoz mange. Un Mermoz qui ne fait pas pitié. Homme de tous les appétits, il est également l'objet de bien des convoitises... Jean savoure ces plaisirs au féminin sans succomber plus aux charmes de l'une qu'à ceux d'une autre : « Je ne crois pas, affirme-t-il à sa mère, sûr de lui, que je te ramènerai une belle fille. Il n'y a pas de femme au monde qui vaille la Française et si je me marie un jour, c'est en France que je le ferai. Quoique, tu sais, je pourrai y mettre du temps : toujours à l'étranger!... * »

Le destin, à l'écoute de ces propos hardis, va lui jouer un bon tour à sa façon, d'ici peu.

Quant à son goût prononcé pour ses compatriotes en jupon, Jean parle en connaissance de cause : « J'ai deux petites amies françaises désintéressées, naturellement! [...], deux bout-en-train avec lesquelles je ne m'ennuie pas... La vie est belle! * »

Bref, il déborde de vitalité et s'en étonne : « Je ne connais pas les limites de mon énergie et de ma volonté; les connaîtrai-je un jour? Je ne le souhaite pas. Ce serait un tel effondrement intime... »

Il s'en donne donc à cœur joie sous le regard aussi amusé que lointain de Mangaby qui aime mieux le partager avec plusieurs femmes qu'avec une seule.

Dans cette existence tumultueuse, partagée entre ses liaisons aériennes et d'autres plus charnelles, Mermoz a trouvé le temps de nouer de solides amitiés, notamment avec Paul Chaussette, un ingénieur belge chargé d'intérêts miniers, qui devient son confident pour les aventures sentimentales, et Henri Moulié, un Uruguayen attaché à l'ambassade de Belgique...

Jean s'acclimate bien, mais toujours avec des idées de raid dans la tête, des idées de plus en plus précises. Il n'aura bientôt plus que l'embarras du choix : Larre-Borgès peaufine son projet de vol direct entre Montevideo et Paris; Daurat, à Toulouse, concocte le sien... Les Argentins ont également des intentions de traversée

1. Lettre datée du 27 mars 1928.

auxquelles ils associent Mermoz qui, en mars, a appris qu'un représentant de ce pays venait de partir pour Paris afin d'y acheter un avion transatlantique très puissant. Jean suit cette affaire de près car c'est lui, en principe, qui pilotera l'appareil sur le parcours Buenos Aires-Paris, sans escale si possible, ou tout au moins sur la ligne Buenos Aires-Natal-Paris.

Mais l'Aéropostale ne tient pas à se séparer d'un pilote de cette trempe qui recherche l'originalité à tout prix. Pourquoi cet acharnement? Non pas seulement parce que les Américains, Lindbergh en tête, ont ouvert la marque, mais parce que « la joie de l'effort soumis à la volonté embellit l'existence * ». Et Jean de s'interroger : « Je me demande parfois s'il existe plus grand bonheur au monde... * »

En quête de ce « toujours plus », il accumule les voyages et totalise souvent jusqu'à 20 000 kilomètres par mois, ce qui, pour l'époque, est considérable.

Cependant, la ligne piétine au bord de l'océan et au bord de la nuit. Pour aller plus vite, il faut vaincre la nuit. Cette affirmation frise l'hérésie. Dans l'esprit de Mermoz, les dangers formidables encourus à la lumière du soleil, surtout le long des côtes du Brésil, devront l'être aussi dans l'obscurité.

Jean aborde la question avec Julien Pranville, au cours d'une des rares soirées où le directeur général de l'exploitation, plus enclin à se consacrer à sa vie familiale, partage la table du chef pilote dans l'un de ces établissements huppés dont le personnel de l'Aéropostale fait volontiers son annexe nocturne...

Assis à l'écart des danseurs, les deux hommes échangent d'abord des banalités sur le travail de la Ligne, sur l'organisation des terrains et sur la mise en place des équipements.

* Lettre à sa mère, du 27 mars 1928.

Cependant, Pranville sent bien que Mermoz ne se décide pas vraiment à lui livrer le fond de sa pensée. Lui qu'il sait habituellement pétillant, semble ignorer le sourire des entraîneuses et ne porte guère attention au dernier fox importé de New York, pas plus qu'il ne paraît incommodé par l'atmosphère lourde et chaude du night-club, une atmosphère parfumée que brassent sans conviction de gros ventilateurs.

– Le temps, voilà notre problème, lance soudain l'aviateur.

Pranville acquiesce. Mais il ne comprend toujours pas où le pilote veut en venir.

Jean insiste :

– Le temps, dit-il, j'en fais mon affaire!

Le directeur de l'exploitation, qui l'écoutait tout en fixant un point invisible derrière lui, tressaille et le regarde, un peu surpris. A ce moment, Mermoz se jette à l'eau :

– Que penseriez-vous d'un vol direct de Rio à Buenos Aires?

Pranville ferme les yeux; il imagine cette partie du continent :

– Plus de 2 500 kilomètres dans la journée? Tentant, mais avec quel avion?

Jean s'attendait à cette réflexion, surtout de la part d'un homme méthodique comme Julien Pranville.

– Je me propose d'acheminer le courrier en volant pendant le jour et une partie de la nuit, lui annonce-t-il avec assurance.

– La nuit!!! Une totale incrédulité perce dans la voix de Pranville. Vous y pensez sérieusement?

– Pourquoi pas? réplique Mermoz, détendu. Je possède un brevet de navigateur et j'ai pratiqué le vol de nuit lors de mon séjour en escadrille...

Il n'est pas le seul.

En effet, si l'Aéropostale se prépare à innover dans ce

domaine, sur ses routes sud-américaines, il existe des précurseurs sur le Vieux Continent. Dès 1923, la Franco-Roumaine reliait Paris-Bucarest dans la journée, une aventure dont le démarrage ne manque pas de piment. Un jour, Maurice Noguès convoque à Paris un de ses pilotes, Louis Guidon, qui effectuait alors le trajet Budapest-Belgrade-Bucarest.

« Guidon, lui déclare-t-il sans préambule, je vous ai choisi pour le Belgrade-Bucarest et retour, de nuit, sur Caudron trimoteur. Vous connaissez la région, votre désignation s'impose. »

L'intéressé n'en croit pas ses oreilles :

– Mais je n'ai jamais piloté un trimoteur et surtout je n'ai jamais volé de nuit!

– Eh bien, Guidon, rétorque Noguès avec un sourire encourageant, ce sera une occasion de commencer l'un et l'autre.

Et il en fut ainsi.

De même, durant le premier conflit mondial, les militaires ont essayé de vaincre l'obscurité pour mener des missions à partir de bases bien équipées et sur de courtes distances. De fait, la première exploitation de nuit par l'armée eut lieu véritablement en juin 1919 sur la ligne Paris-Mulhouse.

La verve de Jean ne convainc Pranville qu'à moitié :

– N'oubliez pas, Mermoz, que les Américains voient dans le vol de nuit une folie.

Le chef pilote s'entête, de nouveau insensible à leur environnement musical et rythmé :

– Je volerai de nuit!

Et Julien Pranville s'incline :

– Vous avez la responsabilité d'un secteur, alors...

Ce qui équivaut à un feu vert.

L'information ne tarde pas à parvenir aux Américains et aux Allemands qui désapprouvent en chœur l'extravagance de cette tentative : le survol à l'aveuglette de territoires inconnus, au relief accidenté, à bord d'un appareil déjà peu fiable de jour et dépourvu de moyens de communication, de navigation et de... tout !

Personne, même du côté français, ne parierait un centime sur le projet insensé de ce pilote aux cheveux aussi fantasques que ses idées.

Aux escales, à mots couverts, les responsables étrangers échangent des appréciations ironiques du genre : « Ah ! ces Français, de la fougue, du panache, mais question de sérieux... » Et ils ponctuent leur avis d'un clin d'œil entendu.

L'affaire prend des proportions insoupçonnées quand les Américains, grands amateurs d'exploits impossibles, accourent de Los Angeles pour ne pas perdre une miette de ce qui sera assurément une catastrophe réussie... En la circonstance, ils ressemblent aux aficionados qui vont assister à une corrida. Avec cette nuance : eux s'attendent à voir le taureau embrocher le toréador !

Les sarcasmes et les prophéties de mauvaise augure glissent sur la résolution de Mermoz ou ne font que la fortifier.

Ils veulent voir ? Eh bien ! on va leur montrer !

Dans la nuit du 16 au 17 avril 1928, plus décidé que jamais, Jean l'intrépide plonge dans la nuit calme de Rio. Peu avant le lever du jour, trois feux d'essence lui indiquent tout juste le terrain de Santos où il se pose comme dans un mouchoir. Il repart presque aussitôt, vole tout le jour, descend sur Montevideo en même temps que la nuit, refuse de se délasser un instant, redécolle avec le courrier pour atteindre le terrain de Pacheco où trois feux indistincts lui signalent le bout de la route.

Pari tenu !

A Buenos Aires, où la nouvelle se répand comme une traînée de poudre, l'accueille un Almonacid au comble de la joie.

Quant aux détracteurs, ils restent sans voix. En quelques heures, Mermoz vient de souligner toute l'avance prise par l'aviation commerciale française.

C'est la liesse au Brésil et en Argentine. Les félicitations affluent.

Si les Allemands et les Américains, en professionnels, reconnaissent la valeur de cette prouesse, ils n'en font pas moins grise mine : à l'évidence, l'Aéropostale n'est pas une affaire en l'air. Toutefois, rien n'est encore acquis. D'aucuns insinuent que le Français a bénéficié d'un temps exceptionnellement beau. Que dans des conditions météorologiques extrêmes, et même normales, ce vol n'aurait pas abouti.

Que croyez-vous que Mermoz fait alors? Il recommence! Dans la tempête, dans la pluie tropicale, épaisse et brutale, dans le brouillard poisseux, au cœur des ténèbres, pratiquement sans repère.

Et il passe!

La concurrence se tait, en proie à une sourde inquiétude d'ailleurs partagée par les pilotes de l'Aéropostale. Les camarades de Jean admettent et applaudissent cette formidable démonstration de savoir-faire et la virtuosité de son auteur; cependant, ils ne veulent pas se lancer dans une aventure aussi hasardeuse.

La mer, la montagne, le désert, les Maures, la jungle, d'accord! Mais la nuit...

– Tu as le droit de te tuer si tu y tiens, mais c'est folie de penser que l'on peut accomplir un tel travail régulièrement toutes les semaines.

– Très bien, leur répond Mermoz sans se démonter, vous êtes libres. Personne ne vous y obligera. En revanche, je ne crois pas que vous me laisserez porter le courrier, seul...

Il ne se trompait pas. Et le vol de nuit devint routine.

Les aviateurs ne s'y mettent pas tous de bonne grâce. « Le moteur Mermoz a de l'excédent de puissance », grommellent certains... Mais il entraîne tout le monde!

Il est vrai que Jean pousse parfois l'audace un peu loin et risque de pénétrer dans le cercle maudit du suicide pur et simple. Thomas, responsable d'une escale, se souvient d'une tourmente épouvantable qui noyait une bonne partie de la région, des vents coléreux qui voulaient tout arracher. Dans l'abri dérisoire de son bureau, il imaginait Mermoz perdu là-haut, giflé par la bourrasque, lapidé par la pluie, cette pluie qui s'acharnait avec hargne contre les vitres, comme si la nature, telle une furie en larmes, avait voulu entrer de force dans la pièce. Respectueux des consignes, Thomas consulta sa montre. D'après les estimations, l'avion ne tarderait pas, s'il arrivait... Ce dont il doutait.

Non sans difficulté, il fit allumer les feux et assura la veille. Jamais, au cours de sa carrière, plus sombres pensées ne l'agitèrent autant que cette nuit-là, quand un bruit de moteur couvrit brièvement le hurlement des éléments. Mermoz!

Impossible, s'écria Thomas, c'est démentiel. Il court au désastre!

Éberlué, il se demanda même s'il ne rêvait pas. Puis une forme véloce perça l'ombre, et le chef d'escale assista à un atterrissage parfait.

Incroyable, balbutia-t-il. Une voix enjouée le secoua soudain, un rire aussi :

– Vite, le courrier!

Avant d'avoir pu seulement interroger ce diable d'homme, le Laté avait de nouveau disparu dans l'obscurité.

Cette anecdote véridique fit le tour des aérodromes.

Apparemment, rien ne saurait ébranler un Mermoz qui croit en sa chance et qui écrit à sa mère : « J'estime que l'on se doit toujours de faire mieux. Aussi, je donne tout ce que je peux donner; je finis par trouver que la vie est bien belle et que plus je la risque, plus elle a de valeur. Je suis heureux, tout simplement. » Belles paroles.

Les pilotes, qui savent qu'ils devront suivre les traces de Jean, ne s'associent pas à son enthousiasme. « Autant descendre les chutes du Niagara dans un tonneau, affirme l'un d'eux, on a plus de chance de s'en tirer vivant! » Vu l'état d'esprit général, c'est un optimiste qui s'exprime...

Mermoz a pourtant sa part de frayeurs. Il ne le cache pas à ses grands-parents auxquels il décrit notamment ces heures « magnifiques et angoissantes » à survoler les côtes du Brésil, à admirer un paysage grandiose et sauvage, tout en épiant l'éventuelle fausse note dans les pulsations du moteur.

Il se veut également apaisant. En cas d'atterrissage forcé, à condition de trouver un espace suffisant, pas de risque à avoir avec les habitants : il s'agit « d'Indiens ou de mulâtres pas bien dangereux qui vivent dans de misérables cabanes, se nourrissent de poissons et de bananes durant toute l'année. La lèpre en fait disparaître énormément ou du moins fait beaucoup d'infirmes. Rassurez-vous. On ne s'en approche pas. On couche dans l'appareil et, comme nous emportons toujours de l'eau et des vivres, nous n'avons aucun contact avec eux *. »

Voilà pour la théorie. La pratique révèle un aspect nettement plus désagréable.

Une de ces nombreuses défaillances de la mécanique

* Lettre datée du 24 avril 1928.

conduit Jean et son mécanicien sur une plage. La situation se complique lorsque les deux hommes s'aperçoivent que des lépreux les encerclent ostensiblement. En silence! Une dizaine de mètres les séparent de l'avion. Une peur incontrôlable teintée de dégoût fait frémir Mermoz et son compagnon, aux aguets. De plus, ils n'avaient rien entendu. Subitement, ils comprennent ce que désirent ces malheureux : guérir! Oui, guérir, mais de quelle abominable façon : celui qui parvient à déchirer la peau d'un être sain et à frotter ses plaies à même la chair offerte, celui-là est sauvé. Rien que de plus faux, bien sûr, mais ces désespérés, rejetés par leur communauté, s'accrochent à la moindre croyance, même la plus sulfureuse...

Le cercle se resserre. Une étincelle d'espoir infernal enflamme les pupilles mortes. Ils avancent. Et l'odeur devient perceptible. Atroce et palpable. Secoués par la nausée, les deux aviateurs se saisissent de bâtons qu'ils agitent devant eux. Le nœud coulant s'élargit un instant, pour mieux les étrangler ensuite. Alors Mermoz s'empare de son revolver et vide le chargeur vers le ciel. Les lépreux s'enfuient, affolés par cette salve de tonnerre.

Jean et son mécanicien profitent de ce répit et d'une réparation de fortune pour quitter cette terre des damnés.

La vie reprend son cours classique. Et Mermoz retrouve avec plaisir l'appartement qu'il occupe avec Étienne et M. de Nogaret, le vice-consul de France, sans oublier une bonne et une cuisinière fréquemment renouvelées car les tâches ménagères ne semblent pas être leurs seules attributions dans ce mini-royaume des mâles...

D'ailleurs, Jean s'en vante quelque peu auprès de Mangaby : « Je me marie (??) très souvent et ne m'en trouve que mieux dans le meilleur des mondes. Je préfère cela, mes liaisons conséquentes tournant toujours au drame *... »

Quelques jours après avoir rédigé cette lettre, il décolle de Rio avec Pranville et Alexandre Collenot qui ne va pas tarder à devenir son mécanicien attitré, pour un vol direct vers la Bolivie. De là, ils doivent redescendre à Asunción, capitale du Paraguay. Le Laté 26 survole des régions mystérieuses, dissimulées sous les volutes vertes et brunes de l'immense forêt vierge, quand leur moteur les lâche de façon abrupte. Mermoz a tout juste le temps de tirer mentalement un coup de chapeau à la sagacité de Collenot, lequel lui avait fait part de ses doutes lors de l'étape de Corumba. En effet, le mécanicien se méfiait de la qualité de l'huile qu'on venait de leur fournir : « Monsieur Mermoz, avait-il prévenu, faites attention à la température... »

L'avertissement n'était pas vain.

Au bout de quelques heures, le thermomètre finit par s'affoler et l'huile par s'échapper en giclées gluantes. Jean s'efforce de suivre le fleuve, sur les rives duquel, çà et là, des clairières trouent le tapis d'arbres. Soudain, un bruit sinistre fige l'équipage : le moteur se déchire; puis c'est le silence, aussitôt remplacé par le sifflement de l'air le long de la carlingue.

L'avion chute, frôle les plus hautes cimes de la jungle, évite habilement des fûts monstrueux et se glisse entre d'énormes palmiers avant de toucher enfin un sol spongieux.

Le verdict de Collenot n'a rien d'encourageant : plus de bielle.

Quant au voyage, à savoir une traversée du Brésil d'est en ouest qui doit prouver la possibilité d'une liaison directe avec la Bolivie, il paraît bien compromis.

* Lettre datée du 15 août 1928.

Jean part en exploration. Après des heures d'une marche exténuante, avec de l'eau jusqu'aux genoux et des herbes par-dessus la tête, il débouche dans une estancia. Une chance. Car 10 kilomètres plus avant, à l'intérieur de ces grandes broussailles, il se heurtait aux Indiens pillards qui pullulent dans la « Prairie » paraguayenne...

Ses hôtes, après un accueil chaleureux, lui prêtent un char à bœuf préhistorique et un guide qui le mène aisément jusqu'au Laté. Grâce à cet étrange moyen de locomotion, Jean, Pranville et Collenot vont atteindre de nuit la première agglomération digne de ce nom et distante de 25 kilomètres. C'est pour y renouer avec les ennuis.

Le commandant d'un fortin paraguayen sensé protéger une usine de tanin veut les jeter en prison : il les confond avec des espions boliviens venus par avion. A l'époque, il est vrai, sévit un véritable climat de guerre entre la Bolivie et le Paraguay. Aux frontières, les nerfs s'échauffent vite surtout depuis la Guerre du Chaco qui, plus d'un demi-siècle auparavant laissa le Paraguay, attaqué par tous ses voisins, exsangue et décimé...

Les Français déclinent leur identité... française. Parlementent en espagnol, langue que Mermoz parle couramment * :

– Vous venez de Bolivie? interroge l'officier.

– Oui! Nous sommes français. Aviateurs.

– Aviateurs! s'exclame le commandant. Dites plutôt des espions.

De nouveau, Jean produit ses papiers.

– Des faux, hurle le militaire. Le ton se fait nettement cassant. La tension monte. Les soldats ricanent.

* Mermoz a rapporté le récit de cet épisode dans une lettre adressée à Mangaby, le 26 septembre 1928.

Pour eux, l'issue va se résumer à une triple exécution sommaire. Ce ne sera pas la première fois dans cette partie de l'Amérique latine, le Chaco, où règne l'espionnite, où bouillonne en permanence la marmite révolutionnaire.

Mermoz s'égosille. En pure perte!

Des hommes dépenaillés, armés de machettes et de fusils, les poussent sans ménagement vers l'usine au moment où l'administrateur, un Argentin, alerté par ce remue-ménage inhabituel, se précipite au-devant de la troupe. Et reconnaît Mermoz qu'il a rencontré à Buenos Aires. Une coïncidence? Un miracle!

Il se porte immédiatement garant de l'intégrité des trois Français que cette intervention inespérée préserve certainement d'une fin prématurée.

Jean et ses compagnons dégoulinent d'une sueur glacée. Ils l'ont échappé belle...

Le lendemain, Pranville et Collenot s'éloignent sur le Rio Paraguay vers Asunción où ils arrivent après cinq heures de navigation. Trois autres journées s'avéreront nécessaires pour obtenir un moteur de rechange et le renfort d'un mécanicien.

Pendant ce temps, au cœur de la nature, Mermoz peut donner libre cours à la sienne. Il vit comme un trappeur avec les *peones* de l'estancia : à cheval toute la journée, revolver à la ceinture et carabine sur l'épaule, il chasse perroquets, singes, jaguars et pécaris. Il pêche aussi, mange la viande tuée sur place et boit l'eau des fossés. Un vrai Robinson dans la peau de Tarzan!

La gent animale se venge le soir : des nuées de moustiques affamés et des légions de pucerons s'abattent sur le nouveau sauvage.

Cette retraite ne s'éternise pas car Collenot et son aide, enfin de retour, réussissent à dépanner le Laté et à le doter d'un moteur neuf.

A Jean de déployer maintenant ses talents. Ce qu'il fait avec une aisance déconcertante : le pilote se joue des hautes herbes, louvoie entre les troncs et enlève son appareil vers l'azur, avant de mettre le cap sur Asunción, puis Buenos Aires.

De ce voyage prolongé, il ramène deux singuliers passagers : un petit sanglier et un perroquet *.

Mermoz regagne également la civilisation et la Ligne avec son projet de raid toujours solidement chevillé au corps, un peu à la manière d'une fièvre persistante. La mésaventure paraguayenne ne l'en a absolument pas guéri, bien au contraire! Cependant, il va devoir reculer encore la date probable de ce vol transatlantique qui se veut la réponse française à l'exploit de Lindbergh. Ainsi qu'il l'écrit à Mangaby * : « J'avais trouvé ici même (à Buenos Aires) un commanditaire qui m'achetait l'appareil et me payait tous les frais à condition que je l'emmène. Proposition sérieuse puisqu'un contrat avait été établi... »

Avant de signer cet accord, Jean a jugé courtois d'en avertir M. de Sieyès, représentant direct de Marcel Bouilloux-Lafont, et demande son autorisation. Après consultation, la réponse tombe, inattendue : on conseille à Mermoz de ne pas donner suite à cette idée, alléguant qu'il est le pivot de la Ligne en Amérique du Sud. Bref, il ne doit rien faire en dehors de la compagnie. Fin diplomate, M. de Sieyès lui promet de discuter la question d'une subvention avec Marcel Bouilloux-Lafont afin de rendre possible ce Paris-New York ou ce Paris-Buenos Aires sans escale. Cette proposition rassure Jean : « D'une part, ou sera sûr de me garder;

* Il récidivera avec un phoque qu'il héberge, avec sa ménagerie, dans son appartement des Galeries Guemes. Le phoque, à l'étroit dans la baignoire, déménagera pour le bassin plus confortable d'un parc zoologique de Buenos Aires.

d'autre part, mon raid fera une bonne propagande pour la compagnie *. »

Déjà il en échafaude les plans : « Dès que j'aurai la certitude absolue de la réalisation de ce raid, je vais tâter le terrain auprès de Le Brix que j'ai connu personnellement en Mauritanie et qui, s'il est libre d'engagement, ne demandera pas mieux *... »

Sur ce, la chambre de commerce de Toulouse lui décerne sa médaille d'or pour le premier courrier aérien Amérique du Sud-France. « Je vais pouvoir ouvrir une bijouterie * », commente gaiement le jeune aviateur. Et le voici de nouveau lancé dans la ronde des courriers aériens, sans se plaindre du rythme élevé et épuisant de ces liaisons effectuées par tous les temps. A le lire, il s'agit d'une routine : « Je me porte bien malgré la fatigue de mon travail très dur. Je pars tous les mercredis de Buenos Aires à minuit pour arriver le lendemain à 5 ou 6 heures le soir, soit dix-sept à vingt heures de vol ininterrompu, et deux jours après je refais le voyage en sens inverse. Je ne parle pas des changements de climat trop brusques et des pluies torrentielles qui vous trempent jusqu'aux os. Enfin on s'y fait, et mon enthousiasme ne s'en trouve pas refroidi pour autant **... »

C'est à la veille d'un de ces vols de retour, en décembre 1928, que Mermoz fait la connaissance de Marcel Bouilloux-Lafont, lequel doit l'accompagner à Buenos Aires. Mais le vol est retardé. Pendant deux jours, Jean patiente, s'interroge, s'impatiente puis, n'y tenant plus, réclame une audience au grand patron qui le reçoit :

– Je suis Mermoz ! Quand partons-nous ? déclare-t-il vivement.

* Lettre datée du 26 septembre 1928.
** Lettre datée d'octobre 1928, sans précision du jour.

Quelque peu surpris de la liberté prise par son chef pilote, Bouilloux-Lafont lui rétorque sèchement :

– Quand je vous donnerai mes ordres!

Le coq Mermoz monte alors sur ses ergots :

– Je suis pilote de ligne, pas chauffeur de grande maison!

Sur ces paroles bien senties, il sort.

Interloqué, Marcel Bouilloux-Lafont le fait prévenir, non sans humour, qu'ils partiraient avec le prochain courrier et pas en voiture particulière. Le président de l'Aéropostale n'éprouve aucune colère. Ce gaillard lui plaît. En tout cas, il ne manque pas de franchise. Ce qui, pour Bouilloux-Lafont, est un bon point.

Et ils s'envolent. Dix-huit longues heures dans un avion inconfortable, passées en partie dans la nuit, dans les éclairs et dans les remous. Bouilloux-Lafont ne bronche pas. Il a confiance. Quant à lui, Mermoz sent naître une certaine admiration pour ce bonhomme bourru qui n'a pas peur de s'exposer. Le sentiment se confirme après l'arrivée. Le patron se penche vers Jean et lui glisse ces propos étonnants : « Mermoz, faites-moi une faveur : apprenez-moi à piloter. Vous me prendrez dans l'équipage. C'est le seul moyen de voyager ensemble. »

En élève studieux, soucieux de ne pas décevoir son instructeur, le président de l'Aéropostale va ainsi parcourir la ligne. Il apprend à connaître ses hommes, il partage leurs risques. Cette attention lui attire la sympathie de ses employés. Et celle de Mermoz qui va se muer en une profonde affection que les épreuves à venir n'ébrécheront pas...

Ces péripéties liées à l'acheminement du courrier à travers tous les cieux de l'Amérique du Sud, ne permettent pas à Jean de rédiger régulièrement sa propre correspondance. Au point qu'il cherche à se justifier auprès de sa mère : « Il ne faut pas prendre mon silence pour de l'indifférence. Il n'est que la conséquence d'une vocation qui ne me laisse aucun repos et qui fait de moi un être différent, certes, mais pas indifférent *. »

En réalité, Mermoz est troublé par un événement d'ordre intime qu'il n'a pas osé avouer jusque-là. Pour ne pas peiner Mangaby. Il finit pourtant par s'y résoudre, mais avec un luxe de précautions dont il ne s'embarrasse pas d'ordinaire. Ce fils qui dit tout, cette fois veut ménager l'amour de sa mère :

« Je serais volontiers près de toi, ma petite maman. J'ai besoin de repos, mais d'un repos près de toi, dans le calme de l'affection profonde qui nous unit! et qui est mon unique réconfort dans les moments souvent pénibles que je traverse malgré la superbe que j'affiche et les satisfactions glorieuses qui me sont octroyées. Il y a tant de toi en moi que l'existence n'est pas sans me laisser terriblement désabusé par instants. Il n'y a que là-haut, vois-tu, où je me sens véritablement moi-même, mais les réveils terrestres sont tant de fois difficiles. Mes camarades disent que j'ai une chance extraordinaire. Mais s'ils savaient souvent à quel prix je l'obtiens, à coups d'énergie, de volonté, d'esprit de sacrifice, de domination de moi-même... Eux rient, ils trouvent cela ridicule, épuisant. Moi, cela me grandit, me jette hors de moi-même, comme le torrent dévalant des sommets, se lance hors de son lit et se rit des obstacles. Je possède une puissance intérieure que j'ai l'orgueil de ne pas ignorer. Par elle, je me sens capable de tout vaincre, de tout briser, aussi bien dans mon existence aérienne si je puis dire que dans ma vie de terrien. Et puis, mes rares moments de faiblesse me laissent meurtri, pantelant, malheureux presque... Maman, pourquoi ne puis-je vivre comme tout le monde, simplement, sans passion,

* Lettre datée du 22 mai 1928.

sans élan, sans impulsions d'instinct raisonné qui font que je n'ignore rien des petites misères de notre époque, lesquelles font de moi un être trop bon ou trop féroce au gré de leur fantaisie. Pourquoi ne puis-je m'élever au-dessus de tout cela sans y laisser à chaque fois un peu de ce qu'il y a de meilleur en moi.

« La souffrance, je ne la crains pas personnellement, mais il est un fait qu'une sorte de fatalité s'acharne à ce que je ne puis approcher quelqu'un sans le faire souffrir moralement, je parle surtout sur le plan sentimental, tu me comprends. Je n'ai que des histoires terribles dont je rirais si je n'avais pas de cœur, mais qui me font mal parce que je n'aime pas faire mal et... je ne fais que cela... que des complications dont je ne sors qu'à la force du poignet, non sans me créer de pénibles situations *... »

Doucement, dans cette lettre bourrée d'interrogations sur un comportement erratique qu'il assume malgré lui, Jean en vient à cette annonce susceptible d'entamer le monopole du cœur détenu depuis toujours par sa mère. Il s'efforce d'en minimiser la portée :

« Ma petite maman chérie, je te confie un secret. Le cas est peu grave. Il s'agit d'une jeune fille de dix-neuf ans, Française, passant six mois ici et six mois en France, en tout cas une vraie jeune fille, pas pédante quoique bachelière, pas garçonne quoique moderne. Je l'aime, maman, vraiment comme je suis capable d'aimer; le pire, c'est qu'elle m'aime aussi et depuis plus longtemps : son aveu a amené le mien. Je me suis d'abord cabré, j'ai essayé de ne plus la voir et maintenant, si ma volonté n'est pas morte, la sienne est bien puissante. Elle considère qu'il n'y a aucune raison de lutter contre nos impulsions alors que je songe qu'il y en a de multiples à mes yeux : mon indépendance de caractère,

* Lettre datée du 28 juin 1928.

ma situation qui deviendra brillante puisque je le veux, mais souvent scabreuse, surtout avec la perspective de mes raids prochains et de mes déplacements à venir. Et alors, quitter tout cela, abandonner le résultat de tant d'efforts, et puis me supprimer ce dont je suis intoxiqué, je crois, jusqu'à la fin de mes jours, ne plus voler, ne plus lutter, ne plus tenter, plus risquer. Ce n'est pas possible... Elle consentirait à tout, passerait sur tout, mais les parents ne marcheront pas. Prendre la responsabilité de son bonheur dans ces conditions est contraire à un sens d'éducation atavique que je conserve bien au fond de moi *. »

La jeune fille s'appelle Gilberte Chazottes, jolie sans être belle, fraîche, intelligente et bien élevée. Sa jeunesse autant que sa pureté fascinent Mermoz, le vieux bourlingueur des cœurs, qui, incorrigible malgré tout, écrira encore à Mangaby : « Toujours en appartement, nous changeons de cuisinières et de femmes de chambre tous les mois. Si tu étais dans un coin, parfois tu mourrais de rire. Tu te rends compte, trois célibataires, ce qui peut se passer **!!! »

C'est à Bahia Blanca, en Argentine, où ses fonctions l'obligent à de fréquents séjours d'inspection, qu'il rencontre Gilberte, type même de la bourgeoise resplendissante de jeunesse. Et appétissante! Il s'emballe.

Maman Mermoz apprend la nouvelle avec un mélange de bonheur et de tristesse, comme toutes les mères... Puisqu'elle avait accepté toutes les concessions pour que son fils fût heureux avec ses compagnes d'un jour ou d'un mois, elle va étendre cette largesse d'esprit à « sa femme aussi, qui était pourtant assez possessive ***... »

La situation de Mermoz touche au nirvana. L'amour

* Lettre datée du 28 juin 1928.

* Lettre datée d'octobre 1928, sans précision du jour.

* Confidence que j'ai recueillie auprès de Gilbert Louis, filleul de Mermoz, en mai 1986.

lui fait un clin d'œil appuyé et, cette fois, il ne s'agit pas d'une étreinte furtive ou d'une aventure banale. Ajoutez à cela qu'en novembre il s'attend à être subventionné par Marcel Bouilloux-Lafont afin d'accomplir « son » Paris-New York ou un Paris-Rio. Le patron lui aurait même fait demander par quel constructeur il souhaitait passer. En contrepartie, Jean a dû donner sa promesse de venir reprendre sa place de chef pilote à Buenos Aires dès que le raid serait terminé. La solution lui convient car, explique-t-il, « le succès ne me donnera pas de prétention * ».

Il jouit alors d'une santé excellente, à tous les sens du terme... Cet athlète de quatre-vingt-sept kilos paraît à peine affecté par un rythme de travail qui continue de s'intensifier à mesure que la ligne avance : « J'ai une existence des plus décousues, raconte-t-il à Mangaby. On me voit dans tous les coins d'Amérique du Sud avec mon taxi rouge, un du même type que celui avec lequel je compte faire le raid, au grand désespoir d'une petite fille que je connais bien et dont tu te doutes... J'ai converti la famille à l'aviation, et Dieu sait si elle y était réfractaire. Ici on me prête le don d'y amener tout le monde... que veux-tu... j'ai tellement la foi... L'autre jour, j'ai même réussi à les emmener faire une promenade de nuit sur Buenos Aires **!! »

Car Jean, non content d'administrer, de piloter, de se dépenser sur toute la ligne, donne des baptêmes de l'air : « J'ai fait plus de deux mille passagers argentins et français depuis que je suis ici. Il y a les attristés, les capricieux, les passionnés; le contingent féminin est le plus enthousiaste, tant la femme est plus sportive, plus courageuse que l'homme. Mais la première de toutes sera bientôt ma petite maman. Ah! ça oui **... »

* Lettre datée du 14 novembre 1928.
** Lettre datée du 12 décembre 1928.

Hélas, l'euphorie de Mermoz va être sérieusement contrariée : la compagnie décide de ne pas lui accorder son autorisation, ni de lui verser une subvention, du moins cette année, pour son fameux raid. Selon la direction, il est du devoir de son chef pilote de demeurer en Amérique du Sud où, plus que jamais, on a besoin de ses compétences. D'ailleurs, les projets ne manquent pas, qui le consoleront : ils intéressent la desserte de la Bolivie, des Antilles, du sud de l'Amérique du Nord et de la Floride. Mais il lui faut renoncer à sa chimère, le Paris-New York.

Cette fois, Mermoz enrage : « Je suis presque décidé à passer outre, se révolte-t-il dans une lettre adressée à Mangaby *. Mon commanditaire est parti pour la France. Si tout s'arrange comme je l'espère, j'offre ma démission. Enfin, maintenant j'attends un télégramme ou une lettre. Si ça gaze, je décide mon voyage en moins de huit jours et je me tire. J'ai une occasion de tenter et de réussir quelque chose d'unique. Alors, je n'hésite pas. »

Prévenu de cette détermination, M. de Sieyès en est affolé.

« Il m'aime beaucoup et ferait n'importe quoi pour me faire plaisir », souligne Jean à son sujet. Il ne décolère pas pour autant : « Ah! la poisse, quand on vous considère comme indispensable, quelle sale blague *! »

Assurément, la défection de Mermoz porterait un coup sévère à l'Aéropostale dont il symbolise la combativité en Amérique du Sud où les Allemands s'agitent. Selon certains bruits, ils envisageraient de concurrencer les Français avec leurs Zeppelins. Ce défi électrise le chef pilote qui se solidarise à la Ligne : « Nous les attendons! s'emporte-t-il à propos des Allemands. Nous sommes prêts **. »

* Lettre datée de décembre 1928, sans précision du jour.
** Lettre datée du 14 novembre 1928.

A vrai dire, Jean ne sait toujours pas très bien ce qu'il veut : partir (pour son raid) ou tenir (face à la concurrence)!

Marcel Bouilloux-Lafont, lui, ne tergiverse pas. Il ne tient pas à perdre cet aviateur dont la popularité grandit en Amérique latine. De plus, il a senti chez Mermoz des aptitudes au commandement et à la gestion, capacités qui le persuadent de le faire initier aux arcanes de l'exploitation. A la suite de quoi, il prévoit de lui confier la direction d'une nouvelle ligne. La perspective d'un tel poste séduit Jean qui consent à assumer cette responsabilité, mais pas avant deux ans : « J'approcherai de la trentaine et j'aurai ainsi une situation définitive qui me permettra toujours malgré tout de faire de l'aviation active comme pilote, mais à ma volonté. Ce sera pour l'Amérique ou l'Indochine *... »

Il s'octroie surtout ces deux années de réflexion à cause de Gilberte. C'est d'ailleurs à ce moment qu'il déserte les Galeries Guemes pour « une garçonnière pépère » car, explique-t-il, « j'ai besoin actuellement d'un lieu discret. L'appartement en commun ne convenait plus *!!! » On le comprend...

Une certitude : le 25 décembre, il n'occupe pas son nid. Il campe quelque part sur une plage brésilienne, près de son avion bloqué par une panne. Avec son mécanicien, il réussit tout de même un bon réveillon. Vers 2 heures du matin, ragaillardis par le contenu de quelques bouteilles de vin et de champagne qu'ils emportaient à Buenos Aires, Jean et son compagnon, tous deux « noirs assez convenablement », chantent *Minuit chrétien* à tue-tête. Et s'endorment sous les ailes de leur appareil. Après un somme bref et réparateur, ils

* Lettre non datée (adressée à sa mère).

redécollent sans leur précieuse cargaison d'alcool, mais avec une gueule de bois mémorable...

Décidément, il est dit que Mermoz ne passera pas cette fête dans des conditions normales.

« La vérité, c'est l'homme qui naissait en Mermoz quand il passait les Andes. »

Antoine de Saint-Exupéry
(Terre des hommes).

12.

L'année 1929 commence mal pour Jean Mermoz! Jamais les probabilités d'un raid – son idée fixe – n'ont été aussi minces. Et Martinoff qui ne donne pas de nouvelles! Envoyé spécial de Jean à Paris pour y négocier à son tour l'achat d'un avion transatlantique, Vova aurait dû écrire ou télégraphier. Mais jusque-là, pas le moindre signe de vie. Ou plutôt, leurs rares échanges se résument à un constat déprimant : les démarches piétinent en raison d'un barrage administratif incompréhensible.

Pourtant, Mermoz ne renonce pas. Son heure viendra, il en est convaincu. Heureusement que son métier l'accapare suffisamment et pallie encore sa frustration. Il s'y consacre à fond, sans crainte, et vole dans des conditions qui rebutent les plus courageux. Ainsi, le 31 janvier, il se présente d'un pas alerte sur le terrain de Pacheco, à Buenos Aires, au plus fort de la tempête d'une violence inouïe qui ravage la région. Des vagues géantes déferlent sur le port, martèlent les quais et les jetées, tandis que des navires, comme le paquebot *Lutetia,* rompent leurs amarres.

Et il fait nuit!

Mermoz ne s'en soucie pas...

– Vous n'allez tout de même pas partir de ce temps! lui lance un employé, d'une voix blanche.

– Bien sûr que si, lui répond Mermoz, calmement. C'est l'heure du courrier.

Sur ces paroles, il se hisse dans l'appareil et décolle comme si de rien n'était.

A quelques heures de là, ce même jour, mais au large du Maroc, entre Safi et Mazagan, un Laté 26 sombrait en mer et entraînait vers les profondeurs Émile Lécrivain, le mystique, et Pierre Ducaud, son radio. La ligne payait une fois de plus un lourd tribut au progrès. Et surtout Jean ne reverrait plus cet ami peu bavard dont il comprenait si bien la sensibilité.

Ces événements contribuent à altérer la bonne humeur du « Grand », comme on le surnomme maintenant. Sans devenir taciturne, il parle moins. Les virées nocturnes avec la bande, quand ils se réunissent, le déridant à peine. Les sourires enjôleurs le laissent froid et les plaisanteries ne déclenchent plus ce rire franc et communicatif. Jusqu'à cette soirée de février où ses camarades le surprennent à griffonner machinalement des arêtes et des courbes sur un morceau de papier. Le dessin prend forme. Autour de Mermoz, les conversations courent sur leur erre, puis cessent. Jean redresse alors la tête, regarde ses voisins et leur montre son prochain défi : la cordillère des Andes, murmure-t-il.

Les yeux se ferment; des images dantesques affluent dans les esprits; des expressions éclosent sur les lèvres. La cordillère? Le Boulevard des Volcans, l'épine dorsale de l'Amérique, un mur colossal, surmonté de tessons de bouteilles... Bref, un secteur à éviter.

Indubitablement, comme le pensent avec appréhension les superstitieux, les mille démons qui gardent cette formidable barrière cracheront des torrents de vents et des flots glacés de neige en direction du minuscule avion.

Daurat, sur ses cartes, n'a vu qu'un entrelacs de cols, de pics et de cratères démesurés qui freinent les liaisons avec le Chili. A Mermoz de trouver le plus court chemin. En outre, il tient là une compensation de taille, susceptible de détourner son attention de ce projet de traversée océane.

Jean annonce donc à la presse qu'il va relever ce nouveau défi afin d'instituer un service postal aérien régulier entre l'Argentine et le Chili. Certes, des pilotes, comme la Française Adrienne Bolland * et Almonacid, ont déjà réussi à se faufiler dans les fissures de cette paroi réputée infranchissable. Mais il s'agit bien d'exploits uniques qui doivent autant à la chance qu'au courage, et à une météo complice. Mermoz, lui, parle de régularité. On l'écoute. On l'en sait capable. Après tout, n'a-t-il pas vaincu la nuit, ce monstre psychologique? Toutefois, ce plan téméraire provoque un certain émoi chez ses collègues. Cette nouvelle fièvre du « Grand », ils la redoutent pour ce qu'elle a de contagieux. Et puis, s'il passe, eux devront suivre, perspective qui ne les enchante pas vraiment.

La bataille – gagnée – contre la nuit avait suscité de vives réactions au sein de la communauté des pilotes qui croyaient Jean victime d'un coup de lune.

De nouveau, les protestations fusent :

– On n'est pas Mermoz! Il y a des limites! grincent les plus braves.

– Cette fois, il va trop loin, s'emportent les autres. Il ne pourra rien contre la montagne...

Tous manquent de s'étrangler quand ils apprennent que le « Grand » non seulement entend bien aller taquiner ce tas de pierres, de lave et de glace, mais encore qu'il le fera régulièrement. Et eux aussi!

Le 28 février, le moral au beau fixe, Mermoz s'envole avec Collenot, à bord d'un Laté 25.

* C'est à bord d'un Caudron G 3, le 1er avril 1921, que la jeune femme remporte cette victoire sur la montagne.

Il prend la direction de Bahia-Blanca, file jusqu'en Patagonie où il doit embarquer le comte Henry de La Vaulx. Le trajet s'effectue sans histoire au-dessus d'une végétation grasse, la pampa, à laquelle succèdent le désert d'herbes courtes des terres australes, des landes à perte de vue, des paysages tristes où l'on aperçoit des troupeaux de moutons sauvages. La désolation atteint son comble à destination : le bout du monde, le rendez-vous de la tempête et du vent.

De son côté, le comte de La Vaulx a voyagé comme « sac de lettres » entre Toulouse et Buenos Aires. De là, le 25 février, Vachet l'a emmené dans son Breguet sur une partie de la route qui conduit à Comodoro Rivadaria, soit 1 600 kilomètres en trois étapes : Bahia Blanca, San Antonio Oeste où descend le comte, et Trelew en Patagonie.

Le comte répond là à une invitation de Marcel Bouilloux-Lafont. Il a même été convenu qu'il accompagnerait Mermoz au Chili, au cours de la première reconnaissance que le chef pilote se propose de réaliser par le sud puisque, dans cette région, l'altitude des plus hauts sommets varie entre 2 500 et 3 500 mètres. Précisons que cette tentative hasardeuse n'est pas pour déplaire au président de la Fédération Aéronautique Internationale.

Personnage haut en couleur et digne de Jules Vernes, gentleman-aventurier que les obstacles et les mystères n'impressionnent pas, Henry de La Vaulx apprécie d'emblée Mermoz auquel, d'ailleurs, il va s'identifier, non sans tendresse : ils appartiennent à cette race d'hommes hors du commun qui reculent les bornes du monde.

L'histoire du comte, que Joseph Kessel avouera avoir rencontré en Syrie, dans un bordel indigène, ce qui prouve leur éclectisme, ravirait les amateurs d'émotions fortes et de romans d'action. Issu d'une vieille famille lorraine, élevé chez les dominicains d'Arcueil où il aura pour condisciple le futur maréchal Pétain, le jeune Henry, libéré de ses obligations militaires dans l'infanterie, une licence de droit en poche, pouvait envisager de mener une existence oisive parce que fils unique et détenteur d'une énorme fortune.

A l'inverse, il opte pour les voyages et une vie trépidante que n'aurait pas reniée Henry de Monfreid. Chargé d'une mission ethnographique en Patagonie, en 1897 et 1898, par le Muséum d'histoire naturelle, il circule à cheval en quête d'informations. Un chef indien commet alors la rare imprudence de vanter devant lui la magnifique stature d'un guerrier mort depuis peu et vénéré par tout son peuple. Le comte se frotte les mains : il possède enfin un élément qui apaisera l'impatience des chercheurs parisiens.

Aussi, pendant une nuit propice à ce genre d'opération, un sacrilège, en l'occurrence, aidé par ses fidèles gauchos, déterre-t-il le cadavre qu'il lui faut ensuite dépecer et faire bouillir pour récupérer le squelette...

A l'évidence, Henry ne manque pas de sang-froid. Ni de culot! On le dit fondateur de l'Aéro-Club de France *, le plus ancien au monde, le plus prestigieux également. Cette étiquette flatteuse se révèle à moitié fausse en dépit du texte publié dans le Larousse. En fait, cet homme dynamique a donné des bases solides à ce qui n'était qu'une petite association de passionnés, et lui a surtout fixé des objectifs ambitieux : formation des pilotes, organisation de concours (d'aérostation, à l'époque), représentation auprès des autorités, établissement de la réglementation aérienne et sportive, et délivrance des brevets de pilotage. Mermoz n'était même pas né!

Hélas, si le moral et l'enthousiasme des premiers hommes volants culminent à des altitudes que n'atteignent pas encore les ballons, les recettes de l'Aéro-Club

* La naissance de l'Aéro-Club de France remonte à 1898.

ne décollent pas et les « caisses » restent désespérément vides.

Henry de La Vaulx se penche sur ce problème crucial et met au point ce que son neveu, Jacques de La Vaulx, appellera pudiquement une curieuse méthode. Le comte dîne souvent chez Maxim's où certains membres de l'Aéro-Club ont leurs habitudes. Il y retrouve ses amis, notamment Paul Tissandier, Santos Dumont, Archdeacon et le comte de La Valette. Par le comte de Contades, qui exerce des fonctions officieuses chez le grand restaurateur, Henry connaît à l'avance le jour et l'heure de la venue des industriels ou des hommes d'affaires susceptibles de s'intéresser à l'aéronautique mais aussi d'ouvrir leur portefeuille...

La victime soigneusement sélectionnée est placée, tout à fait par hasard, bien sûr, à une table copieusement garnie de membres de l'Aéro-Club qui lui chantent les louanges de l'aérostation, tout en veillant à ce que son verre ne soit jamais vide...

A l'aube, l'industriel, on n'ose pas dire l'infortuné, souvent dans un état pâteux, se voit convié à une promenade digestive : pourquoi pas justement une ascension en ballon pour assister au lever du jour? A ce moment du scénario, Henry de La Vaulx s'éclipse pour téléphoner au parc d'aérostation de l'Aéro-Club, à Saint-Cloud, afin de s'assurer que le ballon sera prêt. Il ne reste plus qu'à y hisser l'invité du (petit) jour.

Généralement, cette randonnée aérienne débouchait sur une conversion qui se traduisait sur-le-champ par une adhésion en bonne et due forme à l'Aéro-Club de France, moyennant évidemment la signature d'un chèque généreux...

Comme quoi l'Aviation doit en partie son avènement à la descente de quelques ballons de rouge et à l'ascension de quelques ballons libres!

Voilà une facette de la personnalité du comte qui le rend sympathique et souligne son efficacité. En 1905, sur sa lancée, il participe à la création de la Fédération aéronautique internationale, passe son brevet de pilote et devient ainsi le premier homme au monde à cumuler trois brevets (ballon libre, dirigeable et avion). Élu président de la Fédération, il redouble d'activité, en particulier pour favoriser le développement des lignes aériennes internationales et afin de prouver la sûreté des transports réguliers par avion. Il s'empresse d'en faire la démonstration personnelle puisqu'il amorce une série de déplacements à travers les pays membres de la FAI. Il visite d'abord l'Europe, en 1927, puis, en 1929, malgré les réticences de sa famille et de son entourage, il entreprend un vaste périple qui lui fait rejoindre l'Amérique du Sud via l'Afrique. Il parcourt le continent d'est en ouest, remonte vers le nord, s'arrête dans tous les états transandins pour redescendre ensuite vers le sud d'où il repartira à destination de l'Afrique.

Assez étrangement, les circonstances de son retour en Patagonie, plus de trente ans après ses tribulations chez les Indiens, étaient prévues par José Maria de Heredia. En effet, dans la préface de l'ouvrage consacré par Henry à son *Voyage en Patagonie* et paru en 1897, le poète avait écrit ces lignes prophétiques : « Reverrez-vous cette terre? Qui le sait? Si vous y retournez jamais, ce ne sera point par les voies ordinaires que vous avez autrefois suivies... Quelque soir, un grand souffle du nord vous emportera suspendu aux flancs d'un sphéroïde énorme ou caché sous la coque d'un monstrueux cigare ailé et vous passerez les Andes plus haut que les condors; et je ne désespère pas de vous voir un jour, Jason ou Magellan de l'Azur, sauter de quelque aéronef et de vous entendre dire, en nous montrant le ciel austral : j'en arrive... »

La prémonition de José Maria de Heredia se réalise

presque à la lettre, le 2 mars 1929. Mermoz, Collenot et le comte décollent de San Antonio Oeste en direction de Concepción. Ils se lancent dans cette expédition par un temps radieux et dégagé, au point qu'ils finissent par se persuader, surtout Jean, que leur vol ne sera qu'une promenade d'agrément.

Pas plus que la jungle brésilienne ou le Chaco turbulent, les chapelets de monts crénelés ou de cratères assoupis et lunaires, qui défilent sous leurs ailes, ne vont oppresser l'équipage.

Mermoz savoure la satisfaction de proposer tout ce monde inexploré à son illustre passager qui en a pourtant vu d'autres. Mais leur joie va être de courte durée : non loin de Concepción, le carburateur se bouche, puis le moteur s'enrhume et tousse. Le pilote réagit aussitôt, d'instinct, sans affolement. Jean cherche un espace à peu près horizontal et pas trop accidenté, et discerne, à 1 500 mètres d'altitude, une plate-forme longue de 250 mètres environ et juste assez large pour permettre un atterrissage acrobatique. Attention, il n'y aura pas deux essais car le précipice de plusieurs centaines de mètres qui marque les limites de ce terrain improvisé, sanctionnera la plus petite erreur. Mermoz réussit un toucher de précision, mais l'avion roule, roule, d'abord lentement, puis de plus en plus vite. En une fraction de seconde, Jean juge le péril : le gouffre qu'ils ne pourront éviter. Sous le regard stupéfait de Collenot et du comte, il jaillit hors de la carlingue, se jette devant l'appareil, agrippe le train, s'y cramponne, s'y arc-boute et, avec son corps, ralentit l'avion qui s'immobilise enfin. Tandis que Mermoz maintient le Laté, un peu comme il aurait maîtrisé un taureau, de toutes ses forces, Collenot et Henry de La Vaulx entassent des pierres devant les roues.

Le mécanicien intervient à son tour, avec dextérité et diligence, et, la réparation achevée, les trois hommes s'emploient à reculer leur monoplan plus haut sur la pente qu'ils viennent de dévaler. Et c'est le départ cahotant, le plongeon dans le ravin pour accumuler la vitesse nécessaire à la sustentation, et le frisson garanti pour le comte qui va conserver un souvenir émerveillé et nostalgique du « Grand ». Henry de La Vaulx déclarera même, non sans regret, quelque temps après leur atterrissage au Chili : « Si j'avais eu un fils, je l'aurais voulu semblable à Mermoz. » Jean, quant à lui, dont l'ardeur n'a pas été freinée par cette chaude alerte, décidé d'attaquer la montagne de front :

– Nous allons prendre le chemin direct, annonce-t-il à Collenot. Nous reconnaîtrons la route de Copiapo au nord pour franchir la cordillère et gagner Mendoza. Nous allons traverser les Andes dans leur partie centrale, précise-t-il, mine de rien.

La partie centrale? La plus large, la plus sauvage, la plus difficile. Un risque insensé!

– D'accord? demande-t-il quand même à Collenot.

– D'accord, monsieur Mermoz. Le mécanicien ne montre pas la moindre peur. Il voue une confiance totale à cet homme peu ordinaire... et, par ricochet, cette confiance renforce Jean dans sa propre détermination.

Assurément, ces deux-là se complètent.

Le 9 mars au matin, une semaine après leur première évasion des Andes, les deux aviateurs s'élèvent de Copiapo vers la masse verticale qui barre l'horizon, le remplit et donne déjà le vertige à être seulement contemplée. Mais l'enjeu justifie cet effort qu'ils entreprennent en dépit des mises en garde : la liaison Buenos Aires-Santiago se fera plus vite. On remplacera les jours par des heures!

Le pilote pique résolument sur le rempart titanesque surmonté de mâchoires acérées, un rempart de plusieurs milliers de kilomètres que balaient des vents infernaux.

Point minuscule, dérisoire, quasi inexistant, le Laté, qui ne peut guère grimper au-delà de quatre mille mètres, s'élance à l'assaut d'un mur de cinq à sept mille mètres.

Mermoz longe la muraille, en quête d'une faille. Son idée : se glisser de vallée en vallée, contourner les pics et surgir dans la pampa argentine.

Derrière eux, le soleil écrase la plaine chilienne, étroit damier aux couleurs vives et pastel que borde la masse verte du Pacifique.

Jean ne se retourne pas; il se concentre sur son adversaire avec un acharnement tranquille.

Il cherche ainsi son passage pendant des minutes interminables et finit par distinguer une trouée à 4 500 mètres. Ce sera donc par là! En poussant le moteur plein gaz, il atteint son plafond limite; maintenant, un courant aérien ascendant pourrait fournir l'appoint. Il leur faut, en effet, se laisser aspirer par l'une de ces forces capables de pallier leur insuffisance de puissance. Et le tour est joué. Mermoz guette le coup de vent porteur qui projettera l'avion vers le sommet. L'occasion se présente au quatrième essai : alors que l'appareil s'approche encore une fois de la falaise, Jean et Collenot se sentent hissés de façon vertigineuse par un ascenseur invisible. Mais ce mouvement irrésistible les bouscule également plus près de la paroi tandis que s'accélère la vitesse de montée. Soudain, une bouche géante les souffle tel un fétu de paille dans un couloir percé entre deux épaisses couches de neige, couloir dans lequel ils s'engouffrent en un éclair avant de basculer sur l'autre versant où un courant descendant les récupère à la volée pour les précipiter dans un ravin sans fond. Mermoz, imperturbable, coupe les gaz et tente de redresser le Laté qui est plaqué brutalement sur le roc, rebondit et s'arrête tout d'un coup.

Les voici bloqués sur un plateau, à 4 000 mètres.

– Inutilisable, lâche Collenot après avoir constaté les dégâts : le train d'atterrissage, affaissé d'un côté, et le moteur ont souffert; le fuselage aussi; et une partie de l'empennage a été arrachée.

Jean réagit immédiatement à ce verdict pessimiste :

– Partons! ordonne-t-il. Nous avons 100 kilomètres à parcourir avant de retrouver la plaine chilienne...

Cent kilomètres dans une région tourmentée, coupée de crevasses et semée d'embûches diverses : impossible!

De plus, les deux hommes ne possèdent aucun équipement de survie, pas de vêtements chauds. Or, la température chute allègrement à moins vingt degrés et le vent, qui double la mise, transperce leur tenue de vol.

– Je ne déteste pas la marche, dit le pilote avec un humour sans joie.

Ils avancent péniblement durant une heure pour s'apercevoir qu'ils n'ont accompli que 400 mètres. Alors, imaginez 100 kilomètres dans ce paysage d'apocalypse, avec le froid, avec la faim, avec la fatigue...

Ils rebroussent chemin vers l'abri précaire que leur offre l'appareil.

– Nous devons réparer! décrète Mermoz.

Cette décision énergique du « Grand » surprend le mécanicien :

– Mais, monsieur Mermoz, il est irréparable!!

– Il le faut, pourtant. Mieux vaut mourir en avion que d'épuisement.

Sans protester, Collenot se met au travail, la tête déjà bourdonnante, la respiration saccadée. Le mal des montagnes agit insidieusement sur les organismes.

Jours et nuits s'enchaînent. Et Collenot, avec des gestes d'automate, les yeux mi-clos, les lèvres bleuies, les doigts gourds, insensibles, s'efforce de ressusciter une mécanique morte.

Au Chili, la disparition de l'équipage français ne passe pas inaperçue.

Mermoz perdu! Terrible nouvelle. Terriblement banale. Mais enfin, Mermoz...

Les jours s'écoulent, des jours sombres. L'espoir se dilue dans l'angoisse de l'incertitude.

Là-haut, un drame s'achemine vers sa conclusion. Harcelé par le blizzard, Alexandre Collenot, au bord de l'évanouissement, lève son visage supplicié vers un Mermoz anxieux :

– Je crois que ça tiendra, balbutie-t-il en désignant son ouvrage sommaire.

C'est l'instant décisif. Jean actionne le démarreur. Le moteur crache, craque, bafouille, tourne rond. Collenot a signé le premier miracle. Mermoz va pouvoir prendre le relais. Auparavant, toutefois, les attend une manœuvre surhumaine : remorquer et pousser le Laté sur quelques dizaines de mètres afin de lui donner du champ pour décoller.

Y a-t-il spectacle plus hallucinant que celui de ces deux fantômes asthmatiques aux prises avec un avion qu'ils déplacent en crabe, d'abord les roues, ensuite la queue, centimètre par centimètre, pour éviter les plus gros blocs de rocher?

L'opération dure plusieurs heures, martyrise les dos et casse les muscles. Pas les volontés!

Malgré cela, la bande pierreuse qui s'étale, irrégulière, devant eux, demeure trop courte. Les deux hommes se concertent brièvement du regard. Ne rien faire? Mais rester, c'est mourir! Alors, autant en finir, non sans avoir tout tenté.

Jean relance le moteur qui gronde à la première sollicitation. Jamais ronronnement n'aura été aussi agréable à entendre. Hélas, les canalisations éclatent.

La magie Collenot opère encore une fois : à l'aide de chiffons, de vernis, de colle, de bouts de bois et de fil de fer, le mécanicien stoppe l'hémorragie et panse les blessures.

Mermoz met à profit ce contretemps pour établir leur plan d'évasion, un plan qui se révèle plutôt audacieux, voire suicidaire. Au départ, le problème paraît insoluble. La longueur de la piste rudimentaire ne leur permettra pas d'accumuler la vitesse nécessaire à leur envol. Et leur course se terminera dans l'une ou l'autre des deux fissures parallèles, de 6 à 8 mètres chacune, qui coupent l'extrémité du terrain.

Avec ces maigres données, Jean échafaude plan sur plan. Cependant, aucun ne leur laisse la moindre chance... sauf cette idée démentielle qui germe soudain dans son esprit. Un rapide coup d'œil en fait une hypothèse séduisante. La seule à leur accorder une marge infime de réussite.

Comme s'il avait lu dans sa pensée, Collenot s'inquiète :

– Aurez-vous assez d'élan, monsieur Mermoz?

– Non, mais nous bondirons au-dessus de ces deux crevasses...

Tout de même ébranlé, le mécanicien se tait. Il sait bien que leur salut dépend de cet ultime coup de poker. Leur salut ou une fin rapide!

Une aube irréelle et splendide les trouve prêts, déterminés à assumer leur destin, quel qu'il soit.

Le moteur s'éveille, les canalisations cèdent encore. Alors, ces hommes à la peau brûlée, qui ont déjà tout donné, puisent dans leur incroyable vitalité et sacrifient des vêtements pour colmater les brèches. Et c'est en bras de chemise, surgelés plus que frigorifiés, qu'ils reprennent leur place à bord.

Les mâchoires contractées, Mermoz libère l'appareil et suit les repères qu'il a disposés le long de leur trajectoire.

A Dieu vat!

En dépit de la confiance aveugle qu'il lui voue, Collenot ne peut empêcher son estomac de se nouer à mesure que le Laté gagne de la vitesse pour accomplir ce triple saut invraisemblable.

Le suspense ne s'éternise pas car l'avion touche les crêtes à deux reprises, exactement à l'endroit souhaité par le pilote, et s'enfonce vers la plaine chilienne.

Mermoz et son compagnon n'ont pas le loisir de se réjouir : les tubulures, endommagées par le froid, fuient de nouveau. Les grandes eaux. Qu'importe! Un vol plané, hélice calée, ramène l'équipage à Copiapo. Après un atterrissage impeccable, Jean doit secouer Collenot qui... dormait!

A Santiago, où ce retour n'est pas encore connu, l'atmosphère n'est pas à la liesse.

Trois jours et deux nuits qu'ils sont partis. C'est fini, on ne les reverra plus!

Tant les camarades de la Ligne que l'ensemble de la population broient du noir.

Dans les restaurants, les conversations tournent autour de cette tragédie. A voix basse, on échange des informations.

On se raccroche aux mots. Mais à quoi bon se leurrer quand on connaît la sinistre réputation de la cordillère : elle ne rend jamais ses proies.

Dans l'un de ces établissements, un pilote chilien, plus triste, plus silencieux peut-être que les autres convives, déjeune du bout des lèvres. A un moment, un garçon s'approche de sa table et lui tend un message. Le jeune aviateur parcourt rapidement les quelques lignes, se lève soudain, traverse la salle comme un fou, tout en enfilant son « cuir ». Sur son visage transfiguré, la joie porte un nom : Mermoz!

Mermoz est vivant. Le bonheur éclate. Les larmes et le champagne coulent.

Heureux de revoir un Mermoz sain et à peu près

sauf, les Chiliens n'en restent pas moins réalistes. Sans douter vraiment des propos du Français, ils l'estiment, cependant, abusé par la fatigue et le mal de la montagne. Une caravane est constituée pour aller vérifier ce récit extraordinaire. Un mois plus tard, elle rapporte une confirmation stupéfaite, un enthousiasme délirant, et quelques débris du Laté. La gloire fait de Mermoz un héros. Une légende va naître de ce miracle des Andes, un miracle qui doit une grande part de sa réalisation à l'ingéniosité de Collenot, à son talent servi par du chatterton, des bandes de toile et de l'émaillite. D'ailleurs, Jean loue son compagnon : « Collenot, mon vieux Collenot est un mécanicien sans pareil. C'est à lui, à son habileté prodigieuse, à son énergie, que je dois d'avoir échappé à la mort sur le plateau des Andes... »

Cette épreuve aux confins de la résistance humaine a soudé les deux hommes dans une amitié qui ne se démentira jamais. Fraternité serait certainement un terme plus approprié. Au point que la perte de Collenot, en 1936, contribuera dans une large mesure à accentuer l'état dépressif de Jean...

Mais, pour l'heure, la cordillère a recraché les deux intrus comme elle relâchera plus tard un certain Henri Guillaumet, dans des conditions également rocambolesques *.

La célébrité de Mermoz entraîne des conséquences curieuses et tout à fait dans la mentalité sud-américaine : le nom du pilote s'étale partout, sur les boîtes de

* En juin 1930, après avoir capoté au cœur de la montagne, il réussit à atteindre l'Argentine au terme d'une marche de cinq jours dans les solitudes glacées. Ce miracle à la Mermoz lui vaut le surnom d'Ange de la Cordillère. Épuisé, en tombant dans les bras de Saint-Exupéry, Guillaumet déclara : « Ce que j'ai fait, aucune bête au monde ne l'aurait fait! »

conserve, sur des paquets de cigarettes, sur des bouteilles d'apéritif... Des bars et des rues l'adoptent.

Et la France l'ignore!

Mieux, l'administration lui interdit de persévérer dans ses projets de vol transatlantique. Ainsi encourage-t-on alors l'essor de l'Aviation au pays de Blériot, Guynemer et Nungesser...

L'attitude rétrograde des fonctionnaires irrite Jean sans le dissuader. Comment, en effet, une simple circulaire parviendrait-elle à fléchir la volonté de celui qui a rendu possible l'impossible? D'ailleurs, déclare-t-il, « il n'y a plus grand-chose à conquérir en aviation. L'Atlantique Sud est une question de mois » – il compte bien faire cette traversée –; « l'Atlantique Nord, de deux à trois années » – plus tôt si Martinoff se débrouille bien.

Quant à l'évolution de la profession, Mermoz estime que les progrès techniques liés à la sécurité transformeront les pilotes en conducteurs de bus...

Non sans une ironie douce-amère, il s'interroge aussi sur son avenir : « Et si un jour, même pour ce métier, je suis trop vieux? » Un sourire mutin éclaire son visage et déteint sur ses prunelles. « Eh bien, j'irai vivre du côté de Mainbressy avec Martinoff et je finirai ma vie en méditant. Ou je m'embarquerai avec Chaussette pour une île déserte. Ou encore j'irai soigner les lépreux... »

Mermoz moine, ermite ou retraité! Voilà des propos pour le moins étonnants au moment où il est tout à sa passion pour Gilberte et impatient d'effectuer son raid.

En attendant, sa performance dans les Andes hante la mémoire des équipages qui s'apprêtent à emprunter cette voie réputée impraticable jusque-là. Encore bénéficient-ils pour leur part de la mise en service récente, opportune sur cette ligne accidentée, des Potez 25 postaux qui montent à 6 000 mètres. Mais qui sont loin de rassembler toutes les qualités et tout le confort. Les hommes, encagoulés, sont couverts de plusieurs couches de vêtements, en plus de leur combinaison de cuir, et les pieds protégés dans des bottes ou des chaussons fourrés. Vu l'extrême violence des turbulences, une ceinture solide et un parachute s'imposent, ainsi que des sangles et des bretelles bien ajustées *. Quelque peu inquiets, mais aiguillonnés par l'exemple du « Grand », ses camarades de l'Aéropostale vont subir stoïquement l'attraction des remous tourbillonnants qui, au gré d'une fantaisie cruelle, les propulsent vers le haut, à la manière de bouchons de champagne, ou les rabattent avec une rapidité fulgurante, gymnastique insupportable pour l'organisme.

Il arrive même que l'appareil, malmené le long des flancs de la montagne en colère, se retrouve à la verticale, debout sur sa queue, suspendu à son hélice, ou sur le dos! Lorsque le moteur hésite, embarqué dans une dépression imprévue – et Dieu sait s'il y en a! –, le pilote ressent toujours un petit pincement au cœur et l'esprit se vide de toute sensation. Puis la symphonie des pistons reprend le dessus sur cette fausse note jusqu'au prochain piège.

La scène se répète désormais inlassablement car, moins d'un mois après l'aventure de Mermoz et Collenot, la Ligne s'enhardit régulièrement sur le chemin le plus court, entre Mendoza et Santiago. Ce succès banalisé et leur audace installent un peu plus les Français en Amérique du Sud, à la grande consternation de la concurrence.

* En dépit de ces précautions, auxquelles nombre d'aviateurs doivent la vie sauve, l'un deux, Pierre Jaladieu, fut tout de même projeté hors de son Breguet 14, le 27 janvier 1928, près de Roquetas (Espagne).

Responsable de cette percée, Jean ne se réjouit pas pour autant. Bien sûr, grâce à lui, les avions français saluent maintenant la statue du Christ rédempteur édifiée à plus de 4 000 mètres pour veiller sur un col, non loin d'une bouche de l'enfer, l'Aconcagua, le plus haut volcan du monde.

Bien sûr, la ligne progresse, mais les compagnies étrangères aussi, dont les aviateurs ne manquent pas non plus de témérité. En janvier, un groupe de dix hydravions italiens, des bimoteurs Savoia S. 55, commandé par Italo Balbo, ont amerri près de Natal après une traversée en sauts de puce.

En mars, les Espagnols Jimenez et Iglesias ont relié Séville à Bahia sur leur Breguet « bidon », ainsi baptisé parce que l'avion emportait des réservoirs supplémentaires.

De son côté, l'Allemagne ne s'endort pas et prépare également le terrain, à en juger par les voyages spectaculaires entrepris par le Graf Zeppelin vers les États-Unis, et surtout par l'extraordinaire tour du monde bouclé par le dirigeable en vingt et un jours, en août 1929. De tels exploits font la « une » des journaux de la planète et une formidable publicité au transport commercial allemand...

La France, quant à elle, paraît nier les efforts de l'Aéropostale en Amérique du Sud. Cette partie du continent américain située sous la ceinture de l'équateur ne l'intéresse pas!

Mermoz? Un inconnu!

Ledit Mermoz, axé plus que jamais sur sa lubie transatlantique, peste après les « ronds-de-cuir » des ministères. Et ne désarme pas!

A l'époque, de l'avis de certains mécaniciens *, il ne

* Selon Charles Bultel, un ancien chef radio de l'Aéropostale, Jean avait même été surnommé « l'Énervé » par quelques mécontents... Entretien avec l'auteur en mai 1986.

se montre pas toujours commode. C'est un fonceur qui bouscule le train-train. D'où, parfois, quelques frictions, en particulier quand il laissera un mécanicien sur une plage brésilienne parce qu'il lui reproche d'être « trop empoté ». Cette entorse de Jean à sa courtoisie habituelle obligera Pranville à sortir une note de service pour que de pareilles situations ne se reproduisent plus.

Mais, s'il applique un traitement de choc à son personnel, le « Grand » ne se ménage pas.

L'un des dirigeants de la compagnie, M. Tête, va d'ailleurs être le témoin sidéré de cette vitalité.

Pris dans une tempête, l'avion qui le transportait a dû se poser sur une plage. La routine... Le directeur, un peu secoué, parvient à Pelotas en automobile. C'est alors qu'arrive Mermoz qui, retardé par l'orage et contraint de gagner un terrain de secours, se présente trop haut, pressé qu'il est d'atterrir. Il pique droit sur la piste détrempée et redresse son Laté de justesse. Mais l'avion s'enfonce dans la boue, laboure la terre et termine sa course par un superbe pylône : l'avion reste planté à la verticale, queue en l'air.

Un concert de lamentations s'élève chez les représentants de la compagnie, dont M. Tête, qui ont assisté à la prestation de Jean :

– Pour le courrier, gémissent-ils en chœur, c'est fini!

– Pas sûr, rétorquent les familiers du pilote. Et l'un d'eux, Marcel Moré, de préciser : « Si Mermoz n'est pas gravement atteint, il repartira. »

De fait, le « Grand » s'extirpe de la carlingue, décontracte ses muscles endoloris et invite Collenot à descendre de son perchoir improvisé. Ensuite, non content d'aider les employés à transférer les sacs postaux à bord d'un appareil, Mermoz s'excuse d'abandonner un avion en triste état, grimpe dans le second et s'envole sous le regard ahuri et admiratif des patrons quand même estomaqués. Ils ignorent que l'activité intense, à la limite de la fébrilité, que déploie Jean, dissimule une frustration : le raid... Encore et toujours cette traversée de l'Atlantique pour laquelle « il voudrait bien revenir en France » comme l'annonce sa mère aux Louis *. Hélas, Laurent-Eynac, le ministre de l'Air, interdit toute tentative par décret, affirmant qu'il n'existe pas d'appareil au point pour réaliser ce tour de force. Aussi, explique Mangaby à ses amis, « Jean est-il furieux, lui qui ne doute de rien... * »

Pour se justifier, le ministre souligne que la multiplication des raids en tous genres s'est souvent soldée par des échecs dramatiques.

Sur le moment, Jean ne croit pas à cette décision arbitraire qui favorise les visées de la concurrence. Il ne peut s'agir que d'une erreur, voire d'une mauvaise interprétation! Pourquoi des fonctionnaires et des politiciens barreraient-ils la route transocéanique aux équipages de leur nation, eux qui ont embrassé et fêté Charles Lindbergh?

Quelle étrange contradiction!

Hélas, ce n'est pas une méprise : l'administration refuse à Mermoz l'autorisation qui permettrait de démontrer que l'aviation française est au moins d'une valeur égale à celle de la concurrence étrangère.

La protection de nos pilotes contre eux-mêmes, prétexte avancé par Laurent-Eynac **, tient de l'argument fallacieux au regard des véritables raisons beaucoup plus politiques qui dictent la position officielle. La

* Lettre écrite à Lille mais non datée.

** Les 13 et 14 juin 1929, l'équipage Lotti, Assolant et Lefevre apporte un brillant démenti au ministre de l'Air en réussissant la traversée de l'Atlantique à bord de l'*Oiseau Canari*, un avion Bernard de construction française, celui-là même choisi par Jean Mermoz pour tenter son raid.

France se veut conciliante sur le plan des relations internationales, surtout depuis que Britanniques et Américains, agacés par la question des réparations au titre des dommages de guerre, lui reprochent sa sévérité extrême envers l'Allemagne qui, bien entendu, profite de l'ambiguïté de la situation pour surenchérir. En clair, il ne faut pas provoquer ces pays, tant nos alliés que la puissance vaincue.

Par ailleurs, si la majorité des hommes politiques bâillent pendant les rares débats sur l'Amérique du Sud, ils s'échauffent tous au sujet de l'Afrique et de l'Extrême-Orient où se situent nos colonies. Est-il nécessaire de préciser que les lignes aériennes à destination de ces régions prioritaires perçoivent des subventions non négligeables, plus importantes en proportion que celles attribuées à la Compagnie générale aéropostale, laquelle supporte des charges infiniment plus lourdes?

L'attitude timorée des « ronds-de-cuir » exaspère Mermoz qui n'est pas loin d'exploser comme il le déclarait déjà à Martinoff, en mars : « Je ne veux pas entendre les voix de la raison; au besoin je passerai outre, tant je rage contre le ministère *. »

La Ligne, cependant, le mobilise toujours plus et longtemps. En juillet, il inaugure la liaison régulière Buenos Aires-Santiago. Les Chiliens, qui n'ont pas oublié le récit terrifiant de la traversée de la cordillère, lui réservent un accueil triomphal.

Malheureusement, cette joie d'un travail bien mené se fissure lorsqu'un camarade tombe. Car la fatalité continue de frapper. Pedro Figarelli, un pilote argentin employé par l'Aeroposta Argentina, se perd dans les brumes traîtresses au-dessus du Paraguay, percute la montagne et se tue **.

* Lettre datée du 27 mars 1929.

** Le Laté 25 de Figarelli s'est écrasé près d'Asunción, en août.

Jean se rend immédiatement auprès d'Almonacid :

– Je voudrais solliciter une faveur.

– Bien sûr...

– Prêtez-moi un appareil pour aller chercher le corps de notre camarade.

– Mais nos avions ne sont pas assez spacieux!

– J'ai votre promesse...

Mermoz fonce à Asunción, insensible à la tempête. Le lendemain, ayant disposé le cercueil de Figarelli droit à côté de lui, il reprend l'air dans des conditions abominables et pose ses roues à Buenos Aires. Ce geste lui ouvre définitivement le cœur des Sud-Américains. Sa popularité déborde les frontières et frise même la vénération. Quel autre Français pourrait s'enorgueillir d'avoir joui de son vivant, et à l'étranger de surcroît, d'une telle notoriété?

Jean garde la tête froide.

En septembre, il annonce à sa mère * qu'il se rendra certainement en France « fin octobre, début novembre pour faire des essais d'appareils ». Un mois de séjour. « Si je faisais mon raid vers cette date et vers Buenos Aires, écrit-il, je te ferais venir ici au même moment; mon congé de quatre mois m'étant accordé pour mars, nous retournerions ensemble en France. Et puis de cette façon tu ferais la connaissance de ma fiancée et de sa famille qui retourne en Europe à la même époque. »

Pour ce qui concerne un éventuel mariage, Mermoz se fait évasif * : « Je n'ai pas beaucoup de temps pour t'en parler aussi largement que je le voudrais... simplement... simplement j'ai causé au père qui ne demande pas mieux à condition que je fasse un peu moins d'aviation et que je ne vole plus obligatoirement. Dans un an je ne demanderai pas mieux... puisque je pourrai

* Lettre datée du 6 septembre 1929.

accepter une situation, mes ambitions aéronautiques étant réalisées.

« Le grand-père de Gilberte (qui) était consul de France à Bahia Blanca, va aller en France et tient à te voir. Ma petite maman chérie, il faut avoir foi en l'affection de ton fils, vois-tu, et pardonne-lui tout le mal qu'il t'a encore fait involontairement. »

Cependant, l'ampleur du travail sur la ligne sud-américaine vient perturber le calendrier de Jean et se traduit, entre autres, par un décalage de son voyage.

Quoi qu'il en soit, comme il l'indique avec une évidente bonne humeur dans un second courrier *, il se maintient solidement au poste. Et son ver solitaire reste aussi... solidaire : il persiste à s'accrocher après six tentatives d'expulsion. Un dur à cuire! Vu l'appétit de son hôte, ce squatter ne pouvait guère rêver meilleur logis.

Mermoz s'en plaint * : « La tête demeure à chaque fois. Il me fatigue un peu celui-là. C'est un ténia de bœuf, donc pas dangereux, mais il n'en est pas moins embêtant. »

A la suite de cette digression sur le ver, Jean aborde enfin le sujet qui lui tient sans doute encore plus à cœur et dont il sent confusément qu'il embarrasse ses relations avec sa mère : sa vie sentimentale. De nouveau, il insiste sur la visite prochaine du grand-père de « sa petite Gilberte » *. Le consul devient ambassadeur : « Je lui ai donné ton adresse chez Lulu (sa cousine). Il t'écrira certainement dès son arrivée. Il est d'ailleurs charmant comme vieillard, tu verras, et a beaucoup d'affection pour moi. Alors, il te parlera de tout, enfin... vous parlerez... Tout va pour le mieux dans le meilleur

* Lettre datée du 20 septembre 1929, également adressée à Mangaby.

des mondes. Les parents sont charmants avec moi également et je suis heureux *... »

Et inquiet!

En bon professionnel, Mermoz prépare le terrain de cette opération de reconnaissance menée par sa future belle-famille. Mais comment réagira Mangaby? Il s'évertue gentiment à arrondir les angles en lui réaffirmant son attachement : « Je ne veux plus que tu sois triste... que tu aies des idées noires. L'éloignement ne creusera jamais de fossé entre nous. Oh! cela non, vois-tu, maman, il ne faut jamais avoir de telles pensées. Je t'aime toujours de la même façon. L'existence quelle qu'elle soit ne pourra jamais nous éloigner l'un de l'autre moralement... Jamais... Elle nous sépare provisoirement, mais plus tard, même marié, lorsque je serai stabilisé, je ne veux plus que tu vives loin de moi. Je t'aime bien fort, bien tendrement, maman chérie, et t'embrasse comme je t'aime, de toute mon âme. »

En dehors de ses préoccupations familiales, Jean s'active à organiser son raid, dans un sens ou dans un autre. Sa persévérance finit par l'emporter ou plutôt sa fièvre qui a gagné Daurat ** et Pranville, à tel point que le 29 novembre 1929, André Bouilloux-Lafont, administrateur-délégué de la Compagnie générale aéropostale, fait appel à l'arbitrage de son président de père à propos d'un raid Amérique du Sud-Amérique du Nord : « Daurat et Pranville sont assez excités par un projet de raid qu'ils voudraient faire faire par Mermoz sur Laté 28 avec un second pilote, soit argentin, soit brésilien. L'appareil, avec des réservoirs supplémentai-

* Lettre datée du 20 septembre.

** Daurat qui ne bougeait plus guère de son bureau depuis ses vols héroïques, dix ans auparavant, est arrivé en Amérique du Sud en juin 1929. Il y est resté le temps de mettre en route la ligne du Chili.

res, serait susceptible d'un rayon d'action de 5 000 kilomètres. On pourrait dans ces conditions envisager un voyage Buenos Aires-Natal-Maracaïbo (seul terrain pour raid possible dans le nord de l'Amérique du Sud)-Miami-New York (en passant par la presqu'île du Yucatan).

« Ce raid peut présenter un intérêt certain pour tâcher d'obtenir à Buenos Aires un contrat pour le courrier de l'Argentine destiné à l'Amérique du Nord (négociations poursuivies actuellement pour le compte de l'Aeroposta Argentina). »

André émet toutefois des réserves fondées sur un bon sens incontestable. En effet, les inconvénients ne manquent pas, qui risquent de minimiser la portée d'une telle opération et pourraient même la compromettre.

Pour commencer, expose-t-il, « le (moteur) 500 Hispano nous a donné quelques déboires en France ».

Attention, prévient-il ensuite, ce projet « peut être exploité contre nous aux États-Unis par la Panamerican ou la Nyrba qui peuvent ainsi précipiter des mesures du gouvernement américain pour hâter le développement des lignes américaines vers l'Amérique du Sud à cause du danger que nous pourrions représenter pour les entreprises américaines ».

De même, souligne-t-il avec justesse, « ce raid nous priverait de Mermoz pendant un certain temps ».

Il ajoute enfin à son réquisitoire un argument auquel tout responsable commercial se montre généralement sensible : « La dépense serait assez considérable... »

Aussi, conclut-il, toujours à l'attention du président, « nous vous demandons de bien vouloir décider vous-même sur place de cette question. De cette façon, il serait nécessaire que vous nous télégraphiez aussitôt que vous aurez reçu cette lettre pour nous dire ce que vous décidez car, dans le cas où Mermoz n'effectuerait pas ce voyage, il serait nécessaire de le faire rentrer en

France le plus tôt possible de manière à ce qu'il s'entraîne sur hydros pour préparer la traversée de l'Atlantique avec les " 28 " à flotteurs ».

Une fois de plus, Marcel Bouilloux-Lafont va opter pour la sagesse : Mermoz rentrera en France!

S'il caresse l'ambition de s'attaquer un jour prochain à l'Atlantique Nord, le président de l'Aéropostale sait également que l'intérêt de la compagnie – sa priorité immédiate – est de relier la France et l'Amérique du Sud par avion. Son souci consiste plus spécialement à joindre les deux bouts : Dakar et Natal.

Voilà qui devrait combler Mermoz!

« (...) Voici qu'enfin la traversée effrayante,
d'un astre à l'autre est commencée! »

Victor Hugo
(La Légende des siècles).

13.

– Votre nom, monsieur.

– Mermoz, Jean Mermoz.

Le douanier parcourt le passeport surchargé de visas, relève la tête et jette un regard scrutateur sur son interlocuteur, un grand gaillard bronzé, au regard clair, légèrement souriant. Sûr de lui en tout cas.

– Votre profession, poursuit-il, imperturbable.

– Aviateur.

– Ah! on fait aussi de l'avion là-bas...

Cette réflexion quelque peu naïve du fonctionnaire résume l'accueil réservé à Mermoz par son pays : on ne le connaît pas! Véritable légende en Amérique du Sud, il renoue avec l'anonymat en cette journée de février 1930, peu après avoir débarqué du *Lutetia,* à Bordeaux.

Jean ne perd pas de temps. Par Paris, il se rend à Lille, chez Mangaby, puis visite ses grands-parents à Mainbressy.

Une profonde tristesse s'empare du « Grand » quand il découvre sur le visage de sa mère tout ce qu'elle lui a caché pendant ces années d'absence : la maladie longue et douloureuse laisse des traces, stigmates qui ne trompent pas.

Mais il lui faut repartir. Moins de cinq jours après

son retour, on le trouve au travail sur le lac de Saint-Laurent de la Salanque, près de Perpignan, où il expérimente le Laté 28 doté d'un moteur de 650 CV et muni de flotteurs sur lequel reposent tous ses espoirs et ceux de l'Aéropostale...

Fin mars, Mermoz rejoint l'étang de Berre, puis passe son brevet de pilote d'hydravion de transport public.

« L'hydravion me plaît infiniment, note-t-il à l'intention de ses grands-parents *, et je le pilote comme si je n'avais fait que cela toute mon existence au grand ébahissement des marins officiers et spécialisés [...]. »

Cette formalité remplie, il retourne à Perpignan afin d'y prendre possession de ce qu'il nomme son « bolide » avec lequel il multiplie les essais de pleine charge et de consommation avant de s'attaquer au record du monde de distance qu'il compte porter de 2 900 à 4 000 kilomètres et plus sur le circuit fermé Marseille/Toulon/Aigues-Mortes. Il est vrai que l'administration impose 4 000 kilomètres sans escale avant d'autoriser le moindre voyage au long cours. Une fois le record battu, ce dont Mermoz ne doute pas, il abordera l'Atlantique Sud, une confrontation plus que désirée.

Cependant, la préparation de cette expédition et l'excitation qui en découle, ne parviennent pas à lui faire oublier un cruel dilemme qui le suit depuis Buenos Aires et que la séparation momentanée d'avec Gilberte n'a fait qu'amplifier, dilemme terrible entre la passion du vol et l'amour. De ce conflit intime, il s'ouvre encore à sa mère :

« Je ne connais plus rien que l'effort, l'âpre et rude satisfaction qu'il donne à ses initiés, et puis la volupté morale de la lutte dans la beauté des choses que ceux d'en bas ne soupçonnent pas, et le choc d'émotions intenses qui font qu'on ne se sent plus humain et si loin,

* Lettre datée du 3 avril 1930.

si loin de l'étroitesse de la masse terrestre... Et cela m'épouvante, parce que j'aime de toute mon âme et que l'être que j'aime, je ne pourrai le voir souffrir en sacrifiant une partie de son existence à ma secrète passion [...].

« D'un autre côté, le sacrifice sera si grand pour moi... Mais je l'aime tant qu'il vaut mieux que ce soit moi qui souffre. Alors, ma foi, je volerai moins... Ma volonté m'aidera à supporter cette diminution. Maman, ce mot m'effraie. Moi qui aurais donné mon existence pour atteindre les sommets que personne n'avait jamais atteints, m'élever si haut, si haut...

« Enfin, je limiterai mon idéal... Je rentrerai dans le rang. J'aurai une situation et j'aimerai... Je volerai de temps en temps... Et puis son amour à elle rendra mon sacrifice moins pénible. Je sais si bien lui cacher mon angoisse qu'elle est tout heureuse, et elle se laisse aller à l'idée que je n'abandonne rien, rien. Et je veux qu'elle le croie toute son existence... »

Mais ce déchirement s'arrête au bord de l'Atlantique Sud!

Tout à la joie de réaliser bientôt son vieux rêve, Jean ignore peut-être qu'un autre pilote aurait dû s'asseoir à sa place aux commandes du Laté 28 à flotteurs, qu'un autre que lui aurait pu entreprendre SA traversée. Il s'agit, en l'occurrence, d'Henri Delaunay. Cet excellent pilote joue malheureusement à cache-cache avec la chance, ce qui lui attire nombre de mésaventures aux frontières de la tragédie. Il semble entretenir une relation plutôt négative avec la fatalité. Simple coïncidence, en fait. Sans être superstitieux, Daurat considère pourtant cette singularité avec inquiétude. Malgré cela, il pense à Delaunay pour la traversée de l'Atlantique Sud. Deux incidents vont le détourner de cette intention.

Un jour de 1929, Henri Delaunay, en compagnie de

Victor Bertaut qui a été mécanicien dans l'escadrille de Mermoz, en Syrie, décolle de Toulouse-Montaudran pour Barcelone, un peu avant le lever du jour, à bord d'un Laté 28. Le voyage se déroule sans problème particulier : le plafond étant bas, l'avion suit la voie ferrée et le canal du Midi; après Lézignan le temps se dégage et l'appareil grimpe vers le col du Perthus. Les Pyrénées franchies, Delaunay amorce sa descente sur Barcelone, en inclinant à gauche. Encore quelques minutes, cinq tout au plus, et il se poserait sur le terrain du Prats, au sud de la ville. Soudain, tandis qu'il survole les faubourgs à une centaine de mètres seulement, le thermomètre d'huile se met à délirer et aussitôt une pétarade vient briser le ronronnement régulier. Dans ces cas-là, les événements se précipitent et il faut réagir vite. L'huile s'étale sur le pare-brise, une épaisse fumée noire noie le poste de pilotage, de longues flammes s'échappent du capot. Un instant, la terreur submerge Delaunay. Il n'y a certainement pas pire pour un aviateur que le feu. Delaunay le redoute d'autant plus qu'il en conserve les séquelles sous la forme d'abominables cicatrices sur les pieds et sur les mains suite à un accident près de Florianopolis. Cette hantise lui dicte sa décision : atteindre la mer. Il fait donc glisser l'avion vers le port, enfile, à hauteur des balcons, le large boulevard qui y mène. Avec maîtrise et peu de visibilité, il évite bâtiments, cheminées, grues et mâts. Entre-temps, l'incendie s'est étouffé, le moteur aussi. L'appareil descend dans un silence relatif. Il faut alors au pilote toute son habileté pour sauter de justesse une jetée encombrée de marchandises, puis il frôle un énorme cargo en mouvement et aperçoit un bout de plage bien minuscule par rapport à la montagne de charbon qui marque l'une de ses extrémités. Delaunay y dirige l'avion; hélas, la piste improvisée s'avère trop courte et la pyramide d'antharcite se rapproche à bonne allure en dépit des efforts désespérés du pilote. Et le Laté escalade ces milliers de tonnes de charbon dans un nuage de poussière noire, sous le regard ahuri de plusieurs centaines de témoins, avant de s'immobiliser en équilibre au sommet...

De la casse, de la crasse, mais pas de mal. L'équipage un peu sonné arrive sur les fesses en bas de la montagne, monte dans une automobile et, avec le courrier, file vers le terrain où l'attend un autre avion.

La ligne continue.

En décembre, second coup dur pour Delaunay. Pendant des essais à grande vitesse sur l'étang de Berre, la structure de son avion se déforme de manière tellement alarmante que Henri doit amerrir brutalement. Une fois encore, sa présence d'esprit évite le drame. Mais pour Daurat, c'en est trop : il l'écarte du projet « Atlantique Sud. » Et Mermoz peut remercier sa chance...

Reste à gagner la première manche : le record! Jean sait que le résultat dépend de ses qualités d'endurance et de la précision des calculs de Jean Dabry, son navigateur. Celui-ci connaît la musique pour avoir navigué pendant de longues années. Pour cet homme qui vient de la marine – une rude école –, le contact avec l'aviation tient du coup de foudre.

Un jour, à Mers el-Kébir, il voit amerrir l'hydravion des Lignes Latécoère qui assurait la liaison Alicante-Oran. Ce spectacle lui fait l'effet d'une révélation. « Quelle merveille, se dit-il. Un engin qui vole, qui se pose et qui décolle à partir de la mer, c'est pour moi. »

Mais comment passer de l'océan au ciel? C'est un peu l'histoire de l'amour impossible entre l'oiseau et le poisson...

A quelque temps de là, lors d'une escale à Marseille, Dabry rencontre un de ses amis, directeur de France-Algérie, une filiale de l'Aéropostale, qui lui demande conseil * : « On envisage de traverser l'Atlantique Sud, explique-t-il. Nous disposons bien de pilotes expérimentés, mais peu familiarisés avec la navigation. Aussi cherchons-nous un capitaine au long cours. Peut-être, parmi tes collègues, y en a-t-il un que cette proposition intéresserait? Réfléchis... »

Dabry lui promet une réponse dans les quarante-huit heures et s'en va, le cœur battant. Il a déjà son idée...

Le délai écoulé, fidèle à sa parole, il se présente chez son ami :

– J'ai ton homme, lui annonce-t-il tout à trac.

– Qui est-ce?

– Moi!

Un mot, un seul, et la destinée de l'officier des Messageries maritimes vient d'infléchir son cap.

Séduit par le sérieux de son nouveau compagnon, Mermoz écoute attentivement ses suggestions et se prépare en conséquence. Il va vite se féliciter d'avoir suivi les raisonnements de Dabry, lequel ne s'est pas trompé : avec 4 308 kilomètres avalés en trente heures, leur hydravion pulvérise le record du monde détenu par les Américains Cornell et Rood. Cet exploit leur vaut les compliments du ministère de l'Air qui, maintenant, ne saurait s'opposer à la conquête de l'Atlantique Sud.

En mai, fais ce qu'il te plaît, affirme le dicton. Inutile de le répéter à Jean qui enclenche le compte à rebours. Cette fois, les augures paraissent favorables, contrairement au 15 avril, date initialement arrêtée pour la

* Entretien de Jean Dabry avec l'auteur en août 1985.

tentative * : une météo médiocre ne garantissait pas la participation de la pleine lune durant la phase nocturne du vol.

Aujourd'hui, 12 mai, il en va autrement. D'ailleurs, tous les éléments qui précèdent et justifient cette « première » sont déjà ou se mettent en place. Beauregard, Emler et Guerrero se sont relayés entre Toulouse et Saint-Louis du Sénégal pour acheminer les 130 kilos de courrier que l'on vient d'installer dans le Laté. En ce petit matin du 12 mai, rien n'indique un grand jour. Pas la moindre trace de fébrilité. Il est encore trop tôt.

Le silence baigne les lieux, un silence que froisse le bruissement incongru d'un journal dont on tourne les pages.

– Alors Mermoz, rien sur nous j'espère?

La voix autoritaire mais non agressive appartient à Daurat, son éternelle cigarette vissée définitivement au coin des lèvres. L'interpellé ne répond pas; il se contente de hocher la tête en signe de dénégation.

En fait, les journaux taisent cette aventure. Seule, la revue *Les Ailes* en informe ses lecteurs dans son édition du 8 mai, de façon laconique, sous la forme d'un entrefilet discret : « A Saint-Louis du Sénégal, Mermoz est à pied d'œuvre pour la traversée de l'Atlantique, traversée envisagée non comme un raid mais comme l'inauguration d'un service aérien régulier... » Et c'est tout!

Venue de la mer, une brise fraîche plisse la surface du Sénégal. Il est à peine 8 heures. Le moment approche inexorablement. Tout devrait marcher. Marcel Bouilloux-Lafont n'a pas lésiné sur les moyens. Cette traversée l'enthousiasme. Qu'importe si elle se heurte à beaucoup de scepticisme! Certes, il y a le

* Jean aurait même dû s'envoler de Saint-Louis le 17 février, à 10 heures du soir...

contrat argentin dont la validité repose sur la réussite de Mermoz; toutefois, Bouilloux-Lafont a été touché par la ferveur de l'équipage dont il se sent un membre à part entière. De plus, il connaît parfaitement la finalité de ce vol : prouver la faisabilité régulière d'une liaison commerciale aérienne entre les trois continents, Europe-Afrique-Amérique. Cela ne s'improvise pas!

Afin de réduire encore les risques, ce patron avisé a fait construire une station maritime en bordure du fleuve Sénégal, sur la lagune de Barbarie, à 4 kilomètres environ de Saint-Louis : un bâtiment radio, un édifice destiné au personnel navigant et un hangar métallique pour abriter l'hydravion auquel un plan incliné permet d'accéder directement au plan d'eau.

C'est là, sur la lagune, que Mermoz prend connaissance de l'*Excelsior* arrivé de Toulouse avec la poste.

Malgré son calme apparent, Daurat ne tient pas en place. Il craint que le temps ne se détériore. Après tout, les messages météo ne mentionnaient, jusqu'à cette accalmie providentielle, que pluies et tempêtes sur l'Atlantique Sud. Bref, pas vraiment les conditions idéales pour hasarder au-dessus de 3 200 kilomètres d'océan un Laté et son équipage. Et le courrier!

L'appareil, que les mécaniciens ont sorti du hangar quelques minutes auparavant, reçoit les derniers soins.

Le coup d'œil révèle une machine frêle et élégante, pourvue de deux ailes larges, reliées au fuselage par des haubans obliques, d'un empennage profilé et de deux énormes flotteurs maintenus à la carlingue par de courtes jambes.

Comment peut-on oser affronter une étendue d'eau aussi vaste avec un avion aussi petit et d'apparence si fragile?

Ajoutez à cela que le Laté 28 présente un inconvénient de taille : un décollage délicat à pleine charge...

Vers 9 h 30, une foule bigarrée se presse sur la berge. Cet événement attire du monde : la population locale, intriguée, et la colonie française venue chercher un sujet de conversation pour briller ce soir, à l'heure du thé ou de l'apéritif.

Çà et là, de gros champignons blancs et crème dominent les têtes : des casques coloniaux. Des dames, habillées comme pour se rendre à une réception, se dissimulent déjà sous de courtes ombrelles, mais sans perdre un seul des mouvements de ce bel homme blond et décidé dont certaines, les plus entreprenantes, cherchent à accrocher le regard. Tout ce beau monde minaude ou discute des chances de réussite des trois hommes.

Des enfants s'esquivent parfois de la foule pour venir admirer de plus près la machine et les aviateurs. Les parents grondent, des rires s'élèvent; la tension de ce départ se relâche un peu. Enfin, le gouverneur de Mauritanie, suivi de son cabinet et de journalistes, arrive à son tour en compagnie de madame, curieux comme chacun. Cet événement apporte en effet quelque piment à une routine ennuyeuse...

Que la fête commence!

Une jeune fille offre en rosissant une gerbe de fleurs à un Mermoz tout sourire devant tant d'émoi. Il se produit alors un léger flottement parmi les officiels : le protocole a oublié Dabry et le radio Gimié. Daurat répare lui-même cette gaffe. Où a-t-il déniché les fleurs? Mystère! En tout cas, trois hommes et trois bouquets embarquent dans le Laté.

Peut-être, dans l'assemblée qui assiste aux ultimes préparatifs, d'aucuns prient-ils pour l'équipage comme ces femmes de pêcheurs quand le bateau s'éloigne pour de longs mois. Bien peu savent que la veille au soir, Jean s'est réfugié dans la fraîcheur de l'église de

Saint-Louis. Le père Walter, curé de la paroisse, l'y a découvert plongé dans un profond recueillement. Assurément, il a communié avec sa mère malade qui se ronge d'inquiétude pour lui, et il a prié avec ferveur pour Gilberte sur le point de venir en France. Sans doute un remords puissant l'a-t-il aussi envahi à la pensée de cette autre jeune femme qui a préféré mourir à ses côtés, pendant son sommeil, au cours de la dernière nuit qu'il lui avait accordée avant de quitter la France pour le Sénégal...

Puis il s'est confessé avant de prendre un peu de repos. L'âme de nouveau sereine, il convenait également de détendre le corps.

Qui a dit que ces hommes n'avaient pas de moralité, ni de foi? Un jeune prêtre regretta un jour ouvertement, en présence de Noëlle Guillaumet, que « des hommes comme eux n'aient pas trouvé le Christ ». Surprise par l'étrangeté de la remarque, l'épouse du pilote fixa l'ecclésiastique droit dans les yeux et répliqua, non sans douceur : « Ils l'avaient trouvé, mon Père, mais pas comme vous... »

En règle générale, ils ne parlent jamais de religion, ni de mort. Jamais! Comme s'ils savaient... Et leur foi, ils la vivent à bras le cœur comme en ce 12 mai.

Quelques secondes de silence puis...

... une explosion sur la mer déclenche des cris dans la foule; le moteur prend son rythme, couvre le brouhaha ambiant, défait les conversations.

Les montres indiquent 10 h 56, heure locale, quand le *Comte-de-La-Vaulx,* lourd de six tonnes, donc en surcharge, entame sa glissade.

Le *Comte-de-La-Vaulx*!

Un homme portait ce nom que la fatalité lui a ravi le 18 avril : le président de la Fédération Aéronautique Internationale s'est tué à Jersey City lorsque son avion, pris dans le brouillard à l'approche de New York, a percuté une ligne à haute tension... Mermoz aimait ce grand bonhomme qui n'hésitait pas à exposer sa personne. D'ailleurs, à sa famille qui le lui reprochait, il rétorquait : « Dut-on m'affirmer au départ que je ne reviendrai pas, que je partirai à l'heure prévue par moi car j'ai le devoir de donner l'exemple et d'accomplir la mission que je me suis tracée. Jusqu'au bout... »

En 1930, pourtant, sur le seuil de ce périple qui, de Toulouse et via l'Afrique, devait le conduire à travers l'Amérique, il avait confié à son frère qu'un funeste pressentiment le tourmentait et qu'il n'entreprendrait plus de grandes tournées de ce genre.

Il ne le put, effectivement.

La perte de celui que les Sud-Américains appelaient « il conde apostolico » – le comte apostolique – fut cruellement ressentie des deux côtés de l'Atlantique où il laissait l'image « d'un parfait gentilhomme, toujours très droit et de grande allure, simple et doucement souriant, avec des yeux clairs où demeurait une part de l'infini des cieux reflétés *... »

Quand ce deuil l'a frappé à Saint-Louis, Jean s'est enfoncé dans une sorte de songe douloureux, à l'écart de ses camarades; puis, après une longue délibération avec sa conscience, il est revenu parmi eux et a décrété : « Nous traverserons à bord du *Comte-de-La-Vaulx*! »

Ainsi, par-delà les mystères insondables de la mort, la prophétie de José Maria de Heredia allait se réaliser de nouveau : le comte se poserait encore en Amérique du Sud...

Mais n'anticipons pas! Pour l'instant, l'appareil prend de la vitesse sur la surface à peine ridée du fleuve

* Extrait du discours prononcé par Laurent-Eynac, ministre de l'Air, à l'occasion des obsèques du comte, le 2 mai 1930. La cérémonie eut lieu aux Invalides.

Sénégal. Soudain, les témoins de cette course contre la pesanteur retiennent leur souffle : un flotteur – le gauche – tend à s'engager plus que l'autre, suffisamment pour déstabiliser l'avion. Mermoz réagit promptement; il a senti l'anomalie. Rééquilibré par une poigne vigoureuse, le Laté frémit sans se cabrer, donne l'impression de seulement effleurer l'eau et s'incline vers le ciel.

Pour la première fois, un équipage emportait audessus de l'océan « les méditations d'un peuple, à travers mille embûches, comme un trésor sous le manteau * ».

Mais il emmène également une lettre bien singulière : l'autorisation de ce vol! En effet, l'administration renâcle toujours à accorder son feu vert aux traversées, à celle-ci comme aux autres.

Le record du monde des 11 et 12 avril n'a pas tout à fait convaincu, en dépit de l'avalanche de félicitations. Or, l'avion a parcouru 1 000 kilomètres de plus que la distance qu'il s'apprête à couvrir. Difficile dans ces conditions de refuser systématiquement.

Alors, un Machiavel de bureau, un de ces esprits brumeux qui s'épanouissent à l'abri des boîtes d'archives, imagine une solution que n'aurait pas reniée son maître florentin : l'autorisation écrite sera adressée à Natal et expédiée avec le courrier embarqué dans l'hydravion. En cas de succès, pas de problème. En cas d'échec, le document ne serait pas parvenu à son destinataire et n'aurait d'ailleurs jamais existé... Comme quoi, l'administration ne veut pas se mouiller, si l'on ose dire!

Ce cynisme n'entrave pas l'élan des trois aviateurs, surtout pas celui d'un Mermoz déterminé. L'avion s'élève lentement jusqu'à cent cinquante mètres et vire

* Antoine de Saint-Exupéry, *Courrier Sud*.

en direction de l'ouest, un cap qu'il ne quittera plus.

Son départ, à la mi-journée, répond à un impératif : ne pas arriver de nuit sur le rio Potingui encombré par les embarcations des pêcheurs.

Jean Dabry, avec des gestes précis, s'affaire à calculer leur route, ce qui ne lui occasionne pas trop de difficultés : il peut aisément mesurer la dérive sur les « moutons » provoqués par l'alizé du nord-est. En vérité, le pilote et le navigateur ne disposent que d'instruments primaires : un compte-tours moteur, un contrôleur de vol Badin, un chronomètre. Pas de gyrodirectionnel, pas d'horizon gyroscopique. De ce fait, le pilotage nécessite une surveillance permanente et des relevés fréquents. Un écart trop important, et c'est la « tasse », le « bouillon », la mort.

Jean sait qu'il croisera sur leur chemin deux sentinelles mises en place pour le guider et l'encourager. Il s'agit de deux avisos qui assurent déjà une veille vigilante : le *Phocée,* à mille kilomètres de Dakar, et le *Bentivy* en poste à une distance équivalente de Natal.

Sur ces navires, officiers et hommes d'équipage mesurent la portée de cette tentative hardie : réussie, elle limitera leur rôle; elle modifiera sensiblement la stratégie de la compagnie à propos de la liaison Dakar-Natal.

Jusque-là, à la seconde où l'avion de Toulouse posait ses roues sur le terrain de Dakar, le courrier, aussitôt transbordé dans une voiture, était emporté toute sirène hurlante et à grande vitesse à travers la ville. Dans le port, un aviso attendait sous pression. Et levait l'ancre sans tarder. Léger, petit, mais bagarreur comme son équipage, il attaquait son voyage de quatre-vingt-seize heures à pleine vapeur, sans repos pour les marins, de vieux bourlingueurs, solides à la manœuvre, motivés par leurs tâches et littéralement poussés par le même idéal que leurs camarades du ciel. Au terme de leur confrontation parfois « musclée » avec l'Atlantique, ils entraient dans le rio Grande do Norte pour relâcher enfin devant Natal.

Si tout se passe bien, le *Comte-de-La-Vaulx* ne mettra qu'une vingtaine d'heures.

Et ce n'est qu'un début...

La côte d'Afrique s'estompe derrière le Laté qui, dans l'azur, « porte nos cœurs au-dessus des circonstances ordinaires * ». Dans le poste de pilotage, Mermoz se détend. Comme il l'expliquera par la suite à Kessel, « ce sont les préparatifs qui épuisent les nerfs. Du moment qu'on est parti, tout devient facile. On a mis toutes les chances de son côté. On les a amassées une à une contre son impatience. On a fait ce qu'on devait faire. On vole, on travaille. Ça suffit. On n'a pas assez de temps pour s'occuper de soi ».

Jean est confiant.

Sous le ventre de l'appareil, presque à le toucher, l'océan gris-vert paraît assoupi. Les heures s'écoulent, les trois hommes s'installent dans une routine peu ordinaire.

Au loin, une ligne noire encore indéfinissable, de mauvaise apparence, barre l'horizon. Impossible de lui échapper. Et les heures défilent toujours, et le soir approche à son tour. La mer prend maintenant des teintes vertes et roses.

Mais devant, la ligne s'est muée en une barrière, une cordillère marine aussi impressionnante que sa cousine de rocs et de neige, que les marins connaissent sous le nom de Pot-au-Noir. Et redoutent!

Ce piège dantesque résulte de la rencontre des alizés chauds et humides du sud-est avec les alizés froids et secs du nord-est. Le choc de ces deux courants d'air

* Le Corbusier, *Les Quatre routes*, Gallimard.

engendre un bouchon gigantesque, long de 600 kilomètres, large de 100 et haut de 5 000 mètres, qui se déplace lentement à cent mètres au-dessus de l'océan, telle une baudruche bourrée d'orages silencieux, sur un axe Dakar/Rocher-Saint-Paul. En début d'année, il plane près du Rocher puis s'éloigne vers la côte sénégalaise, s'immobilise progressivement et, en juillet, effectue un demi-tour.

Dans le monomoteur qui s'avance résolument vers ce rempart de nuées éclairé par les dernières lueurs du jour, les trois hommes savent que s'y produisent des pluies très abondantes et que les grains s'accompagnent rarement de vents violents. Mince consolation...

A l'instant où ils vont s'engager sous les voûtes menaçantes de cet antre du Diable, Gimié tend un message à Mermoz, message qui ne comporte qu'une ligne : « Mon Jean, je suis avec toi – stop – Maman ». Le câble, arrivé peu après le départ de Saint-Louis, a été relayé jusqu'à l'avion.

Des larmes ruissellent sur les joues du « Grand ». Ces quelques mots suffisent sans doute à exorciser bien des terreurs. Et Jean possède maintenant un talisman pour affronter ce dragon difforme qui les domine déjà de toute sa masse abominablement tourmentée et obscure, striée d'éclairs géants.

Mermoz amène l'avion au ras des flots, une manœuvre risquée mais indispensable pour donner l'assaut au « Pot ». Le pilote reste sur ses gardes car, par endroits, des lambeaux de nuages accrochent la crête des vagues, s'y confondent dans des mirages où l'appareil pourrait bien se perdre. Il devient délicat, en effet, de distinguer l'eau de l'air. Le Laté s'enfonce dans la moiteur de cette ouate impalpable que la lune ne parvient plus à percer. La lutte s'engage entre Jean, la pluie et les turbulences, au cœur de ce ciel couleur ardoise, un ciel de fin du monde. Par moments, le moteur baisse de régime, l'eau s'engouffre dans les manches à air. Alors, de la calamine incandescente jaillit hors du pot d'échappement.

Mermoz se bat. L'action le transforme. Une mutation s'opère. Le Mermoz au visage détendu et souriant, aux joues pleines, cède la place à un Mermoz au masque durci, aux traits crispés, un masque de volonté et de ténacité opiniâtre, un masque taillé dans l'énergie pure.

Torse nu, couvert de sueur, il ressemble à ces demi-dieux de la mythologie nordique. Il lutte, les dents serrées. Tout dans son attitude rappelle aussi le « croisé » au combat : comme pour parer des coups, la tête se jette de gauche et de droite, en un mouvement parfois saccadé; les mains, agrippées au volant, retiennent, poussent, encouragent, flattent, commandent l'avion comme elles le feraient avec un destrier; et puis, le voici debout sur le palonnier.

Dabry le regarde, fasciné. Il en oublie presque le spectacle extérieur.

Le pilote cherche une voie dans ce dédale pratiquement aveugle où la nature défiée déchaîne sa colère. Tous les démons de l'Atlantique, réunis en une assemblée de cauchemar, cheveux épars et bras tordus, mènent un sabbat désordonné autour des aviateurs obstinés, tandis que l'océan complice crache son écume mortelle vers les cieux foudroyés pour noyer les importuns.

Dans ces ténèbres étouffantes où surgissent de temps à autre des piliers vertigineux de ce temple absurde, la petite lumière du poste de pilotage accentue sur le visage des hommes les rides creusées par la fatigue et la tension. Le moteur, lui-même, semble tourner très loin, tant le coton qui les entoure atténue les sons et trompe les sens.

Ils n'échappent pas non plus aux frôlements d'une

houle livide, caresse dangereuse qui leur procure des frissons supplémentaires. Gimié, qui avait remonté l'antenne pour éviter la foudre sur le poste émetteur, la déroule pour tenter de renouer le contact avec les navires. Soudain, à sa grande horreur, il constate que le plomb qui lestait l'antenne a été arraché par les vagues. La mer était à 3 ou 4 mètres!

« Trop bas, nous sommes trop bas », réalise-t-il, une boule douloureuse à la place de l'estomac. « Remontez! » hurle-t-il à l'intention de Mermoz, remontez! »

Dans la cabine devenue un véritable sauna, Mermoz et Dabry, perdus dans la vapeur, essaient de découvrir une trouée. Voilà plus de trois heures que ce cyclone figé les a engloutis. Et la soif s'en mêle...

Mermoz finit par discerner une légère éclaircie au nord-ouest. Il engage l'avion dans cette direction pour déboucher enfin dans un ciel éblouissant de lune.

Trempés autant par leur propre sueur que par les paquets d'eau qui sont entrés dans le cockpit, les hommes goûtent l'ivresse de cette minute. Jean ne succombe pas à une joie débordante. Au contraire, comme il l'expliquera ensuite, « j'eus l'impression que tous mes sens s'éveillaient, que j'apportais plus d'attention à bien mener le moteur, à ne pas fatiguer l'appareil et, surtout, à ne pas être le jouet d'une défaillance possible ».

Devant eux, la mer reflète la clarté laiteuse des étoiles; à l'est, l'aube déploie son oriflamme : un jour nouveau les rattrape. Mermoz arbore un large sourire, d'autant que Gimié lui apporte un sandwich, deux bananes et une bouteille de champagne, cette dernière pour fêter dignement le passage de l'équateur. Le pilote enfourne cet en-cas sans cesser de fouiller l'horizon.

C'est alors qu'il l'aperçoit, petite tache grise qui émerge lentement.

L'Amérique! L'Amérique montre le bout de son nez.

Jean maîtrise difficilement son émotion et pousse un grand cri de bonheur. Dabry et Gimié se précipitent. Le navigateur va ainsi identifier le cap Saint-Roques situé à côté de Natal. Et Natal, c'est l'Amérique!

La joie et l'exaltation de cette minute dissipent la fatigue et les craintes. Et libèrent les hommes : « Je n'eus plus le contrôle de mes mouvements, dira Mermoz. Certes, nous encourons des dangers, nos facultés ne sont pas toujours suffisantes pour vaincre les éléments, notre audace est parfois excessive : la passion nous domine. Et puis, pourquoi ne pas le dire, nous avons de l'orgueil, de l'ambition. »

Ce qu'ils ont prouvé.

Le jour se lève complètement et trouve les hommes au travail, Mermoz le regard verrouillé sur cette ligne encore indistincte qui dissimule leur but, Dabry rivé devant la table de navigation, Gimié à l'écoute.

Ils suivent la côte, découvrent la ville, tandis que l'avion, docile, amorce sa descente vers le rio Potingui où il amerrit en douceur à 8 h 10.

L'Aéropostale a donc rempli son contrat et la France vient de s'octroyer un nouveau record du monde de distance en ligne droite : 3 173 kilomètres en vingt et une heures et dix minutes.

Cependant, dans une lettre détaillée qu'il adresse à Mangaby *, Jean s'efforce de minimiser le caractère exceptionnel de l'exploit : « Ce que nous avons fait, Dabry, Gimié et moi, d'autres le feront bientôt. Nous eûmes simplement l'honneur d'être les premiers désignés pour mener à bien cette tentative. Nous n'avons fait que parcourir une des étapes de la ligne Europe-Amérique du Sud. Une étape peut-être plus longue que les autres mais jamais, pour ma part, je n'ai eu l'impression de faire œuvre plus difficile que lorsque

* Lettre datée du 26 mai 1930.

j'effectuais un courrier de Buenos Aires à Rio de Janeiro de jour et de nuit, et par tous les temps [...]. »

Cette traversée n'a pourtant pas été de tout repos puisque le pilote avouera même avoir blêmi à deux reprises, « deux émotions un peu violentes », ainsi qu'il les a qualifiées * : il y eut d'abord « une défaillance – heureusement très courte – de mon moteur dans une trombe d'eau de nuit, à 1 800 kilomètres de Dakar, puis une fuite d'huile à l'arrivée qui me causait une certaine inquiétude [...]. »

Quant au « Pot-au-Noir » : « Une nuit un peu grise malgré la lune... » Pour une des rares fois de son existence, Jean se sent en paix : il a vaincu l'océan et la bureaucratie. Maintenant, il lui serait certainement difficile de dire lequel de ces deux adversaires fut le plus vicieux...

Quoi qu'il en soit, le répit ne dure pas. A peine les trois Français ont-ils foulé le sol brésilien qu'une terrible nouvelle anesthésie leur joie : Julien Pranville n'est plus. Et avec lui le pilote Élisée Négrin et le radio René Prunetta. Tous trois morts dans des conditions aussi héroïques que douloureuses.

Marcel Bouilloux-Lafont souhaitait se rendre de Buenos Aires à Natal pour y accueillir l'équipage du *Comte-de-La-Vaulx*. Mais, empêché par ses affaires, il demanda à Pranville de le remplacer et de le représenter. Voici pourquoi, au soir du 10 mai, en dépit d'un temps maussade, le jeune ingénieur prit place dans le Laté 26 en compagnie de deux passagers brésiliens, Siqueras Campos et Joao Alberta de Barros.

Au-dessus du rio de La Plata, Négrin rencontra un banc de brume qu'il confondit avec des nuages bas; il décida de se glisser dessous afin de repérer les lumières

* Lettre datée du 16 mai, destinée également à sa mère.

de la côte uruguayenne. Quand il se rendit compte de sa méprise, il était trop tard : l'avion touchait la surface de l'eau. A bord, le drame fut relativement bref et se déroula dans le plus grand calme. Le Laté n'emportait que deux bouées : Négrin, Prunetta et Pranville les abandonnèrent à leurs passagers. De cette façon, ils signaient leur arrêt de mort! Seul, Joao Alberta de Barros survécut et rapporta, ému, ce geste d'un rare courage qui, autant que la traversée historique de Mermoz, allait contribuer à grandir encore le prestige des ailes françaises en Amérique du Sud.

Même la concurrence saluera avec un profond respect la mémoire des trois hommes.

Néanmoins, pilotes et mécaniciens ne s'habituent pas à ces deuils qui émaillent la destinée de la Ligne. Chaque disparition est en effet ressentie comme une affaire personnelle, sorte de répétition inconsciente du croche-pied que la fatalité vous fera un jour ou l'autre. Et puis, un lien mystérieux, invisible et solide unit les membres de cette communauté dispersée sur trois continents. C'est une compagnie où règne l'amitié, celle qui naît et se développe dans les tempêtes, au cœur de la nuit ou dans une cabane à la lisière du désert et de l'océan, celle qui se forge dans le silence et l'action, et non dans les mots. Une fois de plus, l'Aéropostale a donc payé un lourd tribut pour son audace. Loin de baisser les bras, pourtant, les hommes puisent dans leur douleur une force et une énergie nouvelles.

Le courrier doit passer.

La ligne continue.

Le jour de l'arrivée de Mermoz sur le continent américain, les sacs postaux du *Comte-de-La-Vaulx* reprennent la route du ciel. A midi trente, Vanier se pose à son tour à Natal, charge le courrier européen à destination de Rio, et décolle vers le sud pour un vol de 2 400 kilomètres. Il lui faudra atterrir six fois et changer d'appareil. Secoué par des paquets de vent violent, les yeux rougis, les mâchoires soudées, il n'en poursuit pas moins sa course, évite les montagnes et finit par déboucher sur Rio. Hélas, l'aérodrome, labouré par les tornades, se révèle impraticable. Même inutilisable, ce terrain vaut mieux que... que quoi finalement? Vanier n'a pas le choix, ni le temps. Déjà la fatigue revendique son dû. Il atterrit après plus de trente-sept heures de vol. Et Reine assure aussitôt le relais vers Buenos Aires d'où Guillaumet va réaliser la jonction avec Santiago du Chili qu'il atteint d'un coup d'ailes, par-dessus les Andes, le 15 mai suivant à 13 h 30.

Ainsi, des lettres écrites à Toulouse le 10 mai étaient lues quatre jours et demi plus tard sur la côte du Pacifique. Un beau succès que Mermoz, Dabry et Gimié, animés par des sentiments divers, ne goûtent pas vraiment : ils ont subi de plein fouet le choc de la fin tragique de Pranville qui leur avait été dissimulée pour ne pas entraver leur vol.

De ce fait, ils n'ont pas le cœur à assister aux premières réceptions organisées en leur honneur. Jean s'isole quelques instants. Et vers midi, plutôt que de participer à un banquet, les trois hommes préfèrent répondre à l'invitation d'un forçat repenti qui les reçoit au son d'une *Marseillaise* éraillée, jouée par un phono essoufflé. D'aucuns pourront trouver l'image naïve et désuète, mais les trois hommes sentent leur gorge se nouer quand leur hôte hisse le drapeau tricolore sur un mât de fortune...

Mermoz pense également au lendemain et son cœur se libère pour battre plus rapidement. Car demain il rejoint Gilberte...

Pendant la traversée du *Comte-de-La-Vaulx,* la fiancée du pilote faisait route vers la France à bord du paquebot *Mendoza,* lequel, par chance, devait faire escale à Pernambouc, la « Venise brésilienne », un port situé à 200 kilomètres de Natal. Jean et Gilberte avaient convenu d'un rendez-vous depuis Saint-Louis du Sénégal. On devine sans mal la hâte de Mermoz à gagner la côte brésilienne. On imagine aussi très bien que les retrouvailles se font dans la discrétion et un emportement mutuels...

Mermoz se comporte en amoureux attentif, attentionné, soucieux de plaire et, surtout, de ne pas déplaire. « Il est vraiment mordu », commentera Reine qui, pour une fois, ne désigne pas une femme sous le sobriquet de « poule ».

Mais les effusions ne peuvent s'éterniser : le paquebot doit lever l'ancre et reprendre son long périple vers l'Europe. Jean s'apprête à en faire autant en avion, et avec le courrier sud-américain.

Ce 31 mai, un Mermoz en forme revient à Natal.

« Il est peu, et de réussites faciles et d'échecs définitifs. »

Marcel Proust
(A la recherche du temps perdu).

14.

Tout est prêt pour le retour!

Le *Comte-de-La-Vaulx,* minutieusement révisé, attend son équipage et l'occasion propice. L'un et l'autre se présentent le 8 juin : Mermoz, Dabry et Gimié s'installent à leur poste tandis qu'une lune superbe ouvre un œil rond et brillant sur le rio Potingui. Seulement, le vent fait défaut... D'où la nécessité d'une plus longue course de l'appareil avant le décollage effectif. Jean met les gaz. A fond!

A la première tentative, le flotteur gauche réaffirme sa tendance à s'engager, au risque de déséquilibrer l'hydravion littéralement collé à l'eau par ses cinq tonnes et demie.

De plus, il fait chaud, ce qui réduit la portance.

Une fois, deux fois, huit fois, entre vingt-trois heures et deux heures du matin, le pilote s'efforce d'arracher le Laté à sa vocation de bateau...

Au lever du soleil, le 9 juin, le manège recommence. La cellule a été vérifiée, les pleins complétés.

Mermoz parcourt le rio dans les trois sens possibles, une quinzaine de fois. Toujours en vain.

L'allégement de l'avion ne contribue pas à améliorer ce résultat. Ajoutez à cela que le vent du sud ne souffle pas dans le sens de la rivière.

Jean ne se décourage pas.

Il s'acharne.

Le sort aussi.

Les 10 et 11 juin, de nouvelles tentatives ne le dissuadent pas. Mais, le 12 juin, le mauvais temps s'en mêle : orages, grains et coups de chaleur se succèdent.

Douze fois encore, Mermoz pousse le lourd hydravion. En pure perte!

« J'en pleurerais d'impuissance », enrage-t-il dans une lettre écrite à sa mère pendant une pause forcée *.

Inutile de préciser que l'équipage va apprécier à sa juste valeur une nuit de repos. Sans renoncer. Car « il faut passer », annonce le lendemain à ses coéquipiers somnolents un Mermoz énervé qui ne décolère pas et tourne comme un ours en cage : « Je traîne ma tristesse et mon inaction dans les rues sales et mornes de Natal. Pas d'hôtel avec cela. Si, un seul, ignoble, avec des chambres sans plafond où il pleut comme dehors, des lits bourrés de punaises, des fourmis qui démolissent les murs... » **.

Alors, les trois aviateurs emménagent dans une villa non meublée où ils disposent leurs hamacs et des caisses à essence en guise d'armoire, de table et de sièges...

Heureusement, ils possèdent « une Chevrolet vieille et chevrotante *** » – leur seul luxe – qui les conduit en ville cahin-cacha...

Les hommes rongent leur frein et Jean s'assombrit au point que le volumineux courrier qui le suit à la trace ne l'amuse plus : « J'ai une correspondance affolante qui s'entasse, s'entasse... Je ne reçois jamais moins de trente lettres à chaque courrier auxquelles je ne réponds pas,

* Lettre du 21 juin 1930.
** Lettre du 21 juin 1930.
*** Lettre du 21 juin 1930.

bien entendu, des lettres de France, d'Amérique, d'Allemagne, d'Aubenton, de Toulouse, du Maroc, même d'Égypte : des collectionneurs de timbres (ah! cela, quelle plaie), des militaires, des jeunes filles qui me demandent de les emmener, surtout des Américaines de Miami, en Floride... des femmes alors... tu te doutes?? des câbles aussi... alors... J'arrache... j'arrache... j'arrache... j'en arrive à ne plus lire... ça ne me divertit plus... Surtout en ce moment où je suis à cran et où je ne pense qu'à une chose : rentrer et déposer ma tête sur une petite épaule que j'aime et que je connais bien [...] *. »

Toutefois, Mermoz ne dit pas à sa mère de quelle épaule il s'agit puisque, dans la même lettre **, il s'inquiète de Gilberte dont Mangaby vient de faire la connaissance : « Alors, s'enhardit-il, tu as vu ma petite Gilberte?? N'est-ce pas qu'elle mérite qu'on l'aime comme je l'aime?? D'ailleurs, j'ai l'impression nette de ne pas avoir à me documenter plus sur le fond de ta pensée... Un certain télégramme me prouve... Oh! deux mots, certes... que la mère pense comme le fils... et même je trouve dans cette phrase : " Gilberte et moi attendrons avec confiance... " un certain ton d'affectueuse complicité. Hé! hé! »

Bref, tout irait bien si tout n'allait pas si mal!

Une certitude s'impose à Jean : le rio Potingui ne convient pas. Or, il faut partir, et vite! Le prestige de la Ligne se joue ici.

Le pilote saute dans le Laté 26 de réserve et va explorer la côte au sud de Natal sur près de trois cents kilomètres avant d'arrêter enfin son choix sur la Laguna Bonfim, à soixante kilomètres de Natal, une étendue d'eau longue de trente kilomètres et large de quinze.

* Lettre du 21 juin 1930.
** Lettre du 21 juin 1930.

Pendant ce temps, l'Aéropostale poursuit son odyssée et vit des événements hors-série. Le 13 juin, alors qu'il effectue sa quatre-vingt-douzième traversée de la cordillère, cette chère vieille ennemie, Guillaumet, aux commandes d'un Potez 25, doit atterrir à proximité de la Laguna Diamante, au milieu des Andes, un endroit reculé et glacé d'où on ne revient pas... *

Inconscient du drame, Mermoz organise son « superbe lac », prépare son décollage, lequel, en principe, est prévu pour la semaine suivante, période de pleine lune.

Et puis, c'est la tuile! Un câble du ministère de l'Air vient bouleverser ses plans et ordonne le renforcement des attaches des flotteurs. Jean, immobilisé par un « rond-de-cuir » : intolérable! Il fulmine après ces « idioties », sans vouloir se laisser intimider : « Laurent-Eynac en a pris pour son grade, écrit-il **, oh! certes avec ménagement et respect... »

Ce qui n'empêche pas Toulouse de confirmer les instructions de Paris.

Les travaux exigés auront donc lieu; cependant, ils débordent la pleine lune. Et la hantise du retard réapparaît.

Le 8 juillet, Mermoz, sanglé sur son siège de pilote, entend bien prendre sa revanche. Mais la malédiction frappe à nouveau : le vent, pourtant favorable vingt-huit jours par mois, change brutalement de direction.

Qu'importe! Mermoz ouvre les gaz en grand et se cramponne au volant.

Onze fois ce jour-là et six le lendemain, la scène va se répéter et se solder immanquablement par un échec : le Laté refuse de s'envoler. Là-dessus, un télégramme de Daurat n'arrange pas la situation ni le moral de

* Voir note de la p. 212.

** Lettre du 21 juin 1930.

l'équipage. En cet après-midi du 9 juillet, en effet, les hommes s'interrogent : faut-il continuer? Un message amené de Natal en voiture leur fournit une réponse peu encourageante vers 16 heures. Ce câble, signé Daurat, leur ordonne « toutes affaires cessantes » de remettre le courrier à l'aviso et de rentrer par le premier paquebot.

C'est la douche froide pour Mermoz, Dabry et Gimié. Tant d'efforts pour abandonner... Jean rumine. Natal, un « insipide patelin » ne lui laissera donc qu'un souvenir négatif, celui d'une frustration que plusieurs accès de fièvre ont amplifiée.

Soudain, le vent reprend la bonne direction, le sud-est!

Cri sauvage d'un Mermoz transfiguré qui enterre le télégramme au plus profond de sa poche, non sans l'avoir froissé...

Vite! le plein. Vérifiez les réservoirs. L'huile, également.

Dans la foulée, le pilote expédie un câble à Marcel Bouilloux-Lafont qui, à ce moment, vogue vers la France. Il lui demande son feu vert tout en omettant de lui faire part de la décision de Didier Daurat. Un pieux mensonge... que Mermoz justifiera en des termes qui appellent la mansuétude et non le blâme pour désobéissance : « Nous défendions, et les intérêts, et le prestige de l'aviation commerciale française. »

En attendant, il faut décoller!

Jean donne toute sa puissance à l'hydravion. Quant au flotteur gauche, toujours indiscipliné, le vent du sud-est devrait compenser sa fâcheuse tendance à s'enfoncer.

Comme les cinquante-deux fois précédentes, le Laté glisse d'abord lentement, puis de plus en plus vite. Sur la rive, les hommes assistent à cette tentative sans trop y croire. « Il va encore rendre la main », pronostiquentils à propos de Mermoz. Or, l'appareil s'élève avec une facilité déconcertante.

Le triple soupir de soulagement poussé à l'intérieur de l'hydravion s'entend certainement à des kilomètres à la ronde...

Ils ont réussi.

« Il » a gagné!

Les premières heures du voyage défilent sans incident notable, à une exception : la station radio implantée par l'Aérospostale sur l'île Fernando-de-Noronha, à 240 miles au large des côtes du Brésil, ne répond pas aux appels de Gimié *. Plus tard, un paquebot illuminé salue leur entrée dans le « Pot-au-Noir » dont ils supportent vaillamment le bain de vapeur, durant quatre heures, avant d'émerger dans un ciel limpide, mais au-dessus d'un océan agité. Des creux de plus en plus accentués et une teinte gris sombre de mauvais augure annoncent la tempête.

Ce n'est pourtant pas le seul élément inquiétant car, aux deux tiers de la traversée, alors que la nuit pâlit à l'est, Mermoz détecte une fuite d'huile sans doute récente : le moteur tourne normalement. Mais en quelques minutes, voici le pare-brise englué et la visibilité réduite; et les premières gouttelettes s'infiltrent dans le poste de pilotage. La panne menace. Jean utilise aussitôt toute l'huile de réserve, alerte Gimié qui contacte l'aviso-relais, le *Phocée,* lequel croise à environ 70 kilomètres à l'avant du Laté, soit une demi-heure de vol.

Tant bien que mal, à l'aide de tous les chiffons du

* L'équipage apprendra par Frédéric Couilbau, le chef du poste, que des forçats révoltés avaient tué un des opérateurs radio sans parvenir à se rendre maîtres des lieux. L'ordre put être rétabli grâce à l'intervention d'un navire britannique et à la présence d'esprit des autres membres de la station.

bord, le pilote essuie les vitres opacifiées mais ne fait que les barbouiller. Et l'huile continue de se répandre, même après que l'on eut sacrifié le superbe foulard de Dabry...

Rapidement, la pression d'huile chute à zéro tandis que la température grimpe en flèche à quatre-vingt-dix degrés.

Le *Phocée* devrait être en vue, maintenant, mais où?

Chaque vague de cette mer démontée pourrait presque cacher un porte-avions et son escorte... L'équipage scrute l'étendue grise et verte dont la mouvance trouble la vue.

Jean sent qu'il ne pourra plus tenir l'hydravion bien longtemps. C'est une question de minutes, de secondes... Et le *Phocée* qui reste invisible!

Dabry, le premier, aperçoit le navire qu'ils viennent juste de survoler.

– Là! s'écrie-t-il. Demi-tour!

Tout dépend désormais de l'habileté de Mermoz qui va devoir non seulement se poser aussi près que possible de l'aviso, mais également essayer d'amerrir sans casse dans des conditions que déconseille vivement le manuel de vol. Ce livret, du moins dans son édition de 1927, suggère impérativement à l'aviateur amené à manœuvrer par grosse mer d'adopter la vitesse minimum, moteur au ralenti, en se mettant en perte de vitesse près de l'eau et face au vent. Jean enchaîne ces opérations sans perdre de vue le *Phocée* et, quelques secondes avant l'impact, lance une ultime consigne à Dabry : « Le courrier, à l'arrière, avec vous! »

Comme l'Atlantique ne ressemble pas à une piscine, ni à un plan d'eau calme, Mermoz cherche sa pente et sa piste entre les creux et les bosses. Il lui faut se décider : va-t-il plaquer l'avion dans un creux ou sur une crête? Dans les deux cas, le moindre faux pas sera fatal : l'appareil risque de se fracasser contre un mur liquide ou d'être englouti irrémédiablement.

Jean effectue son approche le plus lentement possible. Soudain, une petite vallée très profonde s'entrouvre à une trentaine de mètres devant l'hélice. C'est le moment de croiser les doigts. Mermoz n'hésite pas et pousse sèchement le volant vers l'avant puis le tire contre son ventre. Le *Comte-de-La-Vaulx* s'incline et se cabre sur le flanc d'une vague géante.

Un choc bref, ils flottent. Sauvés! Enfin, pas tout à fait... Une baleinière se détache du *Phocée* et a tôt fait de récupérer le courrier et les hommes. Dans cet ordre!

Quant à l'avion pris en remorque, il va succomber à sa faiblesse originelle : ce maudit flotteur! L'amerrissage particulièrement dur a ébranlé la structure, si l'on considère un croisillonnage arraché et une aile endommagée. Du pont où ils se tiennent sans parler, les trois hommes le voient se pencher sur le côté dans une sorte de révérence avant de sombrer, achevé par une lame puissante.

Sinistre présage.

A Dakar, un accueil enthousiaste atténue quelque peu la déception de l'équipage rescapé.

Les télégrammes s'entassent, que Mermoz parcourt rapidement. Mais une signature manque toutefois : celle de Didier Daurat. Le directeur de l'exploitation est-il furieux, peiné?

De passage à Toulouse, Jean sollicite un entretien. Daurat, qui ne l'a même pas reçu sur le terrain, travaille dans son bureau. Le pilote veut mettre fin à une incertitude. Aussi, avant de commencer le compte rendu de ce voyage et de ses rebondissements, fuse la question qui lui brûlait les lèvres : « Pourquoi des télégrammes de tout le monde, sauf de vous? »

Impassible, Daurat s'explique. Il connaît Mermoz. Il s'attendait à cette réaction, de même qu'il savait que

Jean désobéirait. Après tout, ce n'est pas la première fois...

« Ce silence, confiera-t-il à Marcel Migéo, son biographe, c'était une punition. Je savais que ça le toucherai *. »

Oh! il n'a pas voulu accabler l'aviateur : « Si Mermoz a donné cinq ans d'avance à l'aviation commerciale française, il n'allait pas, lui, Daurat, marchander au pilote le droit de s'être trompé au retour [...] *. »

Par ailleurs, si le raid a réussi, du moins en partie, « c'est parce que nous nous étions appliqués à mettre toutes les chances de notre côté avant le départ. La répétition en sens inverse exigeait un travail et une préparation encore plus grands. C'est ce dont j'avais voulu persuader Mermoz. Aucune grande entreprise humaine ne peut être menée contre ces principes » *.

Et le patron de conclure : « Mermoz se déclara entièrement d'accord avec moi... * ». En théorie, peut-être...

En tout cas, grâce à sa désobéissance, le « Grand » vient de damer le pion à la concurrence étrangère qui talonne les Français sur les grands axes du réseau.

L'Atlantique Sud, en particulier, attise la convoitise des Allemands qui s'activent déjà tous azimuts sans toutefois se conformer aux clauses restrictives du Traité de Versailles, notamment dans le domaine aéronautique [9]. A vrai dire, personne ne le leur reproche franchement. Américains et Britanniques, opposés à leurs alliés français dont ils désapprouvent la trop grande fermeté à l'égard du vaincu, fermeraient même de plus en plus souvent les yeux sur les écarts flagrants de cette Allemagne qui rebâtit ainsi – et tranquillement – sa puissance sur les hésitations et les divergences de ses vainqueurs d'hier.

* Marcel Migéo, *Didier Daurat*, Flammarion, 1962.

Les Allemands accordent en particulier une attention croissante à l'Amérique latine où ils bénéficient d'ailleurs de l'appui inconditionnel d'une colonie prospère et remuante, un modèle d'organisation germanique. Une liaison aérienne régulière ne pourrait qu'en étendre l'influence... s'il n'y avait les Français ou plutôt la furia française. L'ambition allemande se casse les dents sur la popularité de l'Aéropostale et sur la réussite de ses pilotes. L'exploit d'un Mermoz, qui a coiffé le Graf Zeppelin sur l'Atlantique Sud avec une petite semaine d'avance, et l'extraordinaire ténacité d'un Guillaumet dans les Andes subjuguent les foules américaines. De telles idoles ne se déboulonnent pas facilement.

Les dirigeants de l'Aéropostale décident de profiter de leur avantage.

L'Amérique du Sud, ça marche!

Pourquoi pas l'Amérique du Nord?

En homme d'affaires avisé, Marcel Bouilloux-Lafont se plonge dans les statistiques du trafic postal et y trouve de bonnes raisons de se frotter le mains, à condition d'agir vite. Or, c'est un homme d'action!

Pour sa part, Jean connaît les affres de l'incertitude sentimentale.

L'amour le tient. L'aviation aussi.

Mais sur la balance du destin – il ne le sait pas – le fléau penche sensiblement du côté des ailes...

Alors, il écrit à sa mère. Une lettre intime et simple, et douce, une des plus belles : « Maman, ma petite maman, je te raconte tout cela parce que toi tu es ma maman... J'aurais tant aimé que tu la soies uniquement quand j'étais petit, et je t'ai eue si peu, moi qui t'aimais avec ma passion pure d'enfant. Tu étais pour moi ma maman fée dont je rêvais pendant les longs jours où tu étais absente... et toujours si loin... et puis, comme je ne pouvais confier ce qu'il y avait en moi de sensibilité, de passion contenue, presque maladive à qui que ce soit, alors je me repliais, je souffrais et puis j'en ai pris l'habitude peu à peu, et je ne t'ai jamais dit peut-être aussi bien que maintenant tout ce que je possède de sentiments inexprimés, d'impulsions puissantes et douloureuses qui jaillissent de mon être comme une source très pure... dont une partie me fut révélée par l'Aviation et l'autre par ce premier amour qui m'a redonné ma sensibilité de jadis, qui m'a rendu à moi-même, qui fait que je me retrouve ton petit enfant, maman, et que cela me fait du bien de te le dire, de te dire tout ce que je sens, parce que, vois-tu, je crois que si je n'avais pas eu ces deux révélations-là... je crois qu'on peut mourir de trop de passion inexprimée, stérile... »

Mermoz ne se refuse pas aux passions qui l'agitent. Il sent l'élan qui entraîne l'impulsion et ne fait rien pour le ralentir ou le briser, au contraire.

Saisi par le doute et peu enclin à se confier à ses camarades, vers qui peut-il se tourner, sinon vers Mangaby? Cependant, la mère et le fils se ressemblent trop pour qu'elle puisse le protéger contre lui-même.

C'est donc à la stupéfaction générale que Jean annonce son prochain mariage, non sans s'être assuré auparavant de la bénédiction d'une Mangaby peu enthousiaste, dont la réticence désabusée à propos de la vie conjugale transparaissait déjà dans ces mots adressés aux Louis * : « Je ne puis vous donner tort de vous marier [...]. S'il y a des jours mauvais à passer, on les supporte mieux à deux quand on s'aime bien... »

Jean Mermoz et Gilberte Chazottes échangent leur consentement, une première fois le 23 août 1930, devant le maire du XVe arrondissement de Paris **, puis, deux jours plus tard, en l'église Saint-François-Xavier.

* Lettre datée du 3 janvier 1924.

** Jules Mermoz y fait une apparition.

Témoin impartial de cette cérémonie, Noëlle Guillaumet va devenir une familière du couple et, en particulier, de Gilberte en laquelle elle voit une amie sûre et loyale, mais absolument pas préparée à partager la vie d'un Mermoz.

Habituée à ses aises, mais toutefois peu dépensière, intransigeante aussi, la nouvelle Mme Mermoz préfère se fixer en Amérique du Sud ou en Europe mais refuse les escales intermédiaires, dans des conditions rudimentaires et inconfortables.

Gilberte espère fonder un foyer, établir un réseau de relations, ordonner son existence, leur existence.

Malheureusement, aucun de ces projets légitimes n'aboutira. Comment en irait-il autrement avec un couple dissymétrique qui vit à des rythmes différents et hors des normes habituelles?

En dépit de ses efforts, Gilberte éprouve également quelque difficulté à se concilier l'affection des amis de Jean avec lesquels il lui arrive parfois de se montrer maladroite. Il faut dire que les éléments peu orthodoxes qui composent la bande de Mermoz ne répondent pas toujours aux critères conventionnels de la société de cette époque. Il s'agit d'hommes d'action, tous bons vivants et honnêtes à leur façon, dotés d'un franc-parler peu banal, des hommes dont la moralité déborde largement les limites arrêtées, voire tolérées, par le code du savoir-vivre.

Joseph Kessel appartient à ce cénacle et lui prête même son esprit fin, ce qui, allié au feu sacré de Mermoz, constitue un fameux mélange.

A la suite de sa traversée mouvementée de l'Atlantique, Jean a exprimé le désir de rencontrer le journaliste globe-trotter, un souhait partagé par Kessel qui avait souvent entendu parler de Mermoz, en 1929, lors de son voyage sur la ligne entre Toulouse et Dakar. Les récits sur le pilote avaient piqué sa curiosité au point que Mermoz était devenu une absence quasi tangible. Bref, il brûlait de le voir.

Les deux hommes possèdent nombre de points commun : une stature de colosse, un rude appétit de la vie, une vitalité inépuisable, une force remarquable, un visage puissant et séduisant.

En outre, leurs trajectoires paraissent pratiquement similaires, chacune dans son domaine propre. Kessel est l'un des derniers représentants de ces grands reporters qui, imperméables au risque, disparaissent pendant des semaines pour faire irruption un beau matin dans le bureau de leur rédacteur en chef, une enquête explosive sous le bras, des aventures personnelles et extraordinaires en tête, et des ecchymoses partout...

En 1929, le tirage du *Matin* grimpe de 150 000 exemplaires, conséquence bénéfique et bénie d'un article intitulé *Marché d'esclaves* et rédigé au terme d'un voyage en mer Rouge avec Henry de Monfreid sur la trace des marchands d'esclaves. Le grand Jeff Kessel n'a pas froid aux yeux, sait les fermer au bon moment et les ouvrir à temps pour saisir le scoop.

Le face-à-face avec Mermoz promet donc d'être passionnant.

Il l'est.

Leurs routes se croisent enfin *Aux Bonnes Choses,* un petit restaurant parisien de la rue Falguière où deux vieilles dames mitonnent cette cuisine riche du Sud-Ouest, de quoi satisfaire deux formidables appétits. Là encore, Jean réussit à épater Jeff, lequel, pourtant, n'hésite pas à engloutir un hors-d'œuvre aussi généreux que varié, gras de préférence, puis un boudin-pommes en l'air et un cassoulet au confit d'oie. Mermoz lui donne allègrement la réplique avec une omelette de douze œufs, un demi-gigot et un poulet entier. Passons sur le plateau de fromages et les desserts.

La complicité est immédiate. L'amitié lui emboîte le pas. Avec Kessel, Mermoz se raconte, récit dépouillé de toutes les anecdotes qui ont tissé sa légende en Amérique du Sud.

Entre deux plats, Jeff suit les couloirs infernaux des Andes, endure le vertige d'une montée brutale le long de pentes qui se rapprochent dangereusement, bascule sur d'autres versants et découvre la solitude d'un plateau escarpé où s'affaire un Collenot exsangue.

Et Jean décrit leur course folle sur un sol dur et inégal, les souffrances du Laté 25, leur évasion impossible, incroyable et invraisemblable. Mais vraie!

Kessel le blasé en reste bouche bée. Juste avant l'addition, il propose à l'autre « Grand » d'écrire un article sur ce miracle des Andes et sur les cinquante-trois tentatives de décollage.

Mermoz l'interrompt alors d'un geste et lui répond, tout sourire : « Ah non! Ces histoires-là ne sont pas pour les journaux. C'est pour nous! »

Un pli rusé creuse le visage de Kessel. Ce sera pour une autre fois, pense-t-il.

En tout cas, une amitié solide et virile vient de naître.

On imagine sans mal l'émotion de Jeff lorsque, bien des années après ce repas, il eut le privilège de découvrir dans un hangar de Rio Gallegos le Laté 25 n° 603 à bord duquel Mermoz et Collenot avaient défié victorieusement la cordillère...

Le 30 août 1930, cinq jours seulement après son mariage surprise, Jean quitte les nuées roses du bonheur pour retrouver le ciel des essais aux commandes d'un Laté 28 modifié avec lequel il espère s'attaquer à l'Atlantique Nord.

A l'instant où il se hisse dans l'appareil, un mécanicien lui tend le parachute réglementaire qu'il repousse. L'habitude, d'ailleurs... Daurat, présent, lui ordonne de s'exécuter, ce que Jean fait de mauvaise grâce.

Lourdement chargé à près de 6 tonnes, l'avion devait monter à 5 000 mètres avant d'entamer les essais proprement dits, puis redescendre à 1 000 mètres et procéder à une base de vitesse de 3 minutes.

Au cours d'une de ces manœuvres *, Jean sent le fuselage se tordre et se désarticuler. Vite, il veut ouvrir la porte latérale pour se jeter dans le vide en parachute. Impossible! L'appareil s'abat en une vrille mortelle et les ferrures déformées par la formidable tension empêchent toute sortie. Mermoz, en un réflexe, se lance vers la trappe située au-dessus de sa tête, mais il ne peut la franchir, handicapé par la largeur de ses épaules.

La tête hors de l'avion, il voit l'aile gauche se détacher, puis le réservoir de 1 200 litres se crève d'un coup et l'asperge d'essence tandis que le Laté se désagrège.

« Je fus l'un de ces débris que libéra l'avion littéralement pulvérisé comme s'il avait reçu un obus en plein fouet », expliquera-t-il à sa mère **.

Le parachute se déploie mais des morceaux du fuselage en déchirent la toile. La chute s'accélère et se termine par un choc brutal.

Au même instant, sur la route de Luchon, à 100 mètres à peine du point d'impact, passaient l'oncle et la tante Chazottes, de Mazamet. « Une sacrée coïncidence », dira Mermoz.

Ils emmènent le pilote blessé dans une clinique toulousaine où il séjourne trois jours. Vu les circonstances, il s'en tire bien : « J'ai des déchirements de muscles dans le bas-ventre, une contusion interne due au froissement d'une côte. Aucune fracture **. »

* Selon André Dubourdieu, un autre pilote de la Ligne, Mermoz aurait tenté un looping téméraire, figure acrobatique tout à fait déconseillée avec un avion de ce type.

** Lettre datée du 4 septembre 1930.

Encore une fois la chance a fait office de parachute. En effet, Jean tombait de 14 mètres par seconde, soit un peu plus de 50 kilomètres à l'heure. Pour résister à une telle dégringolade, il fallait une constitution robuste. Et la venue de Gilberte.

La jeune Mme Mermoz découvre ainsi la dimension risquée du métier de son mari. Elle accepte la situation avec une apparente bonne humeur, même si elle a tremblé. Le sourire du « Grand » efface ses appréhensions.

Rassurée, de nouveau heureuse, elle griffonne quelques mots gentils au bas de la lettre que Mermoz écrit à Mangaby, le 4 septembre * : « Le voyage au pays des rêves fut interrompu par une réalité un peu brutale... Mais il reprend. C'est dire que tout va bien. Nous allons lézarder au soleil et vous retrouverez votre Jean en pleine forme. Votre petite fille qui vous aime... »

Entre les deux femmes, c'est encore l'entente cordiale.

Pas pour longtemps...

* Ce jour-là, Mermoz remarche pour la première fois, à l'aide d'une canne dont il se sépare très vite.

« Il y a des services si grands qu'on ne peut les payer que par l'ingratitude. »

Alexandre Dumas père
(Mes Mémoires).

15.

Entre sa lune de miel et son projet de traversée de l'Atlantique Nord à peine ébranlé par l'accident du Laté, Jean mène la bonne vie. Ensemble, avec Martinoff, ils ont choisi un petit avion de tourisme, un Potez 36 dont Vova prend livraison à Meaulte le 13 octobre 1930. Le jour même, il s'envole pour Marseille où il retrouve le « Grand », pas peu fier de leur acquisition. Dès lors, ils multiplient les balades dans tous les cieux de France car Mermoz aime flâner, suivre le cours sinueux d'une rivière, « faire de la bicyclette » au ras des pâquerettes, si bas qu'il salue volontiers les promeneurs et, de préférence, les passantes...

Les deux compères prendront part également au premier Tour de France aérien, en juillet 1931, avec Jean aux commandes pour la dernière étape Douai-Paris.

Bref, ils s'amusent.

A cette époque de fausse insouciance, l'Aéropostale atteint son apogée. La notoriété et l'efficacité de la compagnie française se révèlent telles que des hommes d'affaires new-yorkais calculent, au grand étonnement général, que pour acheminer le courrier de New York vers l'Argentine, le meilleur moyen consiste à l'expédier en... France par la voie maritime, d'où il repart, porté par les ailes de l'Aéropostale!

En moins de quatre ans, Marcel Bouilloux-Lafont a su générer une formidable organisation moderne qui couvre notamment neuf pays sud-américains. En attendant l'Amérique du Nord! Mais avant de franchir ce pas délicat, le Patron veut mettre toutes les chances de son côté. Le risque, il connaît...

Né à Angoulême le 9 août 1871, ce licencié en droit international public et en législation coloniale commence par envisager une carrière d'avocat à laquelle il renonce rapidement pour se consacrer à la gestion de la banque familiale. Puis il fonde la Caisse commerciale industrielle de Paris qui se spécialise dans les prêts à l'étranger, en particulier au Brésil où le président des Docks de Bahia cherchait un financement pour l'aménagement d'un port. Marcel y effectue un voyage en 1907 et succombe au charme de cette terre d'avenir. Apparemment, le coup de foudre est réciproque car les réalisations vont se suivre : construction des ports de Bahia, Rio et Nitteroi, et mise en place de leur administration; tracé et exploitation des chemins de fer de l'est brésilien; création de la compagnie Brasileira dos Imoveis qui édifie à Rio la plupart des nouveaux quartiers, et du Crédit foncier du Brésil.

Cette aventure prodigieuse n'échappe pas à l'ambassadeur de France, M. Conty, qui, en toute sincérité, ne tarit pas d'éloges à propos de son brillant compatriote. Et insiste sur « le grand rôle joué par le groupe Bouilloux-Lafont au profit de la France ». Déjà!

C'est une entreprise respectée et admirée à travers toute l'Amérique du Sud, et qui résiste aux Américains, aux Italiens et aux Allemands.

Surtout aux Allemands...

Pourtant, Marcel Bouilloux-Lafont ne tient pas encore sa vocation qui débute en 1927 avec Latécoère lequel, miné par plusieurs échecs, lui cède ses parts du capital, moyennant un dédommagement substantiel.

A partir de là, Bouilloux-Lafont et son fils André, administrateur délégué de l'Aéropostale, vont édifier le plus formidable empire aérien que la France ait jamais possédé.

Or, ces initiatives et leur réussite ne suscitent pas l'écho escompté. Le gouvernement français, qui devait épauler financièrement la compagnie – promis, juré! –, renie chaque fois sa parole.

Il oublie que la Ligne coûte cher.

Il oublie également que Bouilloux-Lafont y investit une fortune. Sa fortune!

La mise en place de l'infrastructure modèle, c'est lui. Car Marcel croit en l'honnêteté des dirigeants de son pays. Qui l'oublieront...

Plus tard – trop tard! –, Louis Hirschauer, l'un des proches collaborateurs du ministre de l'Air, le général Victor Denain, soulignera l'ampleur et les conséquences de l'œuvre accomplie par ce bâtisseur hors pair : « On assiste en Amérique du Sud à un phénomène qui avait été prévu naguère par M. Bouilloux-Lafont : la valorisation des terrains situés aux abords des aérodromes et des bases d'hydravions *. »

Il est de fait que fleurissent des centres d'exploitation forestière et minière à proximité des escales implantées par l'Aéropostale et desservies régulièrement.

C'est là un des moindres mérites de Bouilloux-Lafont le perspicace. Le développement des moyens de communication dans un pays vierge, au territoire vaste et contrasté, provoque un essor de son industrie et de son commerce. Il se crée aussi un effet de synergie : la croissance des affaires implique celle des transports.

* *L'Aéronautique*, nº 195, août 1935.

Cela, la concurrence ne l'ignore pas. Mais elle doit s'incliner. Pour l'instant...

Bouilloux-Lafont ne se ménage pas : il vit l'aventure aérienne avec autant de ferveur que les équipages et le personnel au sol. Il fait corps avec l'Aéropostale au même titre qu'un Mermoz, un Saint-Exupéry, un Daurat ou un Guillaumet. En plus, il porte la responsabilité suprême.

Sans Daurat et Latécoère, dit-on, la ligne n'aurait jamais dépassé l'Espagne. Sans Bouilloux-Lafont, elle n'aurait certainement pas été la « ligne » et Mermoz aurait sans doute suivi une autre destinée.

Rien, en cette année 1930, ne laisse supposer que cette entreprise magnifique, dynamique et saine va succomber dans quelques mois seulement...

La première fissure dans l'édifice remonte au sinistre jeudi noir de Wall Street en 1929. En l'espace de quelques heures, l'économie de la nation la plus puissante s'effondre comme un vulgaire château de cartes. Assez bizarrement, cette catastrophe lointaine n'inquiète pas les Français. Pas encore. L'Amérique habitue aux extrêmes, aux excès, alors... Et puis, les affaires ne marchent pas trop mal grâce à Tardieu * et à son plan de prospérité. Des prix fermes, une production industrielle soutenue, une récolte abondante en 1930... voilà autant d'éléments aptes à rassurer.

Il n'en va pas tout à fait de même au Brésil qui accuse durement le coup et bascule dans la révolution. Marcel Bouilloux-Lafont considère, non sans crainte, la dérive économique du continent car les finances se font rares. Cependant, malgré la gravité de la situation, le gouvernement français se perfectionne dans l'art de faire la sourde oreille.

* En dépit d'une politique économique et sociale novatrice, André Tardieu, alors président du Conseil, est renversé le 4 décembre 1930.

Marcel ne se résigne pas facilement; il sait que la partie engagée ne sera pas de tout repos. En habile stratège de l'air qu'il est devenu, il avance ses pions avec la calme détermination d'un champion d'échecs, ce qui lui permet, le 30 septembre 1930, de remporter une de ses plus belles victoires : cet homme aux décisions réfléchies, toujours en conformité avec les intérêts de la France, signe un contrat en or massif avec le Portugal [10]. Il décroche un droit d'escale exclusif aux îles du Cap Vert, verrou de l'Atlantique Sud, et aux Açores, clé de l'Atlantique Nord. Un beau doublé en une seule passe!

Son monopole, acquis au terme de longues négociations, autorise l'Aéropostale à dicter ses conditions à la Pan American et aux Imperial Airways britanniques pour l'exploitation en commun de la ligne Europe-Amérique du Nord. Juan Trippe, patron légendaire de la compagnie américaine, et son homologue britannique, Georges Woods Humphrey, ont du mal à dissimuler leur désappointement derrière le sourire de circonstance. Bouilloux-Lafont, quant à lui, savoure les délices de ce moment. Américains et Anglais doivent se plier aux exigences françaises que leur impose un accord qui intervient peu après l'octroi de la concession des Açores à l'Aéropostale. La France vient de signer avant l'heure le premier Yalta du monde, celui du transport aérien. Le patron de l'Aéropostale savoure d'autant plus l'événement que l'Allemagne est écartée, ce qui, selon la *Gazette de Cologne* *, la place devant « une question d'une extrême gravité » : les trois signataires de la convention s'engagent en effet à ne traiter avec aucune autre compagnie pour l'exploitation de cette ligne. En vertu de cet accord, 50 % du trafic reviendrait aux Américains, 25 % aux Anglais et 25 % aux Français

* Éditions du 12 décembre 1930.

(une part énorme quand on sait que le trafic postal entre la France et l'Amérique du Nord représente à peine 10 % du total...). Tout le monde est (presque) content. Mais les Allemands n'ont même pas une miette du gâteau pour se consoler.

L'Allemagne frémit. Et la *Kölner Tagblatt* (Gazette de Cologne), résume à nouveau l'opinion nationale * : « Cette entente commune, relative aux services aériens de l'Atlantique Nord, est un des plus grands événements de l'histoire de l'Aviation mondiale. L'Atlantique Nord est la route du trafic aérien le plus intense. Trois grands États se sont partagé le champ d'action, en s'assurant la meilleure place. De ce fait, nous savons maintenant quels pavillons flotteront pendant des dizaines d'années sur l'Atlantique et nous savons également que l'Allemagne ne participera pas, ou dans une petite mesure seulement, à ce trafic [...]. »

A l'aube de 1931, l'Aéropostale pouvait donc – et tranquillement – dresser les plans d'une liaison directe France-Indes françaises.

Marcel Bouilloux-Lafont annonce aussi à Mermoz qu'il va pouvoir se préparer pour la conquête de l'Atlantique Nord.

Enfin!

Reste à régler le problème de l'avion. Le Laté 38 paraît approprié. En tout cas, il tient largement la comparaison face aux « Wal » allemands : il emporte deux fois plus de courrier, deux fois plus loin que son cousin... germain, lequel devra attendre des moteurs BMW de 650 CV, en 1934, pour arriver à son niveau.

Avec Bouilloux-Lafont, l'affaire progresse vite et, le 1er janvier 1931, le Laté 38-2 obtient son certificat de navigation pour aller ensuite... terminer sa carrière dans un hangar. Cet avion capable de favoriser l'ouverture

** Édition du 12 février 1931.

d'un service aérien transocéanique dès 1932 va rouiller. Avant d'avoir fait ses preuves.

Il souffre d'un lourd handicap : c'est un avion terrestre. Or, les services techniques du ministère de l'Air ne jurent que par l'hydravion. Sans trop savoir pourquoi...

L'administration retire à l'Aéropostale une pièce maîtresse de son expansion puisque le Laté recalé devait entrer en service sur la ligne Brésil-Venezuela, sur la côte ouest en direction de Lima avant le grand bond vers les Indes occidentales. Cette décision freine le déploiement des ailes françaises vers l'ouest. Une gêne pour l'Aéropostale, pas même un souci pour la France qui s'en désintéresse. L'administration ne daigne pas non plus lever le petit doigt pour assurer l'équilibre délicat de la Ligne. Laurent-Eynac, le ministre de l'Air, n'ignore pas que Marcel Bouilloux-Lafont y a été de sa cassette personnelle, qu'il mérite une juste compensation, une assurance du soutien de son pays sous la forme d'une subvention renouvelable chaque année et qui ne doit pas être remise en cause par suite d'un éventuel changement d'orientation politique.

Quand les dirigeants de l'Aéropostale frappent à la porte du ministère de l'Air pour réclamer ce que les autres compagnies reçoivent sans le demander [11], on s'empresse de leur rappeler qu'il a déjà été convenu d'un agrément de subvention à long terme avec Bouilloux-Lafont, le 2 août 1929. Les fonctionnaires ou leur ministre omettent de préciser un détail : si les Chambres n'ont pas encore ratifié, donc validé, cette convention, c'est tout simplement parce qu'*elle ne leur a jamais été présentée.*

Le retard provoqué par la non-application de ce contrat va avoir des répercussions considérables sur la santé de l'Aéropostale, pourtant en expansion!

Coincé entre une concurrence résolument antifrançaise et son propre pays qui mène une politique trouble de séduction à l'égard de l'Allemagne, Marcel Bouilloux-Lafont doit également se garder du tempérament sud-américain. La révolution brésilienne, qui éclate en octobre 1930, va entraver l'activité des banques du groupe. Si ces établissements n'exigent aucun remboursement des sommes importantes, ils se trouvent aussi dans l'incapacité d'augmenter les avances à court terme.

Averti de cette situation dramatique, le gouvernement français ne bouge pas. Dans leurs appels au secours, les responsables de l'Aéropostale, qui auront tenu leur ministre informé régulièrement, ne lui ont pas caché que leur trésorerie était couverte jusqu'au mois d'avril 1931, date à laquelle le Parlement devait en principe se prononcer sur des projets de statut de l'aéronautique marchande. Et, dans ce cadre, discuter la fameuse convention du 2 août 1929.

Voilà où se situe la survie de l'Aéropostale.

Hélas, l'espoir légitime des hommes de la Ligne sera déçu.

A Paris, un cartel plus ou moins occulte de politiciens de tous bords et d'affairistes mène une politique colonialiste dure. Le cœur de la France bat en Afrique et en Extrême-Orient. Pas en Amérique du Sud!

L'évidence de ces intérêts saute aux yeux de quiconque visite l'Exposition coloniale internationale inaugurée à Vincennes, le 6 mai 1931, par Gaston Doumergue, le président de la République. Cette manifestation grandiose permet aux autorités d'étaler sur cent quinze hectares une France de cent millions d'habitants. L'Extrême-Asie se taille un beau succès avec plusieurs réalisations magnifiques, à commencer par une reconstitution en stuc du temple d'Angkor-Vat; à eux seuls, les pavillons d'Indochine s'étendent sur sept hectares. Puis, en quelques heures, le visiteur émerveillé se trouve transporté de l'Asie à l'Afrique du Nord dont il parcourt les trois territoires, l'Algérie, la Tunisie et le Maroc; l'espace d'un après-midi, il découvre des palais avec minarets, des souks, des patios ombragés, sans parler des reconstitutions d'intérieurs typiques comme ceux de Fez ou de Marrakech, de boutiques d'artisans et de vestiges du passé.

L'Afrique noire ne manque pas non plus de surprendre. Jugez plutôt de l'impression de la foule à la vue de la vieille ville de Djenné avec son enceinte en pisé et ses pieux de protection, d'un village fétichiste avec ses huttes lacustres et d'un palais du Soudan haut de quarante mètres!

Chaque territoire se révèle ainsi à la curiosité et à la fierté du public.

A l'une des extrémités de la grande avenue des colonies françaises, une tour de quatre-vingt-deux mètres, où flotte le drapeau tricolore, symbolise la participation de l'armée à l'expansion coloniale.

En clair, cette exposition tape-à-l'œil montre dans quels paniers la France place ses œufs [12].

Nulle trace de l'Amérique du Sud.

Assez paradoxalement, tandis qu'un journal allemand * s'incline devant la réussite de la France « à laquelle Bouilloux-Lafont a su donner les clés de l'Atlantique Nord », un représentant de l'État français affirme de son côté que « cette ligne coûte bien cher... » Et suggère : « Est-ce qu'on n'aurait pas mieux fait de dépenser cet argent qu'elle nous coûte dans un secteur plus intéressant pour nous? D'autant que nous ne sommes pas dans le cas des Allemands qui, eux, ont en Amérique du Sud une colonie importante... »

Nous y voilà.

Le brave fonctionnaire oublie que l'argent en question vient, pratiquement dans son intégralité, des coffres de Bouilloux-Lafont! Sans connaître le détail de ces difficultés, le personnel de l'Aéropostale s'interroge aussi sur le comportement étrange du gouvernement. Face aux détracteurs de la ligne qui dénoncent l'inutilité d'une liaison avec l'Amérique latine et qui prétendent – les fous! – abandonner le terrain aux Allemands, Mermoz ironise tristement : « Pourquoi avoir une ligne maritime dans l'Atlantique Nord et des paquebots de luxe? Je ne crois pas que ce soit l'importance de la colonie française en Amérique du Nord qui a fait naître le *Normandie*... »

Puis le voici en proie à l'amertume : « Notre vieux pays n'est plus si prompt aux enthousiasmes, écrit-il de Saint-Raphaël à Paul Chaussette *. On a l'impression parfois de s'y heurter à du tout-fait, du définitivement établi. L'initiative de chacun, l'effort personnel sont autant d'hérésies, de presque anarchie que la routine bureaucratique, le cabotinage parlementaire et naturellement la politique, brisent et répriment implacablement dès que l'on veut lutter pour changer ou améliorer ce qui existe déjà... Là-bas (en Argentine), on a tout à créer, on a l'espace et le résultat compte seul, on a tout loisir de se battre pour l'obtenir. Je n'aime guère tourner en rond et préfère aller de l'avant. Ici, je me sens trop à l'étroit. »

Sa hâte : partir! Avec le Laté 38...

A Chaussette, il confie ses projets ** : « D'abord une traversée aller et retour, en février probablement, avec un hydro à coque métallique et bimoteur 650 Hispano [...]. Je crois que c'est l'appareil idoine pour ce service régulier que l'on va inaugurer. On a beaucoup travaillé la question depuis ma traversée et les résultats sont excellents. Grande marge de sécurité de décollage en charge et sécurité en cas d'amerrissage forcé [...]. Je

* La *Gazette de Cologne*.

** Lettre datée du 16 janvier 1931.

considère comme un devoir d'inaugurer ce service pour créer à nouveau une émulation parmi les équipages à venir et leur donner confiance. L'avenir de notre ligne en dépend tellement... »

Harcelée par la concurrence, critiquée ou délaissée par l'administration française, mais servie avec ferveur par ses employés, l'Aéropostale se défend avec courage. A l'image de son président. Marcel Bouilloux-Lafont attend avec sérénité les décisions que prendront les élus de la nation en faveur de son entreprise, ne serait-ce qu'en débloquant l'agrément du 2 août 1929 anormalement gelé par les fonctionnaires.

Homme de la volonté et de la fermeté, il poursuit donc en toute confiance la réalisation de son grand dessein dans lequel Jean Mermoz est un peu la pierre angulaire.

Cette fois, il s'agit de l'Atlantique Nord. Et l'avion adéquat existe! En effet, pour franchir d'une traite la distance Paris-New York, le monoplan Bernard type 80 GR paraît offrir les meilleures garanties. Conçu pour parcourir 10 000 kilomètres avec un vent debout de 35 kilomètres/heure ou 13 000 kilomètres par vent nul, cet appareil très fin, tiré par un seul moteur Hispano de 650 CV, se singularise par une voilure allongée. Avant le grand bond, rien de tel qu'un record sur circuit fermé pour tester les qualités de ce poids lourd de 9 tonnes susceptible d'une vitesse moyenne de 185 kilomètres/heure pendant soixante-dix heures.

Ce record attire nombre de prétendants : les tandems Lucien Bossoutrot et Maurice Rossi, Marcel Doret et Joseph Le Brix qui rejoignent Antoine Paillard et Mermoz bien décidés à ravir le titre aux actuels détenteurs, les Italiens Madalena et Cecconi. La compétition, qui promet d'être sévère, se déroule en Oranie. Pour Jean et son coéquipier, elle débute le 30 mars et s'achève le 2 avril 1931 par une victoire très nette *. Et par un drame. Antoine Paillard, pilote d'essai aux Établissements Bernard depuis 1926, professionnel jusqu'au bout des ongles, a saisi d'emblée l'enjeu de leur tentative. Hélas, peu après leur décollage, il ressent de violentes douleurs au ventre et des nausées; le mal l'empêche de piloter et c'est grâce à son endurance quasi inhumaine que Mermoz parvient à boucler la boucle. Un Mermoz inquiet qui voulait interrompre le vol. Paillard l'en dissuade. Il va le payer très cher : il meurt quelques jours plus tard sur la table d'opération, à la suite d'une crise aiguë d'appendicite, ayant été opéré trop tard. Jean en conçoit un chagrin douloureux. Un nuage de plus dans un ciel déjà bien couvert...

Néanmoins, on pourrait croire ouverte la route de l'Amérique.

Mermoz pense même que le gouvernement, propriétaire de l'avion, le lui prêtera pour tenter le record du monde en ligne droite sur Marseille-Buenos Aires ou en direction de tout point situé à près de onze mille kilomètres **.

Mais une terrible nouvelle va stopper net cet élan. Jean apprend avec stupeur que l'Aéropostale a été mise en liquidation judiciaire le 31 mars, durant son vol.

De plus, il va pouvoir tirer un trait sur son projet de raid. En octobre 1931, le rêve s'émiette définitivement à Oran : au moment du roulage, le Bernard, train fauché, s'effondre et capote à 100 kilomètres/heure. Pas d'incendie, de la peur uniquement.

Un nouvel avertissement aussi!

* Avec 8 960,650 km, les deux hommes battent le record de 8 922,315 km établi par Bossoutrot. Ce, au terme d'un vol de 59 h 14 m.

** Il l'écrit à Paul Chaussette dans sa lettre datée du 16 janvier 1931.

« France, ce passé que renie
Le troupeau craintif des ingrats,
Ce passé, tu t'en souviendras,
Car il vit fleurir ton génie. »

Armand Silvestre
(La Chanson des Heures)
Lemerre, 1887.

16.

Le 31 mars 1931 restera sans doute dans les annales de l'Aviation commerciale française la date la plus noire et assurément la moins glorieuse!

La crise de 1929, ses répercussions et, surtout, les promesses non tenues ont finalement mis à genoux Marcel Bouilloux-Lafont. La consternation s'abat sur tous les hommes de la Ligne. Qui se serait douté?

Parmi les journalistes qui se penchent sur cette affaire explosive, l'un d'eux, Jean-Gérard Fleury vole de surprise en bonheur car son reportage va littéralement changer le cours de son existence : il rencontre Mermoz et entre dans la « bande » du « Grand » et de Kessel. Mais il s'attache aussi à l'Aéropostale :

« La plus belle découverte que je fis lors de cette enquête, ce fut l'esprit de la Ligne [...]. Je peux dire que je reçus un choc. Ainsi, à cette époque, alors qu'à Paris, les politiciens pataugeaient dans le scandale, il se trouvait encore des hommes entièrement dévoués à un idéal, des camarades fraternellement unis pour suivre l'œuvre entreprise par leurs anciens, des Français qui luttaient pour défendre le prestige de leur pays [...].

« Maintenant, on saurait que le scandale de l'Aéropostale, ce n'était pas sur la " ligne " qu'on le trouvait mais qu'il venait de l'aveuglement des passions de certains responsables de Paris... * »

De son côté, Marcel Bouilloux-Lafont vit un véritable calvaire. Il avait pourtant obtenu du gouvernement français l'engagement que celui-ci accorderait à la toute puissante mais également toute fragile compagnie les moyens de couvrir les frais énormes occasionnés par l'installation et l'exploitation d'une infrastructure exceptionnelle et avant-gardiste. Et enviée...

Le seul tort de Marcel : il ne cache pas son opposition aux Allemands en une période où les nations alliées se montrent particulièrement indulgentes avec... l'Allemagne et sévères à l'égard de la... France.

Confiant parce qu'il croit au soutien et à la parole de son pays, le Patron a demandé à l'une des firmes du groupe d'avancer les sommes nécessaires à l'Aéropostale. Mieux, avec l'autorisation de l'État, il a lancé une émission d'obligations pour un montant total de 200 millions.

Il va déchanter brutalement en février 1931. Une campagne de presse soigneusement orchestrée contre Maurice Bouilloux-Lafont, frère de Marcel et vice-président radical-socialiste de la Chambre des députés, entraîne le refus du Parlement d'octroyer à l'Aéropostale les crédits indispensables pour éponger ses dettes et se développer. Cette décision équivaut à une sentence de mort.

L'État français sait qu'il fait là un cadeau royal à la concurrence. Mais ce que le chef mécanicien de la Ligne, Marcel Moré, appelle « un concours malheureux de circonstances doublé de manœuvres politiques douteuses ** » ressemble à s'y méprendre à une vaste machination politico-financière.

* *Icare,* n° 71, Saint-Exupéry, 2e époque (1930-1936), n° 71, hiver 1974-1975.

** Marcel Moré, *J'ai vécu l'Aéropostale,* Acropole, 1980.

Les détracteurs de Marcel omettent de mentionner dans leurs attaques les résultats acquis en Amérique du Sud grâce aux importants investissements consentis par la compagnie pour créer de toutes pièces, là où il n'y avait strictement rien, quarante aérodromes, un réseau de radiocommunications et de radioguidage et des stations météorologiques. Sans parler de la mise en service de quatre avisos transatlantiques, successeurs des navires prêtés par la Marine nationale.

Cependant, contre toute logique, le ministre de l'Air, Jacques-Louis Dumesnil, n'honore pas ses promesses et place la société dans une position tellement désastreuse que la seule voie possible conduit irrémédiablement à la liquidation. Qui amène la dissolution des sociétés filiales, notamment l'Aeroposta Argentina, dont les gouvernements d'Amérique du Sud avaient exigé la création...

En fait, l'État préparait cet étranglement depuis longtemps si l'on s'en réfère au rapport de Raoul Dautry relatif à l'aéronautique marchande et présenté au Conseil national économique, le 5 septembre 1928.

Ce volumineux dossier s'efforce de répondre à une question épineuse : « Faut-il conserver plusieurs compagnies aériennes ou les concentrer en une seule? »

Pierre-Étienne Flandin, ancien sous-secrétaire d'État de l'Aviation, s'oppose au monopole parce que « dans un pays intoxiqué de politique comme la France, jamais on ne parviendrait, comme cela s'est passé en Amérique, à rétrocéder l'exploitation des lignes au bout d'un certain temps à l'initiative privée ».

Marcel Bouilloux-Lafont reprend la balle au bond et ne dissimule pas la crainte que suscite en lui une politique hasardeuse de concentration : « Une fusion générale des sociétés actuelles aurait pour premier effet, étant donné leur composition et les droits acquis de la part de fournisseurs, droits difficiles à exproprier par l'État sans compensation coûteuse, de reporter, au sein d'un organisme unique agrandi, les difficultés provenant des fréquents conflits d'intérêt entre administrateurs-constructeurs assis autour de la table du conseil, difficultés dont ne souffrent pas toutes les sociétés actuelles.

« D'autre part, une compagnie unique de navigation aérienne, sous la main de l'État, c'est-à-dire un nouveau monopole de l'État, est-elle désirable et correspond-elle aux aspirations de l'ensemble de la population? Le rapport Paté * dit " qu'un monopole de navigation aérienne confié à une compagnie serait très dangereux pour l'État et pour le progrès technique ". C'est l'évidence même et nous ne voyons pas une compagnie unique ayant des intérêts à la fois en Amérique du Sud, en Amérique du Nord, au Congo, en Indochine, c'est-à-dire couvrant de ses antennes la surface du globe.

« Existe-t-il rien de tel dans les compagnies de navigation (maritimes), dans les compagnies de câbles ou d'électricité? »

Marcel Bouilloux-Lafont fait preuve d'une certaine prescience puisqu'il décrit en quelque sorte le premier conseil d'administration d'Air France.

Mais que peut-il faire contre cette tendance au rassemblement alors que son sort a été arrêté depuis longtemps? Pour preuve, le conseil d'administration de la Compagnie Générale Aéropostale va déléguer ses pouvoirs à un comité de direction qui présentera à Pierre Cot, ministre de l'Air, un projet de convention, lequel, avec l'aide des Chargeurs Réunis, aurait permis de défendre les intérêts des créanciers et d'assurer la continuité de la ligne aérienne vers et à travers l'Amérique du Sud.

1. Henri Paté, rapport sur le budget de l'Aéronautique pour 1928 (Chambre des députés).

Le ministre rejettera cette solution. Son intention : offrir l'Aéropostale sur un plateau aux autres compagnies pour aboutir à la constitution de ce qui serait Air France.

Cot fera désigner un expert pour déterminer le prix de cession de l'actif de la compagnie. Ledit expert ne prendra même pas la peine de se rendre en Amérique du Sud. Ses conclusions plutôt surprenantes et rendues à la va-vite préconisent ni plus ni moins une véritable spoliation, on n'ose parler de vol!

Le doyen des syndics, M. Vachet, liquidateur judiciaire, va d'ailleurs froncer les sourcils et, en parfait honnête homme, écrire dans son propre rapport, non sans un légitime étonnement : le chiffre avancé par l'expert « met en évidence une inégalité choquante dans l'appréciation de l'actif par comparaison avec celui des autres compagnies aériennes... »

Ou bien l'expert en question connaissait mal son métier, ou bien il fallait qu'il disposât de consignes et par là de protections haut placées pour aborder le dossier avec une telle légèreté et l'expédier tout aussi prestement. Le constat de M. Vachet et les protestations qui s'élèvent suite à ce verdict ont le même effet qu'une plume lancée contre un char : nul!

Dans un climat lamentable, l'agonie de l'Aéropostale s'éternise. Les soubresauts n'épargnent personne et surtout pas la Chambre des députés qui, le temps de plusieurs séances historiques, se transforme en une gigantesque cocotte minute sans cesse sous pression [13]. Un vrai déballage de linge sale à l'échelle nationale, sous l'œil goguenard de la concurrence.

Cette cuisine malodorante se mitonnait parfois au sein de la Commission aéronautique à propos de laquelle Pierre Cot, qui en sera membre de 1928 à 1932, ne se montre pas tendre puisqu'il dénonce de « braves gens » qui y siégeaient et « se faisaient quelquefois donner des enveloppes par les constructeurs * ». Une façon pour ces derniers d'être assurés de l'objectivité des parlementaires incriminés...

Cot avouera que ce milieu ne lui plaisait pas beaucoup. On le comprend.

Malheureusement, les débats à la Chambre gaspillent le temps gagné, arraché par les hommes de l'Aéropostale.

Américains et Allemands voient là une aubaine inespérée, une faiblesse à exploiter.

Comme la France ne conservera que la ligne principale Toulouse-Buenos Aires, il subsiste une grosse part du gâteau. Pourquoi s'en priver? Les réseaux intérieurs de l'Amérique du Sud tombent ainsi, tout équipés, dans l'escarcelle de la Pan Am et de la Lufthansa.

Et des Junkers 52 vont remplacer les Laté 28!

Imaginez l'état d'esprit des équipages français et la solitude de Marcel Bouilloux-Lafont...

Sauver la compagnie? Ce pari tient désormais de la gageure car des dégâts irréparables viennent d'être commis. Déjà, la belle cohésion s'effrite, des clans se forment, la politique fait son œuvre. Et puis, il y a l'affaire Daurat, triste et sordide affaire Daurat. A l'époque où l'Aéropostale subit les attaques les plus vives, le directeur de l'exploitation reçoit une convocation du ministre de l'Air. Il se rend donc à Paris, mais à l'insu de Bouilloux-Lafont... Là, il rencontre Emmanuel Chaumié, le directeur de l'Aéronautique marchande. Et Chaumié l'introduit dans le cabinet de Jacques-Louis Dumesnil, le ministre qui, selon Pierre Chevrier, l'un des biographes de Saint-Exupéry, lui fait part de ses craintes suscitées par les Bouilloux-Lafont, lesquels pourraient arrêter la ligne (qui dessert quand même les

* Extrait de l'entretien accordé par Pierre Cot aux services historiques de l'Armée de l'air, le 14 mai 1975.

colonies africaines *) comme ils ont fermé leurs banques, soi-disant pour faire pression sur les pouvoirs publics...

De la bouche du ministre, Daurat apprend encore que sa « maison » s'enfonce dans une situation financière périlleuse. Dumesnil le prie alors de prendre l'engagement sur l'honneur de continuer à diriger l'exploitation de la ligne quoi qu'il arrive. Le ministre affirme d'ailleurs qu'il débloquera les fonds nécessaires.

Quelle étrange conversation! Et révélatrice. Cette démarche prouve que l'on veut écarter les Bouilloux-Lafont, sinon pourquoi ne pas avoir accordé les aides plus tôt?

Daurat ne dit pas non. Après tout, si les subventions affluent, aucune raison ne s'oppose au maintien du service.

Mais ce rendez-vous secret ne le demeure pas. Didier Daurat hésite à dévoiler la teneur de son entretien et même l'existence de cette visite aux Bouilloux-Lafont. Qui l'apprennent. A peine de retour à Toulouse, le directeur doit repartir pour Paris, cette fois à la demande de Marcel Bouilloux-Lafont, lequel peut légitimement douter des intentions et de la bonne conscience de Daurat. Une manœuvre n'a-t-elle pas été orchestrée dans son dos? Cela s'appelle une trahison!

Dès lors, la suspicion s'installe. Même si le « camarade gelé » a certainement agi par amour de la Ligne, cette Ligne dont il connaît la haute qualité morale.

* En 1929, Marcel Bouilloux-Lafont avait acquis une participation non négligeable dans la compagnie Transafricaine, en association avec Paul-Louis Weiller, patron de la société des moteurs Gnome et Rhône, et le gouvernement français pour desservir les colonies françaises d'Afrique, soit près de 80 % de l'empire colonial d'outre-mer. Dumesnil tremble pour ce tronçon. Non pour le réseau sud-américain...

Bouilloux-Lafont le sermonne, plus qu'il ne l'accuse :

– Le ministre a abusé de votre bonne foi!

Il lui tend une perche que Daurat ne saisit pas. Mieux valait rester à l'écart, déclarera-t-il plus tard.

Bouilloux-Lafont insiste, amer :

– En 1927, lorsque Latécoère m'a vendu sa ligne, il ne m'a cédé qu'un seul matériel de valeur : vous! De cette affaire, vous êtes aujourd'hui ma plus grande déception.

Au cours de cette mise au point, Marcel aurait annoncé à un Daurat buté comme un enfant pris en défaut, qu'il pardonnerait si... Daurat le soutenait dans sa contre-attaque contre le ministre, notamment par le biais d'une intervention franche à la radio. Et avec Mermoz. Daurat refuse. Ce qui déclenche les foudres de Marcel. Rendu furieux par cette désertion de son directeur de l'exploitation, il le renvoie à Toulouse, avec ces mots terribles :

– Vous êtes un traître! Je vous ferai voir de quel bois je me chauffe...

Cette explosion de colère est l'expression même d'un homme blessé, profondément meurtri, qui a fini par s'identifier totalement avec son entreprise. Et qui se sent abandonné.

Hélas pour Marcel, des « on-dit » circulent. Et les démentis ne suffisent plus. Ainsi, André Bouilloux-Lafont aurait autorisé Édouard Serre, le directeur du matériel de la Ligne, à augmenter ses radios tandis que les pilotes et les mécanos de Daurat n'obtenaient rien... Faux, bien sûr! Mais les journaux n'emploient pas toujours le conditionnel...

Cette tactique qui consiste à dresser les hommes les uns contre les autres ajoute à la confusion. Le doute s'insinue partout et se glisse même dans le cœur des anciens de l'Aéropostale.

A ce moment, le 31 mars 1931, tombe la nouvelle : liquidation! La stupeur est générale. Peut-on, en effet, « liquider » les exploits des équipages, la valeur morale, politique et matérielle de la Ligne et les contrats signés avec les gouvernements sud-américains? L'abattement s'empare des hommes de la Ligne. Tant de sueur, tant de sang pour rien? Pire, la concurrence va ramasser les fruits de ces sacrifices. Soudain, les camarades morts, torturés, souvent sans sépulture, les vies familiales brisées, tout cela semble ne plus compter.

Un comité de liquidation est désigné et placé sous la présidence de Raoul Dautry, spécialiste des chemins de fer ou plus précisément d'une compagnie unique de chemins de fer. C'est à lui de remettre l'Aéropostale sur les rails. Ce qui peut paraître bizarre puisque la compagnie tournait bien, bien mieux en tout cas que certaines sociétés similaires en France.

Et la braderie commence. Écœurante! On assassine une compagnie modèle, scrupuleuse sur ses dépenses et ses horaires, connue de par son infrastructure exemplaire et son souci de la sécurité.

Les bruits non fondés repartent de plus belle. Comme quoi Bouilloux-Lafont aurait profité de subventions allouées par le gouvernement français pour renforcer sa propre fortune. Des âmes charitables laissent planer l'équivoque quant à la gestion de l'affaire, multiplient les insinuations malveillantes, suggèrent des malversations, en un mot créent une atmosphère malsaine.

Comme la plupart des employés de l'Aéropostale, Mermoz, s'il entend des rumeurs, ignore encore pratiquement tout des véritables motivations de ce drame. Cependant, il s'insurge contre la campagne haineuse qui s'orchestre contre la famille Bouilloux-Lafont.

Ce qu'il nomme « politicailleries » le hérisse au plus haut point. Il ne mâche d'ailleurs pas ses mots, ne serait-ce que dans la lettre adressée à Georges Houard, rédacteur en chef de l'hebdomadaire *Les Ailes* : « Tout homme qui sait parler peut être ministre; un ministre n'est pas toujours un homme qui sait et veut agir. L'Aviation... le ministère de l'Air ne réclame qu'un homme, mais un vrai! Malheureusement nous n'en sommes pas encore là... et il nous faudra, je crois, attendre longtemps pour en trouver un parmi nos parlementaires, lesquels pratiquent tous la politique que vous condamnez avec autant de force : celle du parapluie. Malheureusement, jusqu'à ce jour tant désiré, l'Aéronautique et les ministères seront des forces incompatibles, toujours dressées l'une contre l'autre : la première formée de ceux qui travaillent de toute leur énergie pour sa puissance et son prestige, la seconde composée d'un homme-mannequin toujours prêt à changer de pelure, et d'un flot inagissant de fonctionnaires incompétents où se noient peu à peu quelques cerveaux de valeur. »

L'attachement marqué de Jean aux Bouilloux-Lafont ne plaide pas en sa faveur. Il n'en démord pas, comme il le dit à Paul Chaussette * : « J'ai failli être obligé de démissionner dans la bagarre parce que M. Bouilloux-Lafont père avait de la sympathie pour moi et que je la lui rendais bien... »

Il lui faut aussi se justifier devant Daurat dont il voudrait prendre la place, du moins à ce qu'il paraît. La calomnie traîne dans tous les couloirs et frappe partout aveuglément. Mais le directeur de l'exploitation rumine. Et Mermoz éprouve toutes les peines à se disculper : « On avait réussi à me tuer dans l'esprit de Daurat », écrit-il à Chaussette *.

Il s'en tire de justesse, et sans argent à cause de la faillite des banques Bouilloux-Lafont : « Je me suis trouvé sans un sou du jour au lendemain, moi qui avais

* Lettre non datée.

trois cent mille francs de côté avec le change argentin... * »

Les difficultés de trésorerie de l'Aéropostale ont, en plus des soucis de Jean, une conséquence par trop classique : les salaires ne sont plus payés. Pourtant, les hommes de la Ligne continuent. Le dynamisme de Mermoz va jouer là à plein. Le « Grand » a bien compris que l'on était en train de compromettre leurs efforts et que les belles envolées de la Chambre des députés ne les sauveraient pas. A eux, encore une fois, de faire marcher la solidarité pour sortir de ce « pot-au-noir » redoutable : un écheveau politico-financier!

Malgré ce nouveau sacrifice, l'élan est coupé. La ligne régresse. C'est vraiment à en pleurer...

Mais il y a plus grave. La suspension des services débouche sur la rupture des contrats décrochés à coup de volonté, de longues tractations et de vies...

Oui, c'est à en pleurer. Car les Français, une poignée de braves, ont donc défriché laborieusement ces espaces vierges pour le compte de... la concurrence!

Une trinité composée de Raoul Dautry, Raoul Helbronner et Abel Verdurand va administrer l'Aéropostale ou ce qui en subsiste. Le cœur n'y est plus. Les déchirements s'accentuent.

Où est la mystique?

Le 15 juin 1931, Dautry arrive à Toulouse avec André Bouilloux-Lafont. Il y fait la connaissance de Mermoz, Guillaumet et Saint-Exupéry.

S'il ne le montre pas, Dautry est tout de même impressionné par ces pilotes dont il a lu les prouesses dans les journaux. Le nom de Mermoz commence à se répandre hors des sphères hermétiques de l'aviation. En cette période de troubles, l'opinion publique se cherche inconsciemment des héros. L'Amérique s'invente

* Lettre non datée.

Superman; la France découvre Mermoz que le précédent ministre de l'Air, Paul Painlevé, avait baptisé l'Archange, une étiquette qui ne plaisait pas à l'intéressé, le faisait rire ou enrager selon les circonstances...

Dautry pénètre dans un monde en proie à un profond malaise.

– Que faire? demande-t-il à Mermoz, lequel, en principe, n'avait pas voix au chapitre.

– Nous ne désirons rien d'autre que garder M. Daurat, répond simplement le « Grand », et ainsi les améliorations se feront d'elles-mêmes.

Il est vrai que le directeur de l'exploitation vit des jours sombres. Des accusations absurdes l'accablent. D'après ses délateurs, Daurat, l'un des initiateurs de cette ligne extraordinaire, un homme dur comme il fallait l'être, Daurat brûlerait des lettres après en avoir soustrait l'argent éventuellement contenu... Ces dénonciations reposent sur les témoignages de deux pilotes renvoyés pour faute professionnelle et d'un téléphoniste embauché par Serre...

La vérité ne correspond pas à ces assertions ignobles : en réalité, Daurat menait des expériences pour améliorer la préservation du courrier pendant son acheminement. A cette fin, il utilisait des lettres dont le destinataire et l'expéditeur n'avaient jamais pu être identifiés, les comprimaient très fortement les unes contre les autres avant de leur faire subir le test de l'eau ou du feu...

L'insistance des avocats Guillaumet, Saint-Exupéry et Mermoz va fléchir un temps la nouvelle direction : « Grâce un peu, beaucoup à moi, il est resté », annonce fièrement Jean à Chaussette *. Entre l'aviateur et son patron, ce geste dissipe les derniers malentendus : « J'ai pensé simplement que je devais le faire parce qu'il faut

* Lettre non datée.

que la ligne appartienne à ceux qui l'ont faite et que Daurat était le premier de ceux-là; il devait demeurer de toute façon; s'il a de gros défauts, les qualités qu'il possède sont solides et d'une intégrité à toute épreuve; seulement il s'est un peu affolé : il a cru un moment que Latécoère allait reprendre la " ligne ". Heureusement, il n'en est rien... * »

Toutefois, Daurat ne bénéficie que d'un sursis. L'accusation ridicule portée contre lui, et qu'une enquête sérieuse aurait balayée, entraînera son renvoi. Auquel il s'oppose! Pour bien lui signifier sa décision, la direction fera changer la serrure de son bureau afin de lui en interdire l'accès.

A quelques mois de là, maigre consolation pour le directeur de l'exploitation, paraît *Vol de Nuit* de Saint-Exupéry auquel les dames du Fémina décernent leur prix en décembre.

Le monde aéronautique boude l'ouvrage que les critiques applaudissent; mécaniciens et pilotes y trouvent quelque réconfort. Avec son talent particulier, Saint-Ex conte la ligne, ses beautés et ses frayeurs. Et puis Rivière, l'inflexible et pourtant émouvant patron, c'est Daurat!

Cependant, les pilotes vont reprocher à l'écrivain de hisser le directeur sur un piédestal, ce qui lui confère non plus une autorité mais un pouvoir suprême qui sape leur libre arbitre : ils semblent tous reliés à lui par un fil invisible et puissant qui leur transmet leur énergie, leur courage et leur raison d'être.

Mais le fil est coupé.

A l'Aéropostale, rien n'est plus comme avant. La déchéance se poursuit inexorablement et provoque un

* Lettre non datée. Mermoz et Daurat n'ont jamais eu beaucoup d'estime pour Latécoère, qui, lui-même, n'aimait pas Daurat que Beppo de Massimi lui avait imposé.

concert de protestations en Amérique latine, rare unanimité dans cette mosaïque de pays peu enclins à accorder si facilement leur admiration, surtout à des étrangers, mais que la souffrance, les exploits, la naïve sincérité et les promesses tenues par ces hommes d'une belle trempe ont séduits.

Francisco Mendez Goncalvez, directeur de l'Aéronautique argentine s'en ouvre au député français Renaitour au cours d'un voyage de celui-ci en Amérique du Sud au titre de vice-président de la sous-commission relative à l'Aéropostale : « Vous avez contribué à atténuer grandement un certain malaise suscité par le passage dans notre pays de fonctionnaires du ministère de l'Air français, dont les activités auraient été susceptibles de porter atteinte à la position matérielle et morale acquise par la Compagnie Générale Aéropostale.

« Je dois vous avouer que nous avons été péniblement impressionnés de voir rapportées ici certaines querelles intérieures dont nous avions pu, jusqu'à présent, ignorer l'existence.

« Nous ne pouvons pas d'ailleurs vous cacher notre inquiétude en voyant méconnu, sinon désavoué, par de nouveaux venus celui qui, depuis des années, a notre confiance *, a porté haut le prestige de l'aviation française et défendu avec acharnement ses intérêts.

« Nous sommes étonnés que nos suggestions à ce sujet n'aient rencontré aucun écho. Au moment où la grande compétition internationale est ouverte sur les routes aériennes du monde, les modifications dans l'organisation et la direction de votre réseau sud-américain rendront plus difficile la continuation de la politique de soutien que nous désirions maintenir vis-à-vis d'une ligne que nous considérons avec une particulière bienveillance... »

* Il s'agit bien sûr de Marcel Bouilloux-Lafont.

Cet avertissement à peine déguisé dissimule l'irritation partagée par l'ensemble des nations sud-américaines.

La France n'en tiendra pas compte. A l'inverse, nombre de politiciens s'acharnent à démolir l'œuvre de Marcel. Dans *Le Populaire* du 10 octobre 1931, Jules Gautier, conseiller d'État et président du comité de surveillance de l'Aéropostale institué dès la mise en liquidation, estime sans sourciller que l'intime liaison entre la compagnie et les autres sociétés du groupe Bouilloux-Lafont en Amérique du Sud « a permis une série d'actes délictueux ou criminels, qui ont eu pour résultat de faire supporter à la Compagnie générale aéropostale, soit au profit de tiers, soit au profit de filiales du groupe, des majorations de prix de revient injustifiables. Chaque page du rapport du contrôleur Hederer * aligne les marchés fictifs, les reçus fictifs, les bénéfices exagérés, les fraudes coupables, les signatures douteuses ou fausses. »

Refermons cette poubelle.

Ce texte agressif donne un aperçu de la campagne houleuse lancée contre les Bouilloux-Lafont. Mais, dans son emportement, Jules Gautier oublie de citer des éléments dont les rapports officiels ne font pas non plus mention. Ainsi, l'État peut difficilement affirmer ne pas avoir été tenu informé des dépenses de la compagnie puisque, en vertu d'un cachier des charges le liant à l'Aéropostale, tous les achats de matériel volant et tous les marchés supérieurs à 100 000 F étaient soumis à l'approbation du ministère de l'Air lequel, en outre, par l'intermédiaire du commissaire du gouvernement,

* Le 4 avril 1931, Jacques-Louis Dumesnil, ministre de l'Air, a désigné le contrôleur général Hederer et l'ingénieur en chef de l'Aéronautique Ceccaldi pour effectuer une mission d'enquête et de contrôle en Amérique du Sud. Les deux hommes devaient rentrer en France courant septembre 1931.

pouvait exiger les réductions des dépenses qu'il jugeait utiles. Précisons pour la petite histoire que sur une période supérieure à six années, une seule commande de six avions n'a pas été approuvée par le ministère concerné qui, d'ailleurs, n'a pas réclamé la moindre diminution des frais...

Hors de la Ligne, des esprits lucides ne manquent pas de discerner le danger occasionné par son démantèlement. Après avoir constaté l'impact positif de l'Aéropostale et en avoir dressé un bilan favorable, M. Doyen, un expert comptable nommé par le Tribunal de commerce de la Seine, écrira dans un rapport daté du 7 juin 1932 : « Ces résultats d'un travail de longue haleine, poursuivi pendant cinq ans, ont une valeur importante; il n'est point certain qu'ils pourraient être à nouveau obtenus... »

Et de préciser : « Les conditions du marché postal aérien sont encore mal définies et restent jusqu'à présent le domaine de spécialistes. Les avoir pratiquées, et ce pendant cinq ans, c'est avoir acquis une connaissance précieuse et qui constitue certainement un élément immatériel à retenir pour l'appréciation de la valeur du fonds de commerce d'une compagnie d'aviation postale... »

Ce rapport chutera dans les oubliettes. Lui aussi!

Le comportement hostile de la France à l'égard de sa compagnie porte-drapeau * ne laisse pas de surprendre les observateurs étrangers. Dans *Struggle for Airlines in Latin America* publié en 1943 par le conseil des Relations extérieures des États-Unis, William Burden

* L'Aéropostale, au moment de sa liquidation, exploitait près de la moitié du réseau aérien français, sans parler du potentiel représenté par l'Atlantique Nord, et effectuait 42 % du kilométrage parcouru par l'ensemble des compagnies aériennes françaises.

qui, lors des faits, était adjoint du secrétaire du Commerce pour les questions de l'Air, critique la campagne conduite par les industriels et les politiciens français pour éliminer Bouilloux-Lafont...

Des journaux allemands comme le *Wurtenberg Zeitung* rendront même hommage à la compagnie française qui a réussi « à vaincre la concurrence allemande, nord-américaine et italienne en Amérique du Sud, au prix de très coûteux efforts ». Et certains organes de presse français, *Les Ailes* en particulier, n'hésiteront pas à parler de torpillage.

En vain!

Au sein de l'Aéropostale en perdition, le personnel essaie de s'adapter. Le dernier carré...

Le nouveau comité de direction auquel appartient André Bouilloux-Lafont appelle très souvent Mermoz à Paris, en consultation : « J'ai avec tous les membres mon franc-parler plus que jamais », écrit le « Grand * ». Qui ajoute : « Je me sens de taille à évoluer parmi tous les rapaces de la création sans y laisser trop de plumes... Mon but sera de rendre la Ligne à ceux qui l'ont créée de toute leur énergie et de toute leur volonté. Si Dieu me prête vie, je sens que nous reconstituerons notre Ligne comme elle existait et (que l'on reverra) une équipe et un esprit modèles à Buenos Aires. Quand je songe à ce qu'on a fait d'une si belle chose, j'ai des nausées... »

Jean a conscience que ces événements et sa vie mouvementée de ces dernières années influent sur le cours de sa personnalité. Il se sent toutefois égal à lui-même ** : « Mon Dieu, si mon caractère a changé à force de volonté pour me permettre de jouer mes

* Lettre à Paul Chaussette, non datée.

** Lettre datée du 15 décembre 1931 et adressée à Mangaby.

chances de bonheur et de succès dans cette existence, et de construire ma vie sur des bases aussi fragiles que sont l'effort et la pensée humaine, le fond est resté le même, et je souffre de tant de choses moi aussi... mais... je ne veux pas souffrir. »

Ce vœu ne sera pas exaucé.

« Abîmes, abîmes. C'est là le monde. »

Victor Hugo
(Philosophie)

17.

La ligne, la vraie, vit ses derniers mois. Tout au long de ce ruban sacré, tracé au-dessus des continents, les hommes se sentent gagnés par la lassitude, de même que certains découvrent leur attachement à cette œuvre sensationnelle.

Mermoz dépasse alors son rôle de pilote pour devenir le porte-parole de ses camarades. Il se fait l'incarnation de cet esprit dans lequel Saint-Exupéry puise son inspiration.

Au nom de tous, il se dresse. Face à lui, la politique et les affaires, un monde mouvant autrement plus dangereux que le désert, la cordillère ou la nuit...

Pour Jean, lucide, l'Atlantique Sud, symbole d'émulation, n'est plus « qu'un champ de bataille où la spéculation lutte contre l'action pure, où les formules et les idées s'affrontent au détriment de la réalisation saine et compréhensive, où l'élément est le moindre ennemi, où la politique partisane, l'étroitesse des conceptions administratives et les appétits particuliers sont les pires adversaires... »

Ses armes : « Cette ingénuité parfaite, cette sorte d'ignorance du mal et de ses stratagèmes, cette candeur de grand enfant, sa fraîcheur et cette fleur écarlate que la rosée met sur les premiers fruits et que les rayons du soleil se refusent à dissiper. C'est sa force et son charme, le secret de son sortilège auquel nul ne peut résister, l'explication de son pouvoir sur les êtres et sur les choses... * »

En fait, personne, pas même les détracteurs de l'Aéropostale, n'échappe à son magnétisme souriant. N'en déplaise à l'intéressé, la comparaison avec un archange, avancée par Painlevé, s'impose d'emblée : le corps taillé par quelque sculpteur antique respire la santé et la vitalité, une santé sur laquelle s'équilibrent le courage, la confiance, la gaîté, cette richesse de l'âme qui dispense une rare sensibilité.

La Ligne a produit des hommes peu communs, des héros souvent anonymes. Au bord de l'anéantissement, elle libère un symbole : Jean Mermoz! Malgré lui...

L'esprit de la Ligne n'a rien d'une invention des journalistes. Dans ces conditions, comment expliquer le calvaire d'un Guillaumet, le pilote doux et calme, perdu dans les Andes, au pays incertain de la *muerte,* qui, pendant cinq jours et cinq nuits de délire fiévreux à sucer de la glace et de la neige, va survivre, là où une bête aurait crevé, pour traîner son sac de courrier? C'est bien plus que de la conscience professionnelle. C'est de l'amour, l'amour du métier.

Mais les équipages comprenaient cela. Parfois, seuls entre un ciel d'encre piqueté d'éclats stellaires et le velours sombre de la terre où la lumière des villages en faisait des joyaux de vie, les hommes goûtaient une compagnie : celle des ferveurs et des espoirs qu'emportait le banal sac de poste. Et cela suffisait à donner un sens à leur aventure périlleuse. Oui, ils étaient alors investis d'une mission sacrée : toute lettre, semblable à

* Description lyrique due à Paul Painlevé, fervent admirateur de Mermoz et ministre de l'Air du 13 décembre 1930 au 22 janvier 1931, puis du 3 juin 1932 au 28 janvier 1933.

un trésor inestimable, valait soudain qu'on risquât sa vie pour elle.

« Je n'admire point les hommes de servir le courrier, notera Saint-Exupéry *, mais je tiens au mythe du courrier parce qu'il forme de tels hommes. Et ces hommes, je les admire d'être tels. »

Le public français va découvrir avec étonnement – et fierté – les réalisations de cette Aéropostale en butte à tous les assauts. Les journaux expédient leurs reporters sur ce réseau défriché à grand-peine. Les rédacteurs et leurs lecteurs plongent avec bonheur dans une histoire palpitante, aux rebondissements imprévus, et succombent au charme de cette compagnie aérienne pas comme les autres, creuset formidable où les contraintes forgent des hommes et une fraternité à toute épreuve. Un Mermoz, un Saint-Exupéry, l'un avec son enfance vagabonde, l'autre élevé dans la soie et la sécurité, qu'ont-ils en commun? Ils se ressemblent, pourtant. Les souffrances, les pannes, le vent râpeux du désert, les caresses brûlantes du soleil, les griffes de la glace, le « Pot-au-Noir », la jungle, les maelströms de l'Atlantique Sud gomment les différences. L'aristocrate et le jeune homme modeste subissent les mêmes rigueurs, mangent à la même table servie par la fatalité, dépendent du même moteur, se préparent sans crainte aux mêmes sacrifices. Surtout, ils baignent dans la solidarité. Ils se sentent choisis par le sort; ils se savent liés par une prodigieuse complicité et unis par un amour au-delà de tous les amours.

Saint-Exupéry, encore lui, traduit ce sentiment qui les porte, cette force inhumaine qui les a menés de l'autre côté du monde : « En travaillant pour les seuls biens matériels, nous bâtissons nous-mêmes notre prison. Nous nous enfermons, solitaires, avec notre mon-

* Antoine de Saint-Exupéry, *Carnet*, I – 263, Gallimard.

naie de cendre qui ne procure rien qui vaille de vivre. On n'achète pas l'amitié d'un Mermoz, d'un compagnon que les épreuves vécues ensemble ont lié à nous pour toujours. »

Hélas, lorsque les Français font enfin connaissance avec cette entreprise, le glas sonne lugubrement l'enterrement de tous les efforts, de tous les sacrifices consentis par « ces hommes remarquables qui, comme l'écrira bien plus tard maman Mermoz *, ont été accueillis en France avec la plus grande indifférence, laquelle a souvent confiné à la pire ingratitude. Un homme comme M. Bouilloux-Lafont, qui avait sacrifié son immense fortune à développer et favoriser en Amérique du Sud l'essor des ailes françaises, a été par la suite abandonné par son pays, en dépit des engagements les plus formels, et contraint à la ruine... »

Ces hommes, il faut les comprendre. Kessel et Fleury s'évertuent à faire circuler le fluide, réussissent à sensibiliser l'opinion. Mais trop tard!

L'édifice s'effondre.

Quelle cruelle désillusion pour les pilotes et les mécaniciens qui ont bâti la ligne comme une cathédrale, pierre après pierre, étape après étape, avec une ferveur quasi religieuse. Cette ligne, ils avaient fini par la voir s'élever dans les espaces d'air pur parcourus par des bancs de nuages, sillonnés par des traînées aveuglantes de lumière. Grâce à leur abnégation, à leurs larmes, à leurs peurs, à leur témérité, à leur sacrifice, elle plongeait maintenant dans un ciel sans sortilège et sans terreur.

Pour oser glisser le long de cette voie céleste, il leur avait fallu taquiner l'enfer, déjouer des maléfices, s'y sacrifier parfois. C'était le prix à payer!

Eh oui! ces hommes bâtissaient leur ligne comme leurs

* En préface à l'ouvrage de Georges Clerc : *L'Aéropostale*, Minuit, 1955.

illustres anciens édifiaient les cathédrales, une ligne dont l'arche la plus grande a permis la communion de plusieurs peuples : imaginez une ogive élancée, tendue au-dessus de l'Atlantique par le maître d'œuvre Mermoz.

Perdus dans la nuit, glacés par les vents et les pluies, étourdis par les enchantements des déserts ou de la montagne, ou suspendus dans une aube lumineuse et pure, ces équipages vivaient dans un temps qui n'était pas encore le nôtre, ils exploraient notre avenir, à la dérive entre deux éternités.

Voilà les personnages que la presse livre à la curiosité, puis à l'adulation de la foule.

La légende emboîte le pas à la réalité. La ligne se métamorphose en une mystique bien vivante. C'est une incursion au royaume abominable et merveilleux où la lumière se révèle d'autant plus belle que l'obscurité règne partout.

Dans cette terre étrange, splendide et perfide, errent des hommes habités par une foi inébranlable : voler! et qui poursuivent une quête : servir leur pays. Des hommes avec leurs défauts. Des hommes que l'on entend hurler de rire dans les boîtes de nuit, des hommes que les belles ne laissent pas insensibles, des hommes qui dévorent chaque seconde d'une existence compromise.

Parmi eux, avec eux, au-dessus d'eux : Mermoz!

Ce grand garçon au front haut, à la carrure athlétique mais élégante, au regard tendre, gris et profond comme la mer, attire l'attention. Fascine les hommes comme les femmes. En lui, il y a quelque chose qui dépasse l'humain et semble provenir de ce monde imaginaire capté par les sculpteurs naïfs des portails de cathédrales ou par ces artisans de jadis, habiles à rendre la lumière des matins et des soirs, dans la couleur de leurs vitraux.

Au milieu des convulsions qui agitent l'Aéropostale,

Jean n'en continue pas moins à assurer le service, notamment sur le trajet Marseille-Alger. Le 21 février 1932, en compagnie de Lucien Régnier, son radio, il doit poser son hydravion CAMS 53 sur une Méditerranée de mauvaise humeur. Ils s'en sortiront de justesse, sauvés par le paquebot *Timgad.*

« Cette aventure, ainsi que la relatera Mermoz, appartient au passé; elle ne fait que compléter la série de mes souvenirs et me prouver, une fois de plus, que l'avenir ne veut pas se séparer de moi.

« Allons, j'ai encore de belles heures aéronautiques à vivre. Il faut espérer que l'Aéropostale m'en donnera encore longtemps les moyens, quoique maintenant j'aie à peu près tout épuisé.

« J'ai connu l'angoisse de la soif après l'incendie en vol dans le désert d'Arabie; j'ai connu la captivité chez les Maures; j'ai connu l'étreinte de la cordillère des Andes pendant quatre jours, la panne en forêt vierge au cœur du Brésil, la descente en parachute après rupture d'appareil à Toulouse, la panne dans l'Atlantique Sud, l'amerrissage par tempête dans la Méditerranée. Que pourrais-je connaître d'autre maintenant? Je ne perds pas mon temps à me le demander; je pense que simplement la vie est belle et bonne à vivre... et que bien malheureux sont ceux qui n'ont pas, comme moi, l'amour de leur métier, et qui ne savent pas en tirer toutes les sensations saines et fortes, toutes les impressions puissantes et magnifiques qu'il prodigue à ceux qui l'aiment. »

Jean ignore qu'il entre dans une phase d'émotions intenses. Outre les mésaventures de l'Aéropostale, les signes du déclin de l'aviation française ne manquent pas. Par exemple, le nombre des records internationaux chute de manière alarmante : si la France en détenait trente et un en 1931, elle n'en possède plus que vingt-cinq en 1932, dix-huit en 1934 et neuf en 1936!

Les Français prennent toute la mesure de leur position précaire lorsqu'ils se rendent à Rome, en mai 1932, à l'invitation du maréchal de l'Air Italo Balbo qui a souhaité réunir les cinquante-deux pilotes ayant traversé les Atlantique. Parmi eux, Jean Mermoz, que Balbo a tôt fait de baptiser le « poète de l'Aviation ». A ce congrès participent aussi Armand Lotti, Dieudonné Costes, Maurice Bellonte, Jean Assolant.

La plupart des aviateurs présents se connaissent, du moins de réputation, et, pour se croiser un peu partout dans le monde, entretiennent souvent des relations cordiales, sans ignorer les luttes meurtrières auxquelles se livrent leurs employeurs.

A Rome, ces hommes oublient un instant le poids de leur nationalité pour n'envisager que la technique de leur profession et son avenir.

Bref, on parle « boutique »! Et, bien sûr, l'on commente le premier catapultage d'un hydravion Dornier « Wal » à partir d'un navire, en l'occurrence le *Westfalen*. Ce système ouvre aux Allemands la route aérienne vers l'Amérique du Sud...

Balbo, l'organisateur, savoure son succès tandis qu'il contemple cette assemblée de l'élite mondiale de l'aviation, élite dont il fait partie. Si son étiquette fasciste ne contribue pas à lui gagner la sympathie de beaucoup, chacun s'incline devant le pilote courageux et audacieux qui a propulsé son pays dans le peloton de tête, en ce qui concerne l'aéronautique.

Ce disciple de Mussolini dès la première heure, « squadriste * », journaliste, soldat, homme politique et surtout aviateur, a pris part à la fameuse marche sur Rome en octobre 1922 avant d'être élu député; il a ensuite fondé un quotidien, le *Corriere Padeno*, tremplin nécessaire à toute ambition politique. Devenu

* Membre des escouades fascistes.

sous-secrétaire d'État à l'Économie, puis ministre de l'Air et membre à vie du grand conseil fasciste, il intègre la haute hiérarchie du Parti. Aussitôt après son accession au ministère, il demande à Mussolini de le nommer... général : « Un simple pékin ne saurait commander à des militaires », déclare-t-il pour justifier sa requête. Le Duce, amusé, accepte à condition que Balbo lui fasse passer son brevet de pilote.

Balbo, une fois aux commandes, s'attelle au développement de l'aviation italienne avec une ténacité rageuse. Il passe des heures, des jours, des semaines dans les ateliers, les usines, sur les terrains et dans les écoles de pilotage. Il encourage, il menace, il promet, il exige des résultats. Et les obtient!

Le 17 décembre 1930, douze appareils Savoia Marchetti répartis en quatre escadrilles décollent de Orbetello et se posent à Rio le 15 janvier 1931.

Balbo récidivera le 1er juillet 1933 : une seconde croisière aérienne transatlantique s'envolera à nouveau de Orbetello, parviendra dans le ciel de Chicago au soir du 15 juillet et amerrira en ordre sur le lac Michigan. Cette expédition lointaine comportera vingt-quatre hydravions.

Quelle leçon! Et quel homme ce Balbo! Sorte de seigneur de la Renaissance, prodigue d'hospitalité, de mécénat et de réceptions fastueuses. Balbo a laissé pousser barbe et moustache pour se vieillir. Son bouc « représente un peu la constance, la fidélité à un idéal qui trouve sa source dans la première jeunesse et qui demeure intact au fur et à mesure que la vie s'écoule. Avec sa barbiche, Balbo veut dire qu'il a passé sa jeunesse à combattre et qu'il entend achever son existence de la même façon * ».

* Antonio Aniante, *Italo Balbo*, Grasset, 1933.

Enfin, le ministre-aviateur peut s'enorgueillir de contredire Machiavel qui se lamentait de ce que les Italiens, souvent « victorieux dans les duels et dans les rencontres à quelques-uns, faisaient piètre figure dans les grandes entreprises où il fallait un effort plus vaste ». Avec Balbo, les Italiens trouvent la cohésion et le dynamisme qui renforcent les succès. C'est l'évidence qui saute aux yeux des Français que les discours du ministre italien vont troubler. Comme pratiquement tout le monde en Europe, Italo Balbo [14] sait que la guerre ne tardera pas, une question de quelques années, une question de préparation... Il ne cache pas cette conviction à des journalistes américains auxquels il affirme que ce conflit se déroulera essentiellement dans les airs et que, par conséquent, « si un État veut se défendre et passer à l'offensive, il doit posséder une flotte aérienne exceptionnelle par le nombre d'appareils, la technique et les qualités de ceux qui la dirigent * ».

Voici des propos martiaux qui devraient secouer l'apathie en France où l'aviation s'affaiblit, tenaillée par le doute, divisée par des querelles intestines.

Voilà les surprises qui attendent les Français à Rome, en ce mois de mai 1932. Certes, les échanges n'intéressent que la technique, les expériences vécues, les possibilités de tel ou tel matériel ou de telle ou telle formule.

Loin d'être la figure de proue de ce congrès, Mermoz se fait remarquer, cependant, par des prises de position péremptoires en faveur de l'avion terrestre.

Jean, que la fin brutale du Bernard a laissé quelque peu désemparé, ne manque pas d'arguments pour appuyer sa thèse. Seul, l'avion lui fait défaut. Mais la

* Alexandre Couzinet, *Mermoz-Couzinet ou le rêve fracassé de l'Aéropostale*, Jean Picollec, 1986.

chance, généreuse avec ses favoris, le place sur la route de René Couzinet, un inventeur aussi jeune que génial, lequel, en 1928, a mis au point un appareil aux lignes révolutionnaires et pures qui contraste agréablement avec la production obsolète d'alors : le trimoteur *Arc-en-ciel*.

Couzinet sort d'une mauvaise passe : son premier prototype, pourtant confirmé dans ses qualités, a été accidenté et le pilote, Maurice Drouhin, tué. Toutefois, avant de mourir sur un lit d'hôpital, Drouhin l'a encouragé à persévérer *.

Hélas, le second exemplaire disparaît dans l'incendie qui ravage un peu plus tard ses ateliers. Et entre-temps, Maurice Bokanowski, le ministre du Commerce qui soutenait le jeune constructeur, se tue en... avion **.

C'est grâce à des aides diverses et notamment à celle de la banque des Coopératives que René Couzinet peut assembler un troisième *Arc-en-ciel*.

Son appareil en mains, sûr de son fait, le jeune ingénieur va trouver Raoul Dautry : « Pour l'Atlantique Sud, l'Aéropostale a besoin d'un avion performant, endurant. Pourquoi pas le mien? »

Cette démarche comporte une dose importante de logique; en effet, l'*Arc-en-ciel* dispose de trois moteurs contre un seul pour les Laté utilisés sur la ligne. Trois moteurs, cela signifie la sécurité multipliée par trois. Plus de puissance, également. Retenez surtout qu'en cas d'avarie-moteur, non seulement le déroulement du vol n'est pas affecté mais, en plus, le mécanicien peut se faufiler jusqu'à la pièce fautive et procéder à sa réparation... Du jamais vu!

Pour bien souligner l'originalité de son *Arc-en-ciel*,

* Alexandre Couzinet, *Mermoz-Couzinet ou le rêve fracassé de l'Aéropostale*, Jean Picollec, 1986.

** A Toul, le 2 septembre 1928.

Couzinet entend organiser une démonstration classique menée non par un Mermoz dont la notoriété fausserait tout, mais par un pilote ordinaire. Son raisonnement est évident : le trimoteur l'emportera grâce à ses seules capacités.

Mailloux, qui sera le navigateur de l'*Arc-en-ciel*, et Helbronner, un des trois directeurs de l'Aéropostale, vont amener Couzinet à reconsidérer sa décision : « Voyez Mermoz », lui conseille-t-on. Le constructeur se laisse finalement fléchir et accepte de rencontrer le « Grand ».

Dans un courrier daté du 8 juillet 1932, Mailloux s'empresse d'annoncer la nouvelle à un Jean Mermoz morose : la perspective d'un raid s'amenuise et, sans perdre complètement l'espoir de l'accomplir un jour, le pilote commence à éprouver de sérieux doutes.

En quelques mots, Mailloux lui offre une bouffée d'oxygène : « Après discussion, Couzinet a compris que Jean Mermoz devait piloter son aéroplane sur le parcours Paris-Dakar-Natal-Rio-Buenos Aires. Le courrier de l'Aéropostale étant à bord et ceci d'accord avec Verdurand. Le retour s'effectuerait après un séjour de trois jours en Argentine. Ceci ferait donc pour nous une absence de huit jours environ... »

Reste à mettre les deux hommes face à face.

Fin diplomate, Helbronner estime que le week-end du 15 août servirait favorablement ce rapprochement. Il va donc, à cette date, inviter Mermoz et Couzinet au Zoute, en Belgique.

Le samedi 13 août, après avoir lié connaissance dans le Couzinet 30 qui les emmenait vers leur destination, piloté par Mermoz, ce dernier et le constructeur se retrouvent, le soir, au casino de Zoute. Le lendemain matin, à l'issue d'une nuit de discussion animée, une association durable était née. Une association soudée par l'amitié !

– Je ne veux pas d'autre pilote que Mermoz, lance un Couzinet enthousiaste.

Voilà Mermoz avec un nouvel avion terrestre à sa disposition, pas exactement le type d'appareil béni par l'administration.

Cependant, il ne renonce pas au Bernard 80 avec lequel il a vécu un exploit et des moments uniques. Peu avant la fin de l'année, il s'installe aux commandes de ce grand avion pour effectuer une série d'essais. Cette fois encore, il échappe par miracle à la casse grâce à sa puissance musculaire et à sa science de l'air. Des spasmes, des convulsions violentes déforment la structure du Bernard que Jean dompte difficilement et ramène à Orly à la force du poignet et du jarret...

Pendant cette période transitoire de 1932, Mermoz prend également du galon : il devient pilote de première classe à dater du 1er juillet et inspecteur sur l'ancien réseau à compter du 1er août, c'est-à-dire chargé des pilotes et du personnel navigant en général.

Cette promotion méritée n'empêche pas le malaise car le personnel de l'Aéropostale s'interroge sur son avenir. Le sursis ne durera pas! De son côté, le comité de direction, auquel appartient André Bouilloux-Lafont, gère de son mieux une situation figée dans l'attente du bon vouloir ministériel.

Éclate alors un scandale comme seule cette époque sut en produire. Après le krach de Marthe Hanau et de sa *Gazette de France*, en 1928, qui vit la ruine de milliers de petits épargnants; après l'affaire Ouistric qui, en 1930, déclenche une réaction en chaîne au niveau politique puisque s'y trouvent impliqués des hommes de premier plan comme Raoul Perel, garde des Sceaux, les Français apprennent avec stupéfaction que ce feuilleton déplorable se poursuit avec de nouveaux personnages, toujours dans le même cadre politico-financier : l'Aéropostale est la triste vedette de cet épisode lamentable où pullulent, bien sûr, les bons et les méchants. Parmi les victimes certaines, l'une d'elles, André Bouilloux-Lafont, fera même figure de coupable. C'est dire le machiavélisme employé par les opposants à la ligne qui utilisent les stratagèmes les plus vils pour arriver à leurs fins.

On se doute qu'après la mise en liquidation, Marcel et André Bouilloux-Lafont, des battants par nature, voulaient comprendre l'origine précise de leur surprenante élimination.

Au cours de ses investigations, André apprend d'une source proche – il s'agit de Marcel Portait – la raison du revirement du ministère, une raison très grave parce qu'elle implique la trahison de hauts fonctionnaires au profit d'une nation étrangère : l'Allemagne! Et la preuve existerait! André Bouilloux-Lafont souhaite légitimement rencontrer l'informateur si bien documenté, un dénommé Lucien Colin, alias Serge Lucco, journaliste de son état. André entre ainsi en possession de plusieurs pièces édifiantes, authentifiées par deux experts, et accablantes; les révélations débordent largement le cadre du ministère et désignent une foule de personnalités, des sociétés françaises, allemandes, espagnoles et portugaises.

En principe, deux expertises ne trompent pas. Armé de cette conviction, André alerte les autorités. C'était certainement la réaction attendue par ses adversaires. La nasse se referme sur lui après une visite effectuée en juin 1932 au ministère de l'Air où le reçoit Paul Painlevé qui exige une contre-expertise. L'étude minutieuse des documents amène l'ouverture d'une enquête officielle dont les conclusions vont être terribles : le 2 août, le procureur de la République ouvre une instruction contre X pour faux et usage de faux.

Que disaient ces « faux »?

... que Paul-Louis Weiller, administrateur-délégué de

la société des moteurs Gnome et Rhône, a obtenu des appuis financiers en Allemagne, grâce auxquels il a pu conserver le contrôle de son affaire...

... que Emmanuel Chaumié, directeur de l'Aéronautique marchande, a servi d'intermédiaire rémunéré...

... que le groupement allemand intéressé – la Deutsche Lufthansa – voyait là le moyen de supplanter l'Aéropostale sur la route de l'Amérique du Sud.

Dans *L'Aéronautique* de novembre 1932, le journaliste Henri Bouché prétend tirer « les leçons de l'Aéropostale ». Il affirme que, convoqué le 10 août par le juge, Bouilloux-Lafont ne se présente que le 2 septembre. Le 9, il dépose à son tour plainte en forfaiture contre Chaumié et en corruption de fonctionnaire contre Paul-Louis Weiller...

Le 3 octobre, l'instruction entre dans une phase décisive. Quatre jours plus tard, il est établi que les documents sont des faux grossiers faits par Lucco [15] qui passe facilement aux aveux, trop facilement même, comme s'il s'agissait d'une démarche entendue d'avance : de bonne grâce, il donne des informations détaillées sur la fabrication des pièces; il explique aussi comment il s'expédiait à lui-même, à une adresse voisine du domicile de Chaumié, les pneumatiques dont celui-ci était censé être le destinataire. L'adresse, écrite au crayon, était gommée après coup et remplacée par celle du directeur de l'Aéronautique marchande...

Et Lucco, décidément en verve – il a bien retenu sa leçon –, accuse Bouilloux-Lafont de lui avoir dicté ou suggéré la plupart des faux. Sans preuve, toutefois. Et ce parce qu'il n'y en a pas!

Quoi qu'il en soit, les initiateurs de ce complot se frottent les mains : ils ont réussi à associer le nom de Bouilloux-Lafont à celui de Lucco, ce personnage douteux. Mieux, Marcel et André devront reconnaître avoir remis de l'argent au faussaire. Or, les deux hommes, soucieux d'établir leur bonne foi dans leurs démêlés avec le ministère de l'Air, heureux également de tenir un fil conducteur qui leur permettrait enfin de transformer en certitude ce qui n'était que des soupçons, n'ont pas imaginé un seul instant une machination aussi tordue.

Voilà André inculpé d'usage de faux! Et mal soutenu. Surtout pas par Pierre Cot, le successeur de Painlevé. A propos du scandale de l'Aéropostale, le ministre parle d'une escroquerie considérable, compliquée d'actes criminels : « On m'a demandé de m'occuper de cela parce que j'étais compétent sur le terrain juridique [...]. On a pensé à moi (pour le ministère de l'Air) parce que justement j'avais la possibilité de porter des coups dans cette affaire importante et, à un certain moment, amusante *(sic)*.

« Les dirigeants de l'Aéropostale avaient des attaches un peu partout; ils avaient repris les lignes Laté et, pour gagner plus d'argent, ils avaient fondé en Amérique du Sud des tas de filiales. Et ces filiales se croisaient. Il y avait, par exemple, une société pour créer les immeubles, pour faire des hangars d'aviation, etc. Comme cette société était une société étrangère par rapport à la France, il était très difficile de la contrôler [...]. Toutes les comptabilités se croisaient de façon telle qu'un hangar qui coûtait 200 000 francs à Paris, revenait à 600 000 francs quand il arrivait là-bas. Et c'est par hasard, quand on a emprunté un avion de l'Aéropostale sur un trajet qu'elle ne faisait pas encore, qu'on s'est aperçu qu'au kilomètre et à la consommation d'essence on facturait en doublant le prix... Par conséquent, c'était vraiment des voleurs *. »

Ce n'est donc pas de ce côté que les Bouilloux-Lafont

* Extrait de l'entretien accordé par Pierre Cot aux services historiques de l'Armée de l'air, le 14 mai 1975.

peuvent attendre une parfaite compréhension. Au contraire!

Ainsi, des hommes amoureux de leur ligne vont devoir endosser un costume d'ignominie taillé dans un tissu de mensonges habilement montés.

Néanmoins, les Bouilloux-Lafont ne sont pas rejetés par tout le monde. Un véritable élan de solidarité naît spontanément sur le réseau de l'Aéropostale, élan dont Mermoz se fait l'intermédiaire affectueux auprès de Marcel * : « Je regrette infiniment que d'impérieux devoirs m'appellent à nouveau vers l'Atlantique Sud, m'obligeant à ne pouvoir demeurer près de vous et de votre fils dans cette épreuve imméritée [...].

« Malgré cette absence [...], rappelez-lui et dites-lui bien que jamais je ne l'ai cru coupable et que jamais en aucun cas, je ne le croirai coupable.

« A l'époque où nous vivons, il est hélas trop facile de frapper un homme à terre et de le déshonorer. A l'école du courage qu'est l'Aéropostale, les hommes comme moi qui vivent la vie de la Ligne, luttent pour elle et s'y sacrifient au besoin, n'ont pas cette lâcheté. Au cours de mon dernier voyage en Amérique du Sud, les pilotes, les radios, les mécaniciens dont la plupart ignorent tout de la politique internationale, m'ont exprimé leur indignation. Car il n'est pas un homme de bon sens, chez nous à la Ligne, qui, en réfléchissant, ne se soit rendu compte que, en traînant votre fils dans la boue et en salissant également le nom même de l'Aéropostale, on cherchait à démolir l'œuvre en frappant l'homme.

« André Bouilloux-Lafont conserve l'estime de tous ceux à qui il a donné les moyens moraux et financiers de créer et de terminer l'une des plus belles lignes aériennes du monde. Dites-lui cela, non comme une consolation, mais comme une force morale à l'abri de

* Lettre datée du 18 mars 1933.

toute défaillance. Qu'il lui reste au moins cela! Quant à sa bonne foi, vous savez ce que j'en pense... Je n'ai pas encore compris comment on pouvait la mettre en doute : un homme qui a commis un crime n'a jamais été se jeter dans la gueule du loup en montrant au ministre de la Justice les preuves de son crime et en les laissant circuler chez des personnages officiels trop avertis [...]. »

Jean souligne là un point crucial de cette affaire que l'enquête va négliger. De même, la justice paraît se désintéresser des liens bien singuliers qui existent depuis des années entre Paul-Louis Weiller et Lucco, et entre ce dernier et les Renseignements Généraux [15]...

Interrogé par le juge d'instruction Brack, Mermoz déclare qu'il croit en l'entière bonne foi de André, ce qui, à son grand étonnement, ne sera pas mentionné dans sa déposition.

L'aviateur ne doute pourtant pas de l'objectivité de la justice * : « Puisse-t-elle crever l'abcès dont notre aéronautique et nous-mêmes souffrons un peu trop excessivement. Il y a encore trop de vrais coupables pour la correctionnelle... et, qui sait?... pour la cour d'assises. »

Sur le terrain, le ton monte, le personnel gronde. Mermoz partage cette colère. Il l'exprime dans un cri du cœur : « Monsieur Marcel Bouilloux-Lafont, lâchement abandonné et dépouillé, a dû s'incliner. Je crois et je suis sûr qu'un jour justice sera faite et que l'on comprendra ce que cet homme a réalisé et essayé de réaliser pour que la France puisse être et demeurer grande en Amérique du Sud.

« Le projet Bouilloux-Lafont est devenu malheureusement le projet de la Pan American Airways [16]. Voilà un résultat bien français. »

* Lettre datée du 18 mars 1933.

Les Américains, comme les Allemands, profitent effectivement de l'aubaine. Pourquoi s'en priveraient-ils puisque des parlementaires français, tel Jules Moch, les y invitent publiquement à la tribune de la Chambre?

Les équipages français, qui flairent le danger, ne décolèrent plus. Et Jean, le pilote, le simple exécutant de la veille, se fait tribun, s'érige en champion de leur cause, stigmatise les vilenies et dénonce, lors de sa conférence au Théâtre des Ambassadeurs, le 22 novembre 1934, « l'effondrement encore injustifié de l'Aéropostale, l'indifférence et l'hostilité trop évidentes des services officiels français à détruire une œuvre qui avait à leurs yeux le défaut d'être probablement trop française, une incompréhension totale et une méconnaissance absolue de l'intérêt que représente pour la France cette ligne qui a donné jusqu'au début de 1933 la moyenne de 27 millions de francs de recettes annuelles, la moitié des recettes de l'aviation commerciale française [...]. C'est un manque de dignité et d'amour-propre national à l'égard des pays sud-américains ».

Et de s'exclamer : « Les Français savent créer, mais ne savent rien garder! »

Lorsque, quelques mois plus tard, surgit le spectre d'un projet de pool entre la Lufthansa et la toute jeune compagnie Air France consentante, un pilote allemand vient trouver Mermoz à Natal, un soir, et lui demande son sentiment; le « Grand » lui répond : « Il y a encore des Français qui préfèrent la dignité du risque couru et accepté à la lâche paresse de ne pas agir. Vous faites un effort, nous tenons à faire le nôtre; simplement, nous ne pouvons accepter d'être inférieurs à vous *. »

Peu après, sur une plage de Natal, il confiera au lieutenant-colonel René Davet, représentant du général

* Propos recueillis auprès de Charles Bultel par l'auteur en juin 1986.

Denain, alors ministre de l'Air, les raisons de son attachement à l'Aéropostale * : « Pourquoi nous l'aimons, notre ligne? C'est parce qu'elle vit. Elle vit de tout ce que nous lui avons donné de nous-mêmes. Quand elle a débuté, nous étions dix-huit jeunes voués à son succès, de toute notre âme. De ces dix-huit, nous restons quatre aujourd'hui, et tous ceux qui manquent sont morts à leur poste, en pleine lutte, pour que la ligne vive. Jusqu'à maintenant, plus de cinquante de nos morts ont jalonné le long parcours de Toulouse à Santiago, de la cordillère des Andes aux Pyrénées. Vous comprenez bien que, pour nous, leurs voix ne se sont pas tues. Elles commandent! »

Sur la plage de Natal écrasée par un soleil blanc, le sable brûlait et l'air vibrait. Le vent du large ne parvenait pas à bousculer la masse de chaleur lourde. Jean, perdu dans ses souvenirs douloureux, n'y prêtait pas attention. Et il ne s'adressait plus vraiment à Davet. Son regard fixait l'horizon dans lequel lui et ses camarades finiraient par se fondre un jour...

Ce qui n'était qu'une aimable conversation se mua en un monologue passionné. Et Davet, médusé, entrevit l'âme de l'Aéropostale.

Le militaire va se lier à Mermoz, « un tout compact, solide et viril », dira-t-il à Paris, au théâtre des Ambassadeurs, le 22 novembre 1934, lors de la conférence prononcée par Jean à propos de ses traversées de l'Atlantique Sud. L'on y évoquera souvent la foi, cette foi qui, paraît-il, renverse des montagnes. Mais qui ne sauvera pas l'Aéropostale!

La disparition de ce qui aura été la plus prestigieuse compagnie aérienne de tous les temps, l'une des plus

* Le colonel Davet en fera confidence lors de cette même conférence du 22 novembre 1934 au Théâtre des Ambassadeurs.

rentables aussi, sert un plan ourdi de longue date : la fusion des transporteurs français en une seule société privée. L'obstacle qui bloquait ce mécanisme a été éliminé : Marcel Bouilloux-Lafont, le cavalier solitaire qui avait le tort de ne pas appartenir au « club » des financiers et des constructeurs traditionnels.

En mars 1933, le ministère de l'Air franchit la première étape officielle : quatre compagnies (Farman, Air Union, Air Orient et la CIDNA *) n'en forment plus qu'une seule, la SCELA, Société centrale pour l'exploitation des Lignes aériennes, qui achète l'Aéropostale le 26 juillet suivant. Air France est en bonne voie!

Dans un ultime sursaut de combativité, Marcel Bouilloux-Lafont écrit le 3 juillet à Pierre Cot pour l'informer d'un abus grossier dont il risque d'être la victime : la SCELA se propose d'acquérir au « plus vil prix » tout l'actif de l'Aéropostale : quarante-cinq millions ce qui vaut deux cents millions!

Le ministre ne daigne même pas lever le petit doigt. Et personne, malgré une poignée de journalistes et le personnel, ne peut empêcher la curée.

Son achat confirmé le 30 août, la SCELA, qu'il convient dorénavant d'appeler Air France, récupère cent trente avions dont trente et un Laté 28 récemment mis en ligne, et certainement la meilleure équipe de pilotes du monde. Cet héritage prodigieux ressemble à une braderie. On n'ose parler de liquidation : la société est en effet autorisée à payer le prix par trop modeste et ridicule de 77 250 000 F en quinze annuités. Sans intérêts! Un vrai cadeau. Comme l'écrira, non sans ironie, M. Davies, un historien américain, si l'on tient compte de la baisse du franc, le dernier versement équivalait au coût d'un bon dîner de la direction d'Air

* CIDNA : Compagnie internationale de Navigation aérienne.

France... En fait, Air France aura déboursé 123 600 000 F (en francs 1982) *, soit le tiers du prix d'un Boeing 747...

Cet arrangement ne résout pas tous les problèmes : le non-rachat par Air France des contrats postaux de l'Aéropostale rend particulièrement précaires les privilèges importants obtenus en Argentine, en Uruguay et au Chili. Pendant un temps, la nouvelle compagnie va vivre sur une illusion : elle achemine le courrier sud-américain seulement grâce à l'Aéropostale qui lui fait bénéficier de ses contrats en la chargeant de transporter la poste pour son compte. Une situation bancale de cette ampleur ne saurait se prolonger indéfiniment [17]...

Autre conséquence : la liquidation judiciaire n'a pas autorisé l'Aéropostale à développer sa filiale portugaise. Puisque la compagnie a pratiquement cessé toute activité aéronautique, elle n'a donc plus l'utilité d'un droit d'escale aux Açores et au Cap-Vert. De même, elle n'est plus en mesure de réaliser le programme de liaison du Portugal avec ses colonies.

Bref, une action s'impose si la France ne veut pas perdre ses atouts.

Le 17 juin 1933, Marcel Bouilloux-Lafont insiste auprès du ministre de l'Air sur l'urgence et la nécessité de prendre une décision rapide. A souligner que le Patron ne plaide pas pour lui mais pour le transport aérien français.

Le ministre ne l'écoute pas.

La morale de cette histoire sans morale? Devant ce laxisme désobligeant, le gouvernement portugais résilie la concession par décret du 7 octobre 1933, un décret signé par douze ministres!

* Actualisation calculée par André Gréard, traducteur de Davies et ancien commandant de bord.

Anglais et Américains n'en demandent pas plus et se précipitent sur le gâteau des Açores. Ils entreprennent une étude commune pour une liaison entre l'Europe et l'Amérique du Nord.

Le colonel Charles Lindbergh et un dirigeant des Imperial Airways font un séjour prolongé au Portugal pour récupérer à leur avantage l'occasion en or gaspillée par les Français.

La logique continue d'appliquer son programme implacable : les 18 et 23 décembre 1933, la Pan Am et les Imperial Airways dénoncent le contrat signé le 21 novembre 1930 avec le groupe de l'Aéropostale. Le coup ébranle les Français. Mais le ministère de l'Air justifie mollement son absence de réaction, arguant qu'Air France ne pouvait prendre la suite parce que les charges inhérentes à cette opération eussent été trop lourdes. Il eût fallu dépenser trente millions de francs.

Quelle piètre défense, surtout quand on considère l'empressement mis par les Américains et les Anglais à s'engouffrer dans la brèche. Précisons que les trente millions en question eussent pu être amortis en vingt ans, durée de la concession portugaise; de plus, il s'agissait d'une somme dérisoire comparativement aux profits que n'aurait pas manquer de générer cette ligne qui promettait d'être la plus importante de son époque. Et puis, que représentait cette somme à côté des cent cinquante millions que l'État français va verser annuellement à Air France pour des exploitations de moindre portée, dont certaines resteront longtemps, voire définitivement, des trous à crédits?

Les Allemands s'enhardissent également. La Lufthansa, débarrassée de sa frustration des Açores, prépare une série de vols de démonstration (et de reconnaissance militaire!) en direction de New York, vols qu'elle accomplira de 1936 à 1939.

Pour la rivale d'Air France, les affaires tournent bien, et ce d'autant mieux que les services officiels français ne lui ménagent pas leur aide. Ils vont jusqu'à accorder à Zeppelin, et sans contrepartie! le droit de survoler la France...

Toutefois, le pire survient à la fin de 1933 à l'annonce d'un projet de pool entre Air France et sa concurrente d'outre-Rhin, un projet qui offrirait à l'Allemagne le fruit de dix années de travail.

Voilà donc comment se terminait le rêve lucide de Marcel Bouilloux-Lafont : en cauchemar!

Cette menace d'entente contre nature froisse l'orgueil national et démoralise un peu plus les anciens de l'Aéropostale qui s'intègrent tant bien que mal dans la nouvelle équipe. Pour sa part, Mermoz devient l'assistant de Maurice Noguès nommé depuis peu chef pilote. L'envergure peu commune de son supérieur temporise les états d'âme de Jean qui oscille entre le dégoût et la révolte. Noguès le comprend. Noguès l'écoute. Il sera l'un des seuls... Défricheur des lignes d'Orient, « Mermoz » de l'Extrême-Orient, il est aussi un formidable organisateur qui ne laisse pas insensible ceux qui l'approchent.

Pour Mermoz, il personnifie même le héros dont il possède indubitablement l'étoffe.

Inutile de dire que le courant passe entre les deux hommes. Malheureusement, l'estime mutuelle n'évoluera pas en amitié. Faute de temps!

Maurice Noguès a largement contribué aux succès d'Air Orient, une compagnie dynamique dont le principal actionnaire, en l'occurrence le groupe financier du canal de Suez, a toujours débordé d'ambition sur le plan du transport aérien français.

C'est lui, entre autres, qui a poussé à la fusion des sociétés en 1933.

Et c'est encore lui qui a donné à Air France une

direction générale très structurée dont la majorité des membres, parmi les plus influents, sort tout droit... d'Air Orient!

Aboutissement d'une vaste machination politico-financière et résultat de la volonté nationale à se doter d'une compagnie forte, la naissance d'Air France coïncide également avec la fin d'une époque : celle des pionniers, de ces hommes qui n'entraient dans aucun cadre stéréotypé. Ces hommes-là doivent céder leur place à des ingénieurs et à des bureaucrates. L'administration s'installe. Mais il subsiste une étincelle : Mermoz et Couzinet.

Désormais, Jean va lutter pour le maintien d'une ligne France-Amérique du Sud totalement aérienne. Il en est le symbole gênant. Il en sera le martyr...

« Un homme est toujours au-delà de ce qu'il fait. »

Jean-Paul Sartre
(Les Séquestrés d'Altona).

18.

Les Années Folles le deviennent vraiment en 1933. Les troubles enregistrés ici et là à travers le monde n'augurent rien de bon.

Avec l'arrivée d'Hitler à la tête du Reich, en janvier, le nazisme fait mieux que montrer le bout du nez. La croix gammée, adoptée comme insigne de la dignité d'une nation, apparaît sur les édifices et sur la dérive des appareils de la Lufthansa qui participent activement à propager la grandeur du IIIe Reich.

Mermoz, dont on sait qu'il croit en sa chance, pense gagner une manche contre l'adversité : en ce mois de janvier, il s'apprête à traverser l'Atlantique Sud à bord de l'*Arc-en-ciel*. Pour l'heure, sa chance s'appelle René Couzinet.

Le constructeur étonne par son âge * et, paradoxalement, par la finition quasi parfaite de son trimoteur, un avion aux lignes résolument modernes : plus de mâts, plus de haubans, une silhouette à faire pâlir d'envie Douglas, Boeing... sans parler des industriels français quelque peu vexés d'être distancés par un « gamin ».

Ils ne le lui pardonneront jamais...

* René Couzinet, né à Saint-Martin-des-Noyers, en Vendée, le 20 juillet 1904, est jeune diplômé de l'école d'ingénieurs des Arts et Métiers.

L'adjectif « révolutionnaire » colle bien à cet appareil de dix tonnes et de 27 mètres d'envergure qui peut accueillir 6 300 litres de carburant et six hommes d'équipage en tout confort, et avaler 10 000 kilomètres sans risquer la panne sèche, à 260 kilomètres/heure de moyenne.

Bref, il relègue les hydravions au musée des antiquités. Ce qui, évidemment, n'est pas du goût de tout le monde et notamment de l'administration qui doit reconsidérer des critères techniques d'autorisation pour le moins empoussiérés...

Couzinet se démène comme un beau diable, et seul, c'est-à-dire sans l'aide de l'État, littéralement porté par sa passion de l'Aviation, une passion qui l'a enflammé d'un coup en 1927.

Le 21 mai de cette année-là, après trente-trois heures et trente minutes d'un vol ininterrompu depuis les côtes américaines, Lindbergh pose son frêle *Spirit of Saint-Louis* sur le terrain du Bourget d'où, treize jours plus tôt, Nungesser et Coli se sont envolés pour nulle part...

En ce 21 mai, une marée humaine déferle sur la piste pour fêter Lindy. Il est alors près de 22 h 30. Un homme, avec fermeté, comme l'y oblige sa qualité d'officier de service de nuit, arrache le pilote américain à l'enthousiasme étouffant de la foule. Il s'agit de René Couzinet.

Lui aussi se montre impressionné par l'exploit solitaire qui vient de se conclure devant ses yeux. Il en tire une froide détermination et, onze mois plus tard, le premier *Arc-en-ciel* roule sur le gazon d'Orly!

En mai 1928, avec Maurice Drouhin * aux commandes, l'*Arc-en-ciel* confirme les espoirs de son créateur. Un coup d'éclat l'imposerait définitivement : un Paris-New York, par exemple.

* Ancien chef pilote chez Farman.

Le 8 août, Maurice Drouhin, le mécanicien Georges Lanet, l'ingénieur Gianoli et le radionavigant Jean Manuel grimpent dans le fuselage spacieux. Moins d'une heure plus tard, l'avion s'écrase après avoir heurté de l'aile un hangar, sous le regard horrifié de Couzinet, de Le Brix et d'une délégation d'ingénieurs des Arts et Métiers. Pour Lanet, les secours ne pourront rien; Drouhin succombe quelques jours après l'accident, à l'hôpital de la Pitié. Il a perdu trop de sang. Gianoli et Manuel, gravement blessés, rejoindront l'équipe Couzinet : cette catastrophe n'a pas entamé leur capital-confiance à l'égard de l'appareil.

Avant de mourir, Drouhin encourage Couzinet à persévérer... C'est à peu près les mots de consolation que prodigue Maurice Bokanowski, ministre du Commerce et de l'Industrie, chargé de l'Aviation, au jeune constructeur, en lui promettant qu'il ne l'abandonnerait pas. D'ailleurs, il lui certifie que ses services techniques vont lui commander trois *Arc-en-ciel.* Hélas! aucun écrit officiel ne valide ces paroles. Ainsi, peu après la mort brutale de Bokanowski en septembre, quand Couzinet s'enquiert de la suite logique de cet accord verbal, il s'entend répondre par Suffrin-Hébert, directeur technique et farouche opposant aux avions terrestres, qu'il n'y a pas de marché écrit. Pas de preuves, alors pas de commandes!

Pour René Couzinet, l'avenir prend de vilaines teintes sombres. Le voilà sans argent, lui qui avait économisé et profité d'une chaîne de solidarité constituée par ses amis. Construire un deuxième prototype, ce serait demander un nouveau sacrifice à l'amitié qui a déjà donné ce qu'elle possédait. Et pourtant, la chaîne redémarre; les pilotes civils y apportent leur contribution tandis que la ville de Biarritz ouvre une souscription. Le procédé, généreux, n'a rien d'original : Saint Louis aux États-Unis a sponsorisé Lindbergh et les

Allemands, avec une formule similaire, ont participé au financement du dirigeable *Comte-Zeppelin.*

Ce geste élégant ne reste pas isolé : les enfants, les aéro-clubs, le ministre de l'Air lui-même, Laurent-Eynac, et les personnalités les plus diverses amplifient un mouvement déjà exceptionnel. Tant et si bien qu'en août 1929, Albert Caquot, directeur des services techniques et industriels de l'Aéronautique, conclut avec Couzinet un marché pour deux trimoteurs postaux.

En connaisseurs, les Allemands font savoir leur admiration au constructeur. L'un d'eux, Maurice Dornier, un spécialiste de renommée mondiale, n'hésite pas à lui dire qu'on le considère outre-Rhin comme le seul ingénieur français « faisant quelque chose d'intéressant en aviation ». Le compliment va droit au cœur de René, d'autant que les Allemands se trompent rarement dans leurs appréciations techniques.

Mais la France boude son jeune génie. Et les mois passent...

Une éclaircie se produit toutefois dans les relations entre l'avionneur et les services techniques : le 5 janvier 1933, Emmanuel Chaumié * délivre enfin une autorisation de vol qu'un autre officiel voudra annuler quelques jours plus tard, au Bourget. Cette situation ambiguë pourrait bien contrarier le raid vers l'Amérique du Sud projeté avec Mermoz.

Couzinet fait aussitôt partir le pilote et l'équipage pour Istres puis gagne le ministère de l'Air où le reçoit Jean Bourguignon, chef de cabinet de Paul Painlevé, celui-ci étant malade.

L'entretien lève l'obstacle malgré les mises en garde des services techniques qui ne déclarent pas facilement forfait. Ils parviennent à imposer un essai d'endurance

* Directeur de l'Aéronautique marchande au ministère de l'Air.

à l'*Arc-en-ciel*, essai placé sous leur contrôle et qui doit se dérouler sur une distance équivalente à celle que représente la traversée de l'Atlantique Sud.

Au sein de l'administration, les pronostics vont bon train : « Il ne passera pas! » prophétisent de charmants fonctionnaires dont la plupart n'ont jamais mis les pieds dans un avion...

D'aucuns règlent d'avance son sort à l'appareil : « Ce trimoteur ne pourra pas décoller à pleine charge... Il ne dispose pas d'un rayon d'action suffisant... Quant à la sécurité... »

Voilà les encouragements qui accompagnent Couzinet, Mermoz, Carretier, le copilote, Mailloux, le navigateur, Jean Manuel, le radio, Jousse et Mariault, les mécaniciens, des hommes gonflés à bloc. Et confiants. Et décidés à réussir ce voyage, donc à contredire les oracles des services techniques.

Couzinet se glisse sur le siège de droite, à côté de Jean. Une succession de mouvements précis, accomplis selon le rituel de la check-list, et les moteurs grondent.

L'aventure commence le 12 janvier par un décollage parfait. L'avion pèse pourtant plus de quatorze tonnes. Ce départ ne déclenche pas de commentaires chez ces messieurs de l'administration qui semblent attendre le pépin pour se lamenter : « Vous voyez, on les avait bien avertis... »

Sans événement notable à signaler, l'*Arc-en-ciel* va effectuer son périple en plusieurs étapes.

Les records tombent. Pas l'appareil! Puis vient le grand moment, un moment attendu avec impatience par Mermoz : celui de sa confrontation avec l'Atlantique Sud.

Si Raoul Dautry, président du conseil d'administration de l'Aéropostale leur a donné son feu vert pour entamer cette longue étape, l'autorisation du ministère tarde... Ce n'est pas nouveau. Par l'entremise du gouverneur général Brévié, un avertissement officiel laisse Mermoz seul juge de leur tentative. Ponce Pilate n'aurait pas fait mieux.

Le message, sibyllin, signifie en clair : renoncez!

Ils partent. Et franchissent les 3 200 kilomètres en quatorze heure trente, à la moyenne de 227 kilomètres/heure *. En toute sécurité...

Bien sûr, le précédent record vole en éclats **.

La performance redonne quelques couleurs à Marcel Bouilloux-Lafont; et pour un temps, cet exploit va réduire au silence les mauvais génies de l'Aéropostale.

De plus, quel réconfort pour les Sud-Américains.

L'Amérique du Sud! Les souvenirs affluent. Jean pense à Gilberte avec laquelle il partage une profonde affection. Mais peut-on encore parler d'amour lorsque des différences subsistent et s'accentuent? L'Aviation tient Mermoz et le tient bien. Cela, Gilberte l'a compris avec son intuition qui lui murmure également que cet état ne fera qu'empirer...

A Paris, elle mène une vie aisée, raffinée, comme l'y a habituée son éducation stricte et bourgeoise. Jean, quant à lui, ne prise pas les mondanités; il les fuit pour sortir avec ses camarades de la Ligne, avec Kessel, avec Martinoff. A l'évidence, leurs goûts ne se calquent pas vraiment les uns sur les autres. A la délicieuse hypocrisie des salons, Mermoz préfère la bruyante gaieté de sa société à lui. Bref, voici deux mondes entre lesquels l'amour a jeté un pont précaire...

* Pour plus de détails sur cette traversée, se reporter au livre d'Alexandre Couzinet : *Mermoz-Couzinet ou le rêve fracassé de l'Aéropostale*, Jean Picollec, 1986.

** Il sera amélioré en décembre 1936 par Maryse Bastié à bord de son Simoun de sport rebaptisé dans la tristesse... *Jean Mermoz.*

Si tout va bien, Gilberte sera au Bourget pour le retour. Le retour...

Après une tournée triomphale à travers l'Amérique du Sud, le gros trimoteur se prépare à accomplir le voyage en sens inverse avec, cependant, quelques changements : Collenot prend la relève de Camille Jousse, souffrant, et Paul Bringuier, reporter au *Petit Journal*, atteste par sa présence à bord que l'espace et les commodités ne manquent pas.

Ce 15 mai, à trois heures dix du matin, parvient à Dakar un message qui chavire le cœur des hommes à l'écoute, des hommes pourtant endurcis : « F-AMBV bien décollé de Natal à trois heures GMT. » Un exploit en soi, ce décollage! Tout d'abord, il a lieu de nuit, une nuit à peine maîtrisée, avec un appareil de quatorze tonnes et à partir d'un terrain inégal. Et très mou...

Face à l'horizon bouché, l'avion monte lentement, se fraie un passage parmi les volutes, puis évite un champignon plus sombre que ses voisins d'allure déjà peu engageante.

De pentes mouvantes en précipices insondables, le Couzinet avance vers le nord.

L'équipe travaille dur, la mécanique tient bon.

Le jour se lève peu après le survol de Fernando de Noronha par l'*Arc-en-ciel* qui aperçoit son cinquième navire depuis le départ.

Une véritable chaîne hertzienne unit maintenant les continents via les bateaux, via l'avion lui-même. Vers dix heures, l'Atlantique Sud met le « Pot-au-Noir » en travers de la route. Mais cette fois, les aviateurs ne s'en soucient pas : leur autonomie les autorise à contourner l'obstacle par le sud et leur laisse le loisir d'admirer les reflets cuivrés du soleil sur ce rempart immense, rendu inoffensif par la technique.

Peu avant midi, Couzinet détecte une fuite sur le capot du moteur gauche, fuite dont Collenot vient à bout avec un chiffon. Manuel consigne l'événement qui ne perturbe pas leur progression.

Nouvelle alerte vers quinze heures. Collenot rampe vers le moteur incriminé, un Collenot que l'on entrevoit entre les ouïes du capot.

Malheureusement, l'affaire se présente très mal car le mécanicien, habituellement avare de mots, lâche, la rage au ventre, les larmes aux yeux : « Rien à faire ! » Et il a tout fait, tout, avant de laisser tomber ce verdict. En témoignent ses avant-bras brûlés par l'eau bouillante *.

Mermoz ressent la désagréable impression de déjà-vécu : exactement trois années auparavant, le *Comte-de-La-Vaux* a sombré dans ces mêmes parages, à près de 700 kilomètres de Dakar...

Jean se détend un peu : après tout le Laté ne possédait qu'un seul moteur contre trois sur l'*Arc-en-ciel* qu'il suffit de ménager. Pendant que le pilote, avec adresse, maintient l'avion en équilibre et en ligne, Collenot gave le moteur défaillant : 120 litres d'huile en quatre heures. Sans parler de tous les liquides destinés à se substituer à l'eau : champagne et même... bref, chacun apporte sa contribution : on fait liquide de tout !

Toutefois, ces diverses opérations les ont obligés à descendre au point qu'ils se heurtent aux vents debout.

Manuel lance alors un appel pessimiste : « Ça va mal à bord – stop – vibrations – stop – ne pourrons tenir longtemps – stop – un navire pourrait-il venir au-devant de nous ? »

Message entendu.

Des bateaux de tous tonnages se détournent de leur

* Un boulon desserré a cisaillé le radiateur sur dix centimètres.

route; parmi eux, l'*Aéropostale IV*, une de ces petites abeilles des mers, vaillante et dure, qui file à toute vapeur vers le point transmis par Manuel.

Une course contre la montre!

La fin du périple se transforme en thriller. Jean lutte pour conserver une altitude de 900 mètres : or, il reste encore 300 kilomètres avant Dakar! Sur ce, le soleil disparaît à l'ouest et la température du moteur monte dangereusement... A la crainte de l'obscurité se greffe celle de la panne. Mermoz doit réduire la puissance là où tout le pousse à accélérer.

Les minutes, longues et mortelles, se succèdent tandis que Manuel jongle avec les boutons de son émetteur.

Soudain, un cri : « Nous voyons des lumières! »

Un peu plus de dix-sept heures après avoir quitté les côtes d'Amérique, le trimoteur atterrit enfin sur le terrain de Dakar-Ouakam, dans la nuit africaine balayée par les projecteurs.

L'appareil semble flotter un intant sur les milliers d'épaules de la foule en liesse. Cet accueil peut-il se comparer au triomphe que lui réserve la France, au Bourget, le 21 mai suivant, où une marée humaine emporte les barrières, déborde les services d'ordre eux-mêmes euphoriques? Il y a de quoi. Pour la première fois, un avion a regagné sa base de départ au terme d'un voyage commercial sur une distance prodigieuse, six années jour pour jour après l'exploit de Lindbergh.

Le bonheur est unanime. Pierre Cot, ministre de l'Air, et plusieurs membres du gouvernement, par leur simple présence, montrent leur approbation à la théorie de l'avion terrestre si bien illustrée par Couzinet. Et Jean Mermoz!

L'*Arc-en-ciel* dont les Saintes Écritures disent qu'il fut le gage de la réconciliation donné par Dieu à Noé après le Déluge, serait-il également l'instrument d'une concorde de l'aéronautique en France?

Près de la piste, alors que l'appareil s'immobilise, que les moteurs se taisent, des cœurs battent à tout rompre, en particulier celui d'un gamin de onze ans, Gilbert Louis, qui attend avec ferveur l'apparition de son parrain. Autour de lui, des officiels, des amis, des proches.

Lorsque l'équipage, heureux et souriant, émerge, une formidable ovation s'élève, cri de joie libérateur qui récompense l'effort autant que la ténacité. Peut-être cette clameur fut-elle perçue sur toute la ligne France-Amérique du Sud?

Mermoz remarque le petit Gilbert qui le dévore du regard, qui ne sait pas s'il doit rire ou pleurer, mais dont le visage rosit de bonheur quand il découvre que le « Grand » se dirige vers lui. Non, ce n'est pas un rêve. Le héros le soulève dans ses bras puissants et, avec un rire de géant, l'envoie vers le ciel, sa façon à lui d'extérioriser son plaisir.

Cela, le petit garçon ne l'oubliera jamais.

L'évidence de la supériorité de l'avion terrestre, de sa fiabilité, de ses performances prouvées, ne fait aucun doute. Le déplacement réussi de l'*Arc-en-ciel* et applaudi par certains concurrents étrangers, beaux joueurs, plaide en sa faveur.

Ses initiateurs estiment en avoir terminé avec la politique d'obstruction des services techniques du ministère de l'Air. De même, ils croient à juste titre, lors de la création d'Air France, que le trimoteur a sa place dans la flotte.

Ils se trompent sur tous les plans!

Les services techniques, Suffrin-Hébert en tête, s'accrochent à la formule de l'hydravion. D'une certaine façon, Louis Allègre, administrateur délégué et directeur général d'Air France, les suit dans leur raisonnement; en tout cas, au cours des conférences de presse organisées avant la fin de l'année 1933, s'il évite soigneusement de citer l'*Arc-en-ciel*, il l'écarte implicitement de la ligne transatlantique sud au profit du Léo 47, « le plus bel hydravion du monde », qui « décolle comme un avion de chasse » et peut emporter quatre passagers à plus de 4 000 kilomètres...

Ce même Allègre continue pourtant de tenir Couzinet en haleine à propos de la commande de trois exemplaires de l'*Arc-en-ciel*, cet appareil dont Mermoz, enthousiaste, avait gagné Raoul Dautry à la cause : « Jamais machine n'a offert d'aussi vastes possibilités. Sa conception est en avance sur tous les autres matériels. Rayon d'action, sécurité, vitesse, Couzinet a réuni tout cela. Désormais nous pourrons assurer régulièrement le service de la ligne. »

Mais l'avènement d'Air France a mis fin à la période d'intérim présidée par Dautry, lequel a quitté la scène.

Quant à la ligne « Amérique du Sud », autant parler de la planète Mars aux nouveaux dirigeants d'Air France, en majorité des anciens d'Air Orient, que leurs intérêts n'appellent pas spécialement dans cette région du globe.

Pendant des semaines, Allègre va jouer ainsi avec les nerfs de Couzinet, aidé par la position anti-avion terrestre des services techniques en général et de Suffrin-Hébert en particulier. Les fonctionnaires ont d'ailleurs de sérieuses raisons de se frotter les mains puisque le Laté 300 *Croix-du-Sud*, un hydravion qui répond à leurs vœux, arrive sur le marché. Avec cinq ans de retard!

Il est le fruit d'un appel d'offres ou plutôt d'un concours de circonstances lancé quelques années auparavant par l'Aéropostale et le ministère de l'Air, un concours ouvert à tous les constructeurs français afin de produire – enfin! – un avion quadri ou pentamoteurs. Le choix entre les diverses propositions n'a rien eu de facile car les membres du jury, quatre représentants de l'État, quatre autres de la Compagnie générale aéropostale et un expert du bureau Véritas, ne s'entendaient pas sur la « bonne » solution et se chamaillaient à longueur de réunions.

Dans un premier temps, Latécoère et la société Cams ont été éliminés tandis que les idées de la Société provençale Aéronautique d'une part et de Lioré et Olivier d'autre part étaient adoptées à la majorité des voix par les seuls représentants de l'État. Les heureux lauréats se trouvèrent cependant dans l'incapacité de respecter toutes les conditions imposées par le concours, d'où l'annulation de celui-ci et, finalement, la passation directe de marchés avec Latécoère, Blériot, Lioré et Olivier.

Voici donc le Laté 300 en lice, et qui effectue sa première traversée de l'Atlantique Sud au début de janvier 1934. Ce n'est certainement pas sa vitesse, une moyenne de 150 kilomètres à l'heure *, qui lui permettra de rattraper le temps perdu. A sa façon, ce vol rehausse les qualités de... l'*Arc-en-ciel*, plus rapide et susceptible, par conséquent, de réaliser la plupart des liaisons de jour.

Mais du plus moderne et du plus sûr des avions, « on » exige encore des garanties et des essais à l'infini, ce qu'« on » ne réclame pas à un prototype sur le papier...

René Couzinet se plie sans (trop) protester à ces conditions souvent injustes. Mermoz, Landry et des pilotes affectés aux services techniques soumettent l'appareil à une série de vols intensifs, pas moins de

* Rappelons que le Couzinet *Arc-en-ciel* atteignait les 260 km/h en moyenne.

cinquante-trois en l'espace de cinq mois, entre le 20 décembre 1933 et le 10 mai 1934.

Aussi surprenant que cela puisse paraître, c'est au tour d'Allègre de jouer les impatients. En avril 1934, il adresse à Couzinet un rappel à l'ordre, comme quoi « il faut que l'*Arc-en-Ciel* soit prêt dans les plus courts délais pour les traversées de l'Atlantique Sud », comme quoi « l'intérêt national est en jeu... »

Pas moins!

Comme l'écrira Alexandre Couzinet, frère du constructeur * : « On croit rêver. Car enfin, le signataire de cette lettre tient le marché des trois *Arc-en-ciel* en suspens depuis bientôt dix mois! »

La curiosité tatillonne des services techniques étant apaisée, Jean Mermoz amène le trimoteur à Saint-Louis du Sénégal d'où il va partir de nouveau vers Natal. Le 28 mai, embarquent de vieilles connaissances : Dabry, navigateur et second pilote, Gimié et Collenot.

Et la ronde reprend.

L'avion franchit l'Océan avec une aisance déconcertante, prend contact avec la piste de Natal, s'arrête; le courrier est immédiatement transbordé dans le Laté de Reine qui décolle à l'instant. Résultat : si l'acheminement de la poste entre Stuttgart et Natal nécessite quatre jours et demi par la ligne allemande, il n'en faut plus que deux aux Français entre Toulouse et Rio. Grâce à l'*Arc-en-ciel*. Grâce à Mermoz! Et une lettre expédiée de France le dimanche atteint Buenos Aires et Santiago le mercredi. C'est une victoire pour les équipages français; c'est également une victoire morale pour ceux de l'Aéropostale dont l'esprit demeure vivace. C'est encore une consolation – une des dernières – pour Marcel Bouilloux-Lafont.

* Alexandre Couzinet, *Mermoz-Couzinet ou le rêve fracassé de l'Aéropostale*, éd. Jean Picollec, 1986.

Quant à Jean, il oublie momentanément le terrible coup que le sort vient d'assener à l'aviation française et qui, indirectement, le prive d'un allié de poids au sein d'Air France : Maurice Noguès a disparu brutalement le 15 janvier précédent dans un accident aussi meurtrier qu'étrange [18]...

Noguès, le pilote dont l'envergure rivalisait avec celle du « Grand », Noguès le défricheur des lignes du soleil levant, Noguès comprenait Mermoz, l'écoutait, s'efforçait de l'épauler et soutenait la ligne « Atlantique Sud » que Jean lui avait fait parcourir en 1933 lors d'un voyage d'inspection. Surtout, et contre l'avis de beaucoup, il défendait le concept de l'avion terrestre avec une autorité difficilement contestable. Qui, en effet, au ministère de l'Air, aurait pu engager le fer avec ce spécialiste dans une discipline qu'il dominait pour en avoir établi les règles?

Directeur général adjoint de la nouvelle compagnie, Maurice Noguès n'en restait pas moins pilote jusqu'au bout des doigts.

Le 21 décembre 1933, il s'envolait du Bourget pour Saigon à bord de l'*Émeraude*, le premier Dewoitine 333 conçu d'ailleurs à sa demande pour une exploitation plus rapide de la ligne d'Extrême Orient.

Il se pose sur le terrain saïgonais de Tan Son Nhut le 28 décembre suivant, sans prêter attention à l'accueil plus que chaleureux que leur réserve la colonie française : il pense au retour car il souhaite, non! il *veut* battre le record Saigon-Paris. Un vrai Mermoz-bis!

L'*Émeraude* repart le 5 janvier 1934 pour cette tentative qui n'a rien d'impossible. Outre Noguès, il emporte Emmanuel Chaumié et son épouse, Maurice Balazuc, directeur du matériel à Air France, le journaliste Larrieu, chargé de mission par le ministère de l'Air, le commandant de bord André Launay, le mécanicien Camille Crampel, le radio Fernand Queyrel, le gouverneur général Pasquier et son officier d'ordonnance, le capitaine Brussault.

Première escale, première tribulation : un problème de freinage entraîne l'avion dans un cheval de bois, une acrobatie qui provoque une fissure du train gauche.

Le record s'éloigne...

L'appareil, dépanné, reprend son vol, notamment par Damas et Athènes, et atterrit à Marseille le 14 janvier, vers quatorze heures. Le même jour, Noguès et Launay envisagent de rallier Le Bourget, mais la météo ne les y incite pas vraiment : elle signale de la brume sur Lyon, de la neige dans le centre de la France et un temps couvert sur Le Bourget.

Ils n'en décident pas moins de monter jusqu'à Lyon où ils aviseront. Ce court trajet dans les rafales de vent et de pluie d'une rare violence leur donne un aperçu des conditions qui les guettent au-delà. De plus, un moteur faiblit que Crampel examine et répare. Peu avant dix-neuf heures, malgré des bulletins météo alarmants, l'*Émeraude* va tout de même s'enfoncer dans la nuit... Conscient du risque, Noguès avait pourtant jugé plus prudent de ne pas continuer plus avant, d'autant que le Dewoitine n'est pas équipé de dispositifs anti-givrage. Un appel téléphonique en décide autrement : à contrecœur, le pilote reçoit de Louis Allègre l'ordre de rentrer!

Certes, la situation s'est améliorée au-dessus du Bourget. Certes, une grande manifestation attend le gouverneur...

Noguès prévient son interlocuteur que les conditions de vol confinent au suicide.

L'ordre est maintenu.

Vaille que vaille, l'appareil se dirige vers son ultime étape. Un message envoyé par le radio Queyrel attise l'angoisse des parents et des familiers que ce voyage de nuit mettait mal à l'aise : « Sommes dans la neige, je vous recontacterai... »

Mermoz et Saint-Ex sont également inquiets.

Hélas, vers dix heures, une communication du maire de Corbigny, une petite commune de la Nièvre, pulvérise les espoirs : « N'attendez plus votre avion, annonce-t-il d'une voix sourde, il vient de s'écraser dans le Morvan... »

Les mots se suivent, qui contiennent difficilement l'émotion, des mots définitifs : « Il n'y a aucun survivant. »

Saint-Exupéry apprend la terrible nouvelle à onze heures alors qu'il passait devant le restaurant Weber. Il parvient à joindre Mermoz à minuit, Mermoz avec lequel, quelques heures plus tôt, il songeait à ce temps ombrageux et teinté d'un rouge sinistre où volaient sans doute leurs camarades.

Jean et l'écrivain ne savent pas trop quoi se dire. « Mais, expliquera Saint-Ex, nous avions besoin, comme déjà tant d'autres fois, de nous entendre, d'unir nos épaules dans cette patrie du métier. »

Mermoz s'enferme dans sa peine. La mort du grand patron, comme tous le surnommaient avec respect, l'affecte douloureusement, sur le plan humain, bien sûr; mais sur le plan professionnel, elle est catastrophique.

Personnalité au-dessus de la critique, armée d'une audace réfléchie, souriante, et d'une volonté inflexible, Noguès était l'avocat idéal, capable, auprès du conseil d'administration d'Air France, de faire passer le message Mermoz, d'en souligner les points forts, de les adapter à une mentalité différente.

Par malheur, cet espoir repose maintenant dans un cercueil que lui, Mermoz, et ses camarades pilotes Lanata, Pichodou et Winckler portent à Belle-Isle-en-Terre, chez lui en Bretagne.

A partir de là, les relations du pilote avec le directeur général d'Air France commencent à se dégrader. Elles n'avaient jamais eu un caractère chaleureux. Et le débat avion terrestre/hydravion n'a pas contribué à les rapprocher.

Allègre se sait intouchable : beau-fils d'Ernest Roume, puissant président de la Banque d'Indochine et patron d'Air Orient par le biais de la Compagnie du canal de Suez, président d'Air France, il jouit d'une protection en béton.

Toutefois, cette position privilégiée dont profitent d'ailleurs plusieurs anciens responsables d'Air Orient comme René Briend devenu directeur commercial, ne lui permet pas de s'attaquer de front à Jean, un subalterne célèbre sur trois continents. A ménager, donc...

A vrai dire, sans l'aventure en cours avec Couzinet, le « Grand » vivrait une situation plus que délicate. Il ne se fait plus écouter à l'intérieur de sa propre société et, dans le même temps, il constate les progrès rapides de la concurrence. Les Allemands, en particulier, se démènent avec réussite : entre le 2 février et le 31 octobre 1934, la Deutsche Lufthansa réalise trente-deux traversées grâce aux navires relais *Westfalen* et *Schwabenland* qui opèrent entre Bathurst, en Gambie, et Natal avec des Dornier J.II « Wal » de huit tonnes et des « Wall » 33 de dix tonnes. Ce service, établi en correspondance avec les avions du Kondor Syndikat germano-américain, place Buenos Aires à cinq jours et demi de Berlin.

De son côté, la société Zeppelin exploite avec régularité la ligne Friedrichshafen-Buenos Aires avec son fameux dirigeable, lequel, entre mai et octobre 1934, effectue vingt-deux traversées, à raison de soixante-douze heures environ dans le sens Friedrichshafen-Natal et quatre-vingt-quatre heures pour le retour.

En septembre, Mermoz lui-même sera invité à monter dans un Zeppelin sur le parcours Rio-Recife, soit

2 200 kilomètres d'un vol paisible et silencieux à 70 kilomètres à l'heure pendant lequel il va apprécier des « hommes d'élite, véritables apôtres du plus léger que l'air... »

Chez les Français, la concurrence étrangère ne rencontre plus une grande résistance... Et le projet de pool qui avait suscité une vague d'indignation ressort du tiroir. Étonnant! Les Allemands veulent soulager Air France de ses soucis et lui proposent un marché « convenable » : la Lufthansa assurerait le trafic régulier sur l'Atlantique Sud en utilisant l'infrastructure de l'Aéropostale.

Il ne reste plus à Pierre Cot qu'à signer le décret indispensable.

Alors, Mermoz part à l'assaut de cette forteresse, crie à la trahison. Kessel et Fleury aiguisent leur plume pour l'appuyer dans ce combat. Le ministre, surpris par la véhémence de la presse, hésite. Puis s'en va. Le 6 février 1934, en effet, une manifestation emporte le gouvernement Daladier et Pierre Cot.

L'affaire Stavisky est à l'origine de ce vaste mouvement populaire de protestation contre les voleurs et les pourris qui demeurera dans l'Histoire la « Journée des Ligues », journée qui, à sa façon, fut aussi celle des dupes...

Les ligues de droite, généralement des anciens combattants de 14-18, se regroupent non loin de l'Assemblée; la plupart d'entre elles occupent la place de la Concorde tandis que l'association des Croix de Feu du colonel de La Rocque se trouve en bon ordre rue de Bourgogne, sur la rive gauche, seulement séparée de la Chambre par un mince cordon de gardes mobiles.

« Notre but, déclarera La Rocque, était d'obliger le gouvernement Daladier à disparaître. Nous voulons servir le pays non pour nos associations, mais par nos associations. Nous avons repoussé l'idée d'entrer au

Palais Bourbon au prix d'existences humaines et aux dépens de l'intérêt général [...]. »

La Rocque oppose la raison à la violence. Il va ainsi sauver la République, à la grande colère de ceux qui, bloqués de l'autre côté du pont de la Concorde, voulaient le voir envahir l'Assemblée. Le colonel refuse le coup d'État.

Cela, une grande partie de la droite ne le lui pardonnera pas. Avec le départ de Cot, le projet de pool semble renvoyé aux calendes, d'autant que le nouveau ministre de l'Air répond en tous points aux aspirations de Mermoz et des aviateurs : il s'agit du général Denain, chef de Jean en Syrie avec lequel il entretient d'étroites relations depuis son service militaire.

Denain en poste, le « Grand » croit pouvoir souffler. Il déchante. Le ministre de l'Air s'apprête bel et bien à apposer son paraphe en bas du maudit décret!

La presse vitupère contre cet accord ignoble qui renie le sacrifice de dizaines de navigants. L'émotion est telle que Denain renonce; il invoquera le motif sentimental pour justifier son revirement. Ce choix qui lui vaudra de solides inimitiés politiques et qui, d'une certaine manière, compromettra sa carrière va le grandir, pourtant. Et Mermoz retrouve là l'homme intègre de Syrie.

Mais pour le pool, ce n'est que partie remise...

La journée du 6 février n'a pas porté bonheur à Pierre Cot qui hérite de surnoms désobligeants comme, par exemple, « le galopin sanglant ». Cette vague de haine qui ne repose sur rien mécontente des hommes pourtant opposés à Cot. Un jour, le général Denain lui fait savoir qu'il aimerait l'avoir à déjeuner dans un grand restaurant. Au vu et au su de tout le monde.

Jean, guidé par des motivations identiques, l'invitera à dîner un soir au Coq Hardi, un établissement fréquenté par les Croix de Feu!

De tels gestes n'apaisent pas les tensions.

En réponse à l'émeute du 6 février, une manifestation socialo-communiste secoue un Paris encore meurtri : les « Gauches » réagissent vigoureusement. La CGT dirigée par le réformiste * Léon Jouhaux et la CGTU du communiste Benoît Frachon forment un défilé commun.

Ainsi déchirée, la France glisse lentement de son piédestal, dans l'incertitude.

Pour ajouter au climat de malaise et montrer que rien ne va plus vraiment, on retrouve le conseiller Prince assassiné sur une voie de chemin de fer. Ce magistrat en savait long, trop long sur les escroqueries de Stavisky et, surtout, sur ses implications politiques qui éclaboussaient toutes les tendances. Sa mort fut sans doute suivie d'un concert de soupirs de soulagement dans bien des ministères et dans nombre de salons...

Bref, il y a quelque chose de pourri au pays de la liberté, de l'égalité et de la fraternité.

Mermoz prend conscience de cette dégradation avec consternation entre deux courriers; les contrastes entre le pays qu'il quitte et celui qu'il revoit après plusieurs semaines ne manquent pas de l'angoisser. Ce n'est pas seulement le réseau commercial que l'on brade, mais une nation! Au cours de ses déplacements, Jean saisit les changements subtils ou non des relations internationales.

Désormais, l'agressivité allemande et italienne souligne une ambition qui dépasse largement le cadre commercial... Et la spirale infernale, qui va balayer la paix dans une poignée d'années, effleure de nouveau la France, en octobre 1934 : Louis Barthou, ministre des

* En effet, les communistes ne prirent en main cette centrale qu'au lendemain du la Seconde Guerre mondiale.

Affaires étrangères, et Alexandre Ier de Yougoslavie tombent à Marseille sous les coups d'un nationaliste croate.

Dans l'obligation de se rendre à Belgrade pour assister aux cérémonies funéraires, le général Denain doit annuler l'inspection de la ligne France-Amérique du Sud qu'il allait entreprendre avec Mermoz. Puis il décide de déléguer le lieutenant-colonel René Davet, son chef de cabinet militaire, qui va donc participer à une traversée, la huitième, les 23 et 24 octobre 1934, avec un équipage d'élite. On ne peut imaginer, en effet, meilleure association de compétences : Mermoz, Gimié, le navigateur Clavère et Collenot. Et l'*Arc-en-Ciel*!

Entre le pilote et l'officier, une excellente entente s'établit rapidement, dont Jean se réjouit : « Le lieutenant-colonel Davet était à notre bord. Sa simplicité, son enthousiasme réfléchi et clairvoyant, sa franchise saine, nette et vibrante d'homme d'action aussi prêt que nous-mêmes à la lutte, nous attachèrent à lui par les liens d'une amitié profonde, doublée d'admiration *. »

Voilà un contact qui réconcilierait presque Mermoz avec l'administration.

A Natal où il atterrit après avoir encouru les dangers qui jalonnent le quotidien de Mermoz et des autres équipages, Davet fait la connaissance de Jean Dabry, chef de la base. De là, il visite le réseau et a la révélation de la tragédie que continue de vivre la famille « Aéropostale ». Jour après jour, il découvre l'attachement identique et inconditionnel de chacun de ces hommes à la Ligne, leur Ligne.

Cette foi brille partout, même sur les terrains de secours aménagés au fin fond du Mato Grosso. Dans l'immense forêt, des trouées laissent entrevoir par

* Conférence de Mermoz au théâtre des Ambassadeurs, à Paris, le 22 novembre 1934.

endroits des refuges susceptibles de servir de dégagements en cas de panne, des escales rudimentaires où l'on peut effectuer une réparation sommaire et où l'on trouve un avion de remplacement prêt à partir en dépit du climat tropical. Mais, que voulez-vous, le courrier doit passer!

Davet se fait déposer sur l'un de ces terrains où deux hommes solitaires l'accueillent, quelque peu désorientés. Désorientés et méfiants. Ils craignent la venue d'un inspecteur, d'un fonctionnaire, et reprennent un air plus assuré à la vue de l'uniforme de l'armée de l'air. Après les présentations d'usage, ils guident leur hôte imprévu jusqu'à l'unique hangar dont ils soulèvent un pan, tout en épiant les réactions du colonel, lequel se fige : sur les flancs d'un Breguet 14 s'étale en grosses lettres le nom sacré « AÉROPOSTALE », malgré les ordres venus de Paris pour lui substituer celui d'Air France.

Mais en Amérique du Sud, Air France n'efface pas l'Aéropostale.

Ébranlé par l'attachement simple et pur du personnel à une œuvre dont il ne concevait pas la portée morale, Davet assaille Mermoz de questions, un Mermoz qui, à ses yeux, devient l'incarnation de cette ligne. Jean lui raconte leurs efforts, le chemin de croix de Marcel Bouilloux-Lafont; il lui décrit la pression croissante de la concurrence, l'avertit du péril qui menace la France au moindre relâchement sur l'Atlantique Sud.

Les conversations se font plus personnelles. Et Mermoz, apprivoisé, confie à Davet les difficultés d'ordre pécuniaire qui harcèlent Saint-Exupéry, toujours à court d'argent. Un vrai panier percé. Jean, en bon copain, cherche une solution. Pourquoi ne pas le lancer dans un grand raid? La réussite amènerait son lot honorable d'espèces sonnantes et trébuchantes...

Or, il existe une opportunité, une occasion en or, si l'on ose dire : battre le record de vitesse établi par Japy sur le parcours Paris-Saigon. Mais le battre avant le 31 décembre 1935 à minuit pour avoir une chance d'empocher la prime de cent cinquante mille francs.

Saint-Exupéry, consulté, s'enflamme. Il n'a guère d'autre alternative, surtout depuis qu'une lettre d'Air France, datée du 25 avril 1934, le tient à l'écart de son métier d'aviateur.

Écrivain à succès, témoin privilégié de la Ligne et de ses équipages – ses camarades –, il se sent avant tout pilote. Mais la direction d'Air France considère la situation d'un œil différent et le lui signifie en ces termes : « Comme suite à nos récents entretiens, nous vous confirmons qu'il n'est pas possible de vous affecter sur nos lignes régulières, compte tenu de l'effectif actuel de notre personnel navigant... Nous envisageons de vous attacher au service de la Propagande, en vous confiant, notamment, des missions en France et à l'étranger. »

Cette lettre, qui ne ferme pas tout à fait la porte de la compagnie à Saint-Exupéry et le dirige sur une voie de garage, ne le satisfait qu'à moitié. Il volerait, évidemment.

Toutefois, le voici interdit de ligne!

A Mermoz qui vient le voir à Paris, il parle longuement, grosse bête triste, incomprise et désemparée...

Il parle du désert, leur désert, de l'Atlantique Sud, des camarades, de ceux que l'on côtoie encore, de ceux également qui habitent votre mémoire à jamais; il parle de l'Argentine, il déroule ses souvenirs à la manière d'un tapis magique qui pourrait le reconduire vers ces temps révolus, vers ces mondes qui le hantent. Il parle comme « un exilé évoque sa patrie perdue ».

Antoine de Saint-Exupéry glisse dans une nostalgie profonde qui peine Mermoz. Et Mermoz écoute cette voix douce qui les captivait à Cap Juby, au cœur de la nuit africaine, ou dans l'atmosphère chaude des boîtes de Buenos Aires et de Rio...

« Souviens-toi, lui dit-elle, souviens-toi de l'aérodrome de Casa, de ses herbes dorées et des pampas argentines tourmentées par les cyclones noirs de Patagonie... »

Un silence.

Les gros yeux s'attendrissent un instant puis une ombre de mélancolie les voile, remplacée soudain par une lueur malicieuse que Jean connaît bien.

« Et nos virées, poursuit Saint-Ex avec une ébauche de sourire, et les farces, ah! nos farces... »

Alors, il se tait, de nouveau sérieux, le visage fermé. Il se garde bien de parler de mystique, de la discipline qui faisait voler les hommes sur des avions déclassés, tout juste bons pour la casse et qui réalisaient pourtant des prodiges devant la concurrence ébahie.

Ces hommes-là et lui aussi, on les remercie en leur indiquant poliment la sortie, ou bien ils rentrent dans le rang, tous... sauf Mermoz!

Saint-Ex sait son compagnon engagé dans un combat déséquilibré, un de ces défis comme ils en ont relevé tant à travers le monde aux commandes de leurs appareils. Cette fois, le corps à corps a lieu au sol, dans les bureaux, dans les salons. Hors de l'élément naturel de Jean... Saint-Ex sait également qu'il n'a jamais vu son ami désarmé « que devant les petites choses, la mesquinerie et la bêtise, détails qu'on ne voit pas de là-haut ».

Oui, décidément, tout va mal.

Pour sa part, Mermoz enrage silencieusement devant la détresse sincère d'Antoine qu'il défend à plusieurs reprises – mais en vain – auprès de la direction inflexible : « Il est navrant, s'exclame-t-il, qu'on laisse un homme tel que lui hors de l'Aviation. »

Sa chance? Peut-être ce raid vers l'Indochine. Peut-être Davet. Mermoz joue la prudence : « Surtout, conseille-t-il au lieutenant-colonel à propos de Saint-Ex, ne lui prêtez pas d'argent, il le gaspillerait aussitôt! »

Et de préconiser : « Employons-nous à préparer au mieux son voyage car il est volontiers négligent. Un avion est actuellement le mieux adapté à ce projet de raid : le Simoun. Avec un excellent mécanicien comme Prévôt, il doit réussir. »

L'expédition prend l'allure d'un véritable complot amical.

La suite? Une prise de contact pour le moins rude avec une dune du désert libyen coupe ce bel élan. Mais la légende et la littérature y gagnent quelques pages magnifiques dans *Terre des Hommes* et *Le Petit Prince.*

Si Jean souligne discrètement l'aspect peu économe de Saint-Ex, lui-même n'accorde que peu d'importance à l'argent. Et il ne le dépense pas pour lui. Non, cet argent, il le distribue parfois sans sourciller. A une serveuse de restaurant qu'il revoit après dix ans d'absence et qui lui avoue son souhait d'acheter un petit commerce quand ses économies l'y autoriseraient, il tend un chèque conséquent.

Cette prodigalité n'est pas spécialement appréciée par Gilberte. En 1934, lorsqu'il reçoit le Grand Prix de l'Académie des sports, soit vingt-cinq mille francs, pour ses traversées de l'Atlantique, il remet dix mille francs à son équipage, dix mille francs à la veuve de son camarade Maurice Finat, un pilote, et verse cinq mille francs à la souscription lancée pour élever un monument à la mémoire des pilotes, radios et mécaniciens qui ont payé de leur vie la création de la ligne d'Amérique du Sud.

Il ne garde rien pour lui, sinon une détermination farouche à maintenir la liaison aérienne avec l'Amérique latine et à défendre Couzinet. Cette position irrite la direction d'Air France qui prône le contraire...

Alors, Jean Mermoz, qui n'aime pas les discours,

prononce une conférence coup de poing au théâtre des Ambassadeurs à Paris, le 22 novembre 1934. Il ne mâche pas ses mots, captive son auditoire, malmène ses adversaires et insuffle un regain de courage aux survivants de l'Épopée.

Ainsi, s'y écrie-t-il en ce qui concerne le torpillage de l'Aéropostale, « nous avions alors quatre années d'avance sur la concurrence étrangère. Puis ce furent des luttes financières et politiques qui devaient aboutir à l'effondrement encore injustifié de la compagnie. La ligne France-Amérique du Sud, qui semblait blessée à mort, continua à vivre d'elle-même de son propre élan [...].

« On a fait du pilote que je suis le champion d'une formule et, qui sait, même le représentant d'une marque d'avion.

« A Dieu ne plaise, je ne suis ni ne veux être l'un ni l'autre. Je suis tout simplement, et je tiens fermement à le demeurer, le réalisateur d'une idée de bon sens acquise et renforcée par une expérience que j'ai tenu à renouveler dix fois [...].

« Ce que je tiens à dire simplement, c'est que les partis pris les plus persistants ne pourront jamais faire oublier ni l'*Arc-en-ciel* ni Couzinet, constructeur de vingt-neuf ans. Ces deux noms sont désormais bien français!

« Certaines gens qui ont un sens plus administratif que réaliste, d'autres qui ne font que de l'aviation de chambre veulent traiter la question de l'Atlantique Sud sans la connaître et, à plus forte raison, la comprendre. Ils mettent en présence l'hydravion et l'avion et misent sur les chances de l'un et de l'autre. Ils en font à la fois une bataille sportive qui ne les passionne pas, parce qu'ils sont incapables d'éprouver une saine passion, et une possibilité de ne pas agir par crainte des responsabilités [...].

« Je pense que nous avons déjà assez de difficultés à résoudre avec les concurrences internationales sans les augmenter par des batailles intérieures, déprimantes et stériles [...].

« Que ce soit avion ou hydravion, la vitesse sera le facteur essentiel de sécurité et de régularité pour des traversées aériennes postales sud-atlantiques... »

Après une telle intervention, d'ailleurs très applaudie, Mermoz ne s'attend pas à des félicitations de la part de la direction. En fait, le torchon brûle surtout depuis la disparition de Noguès. Le pilote sait à quoi s'en tenir sur l'état d'esprit et la mentalité de la majorité de ses patrons qui ont même feint d'ignorer sa fameuse traversée du 28 mai avec l'*Arc-en-ciel*. A la suite de la description de son voyage, dans le long compte rendu qu'il adresse le 4 juin de Rio à René Couzinet, Mermoz grince sur cette attitude cavalière des dirigeants de la compagnie : « [...] Pas un télégramme, rien, sauf un télégramme de Serre et un de Damas de Foa *, mais à DG [Direction Générale] la plus complète indifférence. J'ai vu passer des télégrammes pour Barrière ** me concernant, empreints plutôt d'hostilité!

« Bref, il y a une chose, c'est que je m'en fiche totalement, mais quel drôle d'individu qu'Allègre... quel petit esprit d'équipe! Je crois qu'ils seraient contents d'une chose : c'est que je tombe à la " patouille » pour reprendre leurs petits trucs politiques, mais j'espère ne pas leur donner cette satisfaction avant longtemps, et je n'ai pas dit mon dernier mot à l'égard d'une ligne qu'ils veulent mettre par terre.

« Vous savez qu'ils ont eu les contrats de l'Aéropostale à la suite de notre traversée. Je l'ai entendu à la

* Un des directeurs d'Air France.

** Chef d'exploitation en Atlantique Sud.

radio. Heureusement que ce n'est pas pour eux que je travaille, mais bien pour nous.

« [...] Préoccupez-vous de vous d'abord. Je m'en sortirai, soyez tranquille. On les aura *. »

Jean a écrit ce courrier alors qu'il aurait dû être sur le chemin du retour. Hélas, l'état du terrain aussi dur qu'une motte de beurre laissée en plein soleil, interdit tout décollage : les roues de l'avion s'enfoncent de quinze centimètres et le trimoteur ne peut pas dépasser les 30 kilomètres à l'heure. Les pluies ont sapé le sous-sol d'un terrain mal entretenu... mais pas le moral du pilote. Qui ne perd pas de temps, malgré les jours qui filent. Les autorités brésiliennes donnent leur accord à l'aménagement d'une piste sur l'île de Fernando de Noronha. A l'origine de cette solution, Mermoz espère s'envoler de là une semaine plus tard. D'ailleurs, de Fraicheville, le représentant d'Air France à Noronha, annonce que l'*Arc-en-ciel* peut venir. Pas de problème pour l'atterrissage... Dabry est dubitatif. Il n'éprouve pas une grande confiance pour le professionnalisme de l'employé d'Air France, un sentiment partagé par Gimié. En effet, ils le connaissent depuis Marignane.

Quant à lui, Mermoz décide de foncer, non sans avoir auparavant expédié quelques messages pour obtenir la confirmation du bon état de la piste. Dès lors, les réponses varient sensiblement, au point que le feu vert de Fraicheville se mue en feu orange clignotant.

Jean veut aller voir sur place où l'attend une surprise. Une mauvaise surprise.

Il doit s'y reprendre à trois fois avant de se poser, et user de toute sa science du pilotage parce que la manœuvre tient de l'acrobatie. En réalité, la piste ne convient pas, si l'on peut appeler « piste » une bande

* L'intégralité de ce courrier est reproduite en fac-similé dans l'ouvrage d'Alexandre Couzinet *Mermoz-Couzinet ou le rêve fracassé de l'Aéropostale*, Jean Picollec, 1986.

de gadoue irrégulière et longue d'un peu plus de 500 mètres.

« Notre course, dira Jean Dabry *, s'est terminée dans un éclat de boue... » et de colère. Fou de rage, Collenot l'impassible s'empare d'une clef à molette et s'élance hors de l'appareil à la poursuite de l'imprudent agent d'Air France...

Il faudra la force de deux cents bagnards pour tirer le trimoteur de sa fâcheuse posture.

Quand le terrain trouve enfin aspect plus adapté, c'est au tour des conditions météorologiques de jouer les trouble-fête et de compromettre le retour. Mermoz tente un départ le 3 juillet au petit matin pour revenir à Natal quatre heures et demie après, furieux et obstiné : il recommencera autant de fois qu'il le faudra. Ce dont personne ne doute...

La réussite lui sourit le 31 juillet. Une fois encore, il a gagné. Quelle ténacité! Quel homme!

L'*Arc-en-ciel* conforte son avance sur les autres appareils de l'époque, mais le 4 août, le jour même où, au Bourget, Jean reçoit les insignes de commandeur de la Légion d'honneur, la maison Couzinet, l'un des fleurons de l'industie aéronautique française, ferme ses portes par manque de commandes... Provisoirement.

Tandis que la cérémonie bat son plein, le « Grand » apprend que « Papillon », son vieux camarade de Syrie, Coursault, est retenu par son adjudant dans un hangar voisin. Puni comme un élève pris en défaut. Sur l'heure, le pilote abandonne les mondanités et court chercher son ami pour l'embrasser, heureux de retrouver un peu de cette fraternité qui s'enfuit et que l'on remplace par des médailles...

La faillite de Couzinet, due aux services techniques du ministère de l'Air et à Air France, relance la

* Entretien avec l'auteur, le 20 août 1985.

contestation au sein des partisans de la Ligne. Et Mermoz mène la danse!

Inutile de préciser qu'auprès de l'ambiance qui règne dans les bureaux et dans les couloirs de la compagnie, la météo enregistrée dans le « Pot-au-Noir » tient du beau fixe...

La presse finit par s'en mêler, non sans délectation. Il peut paraître bizarre, en effet, que des services techniques continuent d'affirmer que l'*Arc-en-Ciel* n'a rien prouvé et qu'il ne dispose pas d'un rayon d'action suffisant... Autant de mauvaise foi étonne.

Les journaux se déchaînent alors contre les services officiels qui « ont donné toute la mesure de leur incapacité et du mécontentement qu'ils éprouvent à rencontrer quelqu'un comme Couzinet, pour qui les combines n'existent pas [19]... »

Jean met tout son poids dans la bagarre en faveur du jeune constructeur que cet appui indéfectible ragaillardit. Couzinet, qui rend bien son affection au « Grand », lui recommande également la méfiance * :

« Ce que je veux vous dire et vous répéter, c'est que, pour toutes les décisions à prendre, quelles qu'elles soient, je m'en rapporte complètement à vous, quoi qu'on ait pu ou quoi qu'on puisse dire en mon nom. J'ai une confiance absolue en vous, confiance dans votre compétence, dans votre raison, dans votre cœur et dans votre amitié. Je n'admets pas et je n'admettrai jamais que ce soit dans un bureau que certaines personnes se permettent de discuter pour parler " ensuite " en mon nom, sans m'avoir consulté.

« Ce que je tiens à vous dire aussi parce que je l'ai constaté et que cela réconforte, c'est que le ministre est exactement dans le même état d'esprit. Il vous adore vraiment, et s'en rapporte à vous. Si vous avez à

* Lettre datée du 9 juin 1934 – Collection Alexandre Couzinet.

redemander quelque chose, adressez-vous directement à lui, ou à moi qui lui transmettrai en dehors de ses services. A cause du grand patron, l'autre voie est très suspecte et c'est pourtant celle qui devrait être derrière vous. Mais pensez au " pool ", songez qu'Allègre est le pantin de Suez, que Pierre Cot en est l'avocat et que vous leur avez fichu une sacrée tape. »

Bridé en France, René Couzinet va découvrir au Brésil, ce pays à la jeune sève, une compréhension totale. Getulio Vargas, président du Brésil et fervent admirateur de Mermoz, invite Couzinet à les aider dans la création d'une industrie aéronautique nationale. Attention, il ne bénéficie d'aucun passe-droit. Il joue sa carte dans une compétition internationale amorcée en février 1933 : à cette date, le ministère brésilien des Travaux publics a publié un cahier des charges ouvert à tous les constructeurs du monde et traduit dans toutes les langues. Le Français sait qu'il aura affaire à forte partie : Allemands, Italiens et Américains envahissent le terrain, les uns parce qu'ils y entretiennent des colonies importantes, les autres parce qu'ils y voient une chasse gardée.

Aucun, cependant, ne maîtrise aussi bien que Couzinet la formule de l'avion de ligne multimoteur rapide, si bien illustrée par ce monoplan à aile épaisse et de grande finesse : l'*Arc-en-ciel*.

En Amérique du Sud, René Couzinet respire mieux. Si, en France, il a dû patienter dans des antichambres avant d'être introduit devant un quelconque sous-directeur sans pouvoir, au Brésil, et le même jour, il a rencontré le président et deux de ses ministres, celui des Finances et celui des Affaires étrangères. C'est là l'esprit d'un pays jeune, ardent, tourné vers l'avenir, décidé à accomplir sa révolution du modernisme industriel.

Un pays qui ressemble à Mermoz!

« On ne fait pas de la politique avec de la morale, mais on n'en fait pas davantage sans. »

André Malraux
(L'Espoir).

19.

Tout va de mal en pis!

Voilà comment se résume la situation de Couzinet en 1935, une année qui avait pourtant bien démarré. En effet, après un long retard que l'on qualifiera pudiquement d'administratif, le ministère de l'Air et Air France ont finalement opté pour le hardi constructeur. L'un et l'autre donnent l'impression d'être convaincus par les performances de l'*Arc-en-ciel*.

Ce revirement surprend. Il doit sans doute beaucoup à l'émotion exprimée en décembre par la Chambre des députés devant la dégradation de l'état de l'aviation française.

Couzinet qui avait dû mettre la clef sous le paillasson, va donc pouvoir repartir d'un bon pied avec la commande de trois trimoteurs.

Du moins le croit-il... Car, malgré le cri d'alarme poussé par certains parlementaires conscients des nets progrès de la concurrence étrangère, le jeune ingénieur, dont l'*Arc-en-ciel* se compare sans mal au DC-2 de Douglas, est renvoyé au purgatoire.

En février 1935, il se rapproche un peu plus de l'enfer lorsque le ministère de l'Air dévoile son jeu. La sentence tombe d'ailleurs comme un couperet : le comité du matériel décide à l'unanimité d'annuler la commande. On se demande bien à quoi sert la garantie ministérielle accordée en septembre 1934, quatre mois plus tôt...

Les promoteurs et autres défenseurs de l'hydravion marquent un point. Et Couzinet broie du noir... C'est alors qu'Air France vient à son secours : la compagnie envisage de nouveaux vols avec l'*Arc-en-ciel,* seul appareil français à surpasser ses rivaux américains ou allemands, et qui détient toujours le record de traversée de l'Atlantique Sud.

Dans cette perspective, René travaille dur, mais sans placer tous ses œufs dans le même panier. Il pense réaliser un avion au Brésil, le Guanabarra, susceptible de grimper à 8 000 mètres à pleine charge et de maintenir une vitesse de croisière de 350 kilomètres à l'heure.

Ce projet inquiète le ministère de l'Air qui tient à conserver Couzinet sous la main; aussi lui fait-il miroiter la construction de l'Arsenal 01, un appareil qui serait conçu sous sa direction. Mais le contrat ne vient pas ou pourrait être signé moyennant des conditions qui sentent le chantage : en clair, propose le ministre, j'appose mon paraphe si vous renoncez aux créances passées sur le ministère.

Couzinet refuse, assigne le ministre en justice. Et le ministre cède. Une fois encore, la presse se range aux côtés du constructeur qui apprend le projet des services officiels de réformer et de détruire l'*Arc-en-ciel* dont Mermoz et Air France réclament le retour sur l'Atlantique Sud. La compagnie se plie aux exigences des fonctionnaires. Pas Couzinet. Ni Mermoz!

Plus que favorisés par ces mesures, les hydravions arrivent en force : trois machines de vingt tonnes, poussives et inadaptées, rejoignent la *Croix-du-Sud.*

Cette discorde franco-française arrange les Allemands dont la politique de transport postal s'intensifie sur l'Atlantique Sud. Leur réseau s'étend maintenant jusqu'à Santiago du Chili...

La Lufthansa, qui, au contraire d'Air France, ne possède pas de matériels aussi performants que le Couzinet *Arc-en-ciel*, peaufine sa technique du catapultage à partir de deux navires. A précisément parler, ce n'est pas l'idéal; cependant, les Allemands progressent sans cesse.

Afin de renforcer sa collaboration avec Zeppelin, la Lufthansa participe à l'établissement de la Deutsche Zeppelin Rederei, en mars 1935, qui relie Friedrichshafen-Pernambouc-Rio, sans escale. Sur sa lancée, le 1er juillet, elle ratifie un accord avec Air France pour assurer un service régulier bihebdomadaire sur ce parcours.

Les adversaires de Mermoz marquent là un second point.

Le pilote n'abdique pas, ses compagnons non plus. Ils ne permettront pas que soit abandonné l'acquis inestimable de dix années de luttes ininterrompues.

La ligne continuera!

En attendant, des trimoteurs modernes Junkers « en tôle ondulée » remplacent avantageusement les Potez 25 et autres Laté sur les réseaux sud-américains de l'Aéropostale.

Les Français mènent encore la danse sur l'Atlantique Sud. Mais pour combien de temps?

Ainsi, cette année 1935 devrait être celle de tous les renoncements. A l'énoncé des coups bas portés à l'Aéropostale et à certain constructeur par l'administration souveraine, on pourrait croire l'affaire presque close et proclamer la victoire des services officiels et du clan politico-financier qui tient les rênes d'Air France. Ce serait compter sans la résistance des hommes qui ont vaincu la mer, la montagne, la nuit et leurs peurs. Des hommes qui ne baissent pas la tête!

Mermoz, le plus virulent d'entre eux, a compris, toutefois, que ses prises de position dans les journaux ou les pétitions adressées à Air France manquent de punch et ne portent pas suffisamment. Bref, il ne se fait pas entendre. Pas plus que Couzinet.

Ces tracas, il les laisse transparaître à Mangaby par des silences inhabituels qui tranchent avec sa gaieté. Bien sûr, maman Mermoz cherche à venir en aide à son fils. Elle ne se doute pas qu'elle va bouleverser son existence.

En quête d'une solution pour les problèmes de Jean, elle interroge ses relations, parmi lesquelles l'épouse de Clément Rousseau, le sculpteur *, une femme dynamique qui, entre autres activités, anime la section des Croix de Feu de Neuilly.

C'est par elle, notamment, que Mermoz va adhérer, au début de 1935, à cette ligue qui le séduit par son sens patriotique et son aspiration sociale. Il s'engage également pour l'Aviation, pour cet idéal qui bouillonne en lui.

On lui reprochera cette entrée dans la politique alors « qu'aucun esprit n'en était plus éloigné que le sien ** ».

Saint-Ex et Kessel critiquent amicalement cette orientation : le « Grand » les envoie sur les roses! Et met les points sur les i avec vigueur : « Je ne suis ni de droite, ni de gauche, et je hais le sectarisme sous toutes ses formes. »

En fait, il va vivre dans l'espoir de la vraie réconciliation des Français, « celle du cœur et de l'âme *** ».

Son but? Devenir le champion d'une France adulte et

* C'est lui qui fera le buste de Mermoz, toujours en place dans les jardins de la mairie de Neuilly-sur-Seine.

** Hervé Lauwick, *L'Auto* du 11 décembre 1936.

*** Jacques Mortane, *L'Aérophile* d'avril 1937.

lucide, en pleine possession de ses moyens, au nombre desquels l'aviation. Qui doit regagner sa place : la première!

Impossible? Sait-on jamais avec un Mermoz...

Jean milite comme il pilote : à fond!

Pourquoi justifierait-il son choix, surtout auprès de ses proches, lui que n'obsède pas une quelconque ambition personnelle? Certes, la politique, en vieille comédienne, réussit à dissimuler son apparence sordide et inhumaine derrière un masque de commisération. Naïf ou candide, Mermoz n'ignore pas ces pièges. L'expérience des partis traditionnels, considérée au travers de la tragédie de l'Aéropostale ou des vicissitudes du « pool », a contribué à le dégoûter des politiciens de tous bords. Avec des nuances...

Pouvait-il agir autrement? Non, non et non! Placé au pied du mur par les circonstances, il ne disposait plus que d'un seul levier pour essayer de faire basculer l'opinion publique; il fait donc jouer la courroie de transmission politique qui lui paraît l'ultime recours pour toucher à coup sûr la conscience française. Il contre-attaque, lui, l'homme aux décisions immédiates, souvent vitales pour l'équipage ou la Ligne, l'homme à avoir affronté mille dangers, l'homme qui s'entendait répondre par tel ou tel « responsable » bien peigné, au nœud de cravate impeccable, au sourire étudié : « Demain, oui, demain, vous aurez les avions et les hommes; vous avez nos promesses, vous avez nos encouragements, vous avez ma parole... »

D'aucuns le raccompagnaient même vers la sortie, une main sur l'épaule, l'air bienveillant, puis distribuaient les ordres contraires, au nom d'impératifs différents.

Demain, disaient-ils... Mais demain n'arrive jamais!

Tout cela décide Jean à franchir le pas. Il n'en peut plus d'assister, impuissant, à l'affaiblissement de son pays, causé essentiellement par la compromission ou l'aveuglement des formations politiques.

La personnalité du colonel François de La Rocque, dont les convictions coïncident parfaitement avec les siennes et dont l'organisation claire change agréablement des grenouillages droite/gauche classiques, achève de le persuader.

Il convient maintenant de rectifier quelque peu l'histoire de ce mouvement de grande ampleur, assimilé – à tort – à des factieux jusque dans certains manuels scolaires... A la vérité, les Croix de Feu, comme plus tard le Parti social français, qui en sera, en fait, la continuation, n'ont absolument rien à voir avec cette image caricaturale.

Le 26 novembre 1927, Maurice Hanot, dit d'Hartoy, et le journaliste homme de lettres Jacques Péricard créent l'association des combattants de l'avant et des blessés de guerre cités pour action d'éclat, association qui adopte pour nom : les « Croix de Feu ». Elle trouve son origine dans l'indignation des anciens combattants consternés par les actes de vandalisme visant les monuments sacrés et notamment la tombe du Soldat inconnu.

Ses activités se limitent à des réunions patriotiques, à des défilés du souvenir organisés au cours de cérémonies à l'Arc de triomphe de l'Étoile ou de pèlerinages sur les champs de bataille.

A d'Hartoy qui se retire en 1929, succède le comte François de La Rocque, vivement encouragé par le maréchal Lyautey à réconcilier les Français autour de ceux qui se sont battu pour préserver l'unité nationale.

Devenu vice-président en 1930, le colonel va s'employer de toutes ses forces à répondre au souhait de son illustre aîné.

Son premier souci : « L'association des Croix de Feu entend revendiquer et maintenir son absolue indépendance dans tous les ordres d'idées », écrit-il dans une lettre reproduite par l'*Ami du Peuple,* le 3 mars 1930 *.

C'est clair!

Dorénavant, les anciens combattants vont suivre une ligne de conduite selon leur cœur, qui leur permet de croire à une réaction salutaire face au laisser-aller ambiant. Ce sont encore des hommes jeunes, mais définitivement marqués par une horreur indescriptible, des survivants à tous les sens du mot.

Ce qu'ils ont découvert après plusieurs années de front, de pilonnage, de corps à corps, n'a pas favorisé leur réinsertion dans la vie « d'avant » : la guerre a engraissé les affairistes avec des profits aussi énormes que rapides. Et accumulés sur leur dos! Et puis, les rues ont changé d'aspect. On y croise beaucoup trop de femmes en noir et, de temps à autre, des orphelins en rangs serrés : l'avenir! En attendant que cette génération en bouton soit opérationnelle, il faut tenir et pallier l'absence de ces centaines de milliers de bras et de cerveaux enfouis dans une terre qu'ils défendaient!

Pendant la décennie d'après-guerre, les esprits lucides ont compris à quel point le traité de Versailles portait en lui les germes de la rancœur allemande, en particulier sous la forme d'une humiliation inutile et dangereuse.

De plus, il apparaît vite que les Américains et les Anglais n'espèrent pas la déconfiture germanique : question de business!

Enfin, malgré un désordre intérieur consécutif à sa défaite, l'Allemagne n'a pas souffert de destructions massives sur son territoire, contrairement à la France.

Il s'agit également, tout comme l'Italie, d'une nation

* Courrier adressé au parfumeur François Coty qui apportait son soutien financier à l'association.

récente et jeune, à l'inverse de sa voisine, banc d'essai des idées nouvelles durant des siècles, et qui a terriblement vieilli.

La France, désemparée, a besoin d'exemples.

Mermoz en sera un.

Quant à lui, La Rocque va s'efforcer de secouer les apathies, de rassembler les volontés, en reprenant la devise de Foch : « Allons doucement, nous sommes pressés. »

En février 1932, il accède à la responsabilité suprême des Croix de Feu. Et le mouvement s'amplifie lorsque, quelques mois plus tard, l'association déborde de son cadre de recrutement pour s'ouvrir aux fils et aux filles de ses membres; les Volontaires nationaux, auxquels Mermoz adhère en 1935 *, accueillent tous les jeunes gens âgés de plus de dix-sept ans. Puis c'est la création du Regroupement national autour des Croix de Feu que rejoignent sympathisants et lecteurs du *Flambeau,* un organe que La Rocque transformera en un journal à grand tirage, en faisant appel à Christian Melchior-Bonnet, un professionnel de la presse **. Ce dernier, rédacteur en chef, n'appartenait pas à la même chapelle politique que le colonel ***. Voilà une excellente formule qui, en principe, garantit l'objectivité des articles.

Au début de 1934, l'association compte environ 35 000 adhérents. Mais les événements du 6 février et l'attitude ferme de La Rocque dans ces circonstances dramatiques vont déclencher un véritable « boom » en sa faveur [20].

Si, jusque-là, les Croix de Feu ont respecté fidèlement le programme arrêté en octobre 1931 et qui

* Il s'inscrit à la VIIIe section parisienne.

** Fondateur de la revue *Historia.*

*** Il était alors, en effet, Action Française.

préconise le reclassement des pouvoirs dans le cadre de la constitution existante et le développement de la collaboration entre le capital et le travail – deux axes aptes à remettre la France en selle –, à partir de 1934, ils font montre d'une plus grande attention vis-à-vis de l'étranger. En revanche, ils refusent de s'associer aux manifestations ultranationalistes, comme celles de décembre 1932, et de se joindre aux défilés de l'Action Française et des Jeunesses patriotiques contre le remboursement des emprunts aux Américains. Ces prises de position catégoriques attirent de vives critiques au mouvement de La Rocque.

La Rocque ne s'en soucie pas. Pas plus qu'il ne démord d'une idée chère à plus d'un ancien combattant et que d'aucuns, parmi ses détracteurs, qualifieront d'utopique : il préconise le brassage des classes qui, obtenu en temps de guerre, dans les tranchées, doit se prolonger en temps de paix pour aboutir à la réconciliation nationale.

Mais avant tout, l'association applique une politique sociale active et multiplie les initiatives dans ce sens (dont certaines seront les ancêtres des fameux restaurants du cœur de Coluche)! Dès 1934, les sections interviennent pour aider les populations frappées par le chômage ou par des catastrophes naturelles ou non. En 1936, la Société de Préparation et d'Éducation sportive permettra aux enfants des zones les plus déshéritées de fréquenter régulièrement une piscine et de passer, en fin de stage, un brevet de sauvetage.

On retiendra aussi, toujours en 1936, « Travail et Loisirs », une œuvre à vocation sociale et artistique, lancée par Mangaby et destinée à faciliter l'accueil des tout-petits dans des crèches.

Citons enfin la création d'écoles ménagères et d'ateliers de bricolage.

On le voit, « Social d'abord! », le cri de ralliement des

Croix de Feu n'est pas dénué de fondement. Mais l'action sociale coûte cher. Or, l'association, indépendante de toutes les puissances d'argent, tire de ses cotisations l'essentiel de ses ressources. Avant de parvenir à une relative prospérité, elle a traversé une époque délicate dite de vaches maigres. La Rocque parlera même de « vraie misère » lors des années 1930-1932. Cette mauvaise passe oblige les Croix de Feu à évacuer l'appartement trop onéreux qu'ils louaient rue de Milan pour emménager dans un local de trois pièces situé au rez-de-chaussée du même immeuble. Avec une cave en guise de salle de réception!

Fin 1933, la réussite pointe son nez. La notoriété grandissante de l'association, l'arrivée des Volontaires nationaux et le succès fulgurant du Regroupement génèrent des moyens financiers suffisants pour lancer l'œuvre sociale proprement dite sous le nom de Mouvement social des Croix de Feu, une œuvre « si longtemps espérée ».

Il est vrai que les adhésions se font à la cadence de six à dix mille par mois, à partir de mai 1934. De quoi inquiéter les autres ligues et les partis traditionnels.

Pourtant plus étoffées, les Croix de Feu se cantonnent seulement dans un rôle d'arbitre entre les formations politiques. Ce qui n'est pas du goût de tout le monde. Au sein de l'association, des voix contestataires s'élèvent, qui veulent rompre avec la neutralité vigilante préconisée par La Rocque. Des hommes comme Pierre Pucheu, membre des Volontaires nationaux, démissionnent en 1935 et iront grossir les rangs du Parti populaire français de Jacques Doriot.

La droite et la gauche se mobilisent également contre ce mouvement en plein essor auquel socialistes et communistes reprochent le trop grand nombre de « rassemblements motorisés ». La Rocque ne dément pas car il veut « montrer la force pour n'avoir pas à s'en servir ». Et il poursuit sa croisade avec plus de vigueur encore pour rendre à la France sa puissance et sa dignité, pour développer sa dimension sociale et pour la soustraire à la tenaille italo-allemande... Voilà un programme qui réjouit Mermoz. Quant au colonel, voilà un homme selon son cœur. Un honnête homme.

Jean ne prise pas spécialement la politique, mais « qu'est-ce qu'une patrie où la fidélité est proscrite, où le pacte d'amitié n'a plus cours ? » comme l'écrivait Alain Monnier.

De cela, Mermoz souffre. « Si ça continue, affirme-t-il, je me ferai naturaliser Argentin ou Italien ! »

Toutefois, il aime la France. Alors, il signe chez La Rocque. Cet engagement désole Saint-Exupéry, un aristocrate acquis aux idées de gauche. L'écrivain n'apprécie pas le colonel dans lequel il voit le représentant de « la faillite de la dignité humaine chez les droites qui se choisissent de tels chefs *... » et doivent être bien pauvres pour se contenter d'un « pareil chantre ».

Ces exhortations provoquent de monumentales colères chez Mermoz. Au diable, la politique ! Des intentions nobles guident son orientation qui prend d'ailleurs rapidement un caractère social. Là se situe la plus belle dimension de Jean, la plus intime. Sa véritable vocation. « Être social, pour lui, c'est simplement être humain, être avec les autres hommes, être pour l'amélioration de leur sort, pour leur progrès, pour leur rapprochement ; c'est n'être fermé à aucun des facteurs qui composent la générosité humaine **. »

Ainsi, à la consternation boudeuse de certains de ses amis, Mermoz, « Croix de Feu sur les bords *** », va

* Antoine de Saint-Exupéry, *Carnets* II, 3, Gallimard.

** Robert Garric, confident et conseiller de La Rocque – Conférence du 17 février 1955 (extrait relatif à Jean Mermoz).

*** Henri Jeanson, *70 ans d'adolescence,* Éd. Stock.

opposer la grandeur de l'œuvre sociale à laquelle il souscrit complètement : « Ce sera ma seule excuse, écrit-il à l'un de ses camarades de Rio, si on me reproche de faire de la politique. Il y a des jugements qui ne peuvent plus me faire mal. Je regarde trop loin devant moi, et je ne me retourne que pour les amitiés disparues [...]. Il faut atteindre le but, après tout changera... »

Saint-Ex pourrait-il le contredire, lui qui clame dans ses *Carnets* : « Je me contrefiche du verbiage, c'est par des actes qu'un homme s'affirme. Il n'est point d'aventure si je ne m'y engage. »

Il cherche des excuses à son ami : « Pourquoi Mermoz a-t-il suivi ce grand dadais de colonel, sinon par soif... »

Cette mansuétude inutile ou les critiques diverses ont pour effet d'agacer prodigieusement le « Grand » qui montre parfois les dents. Guillaumet en fera les frais, qui, un jour, à Natal, lui propose :

– Jean, veux-tu que j'adhère aux Volontaires nationaux?

La réponse fuse, cinglante :

– Fous-moi la paix! Il y a assez de moi dans ce pétrin *!

Le mot n'est pas trop fort... Car Mermoz, l'homme qui a fondé « la vérité de l'avion à roulettes transatlantique ** », nage au milieu des écueils : il se heurte à une opposition de plus en plus vive des services techniques du ministère de l'Air qui, contre l'évidence, tiennent pour sûrs des hydravions lents et lourds.

La direction générale d'Air France semble vouloir apaiser ce débat tendu lorsque, le 15 avril 1935, elle le nomme inspecteur général. Jean pourra continuer à

* Anecdote que Jean Dabry m'a confiée en août 1985.
** Antoine de Saint-Exupéry, *Carnets* II, 22, Gallimard.

« effectuer ses fonctions antérieures » mais restera à la disposition de la direction « pour exécuter toutes les missions » qu'elle lui confiera et « pour donner son avis sur les questions concernant le pilotage, la navigation et l'utilisation du matériel » sur les lignes exploitées par la compagnie.

Cette promotion, qui récompense une brillante carrière – il n'a pas trente-quatre ans! –, lui procure un plaisir relatif. Il lui faudra venir à Paris un peu plus souvent, Paris qui lui permet de se retrouver, avec, cependant, la hâte de repartir. A Hervé Lauwick, journaliste de *L'Auto,* qui lui demande alors s'il a droit à beaucoup de sourires dans la capitale, il déclare, d'un ton badin : « Oh, ils m'ont montré les dents! »

Les nations étrangères, surtout les concurrentes de la France dans le domaine du transport aérien, lui réservent un meilleur accueil. Les Italiens, en particulier, lui vouent une haute estime. Depuis la conférence de Rome, ils ont accompli de sérieux progrès sous la houlette de Balbo qui peut s'enorgueillir de disposer maintenant d'une aviation structurée et d'appareils rapides et adaptés à différents types de mission. L'écart se creuse avec la France...

En mai 1935, une escadrille ministérielle française emmène le général Denain et sa suite à Rome où le ministre de l'Air doit rencontrer le Duce ainsi que son homologue, Italo Balbo. La délégation quitte Paris à bord de trois Potez 56 *, de petits bi-moteurs de transport léger qui avaient enchanté Mermoz au cours d'une récente visite à Meaulte.

Le séjour se déroule dans une ambiance plus amicale

* Étudié à partir de janvier 1934, cet avion vole le 18 juin suivant et sera mis en ligne au mois de mai 1935.

Les trois pilotes de ce vol ministériel sont : Jean Mermoz et les capitaines Gérardot et Rossi.

que protocolaire jusqu'au moment où se produit un léger incident de convenance. Balbo, qui apprécie le « Grand », souhaite le présenter au Duce. Le général Denain s'interpose alors, faisant remarquer à son pilote l'impossibilité d'une telle démarche : il n'a pas revêtu la jaquette exigée par l'étiquette italienne.

Étonné de cette absence et quelque peu irrité, Mussolini s'en fait expliquer la raison puis se tourne vers le ministre français et lui lance plutôt sèchement : « Mermoz peut aller partout en veston! »

C'est dire la réputation de l'aviateur français.

« Même quand l'oiseau marche on sent qu'il a des ailes. »

Antoine Marin Lemierre
(Les Fastes ou les Usages de l'année).

20.

Mermoz? Assurément l'homme le plus connu de France en cette année 1935. Kessel, toujours sous le charme, confiera à Yves Courrière * qu'il n'y avait pas « un homme, ni une femme, ni un enfant pour ignorer qui était Jean Mermoz ». Et les hommes l'admiraient. Les femmes rêvaient à son image. Les enfants voulaient lui ressembler...

Dans les salles de classe, sur une carte du monde, maîtres et élèves suivent avec passion la progression des voyages du grand pilote.

Mermoz? Pour Fleury **, un apôtre dont la foi est si vive qu'elle finit par faire de lui un adepte; un grand frère qui, à une époque turbulente de la vie du journaliste, va l'arracher aux démons des Années Folles, l'exorciser de l'envoûtement des enchanteurs tziganes; le moniteur merveilleux qui, à bord d'un petit Potez, lui enseignait l'art du pilotage; le rêveur qui récitait des poèmes sur les plages d'Espagne ou de la Riviera; le fonceur qui, au volant de sa voiture, engloutissait les kilomètres et calmait ainsi les rages

* Yves Courrière, *Joseph Kessel ou Sur la piste du lion*, Plon, 1985.

** Lettre à l'auteur, datée du 18 mars 1986.

que déclenchait la lâcheté de certains; le joyeux compagnon à l'appétit gigantesque des soirées où Jeff Kessel, conteur oriental, Saint-Exupéry, jongleur en philosophie, Guillaumet le taciturne et Reine le rigolo communiaient dans leur amour de la Ligne...

Plus que jamais, Jean est un homme non assisté, trempé dans la misère et les épreuves comme l'acier dans l'eau glacée, comptant sur sa ressource et sur le seul amour – oui, l'amour! – des siens, secret, riant après l'orage, pas rancunier.

Mermoz? Pour ses compagnons, un grand garçon turbulent, prudent et téméraire, réfléchi, sincère à en être naïf...

Chacun, selon sa sensibilité, retient une facette, mais tous se retrouvent pour louer l'homme du sérieux, du courage face à l'inconnu et du plus grand engagement : de soi!

Pourtant, même pour la plupart de ses familiers, il demeure un mystère. « Je ne sais pas comment expliquer cela, dira Guillaumet. On le sent toujours au-dessus de nous... »

Il paraît si proche par moments, si humain qu'il en devient inaccessible. A croire que le bon vivant, le camarade sensible, soucieux des autres, appartient à un plan supérieur de l'existence. Un archange, alors? Cela bien sûr, il l'a toujours nié dans un éclat de rire, de ce rire homérique, vif et sonore, qui fait reculer les ténèbres, balaie les insinuations, dissimule sa gêne...

Marcel Reine, avec sa gouaille, la ramène plus justement au niveau du commun des mortels et fait éclater l'auréole du saint : « Il faisait comme les copains et ça n'était pas pareil. La " foirinette ", bien sûr, il aimait ça. Les poules, bien sûr... il était de ciment armé. Les bêtises, il n'en avait pas peur. Le jour qu'il a accroché un cycliste sur mon Amilcar, je m'en souviens bien, la vache, j'ai payé l'assurance. Il en a rigolé pendant une semaine. Mais, je ne sais pas, moi, il était tout de même meilleur que nous. Il s'enfermait chez lui. Il pensait. Il bouquinait des vers. Il était sérieux, quoi! »

Généralement avare de compliments, Saint-Exupéry reconnaît en Mermoz un être exceptionnel par la sève et la chaleur vitale. A lui, il parle comme il ne parle à personne. A lui, il va lire sans complexe des fragments de ses livres. Et Mermoz l'écoute avec une déférence incroyable car il éprouve beaucoup de respect pour les dons de l'esprit.

De plus en plus, l'inspecteur général d'Air France agit par idéal, en symbiose parfaite avec une puissante aspiration de l'époque à laquelle il sert d'instrument privilégié : le rayonnement d'un pays.

Saint-Exupéry effleure à sa façon une vérité Mermoz, un des rares « qui ne confond pas l'argent, symbole de richesse, et la possession, et qui, refusant un marché de dupes, repart une fois encore pour des expériences difficiles et, scandalisant ainsi les marchands qui, honnêtement, lui offrent leurs pauvres trésors, jouit des biens véritables... »

Jean lutte plus par cœur et par raison que par intérêt. Ce qui lui vaut des inimitiés croissantes.

A l'époque de cette métamorphose subtile, il se replie sur lui-même; sa mélancolie naturelle semble se nourrir de sa renommée. L'en protégerait-elle?

Il se rapproche alors de ses grands-parents, stricts, peu bavards, à la vie austère, quasi monacale, lui qui avait pâti de leur sévérité.. Mais la première jeunesse s'est envolée et, parfois, la tristesse se fait crise : « Tout est fini, tout est terminé, jettera-t-il sur le papier un soir de spleen. Et cette impression d'agonie de tout ce qu'on avait de jeunesse, de fraîcheur en soi, à jamais disparu... » le prend à la gorge. Et pourtant, son nom retentissait dans les cœurs comme une cloche de fête.

« Pour ce rayonnement qui ne laissait personne insensible, qui atteignait tous les milieux, pour la puissance généreuse qui émanait de lui, pour son courage et sa pureté, pour sa lumineuse vigueur et son torse bombé comme une cuirasse, on se mit à lui chercher des surnoms... » L'Archange devient le Guynemer de la Paix, le Paladin de l'Air, des appellations apparemment contrôlées qui, toutefois, ne correspondent pas à la personnalité de l'intéressé, lequel n'est plus tout à fait un pilote mais un exemple commenté dans toutes les écoles, un symbole aussi qui donne aux Français des raisons d'espérer.

Avec Mermoz on se sent invincible!

A son insu, le « Grand » représente le meilleur de chacun; mieux, il personnifie la volonté et la résistance de la France.

Malgré lui, il distille une philosophie du monde à la fois personnelle, généreuse et noble. Aucune vulgarité, aucune mesquinerie dans cet homme qui en aurait d'ailleurs été bien incapable. Il ne revendique pas les succès générateurs d'une gloire qu'il juge indécente :

« Ce que j'ai vécu, d'autres l'ont vécu et, en particulier, mes camarades de l'Aéropostale qui ont connu les mêmes épreuves, les mêmes échecs, les mêmes succès *. »

Cette défense ne suffit pas. La pudeur ne constitue pas un paravent solide, bien au contraire.

Plus tard, mais trop tard, ses adversaires s'inclineront à leur tour devant ses vertus. Ils entérineront ainsi le verdict populaire. Et le 30 décembre 1936, lors de l'hommage officiel rendu solennellement aux Invalides, Pierre Cot se fera le porte-parole ému de l'opinion universelle. Visiblement affecté par la disparition du « Grand », le ministre de l'Air avouera avoir puisé son

* Jean Mermoz, *Mes Vols*, Flammarion, 1937.

texte aux sources d'une mystérieuse inspiration. Il est certain qu'en ce jour de deuil national, il exprima la pensée profonde d'une France unie dans le chagrin :

« La forme spéciale de son courage, ce fut l'obstination. Rien ne le rebutait. Nulle entreprise ne lui paraissait insensée. Il décidait avec froideur, exécutait avec passion [...].

« Le trait dominant de son esprit : la loyauté. Rien de vil, rien de bas en cet homme. Il est passé dans l'existence, ignorant les combinaisons médiocres et les dégradations des astucieux. Même quand il marchait sur la terre son front touchait le ciel. Et s'il fallait, pour le faire revivre un instant devant nous, rappeler une trait familier de son caractère, je donnerais le pas à la timidité.

« Ce bon géant, cet homme que les capitales des deux mondes avaient acclamé et fêté, que tous les peuples et toutes les races applaudissaient, était un grand timide. De là, l'hésitation de sa parole, sa candeur sans cesse blessée par la vie et par les hommes, et comme une crainte perpétuelle de sa propre pensée. De là, la douceur étrange de sa voix un peu sourde et parfois une nervosité intérieure qui laissait passer, sur son beau visage, un frémissement un peu douloureux. »

Qu'importe les louanges posthumes, même sincères. A quoi bon les statues?

Rassurez-vous, Jean traînait une batterie de défauts à la mesure de sa démesure, des défauts qui gomment heureusement la perfection dans ce qu'elle a de monstrueux, qui lui rendent la dimension humaine et, par là, grandissent son action.

Mermoz, c'est aussi la colère explosive, l'impatience brutale, un caractère bouillonnant. Cependant, s'il mène ses vols comme des chevaliers enlevaient une redoute, avec exaltation, avec fureur, cette manière n'a d'impulsive que l'apparence car le pilote médite ses voyages et généralement, avant le décollage, se tient à l'écart pour réfléchir aux ultimes détails. De la préparation dépend la sécurité. Cela, il le sait mieux que quiconque et dispense cet enseignement élémentaire mais vital à tout apprenti aviateur. Avec gentillesse. Ils sont nombreux à pouvoir dire, non sans un pincement au cœur : « Il m'a donné confiance en moi, il m'a guidé et toujours délicatement, à mots précis rectifiant telle démarche, telle erreur de navigation, suggérant telle correction. Il nous tirait, nous poussait de son affection, sans que jamais aucun de nous le sollicitât. Il semble que, sans lui, nous ne serions pas devenus ce que nous sommes... »

Hélas! la gloire se révèle rarement chaleureuse. Elle isole. Mermoz se débat : il recherche la fraternité, s'y accroche parfois tel un désespéré. Il ne s'épanouit véritablement que sur les terrains d'aviation, cette aviation dont la passion consume jusqu'à l'amour de Gilberte, et sur les routes du ciel... Il fuit les salons, nids d'intrigues, repaires de la futilité et de la corruption. Or, le Paris qui l'acclame, le réclame aussi. C'est à qui recevra le grand Mermoz... Mermoz étouffe. La joie la plus pure, il la ressent loin de tout cela, loin de ce spectacle superficiel, loin de la course aux honneurs futiles. Désormais, il vit irrémédiablement pour la ligne, au grand étonnement de Saint-Ex :
« Je me souviens d'une nuit de Paris où Mermoz et moi ayant fêté avec quelques amis je ne sais quel anniversaire, nous nous sommes retrouvés au petit jour au seuil d'un bar, écœurés d'avoir tant parlé, d'avoir tant bu, d'être inutilement si las. Mais comme le ciel déjà se faisait pâle, Mermoz brusquement me serra le bras, et si fort que je sentis ses ongles. " Tu vois, c'est l'heure où à Dakar... " C'était l'heure où les mécanos se frottent les yeux et retirent les housses d'hélices, où le pilote va consulter la météo, où la terre n'est plus peuplée que de

camarades. Déjà le ciel se colorait, déjà l'on préparait la fête, mais pour d'autres, déjà l'on tendait la nappe d'un festin dont nous ne serions pas les convives. D'autres courraient leur risque...

« " Ici, quelle saleté... " acheva Mermoz. »

Son regard se voilait alors tandis que ses yeux s'ouvraient sur un autre paysage. Avec ses compagnons de la postale, papillons de lumière, il s'élevait vers la nue et palpitait au-dessus de l'immensité grise de l'océan assoupi pour se fondre progressivement dans les premiers brouillards matinaux.

Mais dans ces espaces inconnus et illimités où des hommes s'enhardissent, la mort continue à rôder et à frapper. Le 4 novembre, le Laté 28 piloté par André Depecker s'écrase en mer, au large de Nhambupe, au Brésil. Avec lui, Joseph Le Duigou, radio; Auguste Morel, mécanicien et Fernand Clavère, un fin navigateur. Dans le cœur de Mermoz, la blessure secrète s'élargit un peu plus. Déjà, dans la nuit du 31 mars au 1er avril précédent, Robert Bajac s'était tué près de Gournay-en-Bray, aux commandes de son trimoteur Farman 303, au cours d'un vol de nuit...

« C'est le métier, écrit Mermoz à son ami René Joméli installé à Rio, c'est le métier, certes, mais quand je me tourne vers le passé jusqu'à douze ans en arrière et que je récapitule tous les noms des disparus, je ne puis m'empêcher de courber un peu les épaules. Je me fais maintenant figure de survivant. Et puis je redresse la tête très vite pour regarder droit devant moi et suivre mon chemin vers notre commune destinée, celle que nous souhaitons tous dans le fond de nous-mêmes [...].

« J'en ai assez de Paris. Je veux retrouver la vérité, ma vérité. »

Le 11 novembre 1935, jour où il couche ces mots amers sur le papier, un autre équipage tombe à Istres, à bord d'un Laté 26 *. Mermoz a signé la lettre, la fatalité a confirmé.

Bouleversé, le pilote tend ses mains vers le ciel, ce ciel qui décape ses humeurs, ses doutes, ses prétentions, et le confronte à une nouvelle lumière, un ciel où la mort n'existe pas. Inconsciemment, comme la majorité des navigants de la Ligne, Jean, Guillaumet, Reine, Saint-Exupéry entretiennent une certitude profondément ancrée dans leur détermination : la continuité de leur œuvre assure leur survie. Plus elle sera belle et durable, plus douce est l'acceptation de la mort et la mort elle-même. Ils n'ont pas à craindre l'oubli. Aussi s'effacent-ils humblement derrière leur ouvrage et s'y mêlent-ils intimement. Souvent, bien sûr, ils ne laissent pas de trace : ils partent pour nulle part et arrivent ailleurs. Et ce mystère ajoute à la beauté, à la grandeur et à l'éternité de l'œuvre. La Ligne ne se range pas parmi ces réalisations soumises aux fluctuations des saisons et des vies humaines, des réalisations qui s'effritent pour fournir la poussière du temps qui passe...

La philosophie de ces hommes dévoués corps et âme à leur cause – apparemment, une banale ligne aérienne – pourra sembler simpliste, voire suicidaire. A la limite, comme l'a si bien défini Jules Roy **, Mermoz et Guillaumet « étaient peut-être des imbéciles à la façon de Michel Vieuchange marchant vers la ville secrète de Smara et finissant par en mourir, mais ce sont ces imbéciles-là que j'admire et que j'aime [...]. Quand les circonstances conduisent au désespoir, et que le seul moyen d'échapper au désastre est de le défier plus

* Trois hommes disparaissent ce jour-là : le pilote Pierre Lemoine, le copilote Marcel Lhuillier et le radio Louis Gauthe.

** *Icare* nº 37, printemps 1966, numéro consacré à Guillaumet.

follement, comment peut triompher la raison, sinon par la déraison? C'est ainsi que les héros peuvent à leur tour instruire les philosophes, les scribes et les pharisiens, parce qu'ils ont bravé le sort et conquis à jamais le cœur des hommes. »

Accaparé par son métier, par ses réunions de plus en plus fréquentes avec l'état-major des Croix de Feu, écartelé entre la défense de la ligne et l'exigence de ses amis, Mermoz ne s'appartient plus et, surtout, il n'appartient plus à Gilberte... Mangaby, pour sa part, si semblable à son fils, évolue à son rythme et avec lui. Elle prend de plus en plus de responsabilités au sein du mouvement social de La Rocque.

Cette situation déplaît à Gilberte qui se sent reléguée. Elle supporte mal l'éloignement et, il faut le dire, les écarts sentimentaux de son mari. Leur existence se déroule désormais sur deux plans différents. Elle, la jeune bourgeoise, considère comme étant naturelles les mondanités auxquelles son éducation rigide l'a préparée depuis sa petite enfance, des mondanités qu'amplifient les succès de Jean... et que le pilote rejette de toutes ses forces. Mermoz dans les salons, c'est un peu l'histoire de l'albatros de Baudelaire, majestueux dans les airs et maladroit sur le pont d'un navire...

Ce n'est pas le seul grief qui va surgir entre eux. Oh! ils s'aiment, contrairement à bien des affirmations entendues ici et là, mais ils ne se comprennent pas. Surtout, Jean souffre de ce que Gilberte ne partage pas ses grands élans. L'harmonie du ménage, une union que n'approuve pas Mangaby, va se désagréger à la consternation des deux protagonistes.

Commence alors une petite guerre de harcèlement...

Un jour qu'il rentre exceptionnellement chez lui – il habite à Auteuil –, Mermoz annonce à Gilberte :

– Tu mettras un couvert de plus ce soir. Il y a quelqu'un à dîner.

– Qui est-ce?

– Collenot!

– Ah non! tu ne vas pas m'imposer ton mécanicien.

Mermoz pique une colère épouvantable :

– Non seulement j'insiste pour que Collenot soit avec nous, mais dis-toi bien qu'il vaut beaucoup mieux que tous les petits gommeux que tu rencontres actuellement dans tes parties mondaines...

Cela dit, Jean ne se prive pas de recevoir ses amis à l'improviste, à l'heure du repas. Stoïquement, Gilberte assiste au débarquement bruyant de la bande menée par Kessel et que composent Saint-Ex, Martinoff, de Saint-Pierre (le constructeur du *Bernard*), Reine le tonitruant, Gaston Gallimard l'éditeur bien connu, et Mangaby.

La jeune femme mesure amèrement l'étendue de sa désillusion. Jean lui échappe. Quels liens sauraient exister maintenant entre son existence à elle, ordonnée selon des principes conventionnels, et sa vie à lui, marginalisée en permanence et entraînée irrésistiblement dans la dérive de l'Histoire?

Un drame va provoquer la séparation : la mort d'Édouard, le jeune frère de Gilberte.

Subjugué par les exploits du « Grand » qu'il vénérait, le jeune homme avait décidé de suivre ses traces. A Istres où les instructeurs décèlent un talent certain, il prépare ce qui pourrait être une brillante carrière. Hélas! un accident d'un type courant sur les aérodromes lui coûte la vie : en phase finale d'approche, un moment délicat du vol puisque l'avion est en perte de vitesse, un élève pilote le percute et coupe son fuselage...

Gilberte ne le pardonnera pas à Mermoz qu'elle tient

pour responsable de la vocation de son frère. Donc de sa mort !

En août 1935, Jean emménage seul au 3, rue de la Cité-Universitaire, dans le quatorzième arrondissement, au huitième étage d'un immeuble clair qui domine la grande flaque verte et calme du parc Montsouris.

A son ami René Joméli auquel, trois mois plus tard, il confie ses déboires conjugaux, Mermoz explique que « comme dans les jeux de hasard, rien ne va plus. Pour conserver mon ménage, il faudrait que je rompe avec ma vie hasardeuse ou que je vive dans l'équivoque de constants replâtrages... Je ne peux plus. Je suis prêt à sacrifier ma vie et tout... pour accomplir ce que je considère comme une tâche idéale et sacrée.

« Gilberte n'est pas bien coupable dans tout cela : c'est une enfant que j'ai adorée. Je suis arrivé à un point où je ne puis plus rien donner à une enfant. A vingt-trois ans une enfant refait sa vie. Moi je ne referai pas la mienne. Elle m'appartient d'ailleurs si peu... ma vie et je n'en fais cas que pour ce qu'elle vaut au point de vue sacrifices et résultats. Le peu de bon que j'en tire est vraiment trop pauvre pour que j'y puisse trouver une satisfaction qui puisse m'y rattacher au point de vue intime [...]. »

A proprement parler, Mermoz broie du noir.

Cette séparation contrainte – il éprouve une répugnance pour le divorce – restera « la tache sombre » de son existence. Il se confesse à Joméli : « Si je veux bien sacrifier ma vie pour un idéal, je ne peux la sacrifier pour un égoïsme. Égoïsme de ma part, peut-être, mais qui ne m'apporte aucune joie, aucune satisfaction, donc assez désintéressé.

« Ma vie n'aurait pu appartenir qu'à un enfant... Et de plus en plus, je crois qu'elle n'appartiendra ni à moi, ni à d'autres. »

Cet enfant tient lui aussi de l'idéal. Jean se voyait

volontiers en père de famille. A Kessel, intrigué de le trouver si à l'aise avec les petits, il avouera avec tristesse : « C'est le seul grand désir qui me reste, mais je n'ai pas le droit. Je suis incapable d'avoir un foyer. Et une femme, des enfants, il leur faut un foyer. » D'un air désinvolte, comme pour cacher sa détresse, il avait ajouté : « A chacun sa vérité, mon vieux. »

Kessel comprit qu'il venait de découvrir le jardin secret. Il n'insista plus.

Ce besoin impérieux et puissant de créer une vie qui serait la continuation de la sienne propre, Mermoz allait le canaliser vers la réalisation de son ambition sociale et le maintien de l'œuvre : la Ligne.

Mais une ombre planerait dorénavant sur ses pensées, qui empêcherait une satisfaction totale.

Ainsi, Jean Mermoz va endurer les tortures morales d'une contradiction aussi violente que croissante : sa passion pour l'Aviation et son amour profond des enfants. La première, trop périlleuse, ne s'accommode pas de la sécurité qu'exige le second. L'une prohibe l'autre.

Consciente de ce dilemme, Gilberte hésitait devant une éventuelle maternité.

Dans ce contexte, la rupture ne devenait-elle pas l'issue logique?

Pour l'aviateur, les épreuves ne font que débuter. Il continue, en effet et en vain, de plaider avec véhémence en faveur d'avions plus légers, plus rapides et plus économiques que les hydravions retenus par le ministère de l'Air. Pourquoi mettre en service des appareils de vingt tonnes pour transporter deux cents kilos de courrier?

Jean ne se contente pas de développer ses thèses, il en fait la démonstration à plusieurs reprises à bord du De Havilland Comet *Gipsy Six*, un bimoteur léger acheté par le... ministère de l'Air!

Au mois d'août 1935, avec Gimié, il effectue des voyages records entre Paris et Casa, Casa et Dakar, Casa-Paris, Paris-Alger et retour à des moyennes supérieures à 310 kilomètres à l'heure [21].

Ces performances établies avec certitude ne correspondent pas spécialement aux résultats obtenus par les hydravions qui n'en bénéficient pas moins de la protection ministérielle et dont la meilleure moyenne, pour la vitesse, dépasse difficilement les 100 kilomètres à l'heure.

Aussi incroyable que cela puisse paraître, l'administration maintient l'option du plus lent et du plus lourd, et demeure sourde aux suppliques de Mermoz. Bizarre tout de même, cet entêtement des services officiels. Or, la politique du matériel arrêtée par le ministère influe sur le « libre arbitre » d'Air France dans ce domaine.

Jean prêche dans le vide, tout comme Couzinet, pourtant soutenu par la presse.

En 1935, quatre appareils dont trois hydravions se partagent quarante-deux traversées postales sans incident notable. Un miracle. Ces voyages permettent les comparaisons : le *Santos Dumont*, construit par Blériot, et les deux Laté, la *Croix-du-Sud* et la *Ville de Buenos Aires*, se révèlent singulièrement asthmatiques à côté du seul avion terrestre en lice, le Farman 220 *Centaure*. Ce dernier, aux mains de Guillaumet et de Guerrero, réalise en septembre le meilleur temps dans chaque sens, pour la traversée de l'Atlantique Sud *.

Qui dit mieux?

Couzinet, bien sûr...

Mais cet outsider de génie importune l' « establishment » aéronautique français : non seulement il domine nettement dans un secteur réservé jusque-là à une poignée de constructeurs parfois vieillissants, dont la

1. Dakar-Natal en 13 h 37 mn et Natal-Dakar en 15 heures.

survie doit beaucoup aux largesses budgétaires dispensées par la politique dite des prototypes, mais en plus, il s'est imposé sans suivre l'habituel cheminement occulte où pots-de-vin et dessous de table servent de droit de passage...

Le père de l'*Arc-en-ciel* ne jouit plus d'un grand crédit auprès du ministre de l'Air qu'il n'a pas hésité, on s'en souvient, à assigner en justice pour faire valoir son bon droit. Ce genre d'antécédent ne s'oublie pas...

Principal artisan, du fait de sa politique erratique, de la plupart des maux qui vont être fatals à l'aviation française tant civile que militaire, le ministère de l'Air semble frappé par une malédiction inexplicable qui, si elle ne remet pas en cause la compétence de tous ses agents, laisse planer de sérieux doutes sur l'intégrité et le patriotisme de certains autres.

A en croire l'enquête de Jean Jalbert, commandant de réserve de l'Armée de l'air, les sujets d'étonnement pourraient remplir un ouvrage, ce qui fut le cas puisque notre militaire-détective eut le courage de publier *Les Erreurs fatales du ministère de l'Air* en 1941.

Entre autres anecdotes, une histoire plutôt fantastique nous ramène aux origines dudit ministère, alors sous-secrétariat d'État à l'Aéronautique, installé avenue Rapp, dans un immeuble bourgeois.

Tout visiteur ne manque pas d'être surpris par la façade du bâtiment voisin, couverte de signes cabalistiques : étoiles, triangles et ornements divers. A ne pas s'y tromper, il s'agit d'un institut théosophique.

Cette proximité ne pose pas le moindre problème jusqu'à ce jour où un ingénieur descend dans les caves du ministère qui abritent des documents souvent confidentiels. Arrivé dans le sous-sol, le fonctionnaire pousse une porte et se fige : un spectre fouille les archives... L'homme, courageux, se précipite vers le fantôme qui s'esquive prestement par une issue dérobée. Et voilà notre fonctionnaire qui fait irruption dans le bureau du ministre, s'écroule dans un fauteuil avant d'articuler, à bout de souffle : « J'ai compris pourquoi les dossiers disparaissent... Dans la cave j'ai rencontré un homme revêtu d'un suaire blanc qui a pris la fuite à mon approche. J'ai couru, il m'a échappé; toutefois, j'ai pu voir qu'il regagnait l'immeuble voisin dont les sous-sols communiquent avec les nôtres. Ce sont les théosophes qui viennent par ce chemin emporter les pièces que j'examine; ce sont eux les responsables des vols que signalent les services. »

Le ministre, intrigué, effectue en personne une inspection de la cave, au terme de laquelle il ordonne une garde permanente. Dans cette affaire, les théosophes ont bon dos.

La protection de documents confidentiels, voire très confidentiels, semblait pour le moins légère. Quant à l'institut, il existait avant la venue des services ministériels... Qui déménagent.

En dépit du changement de lieu et d'un renforcement de la surveillance, les dossiers privés ou confidentiels, secrets ou non, continuent de s'évaporer...

Une conclusion vient à l'esprit. Du fait d'un contrôle strict, le voleur ou l'espion ne pouvait que travailler au ministère ou, en tout cas, y avoir des entrées.

Cette aventure eut des répercussions désagréables sur les projets et les espérances de certains constructeurs. L'un d'eux commençait à trouver le temps long : d'une part, on lui refusait la commande tant attendue; d'autre part, lorsqu'il voulut, à bout de patience, récupérer l'étude pour laquelle il escomptait un marché du ministère, aucune suite ne lui fut donnée, sous des prétextes divers.

Et puis, quelques semaines après son ultime démarche, un de ses collaborateurs lui remit la liasse qu'il avait dénichée – on ne sait par quels moyens – dans les archives d'un... concurrent, quant à lui fournisseur agréé du ministère.

Horrifié, le constructeur spolié tira de sa mésaventure une leçon salutaire. A l'avenir, il constituerait deux dossiers : l'un technique et détaillé, destiné à ses ateliers, l'autre, une simple présentation du projet, réservé aux services officiels et conçu de telle façon qu'il ne mettrait pas les concurrents indiscrets sur une piste intéressante.

Dans une administration qui touche à la défense nationale, ces pratiques peu orthodoxes font désordre.

Ce n'est pas tout.

Jalbert qui, comme nombre d'officiers de l'armée de l'air ou de navigants civils, ressentait cruellement sur le terrain les effets négatifs de pareilles méthodes, dénonce également des ententes tout aussi nuisibles et parfois plus répandues que les... vols.

Ainsi, l'industriel, dont la proposition a été retenue, est promené de bureau en bureau pendant plusieurs mois, bousculé de sous-ordre en sous-chef, perdu, noyé dans les clauses techniques et administratives, jusqu'au moment où, de guerre lasse, il renonce, au risque d'abandonner ses plans au profit d'un constructeur mieux introduit... A moins qu'un jour, dans le labyrinthe ministériel, il rencontre une relation qui lui ouvre la bonne porte et le recommande à un contact sûr. Celui-ci se déclare prêt, évidemment, à prendre en main la demande de marché et pilote notre chef d'entreprise, heureux de sa bonne fortune soudaine, de bureau en bureau... Dès lors, tout s'aplanit, les obstacles se dissipent par enchantement à une allure record; les clauses s'alignent toutes seules sur les formulaires; les prix ne sont pas discutés et, finalement, l'adoption du marché s'effectue dans l'enthousiasme. Le futur du constructeur dépend à cet instant de sa compréhension et de ses possibilités qui, selon Jalbert, n'ont rien de technique, naturellement : au cours d'un ultime entretien, avant la signature définitive, l'industriel « oubliait » un portefeuille copieusement garni sur le bureau du fonctionnaire. La suite n'était plus qu'une question de conscience.

A cela s'ajoutent d'autres anomalies qui ne contribuent pas à faire progresser l'aviation. On sait qu'il n'y a rien de plus difficilement supportable pour les spécialistes d'une branche que d'être chapeautés par un « étranger», souvent non initié aux spécificités de leur domaine.

En une période où ne sévit pas encore l'énarchie, il arrive déjà que des hommes occupent des postes clefs peu en rapport avec leur compétence.

Jean Jalbert avance l'exemple d'un chef du service des essais en vol, « ingénieur fort distingué par ailleurs, qui n'était jamais monté dans un avion... » Lors d'une tournée en Europe, un appareil de transport américain se pose en France : « Le commandant de bord crut bien faire en offrant au chef du service des essais en vol d'effectuer un voyage à bord et de prendre lui-même les commandes. Le pilote pensait que le fonctionnaire était mieux qualifié pour juger des qualités de son avion. Or, ce jour-là, l'ingénieur reçut son baptême de l'air et déclina l'invitation qui lui était faite de tâter le manche... »

Tout cela serait risible si la concurrence étrangère n'en profitait pas pour se fortifier.

Dès 1935 fleurissent éditoriaux et livres qui stigmatisent notamment le réarmement allemand. L'un de ces auteurs alarmés, Pierre Faure *, fera même preuve d'une remarquable clairvoyance : « Jusqu'à ces derniers temps, écrit-il, l'aviation allemande était hors d'état de

* Pierre Faure, *L'Avion tuera la guerre*, Gallimard, 1935.

nous porter des coups sérieux. Il semble bien qu'il en soit autrement maintenant, et, dans un avenir très proche, une attaque aérienne brusquée sera pour l'Allemagne un jeu d'enfant. » Et d'insister, plus lucide encore : « Ce n'est pas en 1938 ou en 1941 qu'il nous faudrait être prêts. C'est aujourd'hui. »

Les services officiels ne réagissent pas.

On croit rêver. Dans l'insouciance quasi générale, tandis que la terreur montre son vrai visage aux frontières, la France, plus autruche que coq, s'estime à l'abri d'une agression. Et au ministère de l'Air, les chefs multiplient, non pas le nombre des avions indispensables ou les autorisations nécessaires à les construire, mais les notes de service absurdes : une circulaire datée du 19 juillet 1937 imposera un nouveau format aux feuilles de normes; une autre, du 6 avril 1937, précisera que la puissance d'un moteur d'avion doit être calculée en kilowatts, contrairement à l'étalonnage universel et au bon sens. D'où les conversions complexes pour établir des comparaisons avec les matériels étrangers.

Pour un peu, vu le contexte de l'époque, cette carence passerait pour du sabotage.

En tout cas, comme le dira plus tard Saint-Exupéry, « la France n'est plus que silence. Elle est perdue quelque part dans la nuit, tous feux éteints, comme un navire... »

En 1935, le déséquilibre frappe déjà par son ampleur. De plus en plus préoccupé par la montée des totalitarismes, Mermoz voit dans les Croix de Feu le recours pour une France forte. Pour l'heure, l'association s'évertue à réveiller un pays placé au bord de la léthargie.

Ses activités auprès du colonel de La Rocque mobilisent Jean chaque jour davantage. Sans parler de la Ligne... Il faut alors toute la puissance de persuasion de ses amis pour l'arracher, le temps d'une virée, à son carnet de rendez-vous surchargé.

Kessel y parvient sans trop de mal...

Un soir de cette année-là, « Jeff » arrive au Gerny's, une boîte de nuit stratégiquement bien située au coin des rues Pierre-Charron et François-1er, et récemment créée par le fantaisiste homosexuel Louis Leplée. Ce dernier a invité Kessel à venir accompagné « des amis qu'il voudrait ». Ce sera donc Jean Mermoz, Maurice Reine, frère du pilote et Jean-Gérard Fleury...

Entre les compères la conversation s'anime rapidement, roule sur les sujets les plus divers, s'alimente aisément aux sources Kessel et Fleury – des journalistes bourlingueurs! – et s'enrichit des expériences du « Grand ».

Bref, une soirée normale...

Vers une heure du matin, Leplée annonce une petite bonne femme, une gosse des rues. Sa découverte. Une môme : Piaf!

La jeune chanteuse, l'air pathétique plus que misérable, débute dans l'indifférence générale. C'est à peine si son apparence, qui détonne dans ce décor luxueux, éveille une attention polie.

Quelques sourires de compassion accueillent l'apparition de la « môme » sur la scène. Puis les conversations reprennent.

Alors, la voix s'élève, étrangement sensuelle et grave, fragile et forte, et vibrante. Troublante. Une voix où s'exprime une âme. Le trac qui l'étreignait un peu plus tôt ne résiste pas à cette magie. La salle non plus. Les conversations courent sur leur erre à mesure qu'un silence étonné gagne chaque table et que les regards découvrent véritablement la silhouette grise, source d'une telle émotion.

A leur tour, Kessel, Mermoz, Fleury et Reine écoutent Édith Gassion changé en « Piaf » par Leplée parce qu'il existait déjà une môme « Moineau ». Elle, possédée par les mélodies, ne les voit pas. Et les airs se suivent, renforcent l'envoûtement. « *Les mômes de la cloche, Nini peau de chien, La Valse brune* et *J'me sens dans tes bras si petite* se faufilent dans des mémoires ravies et bouleversées.

« ... *Fais-moi valser une dernière fois*
Serre-moi tout près de toi
Dis-moi tout bas de jolis mots d'amour
Les mêmes qu'au premier jour... * »

Ces ultimes paroles s'envolent dans un silence impressionnant qui dure, dure une éternité. Puis un tonnerre d'applaudissements libère toute cette joie contenue, ce plaisir pour les plus blasés des cœurs d'avoir été séduits.

Des hommes se lèvent et, parmi eux, Mermoz dont le visage d'ordinaire « d'une lumineuse tristesse » rayonne d'une jeunesse radieuse. Le pilote va féliciter chaudement la frêle jeune femme. Quel contraste entre ces deux êtres, et quelle ressemblance! Lui, resplendissant de vigueur et d'énergie; elle, chétive, pitoyable et paumée. Lui, amorce la dernière année d'une existence trop brève, heureuse et tragique : elle, débute une carrière prodigieuse et angoissée. Voilà deux personnages différents, en vérité, et si proches malgré cela car ils sont habités par la même force intérieure, une ténacité identique qui ne craint aucune opposition.

Kessel propose d'emmener tout le monde souper à la *Cloche d'Or*, une invitation que Fleury transmet à la môme Piaf qui accepte volontiers de « croûter » avec eux, en compagnie de sa demi-sœur Momone.

Mermoz s'esquive sous prétexte d'un vol matinal. En fait, il avait redouté cette soirée avec le grand Jeff. « Si je sors une nuit avec lui, je vais le suivre dans sa folie.

* *Fais-moi valser* de Borel-Clerc.

Et je vais prendre une cuite. Je ne peux plus me le permettre, se raisonne-t-il. Il y a les Croix de Feu ; il y a tous les jeunes qui m'admirent. Que diraient-ils, comment me jugeraient-ils, me voyant sortir d'une boîte avec Jeff : " C'est ça Mermoz, le type qui nous entraîne vers un idéal, qui est saoul et titube sur un trottoir? " Voilà où j'en suis : j'appréhende mon amitié pour Kessel. Devant lui, moi, le fort, je suis faible. Mais encore une fois, qui peut lui résister. »

Pourquoi, après tout, ne pas y succomber à cette amitié tumultueuse qui, en bien des occasions, se révélera être un antidote efficace contre le poison de la déception?

« Ô Mort, où est ta victoire? »
Gérard de Nerval
(Aurélia).

21.

« Monsieur Mermoz, je ne voudrais plus faire la traversée qu'avec vous. J'ai deux enfants... »

Alexandre Collenot se tait, humble comme à son habitude, la tête légèrement baissée. Il attend. Assurément, cette démarche lui a beaucoup coûté.

Mermoz pleure.

Cette scène qui remonte à plusieurs semaines, exactement au 31 décembre 1935, il la revit cruellement, perdu sur un des larges trottoirs des Champs-Élysées. Perdu et désemparé.

Soudain, il s'arrête, comme pris d'un vertige, ferme les yeux et... voit Collenot, son cher Collenot. Vivant.

Et il pleure, lui, le grand Mermoz.

A nouveau lui parvient avec netteté la voix mesurée du mécanicien. Jean écoute avec attention chaque mot de la demande. Oh, il le sait bien, cette faveur que son ami méritait cent fois, il ne la sollicitait pas, guidé par une quelconque ambition personnelle.

Homme réfléchi et méticuleux, soucieux de la sécurité des siens, Collenot agissait en père conscient de ses responsabilités, et poussé aussi par son attachement au pilote.

Aujourd'hui, en ce 10 février 1936, Mermoz s'entend encore répondre avec douceur que ses fonctions d'inspecteur général ne lui permettent plus de voler régulièrement. Surtout, explique-t-il, « nous n'avons pas assez de mécaniciens expérimentés. Vous comprenez, Collenot, il faut leur montrer l'exemple... »

– Bien, monsieur Mermoz, avait soupiré l'intéressé sans protester, sans ressentiment.

Ces paroles et leur acceptation venaient de sceller un destin. Aujourd'hui, Mermoz était orphelin d'un frère : l'Atlantique Sud lui avait dérobé son ombre fidèle.

Aujourd'hui, la tragédie portait le masque triste et familier de Collenot.

Le matin même, l'hydravion *Ville de Buenos Aires* avait quitté Natal pour Dakar vers 8 h 50, pour assurer son quatrième courrier. A son bord, des vétérans de l'Atlantique Sud : Jean Ponce, le pilote, Jean Lhotellier, le navigateur, André Parayre, le deuxième pilote, Frédéric Marret, le radio, Émile Barrière, chef du secteur « Atlantique Sud » et Alexandre Collenot, et deux cent soixante-sept kilos de fret postal. A 15 h 10, heure de Paris, tandis que le lourd Laté immatriculé F-AOIK s'engage dans les parages du Rocher-Saint-Paul, à 1000 kilomètres du Brésil, Marret transmet ce qui sera leur dernier message : « Ciel entièrement couvert, visibilité mauvaise, volons à 150 mètres d'altitude... »

A terre, les équipes de veille ne s'inquiètent pas. Pas tout de suite. Les navigants affrontent souvent de telles conditions météorologiques.

Le prochain appel de Marret ne saurait tarder. Mais les minutes s'écoulent. Les postes de radio disséminés entre Paris et Buenos Aires s'interpellent.

L'angoisse. Le vide. Rien ne leur répond.

« Si dix minutes de retard n'ont guère de sens dans la vie journalière, elles prennent dans l'aviation postale une lourde signification. Au cœur du temps mort, un événement encore inconnu se trouve enfermé. Insignifiant ou malheureux, il est désormais révolu. La destinée a prononcé son jugement et, contre ce jugement, il n'y a plus d'appel : une main de fer a gouverné un équipage vers l'amerrissage sans gravité ou l'écrasement... Mais le verdict n'est pas signifié à ceux qui l'attendent *... »

Au moment où cette fébrilité impuissante agite les ondes en tous sens, Mermoz remonte les Champs-Élysées avec Jean-Gérard Fleury. Une étrange intuition le saisit alors qu'ils arrivent à la hauteur du journal de ce dernier : « Collenot traverse aujourd'hui avec Ponce et Barrère. J'aimerais contacter la radio d'Air France... »

Jean imagine que l'appareil doit approcher de Dakar. Il imagine l'équipage attentif à la machine. Il imagine Collenot affairé. L'esprit du pilote a rejoint ses camarades dans cet univers qui est le sien.

Parvenu dans le bureau du journaliste, il s'installe dans un fauteuil, face à son ami, et établit la communication. Discret, Fleury se lance dans le dépouillement de sa correspondance. Mermoz interroge brièvement. Et le silence si lourd de conséquence, si odieusement révélateur se glisse dans la pièce. Un silence prolongé, anormal.

Muet, glacé, Mermoz capte l'émotion de son interlocuteur. Le silence l'envahit à son tour, à la manière d'un anesthésique, et vide son cœur de toute sensation.

L'absence de réplique finit par troubler Fleury qui lève les yeux et s'immobilise à la vue d'un Mermoz blême, à l'air égaré. Sans un mot, avec des gestes mécaniques, comme si, dans sa détresse, il eût espéré avoir mal compris, le pilote lui tend l'écouteur. Mais la voix répète des mots identiques, définitifs. Des mots qui disent : « Nos camarades ne rentreront plus; ils reposent quelque part dans l'Atlantique Sud... »

* Antoine de Saint-Exupéry, *Terre des Hommes*, Gallimard.

Le désarroi de Jean est total car il y a cette terrible évidence : rien, jamais, ne remplacera le compagnon perdu. On ne se crée pas de vieux camarades, écrivait Saint-Ex. Rien, en effet, ne vaut le trésor de tant de souvenirs communs, de tant de mauvaises heures vécues ensemble, de tant de brouilles, de réconciliations, de mouvements de cœur. On ne construit pas ces amitiés-là. Combien il a raison, Saint-Ex le sage, d'affirmer qu'« il est vain, si l'on plante un chêne, d'espérer s'abriter bientôt sous son feuillage... »

Que faire, sinon se résigner à l'inacceptable : bien sûr, quand un camarade meurt ainsi, « sa mort paraît encore un acte qui est dans l'ordre du métier ».

Les mots s'étranglent dans la gorge de Mermoz, des mots que, de toute façon, il n'aurait pas prononcés.

– Excusez-moi, dit-il brusquement à Fleury. J'ai besoin d'être seul.

Et il s'enfuit.

Mais peut-on échapper aux souvenirs? Des bribes de conversation surgissent d'un passé qui s'éloigne déjà, attisent le chagrin du « Grand » et amplifient son remords.

L'image de Collenot, un Collenot confiant, s'impose à nouveau dans le cristal de son âme, un Collenot qui, au seuil de l'année 1936, lui avait avoué un terrible pressentiment : « Cette fois-ci, je ne reviendrai pas. J'ai usé avec vous mon contingent de chance, et puis le matériel n'est plus à la hauteur. Nous y passerons tous, monsieur Mermoz. Oui, j'en ai la conviction, nous y passerons tous! »

Rarement le mécanicien avait tenu si long discours, dont la conclusion, une prière plutôt, résonnerait à jamais dans la chapelle du cœur de Mermoz : « Si vous ne deviez pas revenir, monsieur Mermoz, je voudrais être avec vous... »

Mermoz pleure.

Lui qui déclarait : « Je ne peux pas m'attendrir sur la mort d'un pilote. C'est celle que nous avons choisie en choisissant notre métier. C'est la mort que je me souhaite », il va pleurer Collenot, « un des êtres les plus chers de ma vie, une part de moi-même ».

Il se révolte aussi contre le sort : « Je ne pouvais imaginer qu'il pourrait s'en aller sans moi. Que l'on ne vienne pas me parler de différences de classe et de formation qui peuvent exister entre deux hommes. Il n'y a qu'une hiérarchie sociale, celle de la valeur et de l'honnêteté morale. »

Pour la première fois, le découragement creuse le visage du grand pilote : « Collenot n'aurait dû disparaître qu'avec moi, dira-t-il encore, désabusé, à Saint-Exupéry. La fatalité n'a pas été juste en divisant cet équipage. »

D'une certaine façon, Mermoz venait de franchir une nouvelle étape de son chemin de croix vers la solitude morale.

A la rancœur contre la fatalité se substitue une colère contre les hommes : « Il y a longtemps que j'ai parlé du mauvais temps sur l'Atlantique Sud auquel on n'a jamais voulu croire : malheureusement, à cette époque, pour croire en quelqu'un ou en quelque chose, il faut un accident : c'est toujours payer trop cher la compréhension des dirigeants officiels ou non [...] *. »

Jean retrouve suffisamment d'emprise sur lui-même pour s'occuper des enfants de Collenot qu'il décide d'adopter. C'est un devoir impérieux et naturel qu'exige, par-delà les rives de la mort, le respect de la volonté de son ami. Après avoir assuré un courrier, il se rend à

* Lettre datée du lundi 17 février 1936.

Montélimar auprès de Mme Collenot : « Je veux m'occuper d'elle et de ses enfants », écrira-t-il à Mangaby. Hélas, le « Grand » n'aura pas souvent l'occasion de serrer contre lui le petit garçon et la fillette : déjà, dans le sablier de sa vie, les grains sont comptés...

Lorsque cette catastrophe survient, le service hebdomadaire 100 % aérien a été inauguré depuis peu. Le premier vol a été réalisé le 5 janvier précédent, qui autorise la liaison Europe-Brésil en deux jours, place l'Argentine et l'Uruguay à trois jours, le Chili à quatre jours et le Pérou à six jours.

Marcel Bouilloux-Lafont avait raison!

Dès lors, les avisos se transforment en dépanneurs. Cependant, la chute du *Ville de Buenos Aires* risque de remettre en cause la traversée. Impossible d'en déterminer l'origine puisque les recherches menées inlassablement pendant des heures par Guillaumet et Dabry à bord du *Ville de Rio* ou du *Santos Dumont* n'aboutissent à aucune découverte. Pas de débris, pas de traces, pas d'indices... L'Atlantique a tout avalé...

Les navires n'ont guère plus de chance. La mer moutonne à l'infini. Repue.

Devant l'absence d'éléments tangibles, des bruits se mettent à circuler. A Dakar, notamment, le doute ronge les hommes. Ce n'est pas un accident, hasardent certains. Surtout pas avec des pilotes comme Ponce et Parayre. Surtout pas avec un Collenot derrière les moteurs.

Or, le 16 février, un Dornier « Wal » allemand disparaît dans des conditions similaires. Cette coïncidence relance les « on-dit » qui se font rapidement hypothèse : celle d'un sabotage. L'un ou l'autre de ces hydravions aurait transporté un courrier très compromettant en provenance de la République argentine ou de l'Uruguay. Les théories se téléscopent dans les ateliers et aux bureaux d'escale. En tout cas, une certitude s'impose :

un sort contraire est venu rappeler que l'Atlantique Sud est vaincue mais non pas asservie *...

Pour sa part, Mermoz entreprend une enquête serrée, avec Serre, le directeur du matériel. Le jeudi 13 février, jour de la sainte Gilberte, il décolle de Dakar pour un vol d'inspection aux commandes du *Ville de Santiago*, un Laté 301 identique en tous points au *Ville de Buenos Aires*.

A bord de l'appareil, Mermoz, Serre, Roux et Gilbert Goria surveillent les réactions, guettent les anomalies. Pendant cet essai qui dure un peu plus d'une heure, ils en relèvent quelques-unes : gouvernes trop compensées, gouvernail de direction légèrement déformé, vibrations au palonnier... Un deuxième vol effectué le lendemain confirme ces graves défauts constatés de visu par Serre qui conseille un prudent demi-tour à Mermoz.

Bizarre, se dit Mermoz, puisque ces hydravions, prêtés à Air France par l'État et contrôlés par la Marine, sont semblables à la *Croix-du-Sud* qui a fait ses preuves.

Bizarre, donc...

Mais à y regarder de plus près, la vérité saute aux yeux : la construction a été simplifiée et affaiblie... à l'insu des équipages. Voilà qui a certainement tué Ponce, le pilote hors pair. Et Collenot!

Ce n'est d'ailleurs pas le seul défaut dont souffre le Laté 301. Jean garde en mémoire une panne qui aurait pu avoir des conséquences néfastes. Le 17 décembre 1935, quelques jours après la remise officielle du Laté 301-01 à Air France, et quelques mois seulement après son premier décollage à partir du lac de Biscarosse, l'appareil, alors baptisé *Orion*, s'est envolé au petit matin pour son premier grand voyage. Outre

* Phrase empruntée à un article de Y. Daniel de Bois-Juzan – *Air France*, Revue n° 5 (printemps 1936).

Mermoz, chef pilote, installé dans le fauteuil de gauche, on reconnaît Collenot, Gimié, le mécanicien Garnier, Adam le navigateur, Carriou, le second pilote, et trois passagers : Maryse Bastié, la célèbre aviatrice, Marcel Reine et M. Juin, d'Air France.

En cours de route, l'hydravion change de nom et devient le *Ville de Buenos Aires*, suite à une décision de la direction. Puis il se pose à Port-Lyautey vers 17 heures avant de repartir le lendemain pour Dakar.

Le premier pépin les surprend après quelques heures d'un vol sans histoire, au large de Port-Étienne, quand l'un des moteurs avant s'emballe et monte en régime. Mermoz donne l'ordre de l'arrêter et de le mettre en drapeau. Le mécano, pressé, commet une erreur, passe l'hélice du groupe arrière correspondant au grand pas; le régime de ce moteur chute aussitôt. L'équipée va s'achever sur trois moteurs à Dakar. *La cause de la panne, il faut bien la retenir : rupture du réducteur.* Au pire, cet inconvénient majeur aurait pu aller jusqu'à la libération de l'hélice, laquelle, mue par son incroyable vélocité, était capable d'endommager le fuselage de l'appareil et, peut-être, d'entraîner sa destruction.

Maryse Bastié reprend son périple vers Natal à bord du Blériot *Santos Dumont*. Quant au *Ville de Buenos Aires*, enfin pourvu d'un réducteur en état, il accomplira sa traversée, la première, fin décembre...

Au terme de leurs deux essais de février 1936, Mermoz et Serre, édifiés, adressent des rapports éloquents à la direction générale. Ces comptes rendus restent lettre morte.

Si un énorme point d'interrogation subsiste au-dessus de l'Atlantique Sud à propos de la fin du *Ville de Buenos Aires*, du moins sait-on maintenant que ce type d'hydravion a été modifié à l'économie et de manière discrète par rapport aux Laté 300. Le sang de Mermoz ne fait qu'un tour. Il enrage tant après le constructeur,

Latécoère, responsable de cette manœuvre, et après Allègre qui la couvre...

Les appels pressants, les mises en garde n'y font rien. Allègre se contente de dénoncer la « panique » du pilote.

Écœuré, Mermoz démisionne. Démission refusée. Alors, il voit franchement rouge, d'autant qu'Air France et les services officiels tentent de faire accréditer les qualités plus que douteuses du Laté 301. Pour cela, ils font procéder à des essais de l'appareil, mais par beau temps et dans des conditions éloignées de celles que rencontrerait l'équipage pendant une traversée réelle de l'Atlantique. Guillaumet mène ces essais sous la houlette d'un ingénieur général de l'Air, un Guillaumet dont « on » pourrait utiliser le paraphe en bas du rapport pour dire : « Vous voyez, tout va bien, rien à signaler en particulier. Cet avion est normal et sûr... »

Or, Mermoz a bien failli se tuer avec cet avion tellement « sûr »!!! Cette fois, pas de doute, il y a péril en la demeure et Jean se trouve en situation de conflit ouvert avec la direction générale de sa compagnie. Quoi qu'il en soit, il ne changera pas d'avis et se montre plus déterminé que jamais, comme en témoigne la longue lettre qu'il adresse à Guillaumet * :

« Merci de m'avoir laissé un mot avant ton départ.

« Toutes tes impressions sont les miennes : simplement je suis obligé d'aller un peu plus loin que toi dans mes affirmations, ayant plus d'éléments à ma disposition.

« D'abord, à l'annonce du coup dur, je n'ai pas eu un seul doute sur le matériel. J'ai dit : grain orageux, violent, trombes d'eau localisées, comme j'en ai rencontré une fois ou deux avec l'*Arc-en-ciel*.

« Ils ont fait un trou dans l'eau.

« Comme toi, je m'étais fait secouer à Biscarosse,

* Lettre vraisemblablement écrite à la fin de février 1936.

mais allégé : mauvaise impression due en partie à l'invraisemblable compensation des gouvernes. Je l'avais signalée à mon pauvre cher vieux Collenot qui devait la modifier à Dakar.

« Voyager avec le *B. Aires* jusqu'à Dakar avec beau temps donne bonne impression de stabilité générale. R.A.S.

« Accident...

« Je quitte Paris pour prendre le *Santiago* et faire des traversées.

« En arrivant à Marseille, (je constate que) mon gouvernail renvoyé de chez Latécoère (est toujours) dans le même état, complètement tordu, monté sur l'appareil prêt à partir : je hurle contre l'inconscience des... et Cie. On démonte le gouvernail, on le désentoile, on le redresse en partie et on le réentoile.

« Samedi, départ à 20,5 tonnes avec une heure et demie par un temps de cochon. P.S.V. *. La machine ne me déplaît toujours pas. Départ de Kénitra le lendemain avec un gros coup de suroît à 23,5 tonnes. Gros chahut. Je m'engage deux fois à gauche : effet de gauchissement à fond nul et du pied à fond encore plus nul, la machine continue à gauche en piqué et vibre invraisemblablement. Impression d'inconsistance totale et générale de la machine, *identique* à celle que j'ai eue sur le Laté 28 où j'ai perdu les ailes, et sur l'*Émeraude... en tous points.*

« Tu comprends qu'il y a des impressions qui *ne peuvent plus* me tromper : j'en ai trop vu et trop eu.

« Machine difficile à tenir jusqu'à Mogador. Après avoir passé les commandes à Capillon lorsque ça allait déjà mieux, je suis allé me balader dans la coque. A chaque coup de pompe l'aile s'effaçait et le coup d'aileron n'avait peu ou rien d'efficacité. En même

* Pilotage sans visibilité.

temps je remarquais que l'empennage se tordait en sens inverse de l'aile ce qui expliquait le manque d'efficacité du pied.

« Serre était là, s'en était aperçu dès le début et surveillait la question : Joseph lisait ou dormait.

« Quand je lui ai fait part des réactions successives que j'avais eues, il n'a fait que les confirmer.

« J'ai tout de suite pensé que ce qui m'était arrivé (j'étais à 300 mètres) pouvait être arrivé à Ponce qui volait à 100 mètres et qu'il n'avait pu redresser à temps. Aussi, à partir de ce moment-là, mon idée était faite sur l'exploitation avec cette machine.

« Pichodou me mit au courant du vol d'essai avec Ponce et des doutes de ce dernier.

« Lavidalie me dit les différences de construction existant entre la *Croix-du-Sud* et le 301 et me demanda de ne plus changer d'appareil (il voulait naviguer sur les nouveaux).

« A Natal, Dabry me raconte les mauvaises impressions de Ponce qui n'a guère confiance en la machine. L'on me dit que Collenot était inquiet et à bout, qu'il ne voulait plus naviguer sur cette machine, qu'il préférerait repartir sur l'*Arc-en-ciel* et qu'il voulait me demander de remonter en France.

« C'est à ce moment que nous avons décidé avec Serre d'envoyer nos télégrammes, préférant arrêter momentanément pour pouvoir éclaircir tous les doutes. On n'a pas le droit en exploitation, surtout transatlantique, de continuer avec des doutes surtout comme celle de Kénitra tend à les confirmer et que des existences disparaissent sans laisser de traces.

« J'ai voulu avoir ton avis personnel : ton télégramme n'a fait que doubler mes propres impressions.

« Où je me suis mis un peu en colère, c'est au reçu du télégramme signé de Joseph et de toi démentant ton premier télégramme à la suite de l'essai, comme si vraiment les efforts d'un pilote sur une machine pouvaient équivaloir à ceux engendrés par le mauvais temps. La stabilité, les qualités de vol, nous ne les aurions pas mises en doute. Un appareil qui subit des déformations peut devenir vicieux et les qualités de vol s'annuler à certains moments : c'est le cas du 301 à une certaine charge et dans des conditions atmosphériques particulièrement mauvaises, certes.

« A l'avenir, mon cher Henri, je t'en supplie, ne laisse pas engager ton nom comme cosignataire d'un fonctionnaire ingénieur. Tu fais à ce moment-là fonction de parapluie... et quelle responsabilité tu pourrais avoir ensuite en cas de second coup dur... *ce qui ne pourrait peut-être guère tarder, je t'assure...*

« Avant de t'expliquer pourquoi je vais aussi loin maintenant dans cette affirmation, je tiens à te dire que le télégramme d'Allègre, nous désavouant en quelque sorte comme si nous étions pris de panique et reçu juste au dernier moment quand nous montions dans le Santos, m'a fait hausser les épaules d'écœurement.

« Pendant les deux heures de pilotage de Pichodou, j'ai pondu un rapport très dur sur ce que je pensais du matériel, de l'accident et des télégrammes de Joseph et j'ai adressé ma démission d'inspecteur général en demandant mon affectation sur un parcours terrestre de la ligne d'Amérique. Voilà où j'en suis. J'ai été tellement fort dans mes affirmations et dans mes attaques que s'ils ne me fichent pas à la porte, c'est qu'ils manquent de courage mais c'est leur cas.

« Bref, tu as fait la traversée et il n'y a pas eu de type plus heureux que moi de te savoir arrivé.

« Mais nous, au retour ici, visite détaillée du 301 comparativement au 300 pendant deux jours : la *Croix-du-Sud* et le 301 sont deux machines différentes : la deuxième a été conçue et réalisée invraisemblablement. Non seulement elle ne comporte aucun des renforcements de la première mais elle est affaiblie constructivement par rapport au prototype, tout en admettant officiellement pour elle un taux de travail plus élevé que pour la première!!! La construction est allégée à tel point que l'ensemble n'a plus d'homogénéité. Lachique * a voulu faire une fois de plus des économies sur la vie des gens...

« Tu verras cela d'ailleurs à ton arrivée.

« Pour moi Ponce y est resté à cause du temps et à cause de la machine : je crains même qu'il n'y ait eu rupture d'empennage, lequel ne tient vraiment à l'arrachement et à la torsion que par la tôle de la coque.

« Sur le Santiago, l'arrière de la coque accuse une déformation des tôles permanente qui n'existait pas ni à Biscarosse, ni au départ de Marseille, ce qui prouve que le mauvais temps l'a un peu fatigué.

« Enfin d'ailleurs Serre reste là, il y aura l'ingénieur des machines et Joseph : tu assisteras aux discussions.

« Sans même aller vers le pire, le fait reste là : c'est qu'au lieu de nous donner une machine qui a été demandée, au point de vue construction, *absolument identique* à la *Croix-du-Sud*, on nous a fait faire l'expérience d'une nouvelle machine exagérément affaiblie et qui nous a coûté et peut nous coûter cher à expérimenter. Cela, c'est *inadmissible.*

« Tu penses que ce n'est pas après douze ans de ligne et après en avoir vu de toutes les couleurs que je vais être pris de panique!!

« Tu penses aussi que cela peut me faire plus de mal au cœur qu'à d'autres de voir arrêter provisoirement une parties des traversées.

« Bientôt Allègre dira que j'ai voulu fiche la ligne d'Amérique par terre et qu'il l'a sauvée.

* Surnom donné à Latécoère par les équipages.

« Mais tu entends, mon cher vieux Henri, je n'ai pas hésité et n'hésite pas à prendre et à sanctionner cette dernière décision... et Serre non plus.

« Mais avec cela en plus que je suis sûr absolument que nous évitons le pire, c'est-à-dire un autre accident.

« Je veux bien tout risquer même sur une brouette, mais à une condition : c'est qu'elle soit solide. Si on doit y rester un jour dans un temps de cochon, que ce soit avec au moins un sentiment de pleine confiance dans le matériel qu'on le risque.

« Mais la liste devient trop longue... tu comprends. Un homme peut tout risquer mais des hommes ne doivent pas risquer comme il a risqué, et surtout toutes ces amitiés disparues...

« ... et tous ces hommes qui ne font pas leur devoir... eux restent.

« Il y a des risques collectifs qui entraînent des morts collectives, et cela trop souvent par inconscience, incompétence, amour-propre faux et ambitions personnelles.

« Et si tout cela nous coûte en amitié, cela nous coûte aussi en prestige.

« Enfin, en résumé, la situation pour moi se présente ainsi : quand je suis tombé dans un coup de chien à Noronha, je m'en suis sorti parce que l'*Arc-en-ciel* était homologué et solide malgré d'autres défauts. Quand Givon, une nuit, est rentré dans une perturbation orageuse, il s'en est sorti parce que le *Santos* est homologué et solide. Quand Rouchon et toi êtes rentrés dans un autre coup de chien après le départ de Dakar, vous vous en êtes sortis parce que la *Croix-du-Sud* est homogène et solide malgré d'autres défauts.

« Mais après ce que j'ai passé moi-même et après ce que j'ai vu au point de vue constructif sur les 301, après toutes les inquiétudes de Ponce, Collenot et des autres, je ne suis pas sûr, je me demande... et j'en arrive à presque conclure que si Ponce avait eu une machine solide et homogène de construction, il s'en serait peut-être sorti...

« En tout cas, il faut faire ce qu'il faut pour faire disparaître tout ce qui est fondamentalement douteux dans le 301.

« Mon cher Henri, je te dis tout cela parce qu'il faut aller jusqu'au fond des choses. Quand on a un métier comme nous, il est rare qu'une mauvaise impression vous trompe.

« Si on avait écouté les pilotes qui avaient eu une mauvaise impression sur l'*Émeraude,* on aurait évité une catastrophe.

« Or, une mauvaise impression provient à 99 % d'un défaut constructif : je ne démordrai jamais de cela... on peut s'y habituer jusqu'au prochain coup dur.

« A bientôt ma vieille.

« Je redescendrai courant mars. Tout ce que tu me dis sur Dakar et Natal, je le sais et je suis entièrement de ton avis. Il y a des gens qui ne sont guère francs du collier. Il faut que Dabry continue à faire tranquillement son travail. Il ne peut *rien lui arriver.*

« Je t'embrasse moi aussi bien fraternellement. »

A Dabry, qui représente la compagnie à Recife, Jean s'ouvre également de ses appréhensions, de son dilemme en février 1936 : « J'en aurai gros sur le cœur d'en arriver là, mais je crois que je vais demander l'arrêt des vols sur l'Atlantique Sud si on ne trouve pas une solution au problème des réducteurs d'hélice qui est probablement la cause du dernier accident *... »

Mais la direction générale n'écoute plus Mermoz. Entre eux le fossé s'élargit rapidement. La violente

* Propos recueillis par l'auteur auprès de Jean Dabry, en août 1985.

prise de position du pilote contre le « pool » franco-allemand ne lui a pas attiré que des sympathies. Et son opposition systématique à toute mesure hostile à la ligne le rend de plus en plus gênant aux yeux de certains administrateurs. Voire insupportable.

Lors d'une conférence de presse, un membre du conseil d'administration d'Air France rappelle que le général Denain, ministre de l'Air, a dû renoncer au « pool », dix-huit mois auparavant, sous la pression des journaux et pour des motifs d'ordre sentimental. En clair, il aurait été contraint de repousser ce mariage pour des raisons finalement peu réalistes...

Le motif sentimental balayé d'un revers de la main par ce brave homme contient le sacrifice de plusieurs dizaines de navigants.

« Mermoz explose : « Est-ce que les méprisables motifs " sentimentaux " ne nous donnaient pas le droit et le devoir de conserver et de continuer cette œuvre? Elle s'élève très haut au-dessus de toutes les contingences d'une politique pourrie et défaillante, qui ne nous offre que des exemples d'avilissement, de pauvreté morale et d'action sans résultat. Mais allez faire comprendre quelque chose de sain, d'émouvant, d'honnête, de pur à des hommes qui ne vivent ni pour un but ni pour un idéal, si faible soit-il! Ils vivent d'une affaire ou bien ils se laissent vivre à l'abri, sans responsabilités, dans la médiocrité de leurs aspirations et dans les fermentations de leur intelligence : comme si, aux heures pénibles que la France traverse, le culte du mot devait exister et était capable de nous sauver [...].

« Certaines personnes qui ont un sens aéronautique plus administratif que réaliste, d'autres qui ne font que de l'aviation en chambre veulent traiter la question de l'Atlantique Sud sans la connaître et, à plus forte raison, la comprendre. Ils mettent en présence l'hydravion et l'avion, et misent sur les chances de l'un et de l'autre. Ils en font à la fois une bataille sportive qui ne les passionne même pas, parce qu'ils sont incapables d'éprouver une saine passion, et une possibilité de ne pas agir par crainte des responsabilités. »

Quant à la question du matériel, avion ou hydravion, qu'importe : la vitesse, affirme Mermoz, sera le facteur essentiel de la sécurité et de la régularité pour les traversées aériennes de l'Atlantique Sud.

En 1936, cependant, on est loin, très loin de cette situation. Des personnalités s'efforcent pourtant d'appuyer la thèse du pilote, et ce depuis des années. Ainsi, à la fin de 1934, au Congrès des transports aériens, H. G. Laignier, secrétaire général du Comité français de Propagande aéronautique, déclarait à propos du facteur « sécurité » : « Allons-nous discuter sur le choix d'un avion ou d'un hydravion pour la traversée de l'océan? En ce qui concerne l'Atlantique Sud, nous ne saurions mieux faire que de nous incliner devant l'expérience si brillamment renouvelée de Mermoz. Le trimoteur terrestre, plus rapide, et qui bénéficie d'escales naturelles, telles que les îles du Cap-Vert, semble bien maître de la situation. »

Paroles de bon sens d'un homme lucide et averti.

Ce renfort ne suffira pas, ni à Mermoz, ni à Couzinet.

L'Atlantique Sud appartient presque exclusivement aux hydravions.

Or, les incidents se multiplient.

Le 29 juin 1936, le *Ville de Santiago*, une vieille connaissance, décolle de Dakar, piloté par Jean, pour son neuvième courrier. Vers 10 h 30, l'avion pénètre dans une zone de violentes perturbations et doit réduire sa vitesse jusqu'à midi. La météo apaisée, la mécanique défaille. Mermoz coupe le moteur avant droit qui repart après intervention du mécanicien Courson. L'appareil se posera sans dommage à Natal, après seize heures quarante de vol...

Certes, pas de quoi paniquer. Les navigants rencontrent un jour ou l'autre ce type de désagrément.

En août, si l'on excepte la rupture de l'arbre porte-hélice survenue sur le F-AOIK en décembre 1935, et le « hoquet » du *Ville de Santiago*, en juin, on peut dire que les moteurs Hispano-Suiza 12 Ner destinés aux Laté 301 ont eu un comportement honorable.

Passons pudiquement sur le *Ville de Buenos Aires* qui dort, avec les preuves de sa chute, au fond de l'Atlantique.

Mais il y a tout de même des coïncidences troublantes. En juillet 1936, lors du dégroupage d'un de ces moteurs, les mécaniciens constatent un décollement du régule, alliage à base de plomb et d'étain pour le garnissage des coussinets, sur le palier avant de ligne d'arbre du vilebrequin, ainsi que le grippage d'un arbre oblique de commande de distribution sur l'un des coussinets. A la différence des moteurs Nbr dont le colmatage partiel des filtres à huile par les dépôts de métal antifriction signale la détérioration de quelques paliers, le 12 Ner, lui, ne prévient pas.

Le 24 août, le *Ville de Rio* quitte Natal aux mains de Guillaumet, pour amerrir le lendemain à Dakar avec un groupe arrière arrêté. L'hélice ne tenait plus que par sa casserole et les mécaniciens découvrent avec horreur que l'arbre porte-hélice est brisé. Incroyable quand on sait que le réducteur défectueux n'avait que cent dix-huit heures de service contre deux cent cinquante-huit heures pour le moteur.

Inquiétant, mais pas de quoi paniquer un Mermoz...

Les vols reprennent et les techniciens affectés à la maintenance ne chôment pas!

Dans les ateliers de Dakar où il entre le 3 octobre en

vue de révisions mineures, le *Ville de Santiago* réserve une surprise de taille : les spécialistes, alertés par une importante fuite d'huile alors qu'ils procédaient au démontage du moteur arrière droit, restent bouche bée devant une fêlure de 10 centimètres d'un bloc-culasse... Sur le moteur avant droit, c'est le réducteur qui doit être changé...

Et les incidents s'accumulent, se ressemblent. Le 5 novembre, pendant une traversée, le moteur avant droit du *Ville de Rio* manifeste une tendance à siphonner : l'inspection révélera une fêlure de 6 centimètres sur un cylindre. Encore!

Les symptômes deviennent fréquents : grippage des vilebrequins et des arbres, blocs cylindres fendillés, arbres porte-hélice rompus, réducteurs particulièrement fragiles.

Voilà, selon Mermoz, qui expliquerait la disparition du *Ville de Buenos Aires*.

Devant l'abondance de rapports et de comptes rendus d'expertises, il n'est pas difficile d'imaginer le scénario de la fin d'un Laté, dont le déroulement s'applique vraisemblablement à la *Croix-du-Sud*, le 7 décembre 1936.

Il y a tout d'abord rupture des dents d'engrenage du planétaire mobile du réducteur, ou d'un ou plusieurs des trois satellites qui, projetés par la force centrifuge, vont crever le carter, libérant ainsi l'hélice.

A l'origine de la rupture : des vibrations pratiquement indécelables du vilebrequin, vibrations consécutives au changement du système de bielles concentriques par un système de bielles et de biellettes réunies par un œilleton.

La présence de quantités anormales de métal antifriction dans les filtres à huile aurait dû éveiller les soupçons des services d'entretien.

A noter que la présence d'huile sur les collecteurs en

cuivre de changement de pas empêche la mise en drapeau de l'hélice, puisqu'il n'y a plus de contact électrique.

Cet incident se produira le 17 novembre 1936 lors de l'avant-dernier vol de la *Croix-du-Sud*, au retour de Natal, avec Fernand Rouchon aux commandes. A la suite du mauvais fonctionnement du moteur arrière droit, celui-là même qui lâchera le 7 décembre, le mécanicien Jean Lavidalie essaiera en vain de mettre l'hélice en drapeau...

Mermoz et Serre demandent l'arrêt de ces appareils.

On ne les suit pas!

De plus en plus amer, Jean répétera à plusieurs reprises cette sombre prophétie : « Je suis persuadé que nous allons vers un autre coup dur. »

Collenot parlait ainsi.

Il est mort!

« Savoir où l'on veut aller, c'est très bien; mais il faut encore montrer qu'on y va. »

Émile Zola

(Correspondance).

22.

Mermoz dérange.

Trouble-fête, contestataire au sein d'Air France, il joue également les empêcheurs de tourner en rond sur la scène politique française. Sa conviction, mise au service du vaste mouvement social animé par le colonel de La Rocque dont il ne tarde pas à devenir l'un des adjoints les plus actifs et les plus fidèles, lui vaut inimitiés et haines farouches à droite et à gauche.

De violentes campagnes de dénigrement s'organisent contre le pilote, qui tendent à le faire passer pour fasciste.

Voilà qui prête à rire ou à pleurer. Saint-Ex, qui ne partage pas les idées de son ami, s'indigne de ces calomnies.

Mermoz fasciste? Il était Français, c'est tout! écrira Didier Poulain dans le *Flambeau* *.

En réalité, il a en tête un plan d'améliorations sociales. Il souhaite sincèrement combattre la misère et la souffrance.

Il veut donner, donner encore, donner toujours.

C'est là la vraie politique.

Mermoz et La Rocque appartiennent à cette catégo-

* Édition du 16 janvier 1937.

rie d'hommes sincères et purs dont il faut se méfier : ils disent ce qu'ils pensent et ils font ce qu'ils disent.

Avec eux, pas de promesses non tenues. Ils s'attachent de toutes leurs forces à la réalisation d'un idéal simple. Ceci explique l'audience élargie des Croix de Feu. Sous l'association perce un grand parti politique...

La dimension sociale de Jean ne se traduit pas seulement dans les actions collectives comme, par exemple, la location des piscines de Paris pour les enfants, une fois par semaine.

L'appel du cœur, Mermoz le devance spontanément, à l'occasion. Le journaliste Christian Melchior-Bonnet se souvient avec émotion d'une scène très révélatrice de la disponibilité de son ami. En sa compagnie, Jean se dirigeait vers les bureaux d'Air France, près des Champs-Élysées. Cet après-midi-là, il devait en effet préparer des essais. Alors qu'ils parviennent avenue George-V, ils aperçoivent un homme jeune, au teint hâve, effondré sur un banc, visiblement au bord de l'évanouissement. Le « Grand » se précipite, l'attrape par les épaules, s'inquiète :

– Eh bien! vieux, ça ne va pas?

L'autre, sans un mot, éclate en sanglots. Cette détresse bouleverse Mermoz qui insiste gentiment :

– Que se passe-t-il? C'est donc si grave?

– J'ai faim. Je n'ai rien pris depuis deux jours, confesse le malheureux.

D'où la faiblesse apparente.

Mermoz le conduit dans un restaurant puis écoute le récit banal d'une dérive. Une épouse emportée par la maladie trois semaines plus tôt. Un enfant en bas âge. Pas d'emploi. Presque plus de ressources. Peut-être qu'à Paris, la chance... Et c'est l'aventure.

Dans la capitale, le mirage se dissipe, le rêve tourne au cauchemar. L'euphorie de l'espoir ne résiste pas à la déception. L'argent fond. Sur ce, l'hôtelier réclame son dû et finit par garder l'enfant en garantie, ainsi que leur unique bagage...

Jean n'hésite pas. Dans la foulée, il paie la note d'hôtel. Place l'enfant. Case le père.

Voilà pourquoi, cet après-midi-là, il ne volera point. Mais il est heureux.

De tels gestes ne découlent pas d'une attitude calculée; rien à voir avec la visite d'un orphelinat par un politicien en quête de voix.

La popularité de l'homme Mermoz dépasse bientôt la notoriété du pilote. Cependant, il s'en passerait bien : il craint et rejette cette publicité faite autour de son nom, un mal nécessaire qui sert pourtant une noble cause, mais colle à lui comme la peau du lion de Némée étouffait Hercule.

L'intimité devient une valeur rare et précieuse.

Les instants de solitude apaisante qu'il peut se ménager entre un vol, une réunion, une virée, Jean les mettra à profit, surtout après août 1936, pour se réfugier dans son appartement-atelier de la rue de la Cité-Universitaire. Il prend plaisir à constituer une bibliothèque à partir de ses trouvailles chez les bouquinistes, sur les quais. Armand Silvestre figure au panthéon des auteurs de prédilection...

Il se rend également plus souvent au domicile du colonel de La Rocque. Leurs relations, quoique récentes, débordent maintenant largement le cadre de leurs activités. La Rocque intervient un peu à la façon du père, ce père qui fait défaut à Jean, même s'il n'en laisse rien paraître. Certes, il lui a trouvé un substitut : l'Aviation, la camaraderie, la Ligne. Et Marcel Bouilloux-Lafont, avec lequel il conserve un contact étroit, a lui aussi tenu ce rôle.

Indubitablement, il y a entre ces deux hommes une profonde affection qui confine à la tendresse filiale.

« Avant ma rencontre avec le colonel, mon âme boitait », confiera le « Grand » à madame de La Rocque.

Mermoz et La Rocque se ressemblent. Tous deux s'accordent mystérieusement à ces pays d'Auvergne, pays de hauteurs désolées et de silences complices.

A tous deux l'on reproche une certaine candeur et de la naïveté. Mais ils possèdent le même charisme, un charme identique. Malgré tout, Mermoz parle peu de lui en dépit des liens solides qui se tissent entre eux. Dans le *Flambeau* de janvier 1937 consacré au pilote, le colonel soulignera cette pudeur de Jean : « J'ai connu, seulement par quelques confidences, quelques commentaires, par ses émotions fugitives, par ses silences attendris ou tristes, le climat de sa jeunesse. Nos entretiens ne portaient guère sur nos passés respectifs. Il ne mentionnait le sien, il ne le profilait que pour expliquer le présent, esquisser l'avenir. »

Il y a aussi cet autre Mermoz, « presque enfant dans sa gaieté », qui surprend agréablement La Rocque lors de trop rares moments de détente.

Hélas, le déchaînement des passions que suscite le succès des Croix de Feu ne laisse pas beaucoup de répit pour les loisirs. Vient également, rançon de cette réussite, le temps des menaces anonymes. Mangaby reçoit des appels sinistres : « On va supprimer ton fils! »

D'où émanent ces avertissements courageux? Difficile à dire. Les personnalités de premier plan se trouvent peu à l'abri des désaxés, lesquels, d'ailleurs, ne passent pratiquement jamais aux actes. Mais comment savoir dans le cas de Mermoz?

Figure de proue d'une association qui rassemble désormais plusieurs centaines de milliers d'adhérents, avec un potentiel de plusieurs millions de sympathisants si l'on considère les déçus de la gauche ou de la droite,

Jean prend un poids que le pilote seul n'aurait pas atteint au zénith de sa gloire...

Les grands leaders des partis traditionnels veulent certainement oublier, ou regrettent amèrement de ne pas avoir entendu ce Mermoz avant son engagement chez La Rocque, un Mermoz qui a rencontré chacun d'eux, de Doriot au comte de Paris, sans obtenir les assurances espérées.

Satisfait de la progression quasi galopante des Croix de Feu, La Rocque estime opportun d'enclencher la vitesse supérieure et de donner à l'association la stature d'un véritable parti. Après tout, le mouvement procède d'une doctrine, possède un programme et bénéficie d'une excellente implantation.

Quelques semaines avant les élections de juin, La Rocque s'ouvre de son intention à Jean que l'idée séduit. Plus tard, bien plus tard, le colonel évoquera ce tête-à-tête : « Au cours de cette conversation nous avions envisagé, en plein accord, de nous dissoudre nous-mêmes pour constituer un grand parti conforme à nos aspirations. La crainte de n'être pas immédiatement compris nous avait inclinés à attendre une occasion intelligible pour le public. Les décrets de dissolution furent cette occasion. »

Les élections de juin amènent le Front populaire au pouvoir. Aussitôt, la coalition victorieuse conduite par Léon Blum applique son programme électoral et un décret, pris en conseil des ministres, dissout les Croix de Feu, les Fils et Filles des Croix de Feu et les Volontaires nationaux. Toutefois, les activités et organismes sociaux regroupés dans le Mouvement social français depuis octobre 1935 bénéficient d'un sursis à exécution accordé par le Conseil d'État. Selon Roger Salengro, ministre de l'Intérieur, ces mesures arrêtées contre les Croix de Feu se justifient. Il s'agit d'un mouvement « qui, par son organisation, ses permanences, ses formations en sections placées sous les ordres de chefs, les moyens de concentration rapide dont il dispose, la subordination complète du ligueur à ses supérieurs, ainsi que les consignes secrètes qui lui sont adressées [...], revêt sans contestation possible le caractère de groupe de combat ou de milice privée ».

Le 27 juin 1936, au lendemain de la dissolution, Mermoz adresse de Casablanca un courrier au colonel pour lui réaffirmer son attachement et l'assurer de son soutien moral : « Ces quelques mots avant de partir pour vous dire que je ne vous quitte pas, que je suis près de vous de toute la force de ma pensée, de mon affection profondément fraternelle, que je suis avec vous de tout mon cœur, toute ma volonté près de votre action qui est ma liberté et qui résume toutes mes convictions. »

Pour La Rocque, l'heure vient de sonner. Le gouvernement lui a donné en quelque sorte le coup de pouce qu'il guettait, lui qui préméditait le Parti social français depuis plusieurs mois. Pourquoi en irait-il autrement puisque Salengro a déclaré : « S'il plaît à monsieur La Rocque de créer un grand parti... il peut se développer librement. »

Le colonel ne perd pas de temps. Ainsi, le Parti social français naît salle Wagram, à Paris, le 12 juillet suivant, doté de statuts inspirés de ceux de la... SFIO et présidé par La Rocque qui s'entoure de trois vice-présidents dont Mermoz.

Le programme? Réconcilier l'esprit social et le patriotisme. Le patriotisme n'est pas le monopole de la droite et l'aspiration sociale n'est pas davantage une chasse gardée de la gauche.

Ce 12 juillet, lors de l'assemblée constitutive du PSF, Jean, que l'on n'attendait pas, se présente à la tribune. Les traits encore marqués par la concentration exigée par un vol qui ne fut pas sans dangers, le pilote se fait orateur : « Je n'ai jamais fait de politique et je n'aime pas cela. Seules les questions sociales me passionnent et m'intéressent. J'ai eu à en souffrir. D'autres en souffrent. Voilà pourquoi j'entre au Parti social français. Parce que ce n'est pas un parti de " partis ". »

Puis Mermoz définit la mystique du chef, extrapole à l'échelle d'une nation l'organisation qui régit la vie dans un poste de pilotage et garantit son intégrité : « Je ne connais que le Chef. Un chef d'équipage à bord est le maître après Dieu [...]. Chez nous, à la Ligne, un chef, le chef de bord, ne se juge pas. Dans un équipage, il y a un second pilote qui peut être du Front populaire, un mécanicien communiste, un navigateur socialiste. Tous se fichent de la politique. Nous savons qu'il y a douze mille kilomètres à parcourir jusqu'au but. Cela représente soixante heures. C'est un but peut-être lointain mais qui pour nous est proche parce qu'il est fait de la bonne volonté et du courage de tous.

« Votre devoir d'équipage est de vous serrer les coudes comme nous le faisons quand nous allons dans la tempête [...].

« Ne critiquez pas votre chef : suivez-le! La bonne blague de dire que les masses ordonneront et que les chefs suivront! Les chefs commandent et la masse suit. Quand les masses ne suivent pas, c'est qu'elles n'ont plus de chef.

« Nous en avons un. »

Ce discours improvisé, viril et martial, qui prône le rassemblement et stigmatise le collectivisme, reçoit un accueil modéré de la part de Saint-Exupéry qui y apporte ses nuances : « Nous chercher un chef c'est, pour nous, nous chercher nous-mêmes. Un chef, c'est celui qui a infiniment besoin des autres. »

Le Parti social français ne se contente pas de proposer un programme; ainsi que l'expliquent Mermoz et les dirigeants dans une petite brochure de présentation, « nous ne concevons pas qu'on puisse appliquer un plan de réformes sans le " climat " moral, psychologique, assurant leur rayonnement, leur efficacité, leur durée. Sans la mystique animatrice, un programme se dessèche et reste stérile comme une plante privée d'air ».

La mystique est « une foi ». Elle poursuit l'Union sacrée proclamée au début de la guerre de 14-18.

D'ailleurs, La Rocque abat les cartes d'un jeu résolument nationaliste : « Quiconque voudrait substituer le drapeau rouge au drapeau bleu-blanc-rouge nous rencontrerait devant lui et serait brisé. »

Il lance alors la célèbre formule, reprise par Vichy et le maréchal Pétain : Travail, Famille, Patrie...

Peu enclin à adopter les thèses chères aux capitalistes qui sacrifient la ligne vers l'Amérique du Sud à leurs intérêts en Afrique ou en Extrême-Orient, Mermoz ne penche pas non plus vers la gauche. « Cela va très mal, écrit-il à René Joméli, en juillet 1936. Il ne faut pas se faire d'illusions; nous sommes en ce moment en *période révolutionnaire*. Nous sommes à la veille d'une prise de pouvoir illégale communiste. Notre dissolution a failli être le signal de la grande bagarre. Mais, on s'en fiche... Nous nous constituons en parti évolutionniste social français et nous avons soixante députés * à la chambre. Notre organisation intérieure reste inchangée.

« Les communistes poussent ce pauvre et triste Blum dans les reins. Ils sont prêts à tout. Nous aussi. Mais maintenant se forme une opposition de masse anticommuniste autour de nous. J'ai le ferme espoir que le communisme ne s'installera pas en France [...].

« Je suis vice-président de notre mouvement et j'ai un travail de tous les diables avec réunions, conférences, organisation intérieure et tout cela en dehors de mes

* En fait, ce sont des parlementaires acquis au P.S.F.

heures d'Air France. Je (suis) crevé, surtout que je ne peux vivre sans voler sur la ligne... Je souffre terriblement de cette vie de Paris, mais il faut. J'assiste à toutes les lâchetés, toutes les veuleries, j'en subis les effets, mais je méprise ce danger-là; j'en ai vu d'autres. Je suis surveillé chez moi, au téléphone, dans la rue.

« Je trouve cela d'une ironie presque passionnante. Mais tu sais comme on vit en France, il faut que ça change.

« Nous crevons d'une politique de métier, du manque de chefs, du manque de dignité et d'amour-propre, de bas arrivisme. Je préfère crever moi-même que d'assister impuissant à l'effondrement de notre pays.

« Tous les jours, défilés communistes avec drapeaux rouges sur les édifices, usines et même sur certaines préfectures comme à Toulouse. On chante plus l'Internationale que la Marseillaise. Des drapeaux tricolores sont arrachés des fenêtres, des cocardes tricolores enlevées brutalement de la poitrine des femmes par la police.

« Tout le monde commence à se réveiller d'un long sommeil... Je pense qu'il n'est pas trop tard. Les usines sans cesse occupées ou soviétisées n'ont plus aucun rendement. La lâcheté de la majorité des patrons est écœurante. Je t'assure que je ne suis plus maintenant qu'un socialiste national. Je hais la droite bien pensante et mourant de peur... Il y a une forme d'aristocratie et de bourgeoisie que je déteste et que je qualifie de responsable de la situation actuelle. Leur lâche égoïsme, leur manque absolu de compréhension sociale, le sauve-qui-peut de leur " moi " subitement inquiet me les rend méprisables.

« Je ne voudrais pas me battre pour eux.

« De l'autre côté, c'est la démagogie sous toutes ses formes qui entraîne les masses. Mot d'ordre : les masses ordonnent, les chefs suivent les masses... Alors, tu peux te rendre compte de l'état des choses dans lequel se vautre notre pauvre France.

« Tout cela ne se terminera pas sans casse naturellement mais je crois que nous sommes en bonne posture. Nous sommes un million et demi d'adhérents sans compter les sympathisants.

« L'opinion publique commence à s'émouvoir. Si elle ne réagit pas avec nous, après ce sera trop tard. »

Sans doute, à la manière de Rivarol, Mermoz estime-t-il que pour empêcher les terreurs d'une révolution, il faut la vouloir et la faire soi-même...

En fait, il faut éviter la déstabilisation du pays. Peu de temps avant la disparition du *Ville de Buenos-Aires*, Mermoz, de passage à Recife, et Dabry s'étaient rendus à une invitation du gouverneur. Ce dernier, habitué aux emportements de la politique sud-américaine et à ses débordements soudains, n'avait pu retenir une question :

– Alors, Mermoz, quand prenez-vous le pouvoir en France?

Dans un grand éclat de rire, le pilote avait répondu qu'il n'en était pas question.

Cependant, entre février et juillet 1936, les événements ont quelque peu modifié ce point de vue.

S'il participe activement aux campagnes du Parti social français, Jean n'en continue pas moins à nier avoir un quelconque appétit du pouvoir : « Je hais la politique et j'en fais. Tant pis ou tant mieux? Le jugement seul de mes amis compte. J'aurais pu être député, mais je crache sur tout cela et je n'ai qu'une ambition : voler, travailler dans la paix de nos luttes à nous et crever un jour, comme Collenot, dans la mer, loin des politiciens, de leurs petits mauvais arrivismes. Je n'ai pas besoin d'entrer dans une société secrète pour ficher le camp au ciel... » Littéralement submergé par ses responsabilités, le « Grand » éprouve plus que jamais le besoin d'une retraite momentanée à l'écart de toute cette agitation.

Il quitte le chaudron parisien pour rejoindre Kessel à Saint-Tropez et respirer.

Ces quelques journées de vacances vont constituer l'ultime répit dans cette vie intense où les événements se tamponnent de plus en plus vite.

Le Temps lui accorde un sursis.

Et Mermoz redécouvre la sensation bienfaisante de l'eau tiédie par le soleil, et goûte à nouveau le plaisir des longues promenades sans but particulier.

Certes, le travail ne manque pas, mais à un rythme moins soutenu. A la demande de ses amis, Jean prépare un livre sur sa vie, une confession intitulée *Je fus un paria* qui devrait paraître avant la fin de l'année.

De son côté, Kessel met la dernière touche au texte d'un reportage.

Les deux hommes ne restent pas longtemps absorbés par leur tâche littéraire : ils se retrouvent pour nager dans les criques, s'affrontent dans des séances d'haltérophilie dont Mermoz sort vainqueur, ce qui ne laisse pas d'étonner le grand Jeff, lequel n'a rien d'un freluquet.

Allez donc soulever un essieu de wagon!

Parfois les deux compères s'installent sous un pin parasol, et Mermoz se raconte.

Bref, c'est un bonheur simple et profond que Fleury partage, à l'occasion.

Mais ces instants privilégiés laissent une empreinte indélébile de nostalgie et un souvenir cher à Kessel : « Qui n'a pas senti la main de Mermoz posée sur son épaule ou autour de son cou, ne peut pas savoir à quel degré de beauté, d'intensité, de vertu, peut atteindre la tendresse virile. Ce sont les bienfaits que la mort n'épuise pas... »

Jeff le charmeur succombe à son tour au charme

ingénu de son ami. Comment en effet ne pas s'attendrir?

Un soir, après un dîner – copieux – sur la terrasse de l'*Escale,* à Saint-Tropez, les deux hommes se décident pour une marche le long du rivage. Dans la nuit douce montent les odeurs sensuelles des pins et le clapotis discret de la Méditerranée. Cette heure invite à la sérénité. Soudain, un rayon coupe la nuit à travers la baie. Et Mermoz, d'une voix transfigurée, exaltée, que Kessel ne lui connaissait pas, s'écrie : « Le phare de Natal, regarde... Le phare de Natal! »

Il était là-bas, une fois encore, sur la ligne.

C'est un peu comme si un fil invisible et mystérieux le reliait à cette œuvre à laquelle il appartenait plus qu'elle ne pouvait être sienne.

Cette période de repos s'achève trop vite pour un Mermoz prisonnier de ses obligations. Et la prise de contact avec la réalité se fait brutalement. Le 2 août, Gaston Génin, chef pilote et ami de Jean, se tue au cours d'essais de vol sans visibilité, par un temps complètement bouché. Il se croyait au-dessus de la vallée de la Garonne mais une erreur de guidage l'a conduit dans le Tarn : il percute la Montagne Noire. Avec lui, dans le Wibault, meurent le pilote Roger Savarit et le radio Albert Auber. Jaillet, chef du service entretien de Toulouse monte immédiatement une expédition qui se rend à Albine, l'endroit le plus proche du lieu de l'accident. Mermoz tient à s'y joindre.

La pluie battante ne favorise pas la progression des hommes dans une zone déjà difficile d'accès en temps normal.

L'avion a heurté la paroi de plein fouet et à grande vitesse. Seuls, bijoux et vêtements permettent l'identification des membres de l'équipage.

Les secours, bien inutiles en la circonstance, improvisent deux brancards. Pour sa part, le corps mutilé de

Génin repose sur une bâche. Impossible de redescendre les trois victimes ensemble.

Mermoz, atterré, observe les préparatifs, puis il se tourne vers la dépouille misérable de son ami.

Non, décidément, il ne peut pas se résigner à l'abandonner là, même pour quelques heures. Alors, il se décide : d'un geste presque tendre, il couvre son camarade de la bâche, le soulève délicatement, comme il le ferait d'un bébé, le charge sur ses épaules et entreprend le délicat voyage de retour vers la vallée.

Mermoz qui, en riant, levait sans effort un essieu aux temps heureux des vacances et de la lumière, fera le parcours sans prononcer un mot, silencieux dans l'âme.

Ce jour-là, il portait la peine.

« N'ayant pas eu d'enfant, je suis toujours un fils. »

Sacha Guitry
(Mon père avait raison).

23.

A Paris, les passions ne s'apaisent pas. Au contraire, affrontements et escarmouches se suivent, préliminaires à une épreuve de force.

Les dirigeants du Parti social français prévoient une grande assemblée au Vel'd'Hiv' pour le 1er octobre.

Au dernier moment, le gouvernement interdit cette réunion mais autorise un meeting du Parti communiste au parc des Princes, puis un défilé dans les rues de Paris.

En réaction à cette injustice flagrante, le PSF appelle ses adhérents à une contre-manifestation, le 4 octobre, devant le parc des Princes.

Vingt milles communistes et autant de gardes mobiles vont ainsi s'opposer à quarante mille membres du parti de La Rocque.

Peut-être le gouvernement recherchait-il cette confrontation. En tout cas, à la suite de cette journée chaude, heureusement sans victime, La Rocque, Mermoz, Jean Ibarnegaray et Charles Vallin * sont inculpés pour « délit de provocation à l'attroupement et reconstitution de ligue dissoute ».

Le 8 octobre, la police judiciaire perquisitionne chez plusieurs responsables du parti, chez Mermoz notam-

* Ces deux derniers sont vice-présidents du P.S.F.

ment, au siège du PSF et dans les locaux du *Flambeau.*

Quelle différence avec le climat sud-américain! En ce mois d'octobre, Jean est accueilli triomphalement à Rio, au cours de la Semaine des Ailes. Et pourchassé dans son pays!

Inutile de dire que la tension monte d'un cran entre communistes et PSF.

Mermoz en fait les frais boulevard de Clichy, un soir, alors qu'il se rendait à une réunion de son groupe au volant de sa Renault décapotable. Sur le point d'arriver à destination, il se trouve coincé dans une manifestation et rapidement pris à partie par une cinquantaine de militants communistes excités par son allure de bourgeois et sa splendide automobile. Une victime de choix!

Mermoz discute tout d'abord, puis, devant l'attitude de plus en plus menaçante de ses vis-à-vis, se prépare à l'empoignade. Il ne s'inquiète pas. Il a l'habitude.

Brusquement, l'un des manifestants s'exclame :

– Eh, mais tu es Mermoz!

Le meneur :

– Tu es Mermoz?

– Si cela ne t'ennuie pas, jette l'interpellé sur le même ton.

– Évidemment, tu as le droit d'avoir une belle voiture, poursuit l'autre, déjà moins agressif, et d'ajouter à l'intention de ses camarades : « Si c'est pas malheureux, un type comme ça de leur côté... »

Mermoz, à nouveau libre de ses mouvements, s'éloigne tranquillement à pied tandis que le chef communiste désigne dix « volontaires » pour garder la Renault.

Cet épisode, qui ne restera pas isolé, donne une idée précise du climat de violence latente qui s'installe pendant cette période, un climat propice à la circulation des bruits les plus divers et de fausses nouvelles. Les détracteurs du Parti social français s'efforcent, par cette méthode peu honorable mais efficace, de créer la zizanie chez leurs adversaires : rien de tel qu'un bon doute...

Il ressort de cette campagne orchestrée dans l'ombre que Mermoz ne s'entendrait plus avec La Rocque, qu'il s'apprêterait à prendre la tête du mouvement. Et l'on parle, « de source toujours bien informée », de scission, de démission, de mésentente... Des informations aptes à décourager l'adhérent de base... ou à provoquer une réelle division au sein du comité directeur. Ces insinuations sont indiscutablement la preuve d'un bel acharnement à faire éclater l'entente La Rocque-Mermoz. Des rumeurs semblables avaient déjà circulé avant la formation du PSF afin d'amener le divorce entre les deux hommes. Cette tentative – vaine, bien sûr – avait provoqué, le 28 mars 1936, une mise au point de Mermoz : « Mensonges ! Des bruits tendancieux circulent depuis quelque temps à mon sujet. D'après les uns je préparerais une scission et compterais entraîner l'association des Volontaires nationaux derrière moi. D'autres prétendraient que je suis sur le point de démissionner à la suite d'une mésentente avec notre président général *. D'autres encore disent que je vais remplacer celui-ci à la tête du mouvement Croix de Feu.

« Ces mensonges ne méritent aucune réponse.

« Mon affection, ma confiance fraternelle vis-à-vis du colonel de La Rocque ne peuvent être en aucun cas diminuées et ne peuvent au contraire que s'accroître de jour en jour. Du meilleur de moi-même je suis et continuerai à suivre la voie qu'il nous trace, dans le rang, et il ne peut exister aucune équivoque à ce sujet... »

Sous la signature de Jean, en guise de post-scriptum,

* Titre du colonel de La Rocque.

le colonel de La Rocque avait ajouté une phrase, une seule, qui se passe de commentaires : « Jean Mermoz est à mes côtés. J'en suis fier, ému et heureux. »

La cohésion devient plus que nécessaire, surtout en cet automne qui, en même temps que les feuilles, voit tomber quelques-unes des illusions du Front populaire. La situation financière s'aggrave au point que le plus optimiste des spécialistes en la matière y perd son latin et doit avouer son impuissance. La fuite des capitaux prend des allures d'hémorragie qui affaiblit considérablement l'économie nationale. Mais ni Blum, ni Vincent Auriol, ministre des Finances, ne veulent garrotter cette artère par une interdiction des sorties d'or et de devises; ils redoutent une réaction épidermique des milieux d'affaires et craignent de perdre, si l'on ose dire, leur crédit sur le marché libre.

A défaut de faire montre d'une autorité exigée par la gravité de la conjoncture, le gouvernement va supplier, sans résultat, les détenteurs de valeurs. Le flot, vers l'étranger, ne s'interrompt pas pour autant. Fin septembre 1936, la Banque de France accuse une perte de seize milliards de francs-or. De son côté, Vincent Auriol calcule, avec un frisson, que vingt-six milliards de francs ont déjà passé les frontières. Dans le mauvais sens...

Le 26 octobre, le Front populaire, acculé, finit par imposer la mesure extrême que Léon Blum, en juin, devant la Chambre, avait pourtant assimilée à « un coup d'État monétaire », jurant que jamais il ne prendrait une disposition aussi grave : la dévaluation du franc.

Les affaires ne s'arrangent pas mieux sur le plan des relations extérieures : début novembre, à Milan, Mussolini proclame « l'Axe » Rome-Berlin. Il ne fait qu'entériner officiellement le protocole secret signé le 21 octobre précédent avec le Reich, accord qui établit le cadre d'une politique étrangère commune pour les deux pays.

Les actes accompagnent les paroles, à en juger par l'aide apportée aux franquistes *... tandis que les Français continuent de se retrancher derrière la politique de « non-intervention »...

Non contente de se manifester bruyamment sur la scène internationale, l'Allemagne nazie secoue ses propres frontières comme un enfant coléreux les jupes de sa mère... et s'enhardit devant l'absence de réprimande française. Donc, l'enfant en profite. L'Allemagne aussi. Hitler entre en Rhénanie. Réaction molle de Paris. La Yougoslavie et la Roumanie font patte de velours avec le maître de Berlin; la Tchécoslovaquie ne tarde pas à les imiter...

Voilà la France dangereusement encerclée, si l'on excepte la Belgique, quoique cette dernière laisse sa frontière non fortifiée, une invitation à venir que les Allemands ne déclineront pas lors de leur offensive, en 1940.

A ces maux s'ajoute une mobilisation industrielle imparfaite que soulignera Pierre Cot lui-même à la Chambre. Le ministre de l'Air reconnaît que trop d'entreprises sont « tributaires des banquiers et des financiers ». Mais il est un peu tard pour dresser ce constat.

Il y a plus grave. Des spécialistes comme Marcel Déat et Claude Bonnier ** dénoncent le défaut d'organisation rationnelle à tous les niveaux, l'insuffisance technique, « celle des cadres et celle de la main-d'œuvre ouvrière. Parce que rien n'a été prévu, parce qu'on n'a pas fait l'effort nécessaire de formation et de recrutement ».

* En effet, la Guerre d'Espagne fait rage depuis juillet 1936.

** *Pour une politique de l'Air*, Éditions du journal *La Concorde*, 1937.

Voilà qui place la France en état d'infériorité par rapport à ses voisins. Déat prophétise que dans l'éventualité d'un conflit « la France serait attaquée à la fois par l'Allemagne et l'Italie. Elle pourrait compter sur une Belgique neutre que l'ennemi aurait, cette fois, la prudence de laisser intacte. A nos côtés, espérons-le, l'Angleterre. En Europe centrale, des alliés hésitants, c'est le moins qu'on puisse dire. Une Pologne immobile. A l'est, la Russie, sans doute aux prises avec le Japon.

« [...] Tout permet de penser que nos adversaires probables attribuent un rôle de premier plan à leur aviation dans la guerre qu'ils préparent, dans le cadre du plan qu'ils envisagent. Nous savons leur effort, nous connaissons leur potentiel : les records successifs conquis ces derniers mois par l'aviation allemande sont à eux seuls plein d'enseignement.

« [...] Les qualités de nos pilotes ne sont certes pas en question : c'est leur matériel qui est insuffisant [...]. Lors de la dernière présentation en vol des " têtes de série ", à Villacoublay, on a revu les mêmes avions, à une ou deux exceptions près, qu'un an, et parfois deux ans auparavant. »

Dans ce contexte explosif, la fermeté de l'opposition en général et du Parti social français en particulier recueille un écho très favorable auprès de la classe commerçante et des épargnants...

C'est l'époque où Doriot, en cours de reconversion rapide vers la droite, rencontre le colonel de La Rocque, à l'instigation, notamment, de Mermoz. Ce tribun au destin singulier, communiste pur et dur, devenu fascite virulent, se cherche un point de chute. Pourquoi pas chez La Rocque? Cependant, entre les deux hommes, le courant ne passe pas. Doriot critique sévèrement le président du PSF qui « ne sait pas ce qu'il veut et ne sait même pas ce qu'il est. Les communistes le traitent de fasciste parce que dans ses rassemblements ses partisans le saluent le bras levé. Mais La Rocque ne sait pas ce qu'est le fascisme, pas plus qu'il ne sait ce qu'est le communisme. C'est un bon officier français, ennemi du désordre, partisan de l'ordre *... »

Exclu en 1934 du Parti communiste pour avoir prôné un rapprochement avec les socialistes, le futur fondateur du Parti populaire français affirme que si La Rocque est un rassembleur, il ne dispose pas du ressort politique indispensable. De la dynamite sans mèche, en quelque sorte.

Ce type de jugement ne contribue pas à rendre les rapports cordiaux. Pourtant, Doriot va nouer de bonnes relations avec Mermoz. Il parlera même d'amitié...

La sincérité du pilote a de quoi provoquer ce sentiment chez ses interlocuteurs qui décèlent en lui un sens profond du social et une foi solide dans la jeunesse. D'ailleurs, Mermoz pense que l'union peut se faire par cette dernière. Et par l'Aviation.

Sur le terrain véritablement aéronautique, pas de classe, pas de politique.

Jean veut transposer dans la vie courante la fraternité des équipages, comme La Rocque entend poursuivre l'Union sacrée.

L'idée d'un Conseil national des Jeunesses aériennes prend forme et se développe au cours du premier semestre de 1936. Partis et associations se retrouveront le temps de deux réunions, « certes peu prolifiques » mais qui auraient pu le devenir par la volonté générale et réciproque d'une collaboration entre tous.

Sur ce, les élections portent le Front populaire au pouvoir. A peine les résultats sont-ils confirmés

* Victor Barthélemy, *Du communisme au fascisme, l'histoire d'un engagement politique* (Albin Michel) et Jean-Paul Brunet, *Jacques Doriot* (Balland).

qu'Édouard Serre vient voir Mermoz et lui annonce : « Nous, Front populaire, créons une nouvelle fédération; nous ne pouvons pas donner suite à l'idée du Conseil national. Faites quelque chose de votre côté... et qui sait... dans un avenir plus ou moins proche, nous essaierons de nous réunir à nouveau... »

Les deux hommes demeurent bons amis, malgré tout. Ce qui n'empêche pas Jean de ressentir durement cette décision : elle met un terme à ses espérances. Il ne comprend pas les raisons de ce désistement d'autant que le Conseil national jouissait d'une réelle impartialité parce que composé de toutes les tendances...

En novembre 1936, il demande une audience à Pierre Cot afin de remédier à cette déchirure. Un parti, quel qu'il soit, a-t-il le droit de revendiquer une aviation populaire? Ne s'agit-il pas là d'une plate-forme idéale pour éduquer la jeunesse?

Pour calmer les dissensions partisanes qui commencent à effriter la grande fraternité de l'air, il n'existe qu'une alternative selon Mermoz : préconiser un rapprochement salutaire avec des « éléments bien différents de lui », rapprochement qu'il appartient au ministre de l'Air de présider.

Par cette démarche courageuse, qui prouve combien il place son idéal au-dessus des idéologies, Jean ne renie pas ses convictions. Cela, Pierre Cot, l'a deviné : « Il ne demandait à aucun d'entre nous de renoncer à ses idées ou à ses amitiés. Il voulait simplement que, dans la grande famille de l'aviation française, des hommes, différents d'opinions, mais soumis aux mêmes périls, essaient de se mieux comprendre et n'en viennent pas à se détester, à se suspecter. Il ne voulait pas que la France fût divisée en deux camps et que d'aucuns s'arrogent le droit de traiter les autres de mauvais Français. Il pensait que la tolérance, le respect de toutes les opinions, la dignité de tous les hommes, valent mieux que la haine et la colère. »

C'est un peu le discours que le « Grand » tient à Saint-Exupéry, le 11 novembre, dans le jardin de sa maison de Rocquigny.

L'écrivain, qui taquine volontiers son ami à cause de son appartenance au PSF, n'en partage pas moins ses appréhensions : les querelles politiques, qui empoisonnent l'Aviation et divisent les équipages, n'amèneront rien de bon.

Les deux hommes viennent d'assister au défilé des anciens combattants, témoins et acteurs de cette fameuse Union sacrée. Mais pour obtenir aujourd'hui une telle cohésion, faudra-t-il encore une guerre?

Une ride soucieuse barre le front de Mermoz. Saint-Ex le dévisage avec une sympathie bonhomme et affectueuse. Il se sait vaincu d'avance, ne se l'avoue pas, et, avec une belle ténacité, repart à l'assaut de la forteresse Mermoz, à coups d'arguments mi-ironiques, mi-sérieux. Le « Grand » écoute, s'agite, s'empourpre et l'entraîne à travers le jardin. La discussion sera longue, animée, orageuse même.

Et puis Mermoz s'arrête, se tourne vers Saint-Ex et soupire : « Ah, toi et tes sermons! Allez, lui dit-il d'une voix adoucie, passant un bras autour de ses épaules, viens boire quelque chose de chaud... »

« ... Il court, il vole, il tombe
Et se relève roi! »
Victor Hugo
(Les Orientales).

« Ils n'ont point abdiqué, crispant leurs mains tenaces
Sur des tronçons de sceptre, et rôdent dans les vents. »
Verlaine
(Les Dieux).

24.

Dans moins d'un mois, une vie basculera dans l'éternité.

Le héros deviendra martyr. Et tout ne sera pas dit. Car une légende ne remplace pas l'homme.

Peut-être, à la seconde suprême de son existence, en cet instant sublime de sa rencontre avec la vérité, Jean Mermoz, encore suspendu entre l'azur et l'écume, a-t-il contemplé, consolation ultime, le visage de ce petit garçon apprivoisé au Salon de l'Aéronautique, un jour de novembre.

La mémoire qui, à ce qu'on dit, restitue toujours avec réalisme le film de toutes les années enfuies, lui a-t-elle offert de revivre, en particulier, cet après-midi magique parmi les avions, au milieu des enfants?

C'était à Paris.

C'est à Paris...

Le Salon a ouvert ses portes sur une déconvenue : la plupart des nouveautés exposées ne portent pas le label français. Point n'est besoin pour Mermoz de parcourir toutes les allées, de s'attarder sur tous les stands pour avoir la confirmation d'une situation qu'il combat depuis l'avènement de la ligne.

Perdu dans ses réflexions, seul près d'un appareil français, il ne remarque pas la ribambelle d'écoliers qui l'encercle comme une volée de moineaux se pose soudain autour d'un point d'eau.

Mermoz leur sourit. Les enfants s'enhardissent, l'assaillent de leurs questions, intarissables. Le « Grand » répond à toutes et, loin de paraître importuné, savoure un véritable bonheur. Il ne se lasse pas, bien au contraire. Et voilà la comète Mermoz avec sa traîne de têtes blondes lancée à travers l'exposition...

Un petit garçon, silencieux et sage, écoute attentivement, ne quitte pas, de ses grands yeux étonnés, ce géant qui leur raconte de si belles histoires. Il se cramponne à lui, sa main minuscule glissée dans celle du pilote; il boit ses paroles...

Son « cuir » sur le bras, Mermoz, l'air détendu et amusé, promène sa petite bande dans les coins et recoins du Salon; il prend son rôle de guide au sérieux et montre une patience qui fait l'admiration de Jacques Zimmermann, l'accompagnateur des enfants. Ces derniers, ravis, en oublient d'être turbulents. Ce grand, c'est un des leurs, à n'en pas douter, plus fort, plus raisonnable et plus expérimenté, certes, mais un des leurs tout de même, par sa gentillesse, sa spontanéité, sa curiosité; un des leurs par sa fraîcheur enfantine, celle qui surprend La Rocque, et son rire clair et sonore...

Mais la visite se termine. Au moment de la séparation, dans un élan de tendresse irrésistible, Mermoz prend son petit compagnon dans les bras et lance au moniteur :

– Lui, voyez-vous, c'est mon copain. Timide et pas bavard.

Puis il embrasse le garçonnet qui se pelotonne contre lui, et ajoute, avec une gravité inattendue, une lueur mélancolique dans le regard :

– Avoir des enfants, c'est le seul désir qui me reste.

Hélas, à chacun sa vérité, disait-il à Kessel.

Une ombre passe sur son visage qui s'éclaire à nouveau :

– Il est gentil, ce môme! Vous l'avez vu me prendre la main dès l'arrivée... Eh bien, il ne l'a pas lâchée une seconde pendant la visite. Pas une seconde, répète-t-il avec fierté. Ce gosse-là, il faudra que je le revoie...

Un peu plus tard, Zimmermann retrouve Jean qui s'enquiert du retour de ses jeunes amis :

– Tous bien rentrés?

– Tous. Mais votre copain n'est pas aussi timide que vous le prétendez.

– Il n'a pas dit un mot...

– A moi, il s'est confié.

– Alors?

– Il m'a déclaré : il est gentil ce grand et il s'y connaît en aviation. Il ne s'est jamais trompé.

– Bien sûr, il est pilote...

– C'est un métier qui lui va et qui me le rend encore plus sympathique.

Mermoz rit de bon cœur.

L'enfant a réfléchi un instant :

– Dis, comment il s'appelle, le pilote?

– Mais c'est Mermoz!! lui répondit le moniteur décontenancé.

– Qui c'est ça « Mermoz »?

Et Zimmermann de lui brosser la carrière de l'aviateur.

– Au fond, ça ne m'étonne pas de lui, conclut le petit garçon.

Rarement compliment ne devait faire autant plaisir à Mermoz. Il le récompensait de ses efforts comme jamais n'y parviendraient les honneurs officiels et les médailles.

Il avait touché un cœur tendre.

Qu'y a-t-il de plus important?

Dans quelques jours, Jean assure le courrier sur l'Atlantique Sud.

L'inspecteur général d'Air France effectue aussi cette traversée sur ordre de la direction générale afin de taire les craintes des équipages peu motivés par les contre-performances des Laté 301. Ces hydravions lourds ne leur inspirent pas confiance. Dans une compétition franche, un fer à repasser aurait toutes les chances de l'emporter. C'est dire que le moral des pilotes s'en trouve affecté.

Pourtant prévenus de la réputation désastreuse de cet appareil, le ministère de l'Air, son propriétaire, et Air France le maintiennent en ligne, contre vents et marées.

A Mermoz de montrer l'exemple!

Il obéit, non sans avoir obtenu cependant de décaler le voyage, ce qui va lui permettre de rejoindre Couzinet et Fleury à Rio. Là, ils doivent fêter son anniversaire comme il se doit.

Trente-cinq ans!

Fleury aurait aimé accompagner son ami à bord de la *Croix-du-Sud,* un projet qu'il lui faut abandonner : en effet, le journaliste ne ménage pas Pierre Cot dans ses articles. Or, l'hydravion appartient au ministère de l'Air...

Il embarquera donc à bord du dirigeable Hindenburg pour gagner l'Amérique du Sud. Là-bas, avec Jean, il envisage de partir sur les traces de Lampion, le bandit d'honneur.

Bref, des aventures et un bon reportage en perspective.

Mermoz, quant à lui, caresse d'autres ambitions. Bien sûr, un peu de bon temps avec ses amis lui fera du bien. Mais il pense aussi à la course New York-Paris prévue en mai 1937 et dotée de deux millions de francs par le ministère de l'Air qui, en plus, a l'intention d'y engager un Bloch 160, un Farman 223, deux quadrimoteurs et un trimoteur Amiot 370. Des avions terrestres!

Ainsi, l'administration qui freine depuis toujours l'utilisation de ces appareils « à roulettes » sur l'Atlantique Sud, soit 3 200 kilomètres de traversée, pour des raisons de sécurité, y recourt elle-même sur l'Atlantique Nord pour franchir quelque 6 000 kilomètres...

C'est à ne rien y comprendre!

Un équipage d'Air France devrait participer à cette compétition : Mermoz, Guillaumet, Comet, Dabry et Richard.

Cependant, d'après la *Vie aérienne* *, Jean pourrait bien ne pas être de l'équipe officielle. Car le torchon brûle avec la direction générale et avec le ministère.

Le « Grand » ne se formalise pas trop de cette éventuelle non-participation : il sait que le trimoteur Couzinet 246 **, un petit *Arc-en-Ciel,* va lui permettre une belle revanche sur l'Atlantique Sud.

Ce nouvel avion de René Couzinet, il y tient et il y croit d'autant plus qu'il a aidé à son financement, avec une totale confiance dans le génie du constructeur toujours mal-aimé en France. En témoigne cette lettre – un modèle du genre – qu'il lui a adressée le 25 juillet 1936 *** :

« Je vous confirme notre accord concernant les sommes que je vous ai versées à ce jour et celles que je me dispose à vous verser par la suite en compte courant pour faciliter la réalisation de l'objet immédiat de votre société, c'est-à-dire la construction d'un nouvel avion type 246, *petit Arc-en-ciel.*

« Il demeure entendu qu'en tout état de cause, ces sommes ne me seront remboursables qu'en cas de

* La *Vie aérienne,* n° 59, novembre 1936.

** Un appareil de 8,6 tonnes, capable d'atteindre une vitesse de croisière de 400 km/h sans forcer.

*** Le fac-similé de ce courrier est reproduit dans l'ouvrage d'Alexandre Couzinet, *Mermoz-Couzinet ou le rêve fracassé de l'Aéropostale,* Jean Picollec, 1986.

succès de cette réalisation et des démonstrations que vous comptez faire sur l'Atlantique Sud, sanctionnées par un marché d'État.

« En cas d'échec de ce programme, je vous confirme que je ne réclamerai aucun remboursement. »

Mermoz estime qu'un tel appareil représente un argument valable pour amener les Chargeurs Réunis à créer un secteur privé complémentaire sur l'Atlantique Sud. Voilà qui sauverait la Ligne. Et Couzinet.

Si le pilote ne manque pas de pain sur la planche, il vit également, en ce début de décembre, dans une chaude ambiance journalistique.

Le premier numéro de *Confessions*, un hebdomadaire créé sur le modèle des « true stories » américaines par Georges et Joseph Kessel, paraît dans les kiosques le vendredi quatre.

Ce journal, dont Mermoz est un peu le parrain pour avoir été « tapé » par les deux frères pour son lancement, démarre sur les chapeaux de roue. Un succès! Georges et Jeff, les directeurs, annoncent, pour leurs prochaines éditions, des noms prestigieux, la collaboration de Sacha Guitry, Georges Simenon, Pierre Benoît, Henry de Monfreid, Henri Jeanson, André Maurois et... Jean Mermoz.

Chaque semaine, le lecteur aura droit ainsi, grâce aux meilleures plumes, à un cocktail équilibré d'aventure, d'humour, de suspense, d'amour, où l'art côtoie le mystère, où Maigret voisine avec la reine de Saba et avec les trafiquants de la mer Rouge...

Le numéro un donne un aperçu de ces promesses futures; il rassemble des signatures célèbres et variées : Colette, Claude Farrère de l'Académie française et Tino Rossi...

Malheureusement pour ses fondateurs, et certainement contre leur volonté, *Confessions* sombrera rapidement dans le scabreux et le texte indigent, récits pathétiques de vedettes ratées en quête de publicité scandaleuse. Les grands noms ne tarderont pas à le déserter. Déçu ou prudent, Jeff Kessel retire le sien un mois avant la fin du journal dont l'agonie, pour une fois, se montrera à la hauteur de son contenu et loin, très loin des espérances du départ : sordide. En juin 1937, l'hebdomadaire sera saisi pour avoir tenté de publier les souvenirs d'une ancienne maîtresse de Mussolini...

Mais en ce vendredi quatre, *Confessions* est un titre que tout journaliste aimerait inscrire sur sa carte de presse. La sortie d'un journal, surtout lorsqu'il s'agit du numéro un, s'assimile à une véritable naissance qui met un terme à plusieurs mois d'une gestation pas toujours aisée et souvent fébrile pour toute l'équipe.

Les heureux pères s'empressent généralement de porter leur rejeton sur les fonts baptismaux du bar le plus proche et honorent tout aussi dignement sa venue au monde au cours d'une soirée mémorable où champagne et alcools divers se substituent à l'eau bénite...

Les Kessel ne dérogent pas à cette règle sacrée ou plutôt à cette sacrée règle.

La soirée s'amorce sous les meilleurs auspices à l'*Abbaye de Thélème,* une boîte parisienne en vogue tenue par Raoul Favier et où se produit Germaine Sablon dont le tour de chant fait la part belle aux airs ramenés des États-Unis par son frère, Jean Sablon. Le choix de Kessel pour cette établissement n'a rien d'innocent : le grand Jeff se sent très attiré par Germaine, une femme pulpeuse et élancée, baptisée sans exagération « le charme maison » par l'animateur fantaisiste O'Dett...

Mermoz, qui a rejoint le groupe tardivement, s'amuse des mimiques de son ami, de ses regards appuyés à l'intention de la jeune femme, sans, toutefois, se dérider tout à fait.

Demain, il embarque au Bourget comme passager à

destination de Toulouse d'où il repartira pour Dakar. Un voyage long et fatigant, même quand on ne fait rien d'autre que regarder le paysage...

L'atmosphère joyeuse du *Thélème* finit par le décontracter, le tire de ses préoccupations pour le ramener vers un présent immédiat nettement plus engageant. D'ailleurs, avec Kessel l'ensorceleur, il ne peut guère en être autrement... Et la nuit est déjà bien avancée quand Jean succombe à son tour à un air mélancolique, *Je rêve au fil de l'eau,* au point qu'il décide sur-le-champ de l'apprendre par cœur : « Je ne dormirai pas tant que je n'en connaîtrai pas chaque parole! »

Deux ou trois boîtes de nuit plus tard, c'était chose faite.

Mermoz paraît heureux, mais de ce bonheur fragile qui sert de vernis à la tristesse. Cette tristesse ne l'a pas quitté de la soirée, en particulier chez Jacques de Saint-Pierre où Mangaby et lui avaient été invités, toujours à l'occasion de son anniversaire. Le « Grand » ne goûte pas pleinement la fête. Saint-Pierre, le constructeur des avions Bernard, décèle la morosité inquiète du pilote; il s'efforce de l'arracher à cette spirale infernale où, il le sait, son ami est entraîné : la politique, la Ligne...

Gentiment, avec ménagement presque, il se propose de l'introduire auprès d'une de ses relations, un personnage haut placé qui saurait l'aider à accéder à un poste important, à sa mesure, dans l'Aéronautique française.

Mangaby insiste également.

Hélas, Mermoz ne répond pas exactement à leur attente et se ferme : « Le devoir m'appelle auprès de mes camarades, je ne les abandonne pas. Au lever du jour, je pars pour Dakar. Ma décision est irrévocable. »

Jacques de Saint-Pierre et maman Mermoz échangent un regard résigné.

Pourtant, ce coup de pouce, le « Grand » l'aurait bien mérité. Comme devait le dire Saint-Exupéry après tous ces événements, « ces douze années d'efforts et de réussite, cette expérience acquise, ce nom qui, malgré lui, s'est dégagé d'entre les noms obscurs, lui eussent permis le repos. Les marchands sont avides de ces gloires et leur ouvrent les salles de conseil. Et Mermoz eût pu, sans déchoir, s'asseoir un peu et goûter la vie. Tant d'hommes, pendant une partie de leur existence, se façonnent durement un nom; puis, ce nom créé, le négocient. Et ceci est bien. Il est un temps pour le travail. Il est un temps pour le loisir et l'achat, grâce à l'argent, des biens que l'on rêvait...

« Mais Mermoz a compris quelque chose : ce que l'on peut rêver de plus précieux, l'argent ne l'achète point... l'amitié... la camaraderie liée pour la vie... cette nuit de vol et ces 100 000 étoiles... cette nouveauté du monde après l'étape difficile... l'argent ne les achète pas. Mermoz repart une fois encore pour des expériences périlleuses et, scandalisant les marchands qui, honnêtement, lui offraient leurs pauvres trésors, jouit des biens véritables... »

Peu avant de quitter Paris, Jean se rend chez une jeune femme, divorcée, belle et idéaliste comme lui, à en croire Fleury qui était dans la confidence *, et avec laquelle il vit un amour paisible. Qui plus est, il adore ses jeunes enfants...

A n'en pas douter, toujours selon Fleury, « s'il n'avait pas disparu, il y aurait un ménage Mermoz, heureux cette fois, car sa compagne acceptait ses absences, ses humeurs parfois sombres et aimait être mère ».

Il trouve encore le temps d'écrire à Pierre de Verneilh, fils d'un de ses amis mort aux commandes du Couzinet 33 *Biarritz* le 30 octobre 1933 : « Soyez simple, conseille-t-il au jeune homme. On ne peut devenir grand qu'en restant simple... »

* Lettre à l'auteur, datée du 18 mars 1986.

« Quand un camarade, quelque part, s'écrase dans la mer [...], on se sent solidaire de lui, frappé en lui, peut-être mourir en lui, mais très vite, on sent que lui-même, à travers nous tous, ses amis, ses camarades, dans le mauvais temps que chacun de nous traversera demain, il continuera à vivre. »

Jean Mermoz

25.

Elle l'aperçoit enfin, silhouette large et familière, solitaire au milieu des quelques voyageurs qui vont prendre le vol de Toulouse. L'embarquement doit être imminent car ils se tiennent à proximité de la porte d'accès aux pistes.

Perdu dans ses réflexions, l'éternelle cigarette plantée au coin des lèvres, Mermoz ne remarque pas, sur le moment, cette femme aux cheveux grisonnants qui se hâte vers lui.

Mangaby éprouve un soulagement passager : elle arrive à temps. Mais l'angoisse la submerge à nouveau, annihile tout autre pensée, tandis que les mots tournent dans sa pauvre tête, comme la roue d'un supplice dont on ne voit pas le bourreau : « Venez à l'aéroport. Empêchez-le de partir sinon vous ne le reverrez pas. »

Là, sur le seuil de la grande salle bordée, sur un côté, de baies vitrées, elle entend encore la voix froide et impersonnelle prononcer le terrible avertissement. Chacune de ces paroles cruelles blessent la mère en condamnant le fils...

C'est le septième appel du genre, identique aux précédents par son caractère insupportable, mais différent tout de même, pas vraiment une menace cette fois, pire : une prière impérative. Et puis, il y a plus grave : le mystérieux inconnu connaît les projets du pilote.

Vite! Prévenir Jean. Ne pas paniquer surtout. Mangaby se raisonne.

Ne pas paniquer...

Elle se précipite au Bourget.

N'allez pas croire que les Mermoz s'effraient facilement. Si Mangaby n'a jamais pu dompter complètement sa peur quand le « Grand » volait parmi les périls, du moins la dominait-elle en silence, soutenue en cela par sa foi et sa confiance en la chance de son fils. Ce dernier, quant à lui, n'ignore pas que ses prises de position franches, tant politiques que professionnelles, lui attirent inévitablement haines et jalousies. Sa carrière le démontre, il ne possède pas un tempérament à se laisser gagner par la frayeur.

Il est de fait que les personnalités comme lui servent de cibles à la persécution délirante de psychopathes, lesquels dépassent rarement le stade de la lettre ou de la communication téléphonique anonymes. C'est là leur seul courage.

Cependant, cette pratique malfaisante agace Mermoz plus qu'il ne la craint. Après tout, peut-être ne s'agit-il là que de la rançon obligatoire de la notoriété...

Cette fois, pourtant, il en va autrement.

Est-ce l'intuition féminine, le puissant instinct d'une maman? Est-ce une nuance dans la voix de son correspondant? En tout cas, Mangaby sent un danger obscur et bien réel, néanmoins, planer sur l'existence de Jean.

Maintenant elle accélère le pas, rejoint le pilote, le touche... Surpris, Mermoz relève la tête, esquisse un sourire qui se fige aussitôt devant ce visage aimé, d'une pâleur mortelle.

Avant qu'il ait pu seulement l'interroger, Mangaby

parle; les mots fusent sur un débit haché que l'essoufflement rend plus pénible :

– Jean, « il » a encore appelé. Ne pars pas, le supplie-t-elle.

Mermoz considère un instant sa mère, sans répondre. Il mesure avec un pincement au cœur cet amour immense qu'elle lui voue et qu'il partage.

Il la serre doucement contre lui, un peu comme il le ferait avec un enfant en proie au cauchemar et dont on caresse les cheveux jusqu'à ce qu'il retrouve un sommeil paisible.

N'est-ce pas justement ce qu'elle attend, fragile et désemparée, provisoirement à l'abri dans le berceau de ses bras musclés : qu'il dissipe sa hantise, qu'il reste avec elle, qu'il ne monte pas dans cet avion, qu'il se protège.

Tout pour que la malédiction ne se réalise pas.

Mermoz anéantit cet espoir par un défi : « Ils ne m'ont pas eu jusqu'à présent, ils ne m'auront pas! *)

Et, plus calme : « Je dois voler, maman, il le faut. »

Mangaby s'incline devant ce devoir, devant cette nécessité volontaire. Au fond, elle se doutait bien qu'il en serait ainsi.

« Ne t'inquiète pas, lui répète le pilote, il ne m'arrivera rien. »

Maman Mermoz acquiesce sans conviction; elle, généralement si forte, lutte pour retenir ses larmes. Alors, encore appuyée à la puissante épaule, elle murmure à Jean ses recommandations de toujours.

Ils ne se disent plus rien dans cette conversation où les regards suffisent...

Une étreinte, prélude à la séparation, sera leur

* Entretien de Gilbert Louis, filleul de Mermoz, avec l'auteur, en juin 1986.

dernier contact. Et puis Jean sourit. Mais aucun des deux ne s'y trompe : ce sourire pitoyable contient difficilement une tristesse profonde [22].

Ce fut un vol banal, un voyage sans histoire, de ceux qui ne laissent aucune empreinte particulière dans les archives, ni dans les mémoires...

Le trimoteur, un Wibault affecté régulièrement sur le parcours Paris-Toulouse, s'est posé sur le terrain de Francazal, au début de l'après-midi, sous un soleil froid.

Comme la plupart de ses compagnons de route, Mermoz, son pardessus sous le bras, a rejoint le centre de la ville rose et retrouvé avec plaisir l'hôtel du Grand Balcon, place du Capitole, où il se sait en famille. Il va se reposer dans le calme d'une chambre au plafond haut, voisine de celle qui, douze ans plus tôt, avait abrité le sommeil lourd d'un jeune pilote aux joues creuses.

Il s'oblige à la détente car la journée du lendemain promet d'être épuisante : un long trajet jusqu'à Dakar et, dans la foulée, le courrier sur l'Atlantique Sud. Bref, peu ou pas de répit en perspective!

Fidèle à son horaire, l'avion redécolle au milieu de la matinée, ce 6 décembre, longe les Pyrénées, gigantesque raz de marée tertiaire figé dans son mouvement impérieux par quelque monstrueuse Gorgone, et, au terme d'un virage large et gracieux, s'incline docilement vers la Méditerranée, en direction d'Oran.

La ligne, alors, ne suit plus exactement le tracé habituel : depuis juillet, en effet, Air France évite soigneusement l'Espagne en raison de la guerre civile qui y fait rage. Là-haut, dans l'appareil qui glisse sur son fil invisible, Mermoz somnole, les paupières closes, les bras croisés, bercé par le ronronnement des moteurs.

Puis la terre d'Afrique monte à leur rencontre, ligne

sombre qui précède un continent immense devant lequel abdique la mer...

L'escale approche, qui appartient déjà à une saison plus clémente : ils ont semé l'hiver.

Oran-Casa, maintenant, survolé dans une douce torpeur en un peu plus de trois heures quarante.

A Casablanca les attend un grand Dewoitine 333 blanc, de type Cassiopée qui, d'un coup d'aile et sans tarder, va franchir les 2 200 kilomètres de leur dernière étape.

La chaleur, que n'atténue pas l'altitude relativement faible, et le vacarme des trois puissants Hispano ajoutent à la fatigue et à la monotonie qui fausse toute notion. Mermoz dort profondément dans son fauteuil en osier. Comme dans un lit, dira-t-il à Guillaumet.

Se rend-il compte que le paysage s'anime soudain autour d'eux, qu'il prend une drôle de couleur, des teintes fantastiques et vivantes, à mesure que le ciel d'un bleu intense s'assombrit rapidement et dévoile sa parure d'étoiles? Le passage du jour à la nuit, sans véritable transition sous ces latitudes, relève de la magie pure, un spectacle grandiose et merveilleux offert par la nature depuis l'aube des Temps : avant de disparaître, le soleil joue de ses rayons diaphanes sur la palette variée du désert; et c'est un flamboiement d'ocres, de jaunes et de rouges sur lesquels l'obscurité roule son tapis de velours.

Les montres indiquent deux heures lorsque les roues du Dewoitine touchent la piste d'Ouakam, l'aéroport de Dakar. Un petit matin doux et clair, parfumé délicatement de fragrances sauvages et subtiles, accueille les voyageurs silencieux, heureux ou soulagés d'arriver enfin.

Apparemment, la journée sera belle.

Nous sommes le 7 décembre 1936.

Henri Guillaumet repère sans mal la silhouette

massive de son ami et l'éternelle chevelure rebelle; il reconnaît entre toutes sa démarche souple, caractéristique d'un entraînement sportif suivi. Il ne manque pas non plus de déceler sur ce visage plein d'un homme en parfaite santé les stigmates d'une profonde préoccupation. Mais les yeux s'éclairent, chassent cette ombre en même temps qu'une impression désagréable. Les pattes d'oie déploient leur éventail de rides mutines sur la peau hâlée, tandis qu'un sourire s'épanouit à son tour, séduisant en diable.

Le Mermoz tourmenté s'efface devant le Mermoz volontaire, décidé, gai, dirait-on, le Mermoz de toujours.

Hélas, ce n'est là qu'une apparence. Bien sûr, la présence solide de Guillaumet le réconforte, et il respire son air à lui, celui du large. Malheureusement, trop d'événements, sans abattre cette force, l'ont ébranlée. Il vient un moment, dans un combat à mort, où le champion, assailli de toutes parts, plie le genou sans toutefois baisser la garde. Peut-être, sur le point d'être terrassé, ressent-il une grande lassitude et désire-t-il s'y abandonner; pourtant, le glaive au poing, il lutte encore, jusqu'au bout, et, à sa façon, remporte une victoire.

On abat un homme, on ne détruit pas sa foi.

Mermoz, cuirassé dans sa conviction, est devenu un désespéré heureux. Il regarde son compagnon avec affection.

– Ça change du Breguet 14, lui lance-t-il d'un ton badin, en désignant le Dewoitine immobile. Et il s'étire avec bien-être avant de replier ses membres dans l'automobile de Guillaumet, cette fois pour un voyage plus court.

A travers les rues vides de la cité assoupie, Guillaumet l'emmène à Bel-Air, à l'extrémité du port de Dakar, vers Rufisque, où se situent l'hydrobase et les ateliers d'Air France, ainsi que des installations de la Marine nationale.

Mermoz parle peu. Il s'inquiète, néanmoins, de la santé de Noëlle Guillaumet qui habite Dakar avec son mari depuis qu'il assure l'Atlantique Sud, et il se laisse aller à contempler la ville dans une sorte de rêverie qu'alimentent ses propres souvenirs : un instant, il croit distinguer son hôtel, rue du Docteur-Teze, un établissement balnéaire de style normand, construit au siècle dernier, dont les vérandas et les balcons de bois ajourés dominent une végétation tropicale. Sur le toit de tuiles mécaniques flotte le drapeau tricolore. A chacun de ses passages, Mermoz y occupe invariablement la chambre 33, une manie qui remonte à 1930 et à laquelle il doit d'avoir été baptisé « Le-monsieur-du-33 » par le personnel...

Non loin, c'est la rue Vincent, où le grill des Ailes et de la Presse, plus connu comme restaurant des Ailes, réunissait fréquemment dans la bonne humeur, à déjeuner ou à dîner, Saint-Exupéry, Dabry, Gimié, Guillaumet et Mermoz, et bien d'autres joyeux compagnons, attirés par les qualités de cordon-bleu de dame Marie-Louise, impératrice des fourneaux.

La voiture file dans une pénombre rendue incertaine par la clarté stellaire et s'arrête devant le bureau de la compagnie.

Mermoz s'ébroue, pénètre dans la pièce, redevient le professionnel lucide et précis :

– Qui vient comme second pilote? interroge-t-il brièvement, après avoir jeté un coup d'œil sur la météo.

– Lanata, lui répond l'employé.

Lanata, un nouveau bien noté, ignore encore les sortilèges de l'Atlantique...

– Je préfère un ancien, jette Mermoz, pressé. Et de poursuivre : Je n'aurai pas le temps d'effectuer les essais de l'hydro à Natal avant le retour. Je fonce sur Rio avec le courrier.

Il se tourne vers Guillaumet, impassible jusque-là, et, dans un éclat de rire : « Je vais aussi recevoir des mains du président Vargas la cravate de commandeur du Cruzero do Sur! »

Puis, sérieux :

– Qui, après Lanata?

Le destin désigne Pichodou *, qui a déjà traversé trente-huit fois l'Atlantique Sud. Un vétéran, donc.

– Ça va, tranche Mermoz, satisfait.

– Mais Lanata va être furieux, plaide l'employé.

– Il prendra l'avion suivant, conclut Mermoz. Allons chercher Pichodou.

Guillaumet, en chauffeur complaisant, continue le ramassage.

– Je t'accompagne à l'hydro, dit-il à Mermoz, lequel, visiblement, brûle de partir. Des gestes plus vifs dénotent cette impatience croissante. La ligne n'attend pas... Toujours en compagnie de Guillaumet, les deux pilotes sautent dans une vedette qui les conduit jusqu'au ponton qui se balance tranquillement au rythme de la *Croix-du-Sud*.

Le courrier est à bord; rien ne s'oppose plus au décollage du lourd hydravion.

L'équipage particulièrement expérimenté mène les manœuvres préliminaires sans hésitation. Mermoz et Pichodou, après une ultime poignée de main avec Guillaumet, ont rejoint leur poste, à l'avant.

Le rituel immuable peut commencer.

Un claquement bref – imaginez la toux sèche d'un géant – et le moteur numéro un s'éveille à la vie dans un jaillissement d'étincelles mauves et rouge orangé, s'emballe pour être aussitôt maîtrisé. Il n'est plus qu'un

* Ironie de l'histoire : pour porter le cercueil de Noguès à son enterrement, ils étaient quatre dont Mermoz, Lanata et Pichodou...

monstre domestiqué, dont le ronronnement, impressionnant et formidable malgré tout, remplit l'espace et fait vibrer les structures. L'un après l'autre, dans un rugissement libérateur, les énormes Hispano montés en tandem répondent à cet appel.

Jean Lavidalie souffle, rassuré. Le mécanicien a bien cru ne pas pouvoir effectuer la mise en route : le bristol de bord, qui permet de lancer les quatre moteurs, avait en effet cassé son clapet de démarrage. C'est le grain de sable qui bloque la machine et interdit le départ. Lavidalie ne se démonte pas; il a hérité de cette habileté singulière, érigée en génie du bricolage par Collenot. Il parvient à ses fins, après une réparation sommaire. La première...

Un signe?

La dextérité de Lavidalie opère sans doute des miracles dans l'univers de la mécanique mais ne peut empêcher les minutes de s'empiler en une lourde demi-heure de retard : au lieu de 3 h 30, l'horaire initialement prévu, le Laté F-AKGF va s'envoler à 4 h...

Mermoz peste contre le matériel et ordonne que soit activée la procédure. Plus une seconde à perdre, il faut accélérer le mouvement. On part!

Une vedette a remorqué la *Croix-du-Sud* en rade de Dakar. Face à l'appareil, un chapelet de bouées lumineuses matérialisent la ligne de départ.

A l'intérieur de la carlingue, Henri Ezan, le navigateur, vérifie encore une fois ses cartes, ses compas et ses dérivomètres; les livres sont à leur place, le sextant à portée de la main. Il prépare sa règle à calcul, à peine conscient des oscillations de l'hydro qui donne l'impression comique de se dandiner.

De son côté, tout aussi affairé, Edgar Cruveilher, le radio, tisse déjà avec la station terrestre ce lien ténu qui sera, à intervalles réguliers, leur unique cordon ombilical. Quant à Lavidalie, attentif aux pulsations et aux bruits multiples de cet organisme complexe qu'est le Laté, il montera tout à l'heure dans sa petite loge aménagée là-haut, dans l'épaisseur de l'aile.

Mermoz consulte les instruments de contrôle. Tout va bien. Alors, il tire résolument les quatre manettes. A fond!

Le gros Laté frémit de toutes ses membrures, paraît même se rebiffer, puis l'étrave, poussée par cette puissance prodigieuse qui hurle son effort, ouvre la mer dans un bouillonnement d'écume qui suit la coque avant de se refermer loin derrière, en un sillage argenté.

Le grondement étourdit les hommes restés sur le rivage; ils voient l'avion aux reflets changeants accumuler la vitesse, son ventre insensible aux coups sourds des vagues projetées par l'océan dérangé.

Et... l'incroyable se renouvelle, dont les spectateurs ne se lassent pas : imperceptiblement, l'hydro lève le nez, se sépare de l'élément liquide et monte lentement vers la voûte céleste, où les diamants d'étoiles brillent maintenant de feux moins éclatants. A l'est, une barre grise annonce l'aube, mais le Laté lui tourne le dos et s'enfonce dans la nuit. Il s'engage dans une zone désertique de 500 kilomètres qui aboutit au sud des îles du Cap-Vert; ensuite, il survolera le sentier des paquebots jusqu'à Natal.

Revenu sur le quai, Guillaumet fouille une dernière fois l'infini, dans la direction prise par le Laté. Réflexe inutile, en vérité, car l'hydro vole trop bas, moins de 200 mètres d'altitude, pour être encore visible et même audible, surtout à cette distance, dans ce ciel lilas.

Le regard du pilote accroche une lueur clignotante qui se déplace au large, mais sans doute est-ce là une étoile pâlissante ou une illusion due à la fatigue.

Autant aller se coucher.

A cet instant, l'équipage de la *Croix-du-Sud* note une anomalie de taille dans le comportement du groupe arrière droit : l'hélice refuse de passer au régime de croisière et s'obstine à rester au petit pas...

Chez Mermoz, la prudence l'emporte sur l'impatience; à contrecœur, il opte pour le demi-tour sur Dakar, à une heure de vol... Il fait prévenir l'hydrobase de sa décision et de leurs difficultés.

Il est 5 heures environ quand le grand appareil met le cap sur la côte sénagalaise, juste à temps pour surprendre le soleil en train de glisser un œil lumineux par-dessus l'horizon. Comme si cela eut été quelque signal mystérieux, le ciel se déchire d'un coup en une blessure dorée d'où s'écoule une nouvelle aube, spectacle dont les cinq hommes ne jouissent pas pleinement. Mermoz est un bloc de contrariété : ils gaspillent des heures dans un voyage où chaque minute compte!

A six heures, un vrombissement profond arrache Guillaumet aux rives de son premier sommeil. Il identifie instantanément les Hispano et devine un pépin quelconque. A la hâte il s'habille et reprend la route de l'hydrobase où le Laté vient d'amerrir, après avoir viré lourdement à la verticale du port.

Mermoz engage un véritable bras de fer contre la montre. Il réclame un avion, plus précisément l'appareil de réserve prévu en de telles circonstances. Or, aussi incroyable que cela puisse paraître sur une base de cette importance, la relève s'avère impossible, en tout cas pas avant plusieurs heures. Le Farman *Ville de Mendoza* est indisponible avec deux moteurs démontés. Mermoz blêmit, refoule une colère monumentale et choisit l'unique solution : la réparation rapide. Le courrier a déjà trop attendu!

Lavidalie, aidé par le mécanicien de la base, démonte prestement la casserole d'hélice et ôte le capot frontal. Ce qu'il découvre ne l'incite pas à un optimisme délirant : de l'huile crachée par le moteur recouvre le plateau magnétique des collecteurs en laiton, situés entre l'hélice et l'avant du réducteur, et sur lesquels viennent frotter les balais. Tout baigne dans l'huile... laquelle empêche le contact électrique et interdit, par conséquent, la variation de pas ou la mise en drapeau que commandent ces collecteurs...

Un simple nettoyage élimine cet inconvénient, mais ne résoud pas le problème. Il y a pire : la fuite signifie qu'une panne beaucoup plus grave se prépare.

D'où vient cette huile?

D'une fissure, assurément.

Lavidalie, spécialiste incontesté des Hispano, n'ignore rien des faiblesses similaires qui soulignent le défaut de 12 Ner, type de ce moteur. La fuite désigne elle-même le coupable : le réducteur de vitesse.

Mermoz, prévenu, demande un réducteur au chef d'atelier. La pièce en question, si elle provient d'un moteur défectueux déposé à Dakar en attendant d'être expédié vers la métropole, chez Hispano, ne présente cependant aucune anomalie apparente; aussi la conserve-t-on au magasin comme rechange, une manne très rare en une période où les pannes tiennent de l'épidémie.

Reste à savoir si ce réducteur sain fut réellement logé dans le moteur de la *Croix-du-Sud,* si la permutation fut correcte, si Lavidalie n'aurait pas été abusé par une malveillance ou par une erreur humaine.

D'après des témoignages murmurés alors, le bon réducteur serait demeuré sur un établi, dans un atelier. En clair, l'avion serait reparti avec un élément dangereux. D'aucuns ont avancé la thèse du sabotage. La période de tensions extrêmes se prête, il est vrai, à des pareilles supputations.

L'hypothèse ne saurait être rejetée a priori. Il ne faut pas se leurrer : dans nombre de sphères, la disparition de Mermoz a provoqué des larmes de crocodile et un concert de soupirs de soulagement.

Sa mort, durement ressentie par une opinion publique sincèrement attachée, arrangeait les desseins de financiers dont plusieurs occupaient un siège au conseil d'administration d'Air France, et éliminait par la même occasion, aux yeux des partis de droite et de gauche, un agitateur social qui prêchait la bonne parole sur leurs plates-bandes.

Dans ce contexte, un complot serait vraisemblable.

Les précédents abondent.

Un geste suffit.

Selon d'autres sources, il ne s'agirait que d'un déplorable concours de circonstances.

Voire...

Le moteur, on le sait, ne fait pas le poids.

Le *Ville de Mendoza* est immobilisé... Négligence?

Mermoz pouvait poursuivre le vol... et tomber un peu plus tard, foudroyé.

Il pouvait également rentrer à Dakar, ce qu'il fit, et emprunter le Farman, une fois celui-ci réparé. C'est mal le connaître. Les proches du pilote, car il fallait que s'en fût un s'il y eut sabotage, connaissaient un trait essentiel de son caractère : une confiance aveugle en sa chance...

Quoi qu'il en soit, Mermoz se contente de cette réparation superficielle, aussi efficace qu'un emplâtre sur une jambe de bois...

Le bricolage n'a rien résolu : il n'a fait que retarder l'inévitable.

Si l'on en croit Charles Petit et Joseph de Joux *, le carter qui cohabite avec le fameux réducteur devait comporter une fissure, à l'origine de la fuite d'huile. Dès lors, le scénario de la fin se devine sans mal.

* Historien, spécialiste du transport aérien.

Après plusieurs heures de fonctionnement, le moteur atteint sa température maximum et subit vibrations et résonnances. Ce régime aggrave la fissure. L'huile s'écoule sur le plateau. Lavidalie, à nouveau, ne peut pas actionner manuellement le changement de pas, ni intervenir sur la mise en drapeau. L'hélice tripale Ratier se met à tourner follement et les secousses de ce manège désordonné achèvent de fracturer le carter qui éclate soudain et libère l'arbre porte-hélice.

La suite?

L'hélice, mue par une puissance irrésistible, se détache et va littéralement cisailler le fuselage, et coupe ainsi les commandes de vol. Le pilote se retrouve brutalement privé de direction et l'appareil déséquilibré. Ce qui, à 160 km/h et à quelques centaines de mètres d'altitude, ne pardonne pas.

Cette probabilité, certainement proche de la vérité, s'appuie sur les vices constatés à plusieurs reprises sur ce moteur et qui démentent d'ailleurs l'affirmation lue à propos de la fin tragique de l'hydravion, comme quoi l'on ne savait rien des causes techniques...

Moins de trois quarts d'heure après le retour de la *Croix-du-Sud,* Lavidalie referme le capot-moteur. Il a travaillé vite, avec une habileté consommée. Mais que peut-on faire pendant un laps de temps aussi court, dans un éclairage aussi pauvre?

A l'écart, sur le ponton, Mermoz ronge son frein, plongé dans d'amères réflexions...

Un bruit de pas derrière lui le tire de sa méditation. Un mécanicien l'informe : l'avion est prêt.

Ce répit lui a-t-il permis, l'espace de cette seconde d'abandon, de poser le regard de la mémoire sur les facettes d'une existence peu ordinaire? Il paraît étrangement calme, détendu, souriant même. Mais à quoi sourit-il seulement?

Ce changement d'attitude surprend le mécano qui se

sent encouragé à interroger le pilote : « Alors, monsieur Mermoz, vous êtes inculpé... ».

L'ébauche de sourire se change en un pli amer; d'un geste sec, Mermoz lance son mégot vers les flots.

– Allons, réplique-t-il excédé, laissons cela. Puis, reprenant de l'assurance : je préfère partir.

Et le revoilà homme d'action, déterminé.

– Vite, ordonne-t-il, ne perdons plus de temps!

Ce seront là ses dernières paroles...

Le 72e courrier sur l'Atlantique Sud, le 24e assuré par Mermoz, va pouvoir reprendre l'air et acheminer ses 282 kg de poste.

Il ne fait pas encore bien clair lorsque, à 6 h 53, la *Croix-du-Sud* remet les gaz face à l'ouest.

Quand l'avion, pour la seconde fois cette nuit-là, glisse sur une mer calme aux reflets verdâtres, qui s'ouvre docilement sous cette caresse virile, les spectateurs ne peuvent s'empêcher de frissonner. Pressentiment, ou est-ce l'effet de la brise fraîche qui précède le jour?

L'hydravion frémit, tremble, se cabre et s'arrache, comme à regret, à l'étreinte marine.

Il met le cap sur son destin, au-dessus des plaines immobiles de l'océan.

A 10 h 20, le radio, laconique, annonce que tout va bien.

A 10 h 40, il transmet le point et l'altitude...

« Je ne voudrais pas redescendre, confiait parfois Mermoz à ses amis. Cette phrase sera leur seule consolation car, dans quelques minutes maintenant, le « Grand » va réaliser ce souhait, malgré lui, mais à quel prix : lui-même!

Le moteur va défaillir et la panne se développer en un éclair. L'appareil aura atteint alors le tiers de son parcours, à 800 kilomètres de Dakar. Le règlement lui commande de revenir...

Lavidalie s'activera et désespérera certainement devant l'inanité de ses efforts. Et Mermoz passera un message à Cruveilher : « Coupons moteur arrière droit... » Et la communication s'interrompra brutalement.

Un drame se sera joué dans l'immensité. A 10 h 47.

Mais, à quoi bon anticiper?

Il est 10 h 40, ce 7 décembre 1936...

Les hommes de la *Croix-du-Sud* ne savent pas qu'ils arrivent sur le seuil de l'Éternité. Là-bas, au ras de l'écume dirait-on, un point minuscule et argenté s'éloigne doucement vers cette ligne imaginaire où la mer se marie avec le ciel. Une ligne qui, selon les Anciens, marque la fin du monde...

ÉPILOGUE

Mermoz, disparu, mort peut-être...

Impossible!

Mais le silence se fait lourd, un silence que le Temps rend insupportable.

Un instant, un câble entretient l'illusion : « Ils sont vivants! » Ce qui n'étonne personne. Avec Jean Mermoz, il ne saurait en être autrement.

A Paris, en province, il fait nuit, alors : les directeurs de cinémas et de théâtres interrompent le film ou la représentation en cours pour annoncer, émus, la bonne nouvelle.

Puis quelqu'un coupe le goutte-à-goutte de l'espoir.

Mermoz, cette fois, ne reviendra pas. Ni son équipage. Ni la *Croix-du-Sud.*

Sur les 14 000 kilomètres de la ligne, les hommes ressentent cette impression de l'irrémédiable.

Non, le « Grand » ne reviendra plus.

Pourtant, bateaux et avions quadrillent l'Atlantique Sud toujours calme. Pas d'épave. Pas de trace.

Et des hommes qui en ont tant vu, tant enduré au cours de ces années de défrichage, écrasent furtivement une larme. Ceux-là ne parleront pas. Par respect.

D'autres, parmi les officiels rassemblés dans la cour des Invalides pour les honneurs ultimes, baisseront la tête, le cœur envahi par la honte et le remords.

On ne mesure jamais vraiment la valeur d'un homme qu'après l'avoir perdu.

Le lendemain de cette disparition tragique, Guillaumet, les épaules voutées, se présente devant une maison.

De sa fenêtre, Mangaby le voit remonter le long de l'allée, d'une démarche hésitante.

Il n'aura pas besoin de dire un mot.

Elle a compris.

On ne trompe pas l'instinct d'une mère...

BIBLIOGRAPHIE

Antonio ANIANTE, *Italo Balbo* – Grasset, 1933.

Serge BERNSTEIN, *Le 6 février 1934* – Gallimard/Julliard, 1975.

Jean-Paul BRUNET, *Jacques Doriot* – Balland, 1986.

Pierre CHEVRIER, *Antoine de Saint-Exupéry* – Gallimard, 1949.

Georges CLERC, *L'Aéropostale* – Éditions de Minuit, 1954.

Yves COURRIÈRE, *Joseph Kessel ou Sur la piste du lion* – Plon, 1985.

Alexandre COUZINET, *Mermoz-Couzinet ou le rêve fracassé de l'Aéropostale* – Jean Picollec, 1986.

Francis COVER, *Sur toute la Ligne* – Les Ailes Brisées, 1960.

Jean-Paul CRESPELLE, *La Vie quotidienne à Montparnasse à la Grande Époque 1905-1930* – Hachette, 1976.

R.E.G. DAVIES, *Airlines of Latin America since 1919* – Putnam-Londres, 1984.

Marcel DEAT et Claude BONNIER, *Pour une politique de l'Air* – Édition du journal *La Concorde*, 1937.

J. DELPERRIE de BAYAC, *Le Front populaire* – Fayard, 1972.

Pierre FAURE : *L'Avion tuera la guerre* – Gallimard, 1935.

Jean-Gérard FLEURY, *Chemins du ciel* – Nouvelles Éditions Latines, 1933.

Jean-Gérard FLEURY, *La ligne de Mermoz, Guillaumet, Saint-Exupéry et de leurs compagnons d'épopée* – Gallimard, 1938.

Icare, numéro spécial consacré à Mermoz, nombreuses illustrations et fac-similé, n° 48/49, Hiver 1968/Printemps 1969.

Joseph KESSEL, *Mermoz* – Gallimard, 1938.

Joseph KESSEL, *Vent de sable* – Éditions de France, 1929.
Charles LECHEVALIER, *95 fois le tour du monde* – Seuil, 1951.
Herbert R. LOTTMAN, *La Rive gauche* – Seuil, 1981.
Jean MACAIGNE, *Mineurs du ciel* – Ars Africae, Maurice Viale, Dakar, 1944.
Jean MERMOZ, *Mes vols* – Flammarion, 1937 – Réédition en 1986 annotée et complétée par Bernard MARCK et Jean-Paul OLLIVIER.
Marcel MIGEO, *Henri Guillaumet* – Arthaud, 1949.
Marcel MIGEO, *Saint-Exupéry* – Flammarion, 1958.
Marcel MIGEO, *Didier Daurat* – Flammarion, 1962.
Joëlle MONSERRAT, *Édith Piaf* – PAC, 1983.
Marcel MORÉ, *J'ai vécu l'Aéropostale* – L'Acropole, 1980.
Jacques MORTANE, *Guynemer, Mermoz* – La Technique du Livre, 1946.
Jacques MORTANE, *Jean Mermoz* – Plon, 1937.
Henri NOGUÈRES, *La Vie quotidienne en France au temps du Front populaire* – Hachette, 1977.
Claude PAILLAT, *Dossiers secrets de la France contemporaine :*

1. *Les Illusions de la Gloire,* tome I.
2. *La Victoire perdue,* tome II.
3. *La guerre à l'horizon,* tome III, Robert Laffont, 1981.

Edmond PETIT, *Heures de vol* – Éditions Émile Paul, 1956.
Albert RÈCHE, *Vie de Jean Mermoz* – Julliard, 1944.
Antoine de SAINT-EXUPÉRY, *Terre des Hommes* – Gallimard, 1939.
Antoine de SAINT-EXUPÉRY, *Le Petit Prince* – Gallimard, 1946.
Armand SILVESTRE, *La Chanson des Heures* – Alphonse Lemerre, 1887.
Paul VACHET, *Avant les jets* – Hachette, 1964.
Roger VALUET, *Courriers du ciel* – Le Livre Artistique, 1961.
François VEUILLOT, *La Rocque et son parti* – Plon, 1938.
Pour mémoire... La Rocque, les Croix de Feu et le Parti social français – Association des « Amis de La Rocque », 1985.

NOTES

1. Un télégramme émanant des autorités militaires annonce le décès de Lucien Boulanger, l'oncle de Jean, cet instituteur si paisible... Mort pour la France! Et puis une lettre le ressuscite. Il s'agissait en fait d'une erreur administrative.

Par une cruelle ironie du sort, l'histoire se répétera, mais en sens inverse, au lendemain de la disparition de Jean, en décembre 1936.

2. Fille d'Amrou, prince arabe de Mésopotamie, Septimie Zénobie régna sur Palmyre au IIIᵉ siècle après Jésus-Christ. Elle épousa, en secondes noces, Odenath, chef des tribus du désert de Palmyre, dont elle n'hésita pas à partager les fatigues dans la lutte victorieuse contre Sapor. Au cours de ce conflit, Odenath reçut de Gallien le titre de général de l'Orient et peut-être d'Auguste. Après sa mort brutale, à laquelle Zénobie n'aurait pas été étrangère, cette dernière se décréta reine d'Orient, en 267, s'empressa de mettre un terme à la domination romaine et étendit la sienne de l'Euphrate à la Méditerranée.

Mais l'empereur romain ne put supporter longtemps cette indépendance. Cependant, contre toute attente, c'est Zénobie qui passa à l'offensive et marcha au-devant des légions. Après une défense héroïque, elle dut se retirer dans Palmyre qui succomba non sans avoir résisté vaillamment.

3. Né le 2 janvier 1891 à Montreuil-sous-Bois, fils d'Auvergnat, Didier Daurat va fréquenter l'École d'horlogerie de Paris où il décroche un diplôme avant d'être admis à l'École des travaux publics dont il sort ingénieur.

Blessé à Verdun, pendant la Grande Guerre, il rencontre des aviateurs à l'hôpital; leurs récits le remplissent d'admiration et vont déterminer sa carrière. En 1916, il demande sa mutation de l'infanterie vers l'aviation militaire. Il sera ainsi lieutenant-pilote puis chef d'escadrille et capitaine.

Après sa démobilisation, Beppo de Massimi, un de ses camarades d'escadrille, l'impose à Latécoère qui ne l'aime pas. En cet homme tout d'un bloc et froid, il voit un « mauvais esprit ». Massimi gagne et Daurat intègre la maison Latécoère. C'est lui qui, le 1er septembre 1919, inaugure la ligne Toulouse-Casablanca en tant que pilote. Par la suite, il devient chef d'aéroplace à Malaga et chef d'exploitation à Toulouse, le 1er octobre 1920.

Ceux qui l'ont taxé de misogynie ignoraient sans doute qu'il était marié depuis décembre 1919 et qu'il fut un mari attentionné et gentil. Il respectait une devise que Mermoz et bien d'autres adopteront : « Hors du but, il n'est rien. »

Décédé le 2 décembre 1969, Didier Daurat a été inhumé à Montaudran, là où est née la légende de la Ligne...

4. Il semblerait que la mansuétude de Daurat à l'égard de Jean doive beaucoup à une intervention personnelle de Charles Painchaut. Un jour que le chef mécanicien et le pilote allemand Camille Auderlin préparaient un prototype d'hydravion sur les bords de la Garonne, le directeur de l'exploitation leur dit : « Si vous réussissez à faire voler cet appareil, je vous accorde ce que vous voudrez... »

Les essais se révélèrent concluants.

Painchaut se souvint de la promesse et la rappela à Daurat, puis il formula son souhait : « Je voudrais que vous autorisiez Mermoz à piloter. » Ce qui fut fait dès le lendemain. Voilà qui mit fin au purgatoire de Jean dans les ateliers.

(Ce fait peu connu a été rapporté à l'auteur par la fille de Charles Painchaut en juillet 1986.)

5. Dans *Mes vols*, Mermoz donne une version nettement plus mouvementée de cette captivité :

« Au petit jour, après vingt-quatre heures de marche sans repos, nous avions regagné l'avion, sous l'aile duquel je m'endormis pour quelques heures.

« Quand je me réveillai, l'interprète avait disparu.

« Je repartis donc seul, mais ne pus marcher bien longtemps; des coups de fusil me surprirent quand je n'avais aperçu personne.

« Je me jetai à terre et j'y attendis les événements.

« Enfin, les Maures apparurent, me tenant en joue. Je ne pensai à rien, sinon à éviter le geste qui ferait tirer, comme l'on évite par la douceur des mouvements une piqûre de guêpe qui, pendant quelques secondes, plane sur vous.

« Ils ne tirèrent pas, mais me rossèrent, et quand je fus définitivement assommé, m'attachèrent évanoui sur un chameau, sur le dos duquel je repris connaissance, au milieu de la nuit seulement, dépouillé de tous mes vêtements, hormis mon caleçon, car les Maures ont de la pudeur.

« Pendant huit jours, mes propriétaires me déplacèrent en zigzag dans le désert, poursuivis eux-mêmes par d'autres Maures qui désiraient pour eux la rançon. Il s'ensuivit quelques escarmouches où les miens eurent le dessus, ce que, malgré ma faible sympathie pour eux, je désirais de tout mon cœur, car, pour vexer leurs ennemis, ils m'auraient quelque peu abîmé avant de me rendre.

« Après neuf jours de captivité, on me fit pénétrer sous une tente et l'on me jeta à plat ventre devant deux Arabes voilés. J'eus la vision de deux belles statues immobiles. Après ces neuf jours de désordre, de discussions criardes et de misère, ils me parurent dans leur immobilité et leur silence d'une dignité admirable.

« Je sentais que ma vie ne dépendait plus du hasard des mots, des gestes et des vanités, mais d'un jugement réfléchi. J'éprouvais une étrange sécurité à penser que derrière le visage voilé de mes statues bleues, car les Maures sont habillés de voiles bleus, j'étais déjà peut-être condamné ou absous, mais qu'en tout cas rien d'absurde ni d'incohérent n'entamerait la décision qui allait à l'instant être prise. Sensation de dépendre enfin d'une pensée d'homme et non d'un réflexe de bête.

« Quelle que dût être la solution de cette confrontation muette, de ce jugement selon un code que j'ignorais, je subis curieusement, et pour la seule fois de ma vie, en plein Sahara, sous une tente pauvre, parmi les pillards, la majesté de la Justice.

« L'un des deux hommes, qui paraissait le maître, était le frère du sultan dissident de Taroudant, grand chef religieux. Il me prit sous sa protection et m'emmena. Il avait lutté autrefois contre les Français à Marrakech, parlait l'espagnol, l'anglais, le français, et avait visité l'Europe.

« Je fus admirablement bien traité et revendu par lui au fort de Juby pour 50 000 francs environ (12 000 pesetas). »

6. Partis le même jour que Mermoz et Négrin, arrivés à Saint-Louis du Sénégal deux heures environ après cet équipage, Dieudonné Costes et Joseph Le Brix vont réussir une belle première. A bord de leur avion, le *Nungesser et Colli,* ils franchissent l'Atlantique Sud, parcourent l'Amérique du Sud en tous sens, visitent Rio, Montevideo, Buenos Aires, Santiago du Chili, Lima, Guayaquil, Panama et Caracas, remontent vers le nord par l'Amérique centrale, le Guatemala et Mexico, avant d'atteindre New York, le 14 avril 1928. De là, ils gagnent Detroit,

Chicago et San Francisco d'où ils embarquent pour Tokyo. Au terme de cette longue traversée en bateau, ils remontent dans leur avion et filent sur Paris qu'ils touchent en six jours, temps incroyable pour l'époque.

Cette brillante réplique française à l'exploit de Lindbergh a certainement contenté Mermoz mais aussi attisé son envie de faire encore mieux...

7. Originaire de Facunda Quiroga, en Argentine, une petite ville implantée au pied même de cette cordillère qu'il vaincra par les airs, Vicente Almandos Almonacid n'a jamais caché son vif attachement à la France où il passe d'ailleurs avec succès son brevet de pilote, le 3 octobre 1913.

Lorsque éclate la guerre de 14-18, il s'engage dans la Légion étrangère afin de pouvoir servir dans l'armée française, puis est versé dans l'aviation comme observateur et photographe. Son esprit de décision et sa compétence ne tardent pas à le faire remarquer. Quand Roland Garros effectue son atterrissage forcé en Allemagne, Almonacid se trouve affecté à l'escadrille MS 26 plus spécialement entraînée pour les vols de nuit.

Il va mettre au point un lance-bombe dont l'emploi sera généralisé. Ainsi, le 29 juillet 1915, par une nuit d'encre et en vol rasant, il bombarde l'usine de Dornach en Alsace (alors sous autorité allemande), qui fabriquait les gaz asphyxiants. Des états de service héroïques qu'explique une hardiesse certaine lui valent de gravir rapidement les échelons. Il termine la guerre comme capitaine et, en dépit des propositions pressantes de s'installer en France, retourne à Buenos Aires.

Sans son action permanente et efficace à tous les niveaux, l'Aéropostale aurait sans doute connu un développement plus lent en Amérique latine. Almonacid fut le promoteur et le directeur technique de la compagnie Aeroposta Argentina, filiale de la Compagnie générale aéropostale constituée le 5 septembre 1927.

8. Plus que les autres compagnies françaises ou européennes, l'Aéropostale souffre d'un lourd handicap : elle doit en effet se débrouiller seule pour l'aménagement de ses terrains, pour la construction des hangars, pour l'installation du réseau de postes TSF et du balisage radio... En règle générale, les transporteurs français bénéficient d'une infrastructure souvent toute faite et fournie par les États survolés.

L'Aéropostale ne jouit pas de ces avantages. Sur la ligne, à part quelque exceptions (Marseille, Alger, Casa et Rabat), il a fallu tout faire. En d'autres escales comme Agadir et Dakar existent bien des aérodromes à vocation militaire mais dépourvus de hangars, de TSF et de balisage... Quant à l'Espagne et à l'Amérique du Sud, rien!

Or, il ne s'agit pas seulement de vouloir bâtir, encore faut-il trouver les lieux adéquats, ce qui tient de la gageure en Amérique latine pour des raisons simples : exubérance de la végétation, pluies très violentes sur les régions survolées, caractère accidenté du relief proche des côtes brésiliennes, absence de réseau routier. Bref, les Français doivent d'abord défricher, dessoucher, drainer le sol avant de labourer le ciel. Les conditions atmosphériques particulières qui sévissent dans ces zones impliquent pour les avions des abris sûrs et solides. D'où de nouvelles dépenses...

Des experts qui feront des déplacements sur le réseau sud-américain, dresseront un constat élogieux de la remarquable organisation mise en place par l'Aéropostale. L'un d'eux, M. Marbeau, notera même qu'en Amérique du Sud, « certains prétendent que l'infrastructure actuelle occupe les rares terrains susceptibles de recevoir pareille destination et que de ce fait, la compagnie détient une situation privilégiée... » Voilà qui ne doit pas faire sourire la concurrence allemande.

Amorcée en 1927, la mise en place des équipements aboutit en 1928. Il convient de noter que cette affaire, dans sa réalisation, a respecté un schéma particulier. On imagine difficilement, par exemple, une société étrangère, propriétaire en France des aéroports d'Orly ou du Bourget. Il ne pouvait en être autrement pour l'Aéropostale, que ce soit au Brésil, en Uruguay et en Argentine. Aussi a-t-il fallu constituer dans chacun de ces pays des sociétés nationales qui posséderaient effectivement les terrains, qui les exploiteraient, à cette nuance près qu'elles en réserveraient l'usage à la compagnie aérienne française.

Vont ainsi naître et prospérer des sociétés de gérance d'aéroports et d'exploitation de TSF, gérance et exploitation qui pouvaient ne pas être limitées aux seuls services de l'Aéropostale. Leur objet sortant du cadre de l'Aéropostale, elle pouvaient difficilement être des filiales directes de cette compagnie dont, en vertu d'une disposition de sa convention avec l'État français, l'intégralité du capital devait être affecté à l'exploitation des lignes faisant l'objet de ladite convention.

Par conséquent, en accord complet avec le ministère français de l'Air, la Compagnie générale aéropostale a laissé le soin à la Société générale d'Aviation (la SGA) de créer les filiales. Par un accord, d'ailleurs approuvé par le ministère de l'Air, le 22 juillet

1927, la SGA a pris, vis-à-vis de l'Aéropostale, l'engagement de subvenir jusqu'à concurrence de 15 millions aux frais d'installation des aérodromes en Amérique du Sud. On s'en doute, les diverses dépenses, effectuées avec l'accord du ministère de l'Air, dépassèrent le chiffre initialement arrêté. Ce qui amena la SGA et ses filiales à débloquer les sommes complémentaires jusqu'à hauteur d'un total de 27 millions, chiffre qui, par la suite, revint à 15 millions, l'Aéropostale ayant racheté aux filiales – toujours en accord avec le ministère de l'Air – une partie des installations situées sur les aérodromes.

9. Au lendemain de la Grande Guerre, l'Allemagne fait bien entendu figure de perdante : la révolution couve à l'intérieur et l'armée, surtout, a été vaincue. L'armement, en principe, a été considérablement réduit. Ont été détruits des dizaines de milliers de canons, de mitrailleuses, plus de 6 millions de fusils, des tonnes de munitions diverses, des trains blindés, des stations de radio, près de 16 000 avions, des moteurs par dizaines de milliers. La marine ne se porte guère mieux : la flotte a perdu 26 cuirassés de ligne, des torpilleurs et 315 sous-marins. Ce dernier chapitre intéresse, ô combien, les Anglais qui se font livrer, par ailleurs, une partie de la flotte marchande.

Les Soviétiques vont jouer un rôle déterminant dans le réarmement de l'Allemagne. En douceur et dans le plus grand secret. Ainsi, dès le 7 avril 1921, Kopp, représentant des Soviets à Berlin, transmet à Moscou un premier accord de Krupp et de Voss pour fabriquer des avions, des sous-marins et des canons destinés à l'Armée rouge. C'est bien joué de la part des Allemands pour lesquels la réalisation de ces commandes servira de banc d'essai pour la Reichswehr.

C'est surtout l'aviation militaire qui trouve là son compte. Interdite par le traité de Versailles, à l'exception de l'entraînement d'une poignée de pilotes, elle va pouvoir se redévelopper en terre étrangère : ainsi, Dornier, Junker et Fokker pourront tranquillement construire leurs prototypes! La base de Lipetsk, à 300 kilomètres au sud-est de Moscou, devient une base allemande. Moteurs, pièces de rechange et appareils arrivent par les ports de Stettin et de Leningrad. Comme les deux premiers millions de marks investis s'avèrent insuffisants, on puise tout simplement dans le fonds de secours aux travailleurs touchés par l'occupation française de la Ruhr. Ce qui permet à la Reichswehr de posséder une centaine d'avions de chasse équipés de moteurs anglais... Pendant ce temps, des officiers, par petits groupes, pris en charge par l'*Intourist,* l'agence de voyages soviétique, atteignent Lipetsk, sous de faux noms. En cas de décès, les corps sont rapatriés avec la mention « pièces détachées »...

L'U.R.S.S. laisse donc se former sur son sol le noyau de la future et terrible Luftwaffe. Cette pépinière fournira d'ailleurs à la Lufthansa, créée en 1926, nombre de ses pilotes! Les chancelleries étrangères n'ignorent rien de ces manœuvres : elles protestent et baissent les bras. Un avertissement sérieux tombe en octobre 1928, à l'occasion du premier Salon international de l'Aéronautique à Berlin : il montre de façon évidente la puissance et la formidable organisation de l'industrie allemande. Non contente d'être ressuscitée, elle paraît plus vigoureuse qu'avant 14 et devient rapidement une concurrente redoutable. Des dizaines de sociétés de transport aérien vont se fonder dans le monde avec l'aide de capitaux allemands.

Or, en 1928, il y a à peine un an que l'aviation commerciale allemande a été libérée des entraves du traité de Versailles. Rigoureux dans les textes, celui-ci ne le fut donc jamais vraiment dans les faits. Si l'Allemagne se voyait interdire de posséder une aviation, en juin 1921, sous la pression de l'Angleterre, la France donne à Berlin l'autorisation provisoire et reconductible de jeter les bases d'une aéronautique commerciale. Dans le même temps, nos alliés! anglais et américains protestent énergiquement contre l'importance de l'aviation militaire française. Une importance que justifie largement la nécessité de conserver la suprématie sur l'agresseur d'hier.

Le 6 janvier 1926 naît une compagnie unique, la Deutsche Lufthansa Aktien Gesellschaft qui démarre, le 1er avril suivant, l'exploitation de 54 lignes régulières, soit un réseau de 20 408 kilomètres avec 133 appareils dont 53 Junkers F-13, des monomoteurs à 4 places. Pas mal pour un pays qui officiellement, la veille encore, ne possédait plus rien en matière d'aviation commerciale ou militaire.

L'expansion suit un tel rythme qu'en 1931 le réseau s'étend sur près de 50 000 kilomètres. Dès la fin de 1929, la compagnie allemande prépare des lignes vers l'Amérique du Sud et les Indes avec des vols d'études : Albrecht, Von Schroder et Eichtentopf sur l'Arado VI *Teneriff* réussissent deux aller et retour Berlin-Marseille-Séville entre le 7 septembre et le 1er octobre et, le 5 décembre, ils réalisent la première liaison postale directe Séville-îles Canaries (ils se tueront le 20 décembre suivant, près de Berlin, victimes du brouillard). Dès lors, les équipages allemands font des apparitions plus fréquentes dans les cieux d'Espagne. Leur désir d'établir un service régulier sur l'Atlantique Sud devient plus vif. Un accord conclu avec l'Espagne prévoit le prolongement vers Cadix et les Canaries du service Stuttgart-Barcelone assuré par la Lufthansa.

Les préoccupations allemandes rejoignent celles de Bouilloux-Lafont : aller le plus vite possible. A partir de 1930, avec les paquebots *Cap Arcona* et *Cap Polonia* de la Hamburg-Südamerikanische Dampfschiffahrtsgesellschaft, les avions de la Lufthansa et les hydravions du Syndikat Condor adoptent un service mixte pour l'accélération du courrier. Las Palmas, aux Canaries, et Fernando-de-Noronha, côté Amérique du Sud servent de relais naturels : de ce fait la liaison Berlin-Rio demande dix jours, soit un gain d'une semaine. Avec le dirigeable, successeur des cargos, le temps de parcours, en 1931, tombera à cinq jours...

A l'époque, l'Aéropostale de Marcel-Bouilloux Lafont représente certainement au monde la plus sérieuse menace à l'expansionnisme aérien allemand. Ces Français ne se contentent pas du panache, ils montrent en outre une terrible efficacité : les « locomotives » Mermoz, Guillaumet, Vachet, Reine pallient bien des défaillances. Les Allemands éprouvent une certaine sympathie pour cette phalange d'individualités qui symbolise si bien l'esprit de cette Ligne, un cocktail de conscience, de dévouement, d'abnégation, de courage et d'amitié.

Très averti des réalisations de l'Aéropostale, le docteur Eckener, en parfait diplomate, tente l'opération charme sur des hommes tels que Mermoz qu'il invitera à bord du Zeppelin. Pourquoi, propose Eckener, ne pas joindre nos courages, nos ambitions, nos intérêts pour concrétiser cette fameuse ligne? Les deux hommes s'estiment, s'apprécient, même opposés sur le terrain. Pourtant Mermoz repousse cette alliance : il vaut mieux que chacun fasse son travail de son côté. Eckener, courtoisement et sans un mot, s'incline. Mais ne désarme pas.

Fameux personnage que l'animateur des Zeppelins et, sans doute, quoique méconnu, un des plus prestigieux piliers de l'aviation commerciale mondiale. Rien ne semblait destiner Hugo Eckener à la carrière aéronautique. Fils d'un commerçant en tabac allemand et d'une Scandinave, né en 1868 à Flensbourg, il avoue lui-même n'éprouver aucun penchant pour les choses de l'air. Son orientation le confirme puisqu'il choisit de se spécialiser en philosophie et en économie politique d'abord à Leipzig puis à Munich avant de se consacrer à l'enseignement. Mais il ne passe pas ses diplômes d'État et vient s'établir à Friedrichshafen comme professeur libre. Un homme qui gagne tranquillement sa vie grâce à des leçons particulières et à quelques articles qu'il envoie à la presse. Le directeur du *Frankfurter Zeitung* lui propose un jour d'écrire quelques papiers sur les essais que venait d'effectuer un certain comte Zeppelin. Rapidement, le ton est donné car Eckener attaque vivement les travaux du constructeur et rédige un jugement sévère. Mais Zeppelin ne manque pas de ressources. Ce détracteur le gêne; eh bien, il va le gagner à sa cause. Il en fait son chef du service de propagande et de presse afin de sensibiliser l'opinion au dirigeable. Voici donc le pourfendeur de Zeppelin devenu son plus sûr allié. Le poste ne lui convient pas, il souhaite une situation plus active, aux avant-postes. Il deviendra rapidement l'un des commandants de dirigeables rigides les plus confirmés.

10. L'infatigable Bouilloux-Lafont voit plus au nord et cela très tôt. Dès 1927, il noue des relations étroites avec le Portugal en vue de l'utilisation des îles du Cap-Vert comme base aérienne. Bouilloux-Lafont pousse plus loin son raisonnement initial et se dit qu'il ne serait pas mauvais non plus pour l'Aéropostale de décrocher un droit d'escale exclusif dans cet archipel et dans celui des Açores, lesquels commandent, l'un l'Atlantique Sud, l'autre l'Atlantique Nord.

Le gouvernement portugais considère cette idée avec bienveillance et se déclare disposé à accorder les droits à une société portugaise qui serait spécialement créée à cet effet, à condition que celle-ci s'engage à effectuer les liaisons aériennes entre le Portugal et ses colonies d'Afrique.

Le Portugal possède alors un vaste empire mais se heurte à une cruelle évidence : il ne dispose pas des ressources techniques et opérationnelles qui l'autoriseraient à constituer sa propre compagnie aérienne susceptible de relier Lisbonne à la Guinée, au Mozambique, à l'Angola et aux îles situées au large des côtes de l'Afrique occidentale. Le Portugal cherche donc un partenaire expérimenté et trouve Marcel Bouilloux-Lafont. Logique! L'Aéropostale jouit d'une excellente réputation. Son œuvre de défrichage en Afrique lui donne un argument de poids. De même, pour répondre aux vœux des Portugais, il suffirait de modifier légèrement le tracé de la ligne.

Bref, l'affaire se présentait plutôt bien d'autant que la ligne française transafricaine, dont le premier tronçon Alger-Congo-Madagascar devait être inauguré en septembre 1930, pouvait favoriser une liaison facile entre le Portugal et ses territoires lointains. Mais un autre groupe français lorgne également cette concession, à savoir la société des Moteurs Gnome et Rhône. Le gouvernement français oblige les deux entreprises à s'entendre pour formuler une proposition commune. Va naître ainsi la société portugaise d'Études et de Lignes aériennes (SPELA), constituée à parts égales par les deux mariés contraints et forcés. Avec la bénédiction du ministère de l'Air!

Avec l'aval du gouvernement français et de Laurent-Eynac, le ministre de l'Air, un agrément intervient en septembre 1930 entre l'État portugais et la SPELA, un agrément approuvé le 30 septembre par décret-loi. On ne peut mieux faire... En échange du service aérien que va assurer la nouvelle société avec les ailes de l'Aéropostale, le gouvernement portugais lui garantit des droits exclusifs sur tous les territoires portugais.

Voilà donc les îles du Cap-Vert et les Açores à portée de la main. Marcel Bouilloux-Lafont a réussi là un véritable coup de maîtres.

11. L'Aéropostale estime, non sans raison, que le ministère de l'Air a réparti d'une façon absolument arbitraire les subventions entre les diverses compagnies. Ainsi, au cours de la période 1931-32, la Ligne se voyait octroyer 22 F par kilomètre parcouru, là où Air Orient recevait 41 F. Or, les dépenses kilométriques de l'Aéropostale s'avéraient forcément plus élevées car il fallait subvenir aux dépenses d'infrastructure considérables que n'avaient pas les autres transporteurs, sans parler des frais inhérents au service maritime.

Le 4 mars 1932, Denais, le député de Paris, soulignera l'absurdité de cette situation : « Quand nous constatons un déséquilibre financier dans l'exploitation d'une telle compagnie, nous sommes bien obligés d'admettre qu'une relative carence de l'État y est pour quelque chose. » Ce qui se passe de commentaire...

12. En réalité, ce déploiement fastueux, qui marque l'apogée de l'empire colonial français, n'en dissimule pas tout à fait les imperfections et les quelques signes d'essoufflement constatés ici ou là. Des troubles naissent, fissures dangereuses à la longue qu'il convient de colmater. Et vite! Or, les zones géographiques concernées – Indochine et Afrique – se trouvent loin de la métropole et ne peuvent être desservies qu'au terme de voyages lents, étalés sur plusieurs jours, voire plusieurs semaines. L'avion règle la question, réduit les distances et garantit une intervention plus prompte.

A l'époque, les lignes franco-coloniales se résument à Paris-Saigon, Paris-Madagascar et France – AOF ; cependant, les voies de communication au sein de l'empire tiennent de la peau de chagrin : 17 500 km de voies ferrées en 1931 pour l'ensemble des colonies contre 52 000 km en métropole. Au moment de l'Exposition de Vincennes, synthèse de l'effort colonial, il paraît indispensable, et même vital, d'insister sur l'intérêt que présente la multiplication des liaisons rapides avec des territoires immenses et riches en plantations et en minerais divers, qui attendent la pénétration active et massive de l'outillage européen ; ils attendent également sans retard des administrateurs, des ingénieurs et des agriculteurs.

En France, il existe donc un réel consensus colonial ; de la SFIO à l'Action française en passant par l'Église, chacun exprime une véritable ferveur. Selon les uns, ce rayonnement français contribue largement à former des populations, à les « moderniser ». Selon d'autres, il s'agit ni plus ni moins d'une véritable aubaine sur le plan des affaires. Des hommes, s'ils ne condamnent pas l'idée dans ce qu'elle a effectivement de progressiste, dénoncent violemment parfois son aspect mercantiliste. Ils n'hésitent pas non plus à souligner des abus répandus : par exemple, des postes importants échoient trop souvent à des individus médiocres ou au-dessous de tout soupçon, plus acquis à des intérêts particuliers qu'à ceux de leur pays...

Qu'importe les révélations d'André Gide sur le Congo et le Tchad (*Voyage au Congo*, *Carnets de route*, *Le Retour au Tchad*, *Suite du voyage au Congo*, des ouvrages publiés en 1927-28). Qu'importe les récits édifiants du journaliste Louis Roubaud sur l'Indochine notamment sa *Tragédie indochinoise* parue en 1931, ou encore l'étonnant *Indochine S.O.S.* d'Andrée Viollis, un livre préfacé par Malraux en 1935... Qu'importe ces mises en garde puisque le commerce marche ! Et là, les lignes aériennes en direction de ces contrées, des lignes soutenues par les banques, jouent un rôle plus qu'essentiel.

Dans ce contexte d'appétits surexcités, l'Amérique latine n'éveille rien d'autre qu'un intérêt poli. Le gouvernement français, s'il entend maintenir la ligne mais non pas l'intégralité du réseau à travers l'Amérique du Sud, uniquement pour des raisons de prestige, s'efforce de favoriser la branche africaine et le tronçon extrême-oriental. C'est tout. Il commet sans doute là une erreur stratégique monumentale. En abandonnant l'édifice sud-américain réalisé à partir de rien, il offre aux Allemands, qui ne cachent pas leur désir d'en découdre, une formidable occasion de renforcer leur puissance et surtout d'intensifier leur présence.

Ce retrait des Français sera d'ailleurs interprété comme une faiblesse.

13. Les débats de la Chambre prennent un tour particulièrement chaud lors de la deuxième séance du 12 mars 1931. En fait, cette séance tient plus du déballage sordide et du règlement de compte entre « personnes bien élevées ». Tout d'abord, les députés jouent quelques rounds d'observation. Le député socialiste, Jules Moch, fera figure d'arbitre puisqu'il se contente d'énumérer les griefs à l'égard de l'Aéropostale, griefs que Jacques Doriot, alors dans le groupe communiste, résume brutalement : dilapidation, vols d'essence, gâchis divers, erreurs financières, émissions quasi frauduleuses.

L'organisation même du groupe Bouilloux-Lafont subit un déshabillage en règle sous l'œil suspicieux des parlementaires. Cette organisation comporte trois banques qui sont les actionnaires d'une société, jadis la Société sud-américaine de travaux publics ou « Sud-Am », devenue la Société générale d'aviation. Cette Sud-Am qui s'occupait initialement de travaux publics s'est transformée en une sorte de holding et possède 90 % du capital de la Société aéropostale et la presque totalité des actions des différentes autres sociétés du groupe, à savoir Radio Emissora, propriétaire de postes d'émission de télégraphie sans fil au Brésil, et les aéropostales uruguayenne, brésilienne et argentine. L'Aéropostale elle-même est actionnaire de la société portugaise et de la société transafricaine.

Pour ce qui concerne le fonctionnement de cet ensemble, Moch entre un peu plus dans les détails : « Quand il s'est agi de construire en Amérique du Sud, de défricher la forêt vierge, l'Aéropostale s'est adressée à la Sud-Am, ce qui a débouché sur un contrat " assez singulier ", précise le rapporteur. J'y relève une clause qui semble présenter plus d'inconvénients que d'avantages... La Sud-Am se réserve le droit d'utiliser toutes les installations de l'Aéropostale pour faire une ligne reliant Buenos Aires à Dakar, une ligne qui serait en somme concurrente de la ligne existante. L'Aéropostale s'adresse donc à sa société mère, qui lui fait les travaux. A quelles conditions? La Sud-Am loue les terrains et les installations qui s'y trouvent. Elle s'engage à faire pour 15 millions de travaux, naturellement par des avances des banques du même groupe. Elle loue à un prix égal au taux de la banque de France majoré d'un demi pour cent, plus l'amortissement industriel des installations. » Rien ne semble plus loyal et plus clair qu'un contrat de ce genre.

Or, d'après le député socialiste, le contrat de construction entre l'Aéropostale et la Sud-Am, l'ouverture de crédits de la banque à la Société de travaux publics et le paiement d'un loyer par la Société aéropostale à la Sud-Am, ces trois opérations réunissent trois groupes de deux contractants qui sont, au fond, une seule et même personne traitant avec elle-même... L'étonnement de Jules Moch et les regards pleins de sous-entendus échangés par quelques députés donnent à croire que semblable pratique serait unique. Il suffit de se pencher sur le monde des affaires pour découvrir qu'elle appartient au domaine courant...

Mais le réquisitoire se poursuit : « Le résultat de toutes ces combinaisons traduit une situation étrange : des aérodromes construits par la Sud-Am sont propriété, soit de la Sud-Am, soit des filiales uruguayennes ou brésiliennes, régies par les lois locales, avec, dans certains cas, un privilège en faveur des créanciers locaux. Quant à l'Aéropostale, elle a acheté, non pas les terrains, mais simplement les hangars où elle abrite ses avions, et elle n'a qu'une option sur ces terrains où ils s'élèvent. De sorte que l'on peut avoir l'illusion que nos avions sont bien chez eux, sur des aérodromes qui ont coûté fort cher. Mais en fait, il pourrait se produire telle circonstance où, l'avion, se trouvant abrité dans un hangar qui appartient à la compagnie, mais sur un terrain appartenant à une autre société et sur lequel la compagnie n'a qu'une option, pourrait être empêché de sortir, le terrain alentour appartenant à une troisième société... »

Jules Moch n'en a pas fini. Il aborde un autre point crucial relatif aux quatre émissions de bons réalisées en septembre 1927, en juin 1928, juin 1929 et juillet 1930 pour un total de 195 millions. Le rapporteur insiste plus spécialement sur des mentions qui ne seraient pas normales : « Première émission. Nous lisons en tête : " Société subventionnée par l'État et placée sous son contrôle. " Dans la suivante, on supprime les mentions " contrôlée par l'État " et " garantie ". Dans la quatrième, on constate pour la première fois, outre les suppressions des termes superfétatoires, l'adjonction de six mots : " dans la limite des crédits budgétaires... " »

A la suite de quoi, Jules Moch s'engage dans une réflexion personnelle qui illustre à merveille l'état d'esprit quelque peu utopique, voire naïf, de certains dirigeants français de l'époque à propos de l'aviation en général et de la concurrence en particulier.

« Demain, explique-t-il, vous n'empêcherez pas les Italiens et les Allemands d'aller en Amérique du Sud et, comme vous défendrez peut-être la terre française et que vous pratiquerez en France une politique d'exclusivisme territorial, vous forcerez les lignes allemandes, italiennes ou autres à passer par l'Espagne, les Canaries et Fernando de Noronha. Vous aurez ainsi, tantôt superposées, tantôt parallèles, à quelques centaines de kilomètres l'une de l'autre, deux lignes dont chacune coûtera cent millions au budget d'un pays et qui feront se dresser les peuples les uns contre les autres.

« Au contraire, si vous joignez vos efforts, si vous comprenez que l'aviation qui unit les peuples doit aussi s'unir elle-même dans une organisation unique, non seulement vous dépenserez moins, mais vous transformerez ce qui peut être une cause de discorde en une cause de concorde... » Et Moch de conclure : « L'aviation commerciale sera internationale ou ne sera pas ! »

Cette déclaration, louable sur le plan des relations internationales et du rapprochement des peuples, reçoit de vifs applaudissements. Elle néglige pourtant un certain nombre de réalités qui n'échappent pas aux Sud-Américains et, en particulier, à Marcel Bouilloux-Lafont.

Jules Moch réussit là un magnifique appel du pied à la constitution d'un pool, une idée que le ministère de l'Air reprend au bond, mais qui va se heurter à une formidable opposition conduite par Mermoz, au nom de la Ligne, et, dans la presse par Joseph Kessel et Jean-Gérard Fleury. La violence de cette réaction épidermique entraînera heureusement l'abandon de ce projet de mariage contre nature... pour un temps.

Revenons à cette 2e séance du 12 mars 1931. L'envolée de Jules Moch va buter sur une intervention coup de poing de Jacques Doriot qui, fidèle à son habitude, entre dans le débat comme dans une mêlée. « Je me souviens que, l'année dernière, pendant la discussion du budget de l'aviation, on nous avait montré les prospectus des banques soutenant précisément la compagnie Aéropostale. On y lisait : " Nous avons la garantie de l'État. " Et le ministre de l'Air de cette époque était obligé de déclarer : " Jamais l'État ne s'est engagé. " » Après avoir jeté un regard circulaire, Doriot, certain de tenir son auditoire, reprend : « Déjà on sentait à ce moment que cette compagnie Aéropostale et les groupes financiers qui la soutenaient se livraient à des escroqueries vis-à-vis des petits épargnants.

« Bien plus, on pouvait voir dans les conseils de cette société un futur membre du gouvernement et, ce qui est pire, dirai-je, un membre d'anciens gouvernements qui, peut-être, n'était devenu l'avocat-conseil de cette société que parce qu'il avait eu jadis une influence assez forte pour pouvoir l'utiliser à son service. » L'attaque vise directement Pierre-Étienne Flandin, alors ministre des Finances. Elle marque le départ d'empoignades où la courtoisie cède rapidement la place à la hargne.

Léon Blum enfonce le clou un peu plus loin sans nulle joie, et prend à témoin ses collègues : « Je demande comment il se fait que le ministre des Finances [...] soit celui qui a déclaré à cette tribune avoir été, je ne dirai pas le conseil, mais en tout cas l'avocat de l'Aéropostale... » La réaction ne se fait pas attendre. « Je suis accusé d'avoir été l'avocat-conseil de l'Aéropostale. Je suis accusé d'avoir mis mon influence au service de cette compagnie. Enfin, les plus bienveillants de mes accusateurs veulent bien se résumer à ce grief simple, mais suffisant, en ce qui me concerne : il est inadmissible que le ministre des Finances ait à s'occuper d'une affaire dont il a pu être l'avocat, l'avocat pur et simple dans le passé. »

Flandin va ainsi démontrer qu'il n'a jamais « donné de conseils, ni de consultation dans aucune des quatre émissions de bons de l'Aéropostale. » Quant à sa collusion avec la compagnie, il chasse l'insinuation d'un revers de la main. « En 1927 (au moment de l'arrivée de Marcel Bouilloux-Lafont) il y a un homme ici qui s'est dressé contre l'entrée des banquiers et des financiers dans les affaires d'aviation, qui s'est opposé aux contrats de trente ans, qui, à la commission de l'Aéronautique, a lutté contre ces projets. Et cet homme, qui était-ce? C'était moi! »

Le ministre des Finances va dans la foulée dissiper ce qu'il nomme des légendes car, explique-t-il, il faut tout de même que cette atmosphère empoisonnée qui m'enveloppe depuis des jours se dissipe.

« Première légende : on a raconté que si j'étais intervenu le 22 janvier (1931) contre le ministère Steeg, c'était que le groupe Bouilloux-Lafont ayant été averti, dès le 17 janvier, que le ministère de l'Air voulait opérer une réduction du capital de l'Aéropostale, il importait que le gouvernement Steeg fût immédiatement renversé... » Or, affirme Flandin, aucun membre de la famille n'était venu l'entretenir de ses affaires et il n'en rencontrera un qu'une fois installé au ministère...

« Deuxième légende : soi-disant, je me serais fait attribuer, au cours de la crise ministérielle, le portefeuille des finances dans le cabinet Laval, uniquement pour venir au secours de la Compagnie générale aéropostale. »

« Je n'ai, en tout et pour tout, agi comme avocat à l'égard de la CGA que dans trois affaires, dont au moins deux d'entre elles mettaient en jeu la responsabilité du transporteur aérien... » Et, un peu plus loin : « Je n'ai jamais eu aucune relation d'avocat-conseil, ni même d'avocat, ni avec le Crédit foncier du Brésil, ni avec la Caisse commerciale, ni avec aucune des banques Bouilloux-Lafont... »

Et Flandin continue de se justifier pour mettre un terme aux ragots. Il serait intervenu pour faire mettre immédiatement à la disposition du groupe Bouilloux-Lafont une somme importante, 200 millions, par la Caisse des Dépôts et Consignations, laquelle aurait racheté moyennant un prix fabuleux et avec un bail extraordinaire les immeubles appartenant au groupe Bouilloux-Lafont à Paris... Flandin reconnaît que la Caisse des Dépôts et Consignations a bien racheté au groupe incriminé un immeuble à Paris. Mais cette transaction a été réalisée le 30 décembre 1930, alors que le ministère Steeg était encore en fonction. Par conséquent, lui, Flandin, n'occupait pas de poste ministériel à cette époque.

Voilà le ton de cette séance animée au cours de laquelle Flandin s'exclame encore : « S'il faut perdre un adversaire politique, on fabrique des accusations, voire des documents... » Paroles prophétiques puisque l'affaire de l'Aéropostale ne va pas tarder à sombrer dans une lamentable histoire de « faux »...

Flandin, pour se défendre, utilise des armes identiques à celles employées par ses détracteurs. Sans regarder Blum spécialement, il lance : « Vous prétendrez que l'avocat qui a plaidé et touché des honoraires n'a plus d'indépendance, qu'il se trouve en quelque sorte lié pour la vie aux intérêts qu'il a défendus [...]. Si cela est vrai, pourquoi certains d'entre vous acceptent pendant des années d'être, je ne dis pas les conseils appointés, mais simplement les avocats des grandes affaires centralisées et rationalisées, comme, par exemple, les Galeries Lafayette? » L'allusion fait mouche. Blum pâlit. « Qui visez-vous? » interroge-t-il. Mais chacun dans l'hémicycle a compris. Le brouhaha gagne tous les bancs.

Dans l'une des loges, Daurat, dégoûté, abasourdi, assiste à l'échange... Il n'en sortira rien de bon, pense-t-il. L'avenir immédiat lui donnera raison...

14. Né en 1896, ministre de l'Air de 1926 à 1935, puis gouverneur de la Libye en 1939, Italo Balbo meurt dans des conditions mystérieuses au-dessus de Tobrouk, le 28 juin 1940. Les batteries antiaériennes italiennes, qui tiraient sur des bombardiers anglais volant à haute altitude auraient abattu par mégarde (!) l'avion du maréchal, un S 79, pourtant reconnaissable...

15. La personnalité de Lucco et ses relations pour le moins étranges avec des hommes de premier plan ne manquent pas d'intriguer les parlementaires. Il est également particulièrement bizarre de constater que certains protagonistes du scandale dit « des faux » aient déjà été mêlés dans le passé à une affaire similaire, celle, en juin 1930, des terrains cédés à la société ASTRA, à Saint-Étienne. Lucco avait imité la signature de Weiller au bas de traites. Et n'avait pas été poursuivi par sa victime!

Par ailleurs, un rapport de police daté du 23 janvier 1931 et lu à la Chambre des députés le 24 novembre 1932, établit « de façon assez curieuse » les étroites relations entre Paul Louis Weiller et Serge Lucco. A en croire Philippe Henriot, alors député de la Gironde inscrit au groupe de la Fédération Républicaine, il semblerait que Weiller entretenait des liens relativement bons avec « son faussaire attitré et quasi officiel ».

Voici ce que dit le rapport de police : « Le 14 juin 1929, le *Cri du jour*, revue hebdomadaire dont les bureaux sont situés 29, rue Bergère, publiait sous ce titre : le scandale de Saint-Étienne, un article signé " Verlax " relatif à une offre de terrains destinés à l'aviation, dont l'option avait été cédée par la municipalité de Saint-Étienne à la société ASTRA, émanation de la société Gnome et Rhône. »

Selon Henriot, « l'article en question paraissait présenter la défense déguisée de ladite société ». Le rapport établit que presque chaque semaine paraissaient des articles signés S.L. et que bien des lecteurs se demandaient qui était ce stagiaire et qui l'inspirait.

« Une surveillance, poursuit le rapport, fut aussitôt organisée sur les faits et gestes de Colin-Lucco. Cette surveillance, qui se prolongea jusqu'au 18 novembre 1930, fit connaître que Lucco s'occupait, d'accord avec M. Paul Louis Weiller, de l'élaboration d'un tract dirigé contre M. Laurent-Eynac et qui devait être distribué aux députés au moment d'une interpellation. Ce tract ne parut pas. »

Lucco affirmera que les documents publiés dans le *Cri du jour* viennent de Paul Louis Weiller, notamment. Livet, directeur du *Cri du jour* déclarera au juge d'instruction : « Ce que je sais des relations de M. Weiller avec Lucco, c'est que dans le courant de 1930, Lucco a fait paraître des articles inspirés par M. Weiller pour défendre la firme Weiller dans l'affaire des terrains de Saint-Étienne. »

« En 1931, expliquera Henriot, Lucco a revu M. Weiller en vue du renouvellement d'un contrat de publicité au *Cri du jour.* » Surprise de Henriot : que Lucco, faussaire habituel de Paul Louis Weiller, fut en si bons termes avec celui dont, a priori, il devait sembler qu'il lésait constamment les intérêts...

Et le député de poser des questions : « M. Paul Louis Weiller avait-il intérêt à ce que son faussaire restât en liberté? Avait-il intérêt à ne déposer aucune plainte? M. Paul Louis Weiller n'est-il à aucun degré [...] le complice de son faussaire? Et, par hasard, ne découvririons-nous pas là certaines machinations? »

Jamais il n'a été répondu aux interrogations du député, surtout lorsque les Bouilloux-Lafont furent injustement accusés. Il est certain que les enquêteurs auraient mis le doigt sur des machinations et la main sur d'autres coupables. Les vrais, cette fois!

16. L'Aéropostale bénéficie d'une position dominante. Après tout, c'est la première compagnie aérienne à avoir créé des réseaux dans certains pays. De ce fait, ses responsables cherchent logiquement à tirer le maximum d'avantages, sous forme de contrats, de leur situation, en essayant d'écarter la concurrence.

A la rigueur, précisent-ils, s'il s'avère impossible d'éliminer les autres transporteurs, mais dans ce cas seulement, il convient de traiter pour éviter une guerre absurde des tarifs et coordonner les horaires. C'est ce qu'on appelle une entente en pool.

Au départ, le ministère de l'Air se montre favorable à ce raisonnement. Toutefois, à partir de 1930, sa politique se modifie considérablement. Considérant que privilèges et monopoles déplaisent aux autres États, qu'ils sont contraires à l'esprit d'internationalisation que certains milieux français défendent alors à Genève, le ministère adopte une politique de libéralisme qui va profiter largement aux compagnies étrangères et entraîner la déconfiture du transport aérien français. Entre autres, malgré de nombreuses requêtes de l'Aéropostale, le gouvernement français tout sourire accordera à la Panamerican Airways l'autorisation de survol et d'escale en Guyane. Cette décision ouvre à la compagnie américaine les portes de l'Amérique du Sud. Elle lui permet l'établissement d'une ligne entre les États-Unis et l'Argentine via les côtes brésiliennes.

Mis devant le fait accompli et voyant qu'ils ne pourront fléchir les bureaucrates, les responsables de l'Aéropostale réclament au moins un délai, le temps de négocier un accord avec les Américains, d'une part pour éviter une concurrence sauvage et nuisible pour tous, d'autre part afin de faire bénéficier l'Aéropostale de son antériorité dans l'exploitation de la ligne Natal-Buenos Aires.

Objection refusée!

17. Si Air France a obtenu pour une bouchée de pain le matériel et l'infrastructure de l'Aéropostale, elle a considéré le fonds de commerce comme étant sans valeur. Ainsi que le précise le contrat d'achat, « les éléments cédés ne comprennent pas les créances ni les éléments incorporels quelconques, notamment ceux représentés par l'achalandage, la clientèle, les contrats... » Regrettable erreur.

Si elle ne dispose plus des moyens pour les honorer, l'Aéropostale conserve donc ses contrats, en particulier le contrat postal argentin. Rien ne l'oblige à demander au gouvernement argentin la rétrocession à Air France. Cette dernière demande au gouvernement de Buenos Aires un contrat analogue. Refus des Argentins : le contrat de l'Aéropostale court toujours...

La compagnie française, en concertation avec la Lufthansa, mène alors un nouvel assaut, cette fois pour décrocher l'autorisation de transporter sans privilèges le courrier vers l'Europe. Nouveau refus des Argentins, fidèles à l'Aéropostale.

Mais ces attaques placent l'entreprise de Bouilloux-Lafont dans une situation ambiguë puisqu'elle ne peut plus exploiter elle-même les lignes d'Amérique du Sud. Ce que ses détracteurs feront valoir.

18. Breveté pilote parmi les premiers, en 1919, Maurice Noguès se distingue au front pendant la Grande Guerre, passe à la Compagnie franco-roumaine, en 1922, et vole sur les lignes d'Europe centrale. Puis il devient chef pilote de la CIDNA qui succède à la Franco-Roumaine. A ce titre, il inaugure les premiers vols de nuit commerciaux en 1923 et reconnaît les itinéraires de Paris à Moscou en 1924 et de Paris à Téhéran en 1925.

En 1924 s'amorcent les voyages d'études qui débouchent sur la création d'Air Union-Lignes d'Orient (AULO) dont Noguès est nommé directeur général. En 1930, AULO disparaît ou se transforme en Air Orient avec Noguès toujours à sa tête et toujours sur la brèche : il ouvre la ligne Paris-Saigon en 1930-31!

Cette carrière à la Mermoz se double d'un parcours administratif actif qui le mènera naturellement à occuper le poste de directeur général adjoint d'Air France.

19. A la tribune de l'Assemblée nationale, le 12 mars 1931, jour même du fameux débat sur l'Aéropostale, Pierre Renaudel, alors rapporteur du budget du ministère de l'Air, prend courageusement la défense de René Couzinet :

« Monsieur Couzinet est pauvre, il est jeune, il a de grandes qualités d'avenir, mais il a contre lui les forces des grands constructeurs qui craignent pour quelque jour la rivalité [...].

« Les services de l'Air, en barrant la route à des inventions et à de jeunes ingénieurs, des hommes de qualité, commettent là la plus grande faute contre notre aviation. »

20. Le colonel de La Rocque entend affirmer plus que jamais son souci d'indépendance lors de la journée du 6 février 1934 : il ne veut pas mêler son mouvement à des menées anti-républicaines.

Pour commencer, il prépare la manifestation sans concertation avec les dirigeants de l'U.N.C. (Union Nationale des Combattants) et des ligues. Les points de rassemblement et du défilé se situeront sur la rive gauche, dans un espace délimité par l'esplanade des Invalides, la rue de Varenne, la rue de Bourgogne, la rue de l'Université et la rue Saint-Dominique. Vers 19 h 30, les cortèges des Croix de Feu convergent dans l'ordre vers la Chambre des députés hermétiquement close, qu'ils atteignent dans le calme. Les forces de police relativement faibles n'auront pas à intervenir. La Rocque donne l'ordre de dispersion vers 21 heures.

Cependant, les autres acteurs de cette journée trépignent. Retenus sur la rive droite par d'importants cordons de sécurité qui leur interdisent l'accès du pont de la Concorde, ils espéraient que La Rocque lancerait les Croix de Feu à l'assaut du palais Bourbon et déclencherait ainsi la révolution.

« Si La Rocque avait marché, nous aurions réussi », lâchera, le lendemain, le royaliste Xavier Vallat frustré. De son côté, Maurice Pujo, lui aussi Action Française, parlera de « trahison de La Rocque ».

Un front national, allant de l'Action française à la Fédération républicaine, sera formé à la fin de février. Les Croix de Feu s'en tiennent à l'écart pour ne pas se compromettre, et, dans le même temps, rejettent en bloc le fascisme, le communisme et le nazisme « qui écrasent les individus sous une sorte de religion d'État » (*L'Intransigeant* du 23 mai 1936).

21. 1er août 1935, Paris-Casa (2 287 km) en 7 h 22 à 310 km/h.

2 août 1935, Casa-Dakar (2 530 km) en 8 h 19 à 311 km/h.

29 août 1935, Dakar-Casa en 8 h 13.

30 août 1935, Casa-Paris Le Bourget en 7 heures.

6 septembre, Paris-Alger et retour en 8 h 38 de vol, à 324 km/h.

22. Deux jours après la disparition de son fils, Mangaby, comme si elle poursuivait un dialogue momentanément interrompu, soupira, en présence du filleul de Mermoz : « Ils t'ont eu ! »

Par ailleurs, le jour même du départ de Mermoz, se situe un incident bizarre, inconnu du pilote et de sa mère, une de ces coïncidences étranges auxquelles les événements donnent par la suite un sens troublant. D'aucuns verraient là un signe du destin et l'on serait tenté de les imiter.

Jean ne quittait jamais un portefeuille que lui avait offert le comte de La Vaulx en souvenir de leur aventure dans les Andes et qu'il considérait comme son porte-bonheur. Il renfermait quelques photographies d'êtres chers, celle, notamment, qui les réunit tous, sa mère, ses grands-parents et lui...

Or, au matin du 4 décembre, Mermoz a oublié le portefeuille dans son appartement de la rue de la Cité-Universitaire.

En eût-elle été avertie, Mangaby aurait certainement décelé dans ce clin d'œil de la fatalité une confirmation de ses appréhensions. Ce détail, malheureusement, n'émergera que bien plus tard.

Trop tard !

C

G

H

I

J

Cet ouvrage a été réalisé sur
Système Cameron
par la SOCIÉTÉ NOUVELLE FIRMIN-DIDOT
Mesnil-sur-l'Estrée
pour le compte des Éditions Picollec
le 19 novembre 1986

Imprimé en France
Dépôt légal : novembre 1986
N° d'édition : 78 – N° d'impression : 5688